本教材第 4 版曾获首届全国教材建设奖
全国优秀教材二等奖

"十四五"职业教育国家规划教材

iCourse · 教材
高等职业教育计算机类课程新形态一体化教材

计算机组装与维护
（第 5 版）

主　编　王保成　向　炜
副主编　苏丹丹　贺　胜

中国教育出版传媒集团
高等教育出版社 · 北京

内容提要

本书第 4 版曾获首届全国教材建设奖全国优秀教材二等奖。本书同时为“十四五”职业教育国家规划教材，也是国家级精品资源共享课程“计算机组装与维护”的配套教材。

本书依据“计算机及外部设备装配调试员”等职业岗位的最新国家职业技能标准和工业标准要求编写而成，满足“计算机组装与维护”课程教学与技能训练需要，主要内容包括计算机的硬件知识、工作原理、性能指标、部件安装、整机组装、前沿技术、BIOS 设置、软件安装及各类故障诊断、软硬件维护维修、性能优化等。

本书内容丰富、特色鲜明，已经形成立体化资源库；采用“项目导向”写作模式，精选 18 个项目构成主要内容，每个项目包括项目描述、项目目标、项目实施计划、知识阅读、动手做、网上学、拓展训练、前沿技术等部分；在项目实施中贯穿知识学习与技能训练，注重学生实践能力的培养，职业教育特色鲜明。

本书配有教学视频、操作视频、授课用 PPT、课程标准、授课计划、实训考核方案等丰富的数字化教学资源。与本书配套的数字课程“计算机组装与维护”在“智慧职教”平台（www.icve.com.cn）上线，学习者可登录平台进行在线学习，授课教师可调用本课程构建符合自身教学特色的 SPOC 课程，详见“智慧职教”服务指南。授课教师请登录“高等教育出版社产品检索系统”（xuanshu.hep.com.cn）搜索下载相关资源。

本书可作为高职、中职或职业本科院校计算机及相关专业“计算机组装与维护”课程的教材，也可作为计算机爱好者的学习参考书。

图书在版编目（CIP）数据

计算机组装与维护 / 王保成，向炜主编. -- 5 版. 北京：高等教育出版社，2025. 9. -- ISBN 978-7-04-063888-2

Ⅰ. TP30

中国国家版本馆 CIP 数据核字第 20255FL905 号

Jisuanji Zuzhuang yu Weihu

策划编辑 刘子峰　责任编辑 柴佳昭　封面设计 赵 阳　版式设计 董思含 于 婕

责任绘图 杨伟露　责任校对 吕红颖　责任印制 高 峰

出版发行 高等教育出版社

社　　址 北京市西城区德外大街 4 号

邮政编码 100120

印　　刷 北京新华印刷有限公司

开　　本 889 mm × 1194 mm 1/16

印　　张 17.75

字　　数 430 千字

购书热线 010-58581118

咨询电话 400-810-0598

网　　址 http://www.hep.edu.cn

http://www.hep.com.cn

网上订购 http://www.hepmall.com.cn

http://www.hepmall.com

http://www.hepmall.cn

版　　次 2006 年 3 月第 1 版

2025 年 9 月第 5 版

印　　次 2025 年 9 月第 1 次印刷

定　　价 48.50 元

本书如有缺页、倒页、脱页等质量问题，请到所购图书销售部门联系调换

版权所有 侵权必究

物 料 号 63888-00

“智慧职教”服务指南

“智慧职教”（www.icve.com.cn）是由高等教育出版社建设和运营的职业教育数字教学资源共建共享平台和在线课程教学服务平台，与教材配套课程相关的部分包括资源库平台、职教云平台和App等。用户通过平台注册，登录即可使用该平台。

- 资源库平台：为学习者提供本教材配套课程及资源的浏览服务。

登录“智慧职教”平台，在首页搜索框中搜索“计算机组装与维护”，找到对应作者主持的课程，加入课程参加学习，即可浏览课程资源。

- 职教云平台：帮助任课教师对本教材配套课程进行引用、修改，再发布为个性化课程（SPOC）。

1. 登录职教云平台，在首页单击“新增课程”按钮，根据提示设置要构建的个性化课程的基本信息。

2. 进入课程编辑页面设置教学班级后，在“教学管理”的“教学设计”中“导入”教材配套课程，可根据教学需要进行修改，再发布为个性化课程。

- App：帮助任课教师和学生基于新构建的个性化课程开展线上线下混合式、智能化教与学。

1. 在应用市场搜索“智慧职教+”App，下载安装。

2. 登录App，任课教师指导学生加入个性化课程，并利用App提供的各类功能，开展课前、课中、课后的教学互动，构建智慧课堂。

“智慧职教”使用帮助及常见问题解答请访问help.icve.com.cn。

前　言

随着数字经济的快速发展，数字化转型与培养数字化人才成为各行各业亟须解决的问题。作为最基础的数字化工具，计算机的硬件组装与调试、软件安装与维护、软硬件故障排除等专业技术成为数字化人才的基本技能。“计算机组装与维护”是数字化人才培养的基础课程。

本书编写团队深入研究“计算机及外部设备装配调试员”等职业岗位的最新国家职业技能标准和工业标准，并依据党的二十大精神进教材、进课堂、进头脑的要求，在充分吸收前4版教材应用过程中读者的反馈建议后，对本书进行了第5次修订。本次修订紧紧围绕计算机软硬件的核心技术和发展前沿，充分挖掘课程中的德育元素，遵循学生认知规律，以应用为主线，采取项目导向的编写模式，创新性地编排各项目的学习内容，使教材呈现出技术前沿化、资源立体化、过程流程化等特点。本书的主要特色如下：

1. 内容丰富，职业教育特色鲜明。本书涵盖计算机软硬件全方位的知识和操作技能，立足职业教育的本质要求和学生实际，有机融入习近平新时代中国特色社会主义思想铸魂育人主题主线和未来职业岗位的需求，合理设计学习项目，实现由重视“教”到重视“学”的职业教育教学理念转变。

2. 资源立体化。本书建有配套的国家级精品资源共享课，各类学习资源通过线上平台进行呈现，既方便教师教学，又满足学生的自主学习。书中部分高清图片原图、配套的操作训练视频等均可通过扫描对应的二维码查看。

3. 充分体现“岗课赛证”融通的新要求。本书紧扣“计算机及外部设备装配调试员”岗位标准，将该职业岗位上对计算机软硬装配、调试、维护、维修等操作所需的知识、技能转化为教学项目，构建成项目化的教材，让学生通过学习后能胜任相应的工作，并能获得四级计算机及外部设备装配调试员的职业资格证书（中级）。

4. 将德育元素无缝融入教材。编者根据各项目的内容，充分挖掘课程中的德育元素，将党的二十大精神中关于文化自信、科技自信、自立自强、创新驱动发展等内容提取出来，融入对应的项目中，并在每个项目中增加了德育目标、知识目标、技能目标和素质目标四大目标，将贯彻立德树人根本任务、培养具有创新精神的高素质技术技能IT人才等核心育人理念以润物细无声的方式融入到书中。

5. 充分体现产教融合、校企合作的职教特色。本书编写组吸收了武汉唯众智创科技有限公司、科大讯飞股份有限公司等合作企业的技术骨干参与修订大纲的研讨，及时将行业前沿的新技术、新工艺、新产品、新材料体现在本次修订中，并在每个项目中增加了“技术前沿”模块，由合作企业的技术人员负责编写。

本书由王保成教授（襄阳职业技术学院）任第一主编，负责全书框架结构的规划和统稿，并负责项目1～项目10的编写，向炜（襄阳职业技术学院）任第二主编，负责项目11～项目18的编写。苏丹丹（武汉唯众智创科技有限公司）、贺胜（科大讯飞股份有限公司）任副主编，负责教材各项目“技术前沿”模块的编写。

本书第4版曾获首届全国教材建设奖全国优秀教材二等奖，本书同时为“十四五”职业教育国家规划教材，也是国家级精品资源共享课程“计算机组装与维护”的配套教材。本书请与课程网站配合使用，详见“智慧职教”服务指南及配套资源中的“课程网站使用说明”。编者在网站中提供了教与学的全面解决方案，供读者学习参考。

欢迎广大读者多提宝贵意见！本书编者邮箱：123023243@qq.com、54806212@qq.com。

编　者

2025年3月

目 录

项目 1

简单拆装计算机

教案：
简单拆装计算机

教学课件：
简单拆装计算机

笔 记

1.1 项目内容及实施计划

1.1.1 项目描述

简单拆装计算机包括拆卸和安装两个操作过程，如图 1.1 所示。

办公桌上的计算机

简单拆卸 简单安装

计算机的几大部件

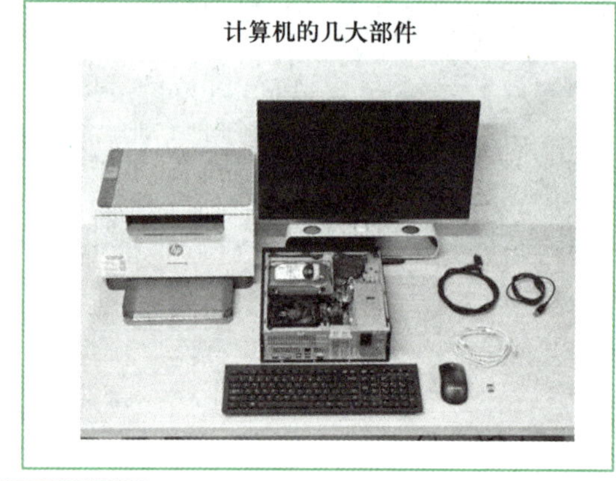

图 1.1
项目描述——简单拆装计算机

1.1.2 项目目标

1. 德育目标

（1）介绍中华民族五千年智慧结晶——春秋战国时期的“算筹”和北宋时期的“算盘”作为计算机前世的故事，增强学生的民族自豪感。

（2）以中国计算机发展历程为切入点，展现我国在计算机研制方面取得的巨大成就，增强学生的自信心。

2. 知识目标

（1）初步认识计算机的构成部件。

（2）初步了解计算机整机拆装的顺序和工具。

3. 技能目标

（1）能简单拆卸整机。

（2）能简单安装整机。

（3）能通过课程网站进行学习。

4. 素养目标

（1）培养学生的自主学习与探究精神。

（2）培养学生的细致严谨、遵守规范的意识。

（3）培养学生的职业认同感与职业荣誉感。

笔 记

1.1.3 项目实施计划

图 1.2 所示是简单拆装计算机的实施计划，其中左边栏目是分析，右边栏目是给读者的建议，读者也可以根据自己实际完成的顺序，将顺序号填入右上角的圆圈内。

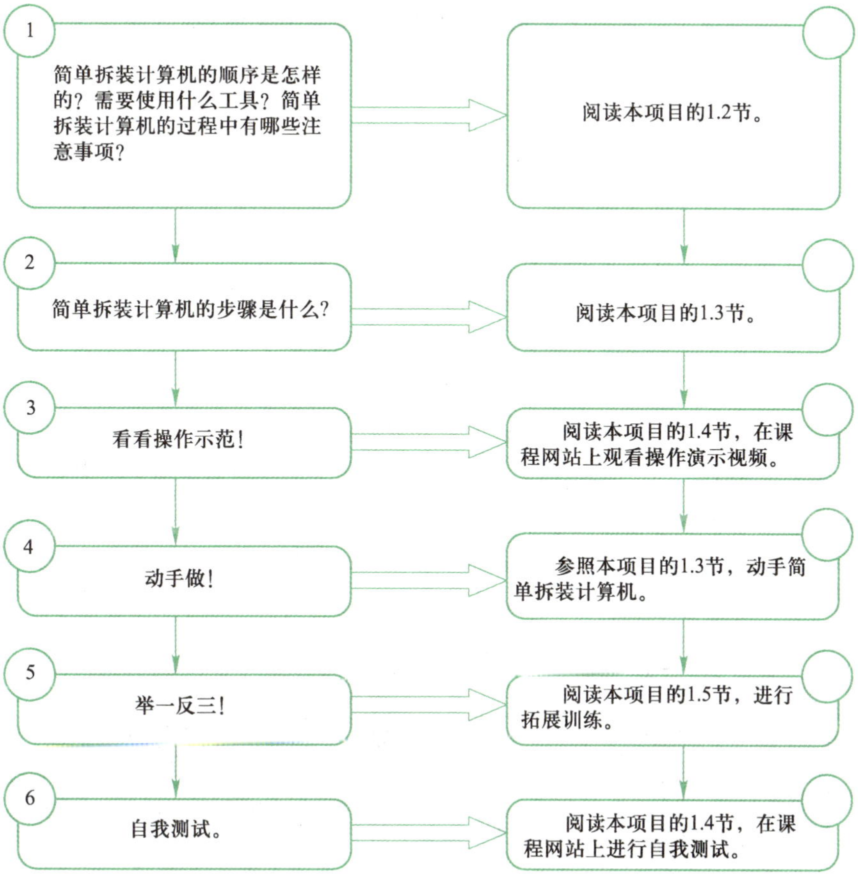

分析	建议
1 简单拆装计算机的顺序是怎样的？需要使用什么工具？简单拆装计算机的过程中有哪些注意事项？	阅读本项目的1.2节。
2 简单拆装计算机的步骤是什么？	阅读本项目的1.3节。
3 看看操作示范！	阅读本项目的1.4节，在课程网站上观看操作演示视频。
4 动手做！	参照本项目的1.3节，动手简单拆装计算机。
5 举一反三！	阅读本项目的1.5节，进行拓展训练。
6 自我测试。	阅读本项目的1.4节，在课程网站上进行自我测试。

图 1.2
简单拆装计算机实施计划

1.2 知识阅读：计算机拆装基础

要完成“简单拆装计算机”项目，需要了解计算机系统的基本构成，初步认识计算机的各个构成部件，同时要掌握拆装顺序，了解所使用的工具。本节主要介绍这几个方面的知识。通过对本节的学习，读者在进行项目操作时可以有充足的知识准备。本节的内容既可以放在 1.3 节以后，也可以先进行学习再去完成 1.3 节的操作，同时还可以在拆装的过程中反复学习。

拓展阅读
计算机未来的发展方向

1.2.1 初识计算机的构成

从外观上看，微型计算机系统由主机箱、显示器、键盘、鼠标、音箱、打印机等组成，如图 1.3 所示。

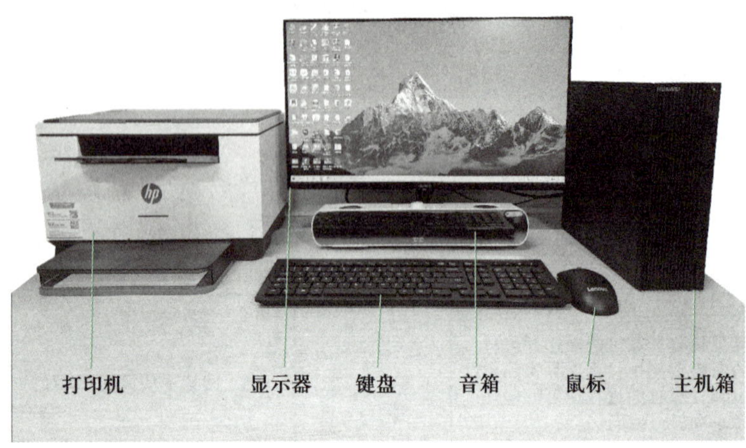

图 1.3
计算机外观图

1. 主机箱和电源

主机箱是安置计算机主要配件的场所，主板、硬盘、光驱、软驱及各种扩展卡都安装于机箱内。同时，它也是各个部件的保护壳。电源则是为计算机各个设备提供电力的部件。电源安装在主机箱内部。图 1.4 所示为一款常见的主机箱和电源。

2. 显示器

显示器是微型计算机系统中不可缺少的输出设备。用户输入的信息、计算机处理的信息都要在它上面显示出来。目前市场上显示器的种类主要有 3 种：一是传统的阴极射线管（Cathode Ray Tube，CRT）显示器；二是液晶显示器（Liquid Crystal Display，LCD）；三是等离子显示器（Plasma Display Panel，PDP）。其中，LCD 是目前的主流产品。显示器与主机的连接如图 1.5 所示。

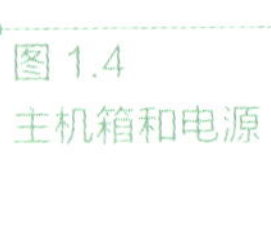

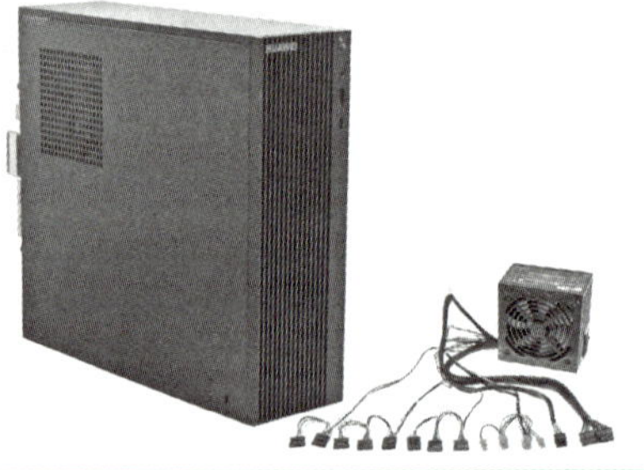

图 1.4
主机箱和电源

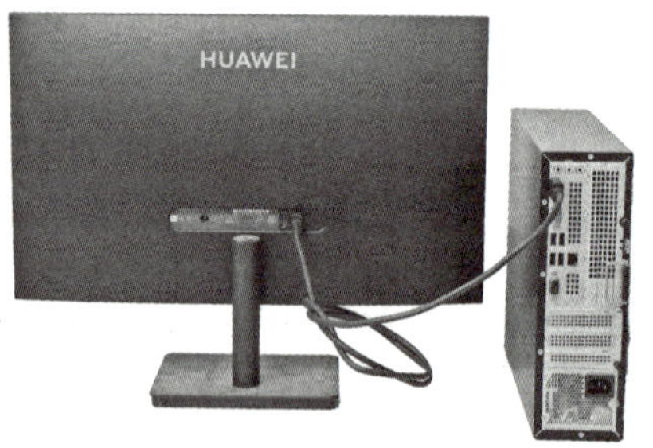

图 1.5
显示器与主机连接

3. 键盘和鼠标

键盘和鼠标是微型计算机系统中非常主要的两种输入设备。目前常用的键盘和鼠标多为 PS/2 接口或 USB 接口。如果使用的是 PS/2 接口，就可以在主机箱背后找到两个圆形接口：一个为浅绿色，接鼠标；一个为浅紫色，接键盘。这是国际通用的颜色规范。图 1.6 所示为连接好键盘和鼠标的主机箱。

4. 音箱

音箱是计算机系统的“发声器官”，它负责将计算机声卡处理好的声音信号播放出来。音箱与主机通过信号线来连接，将音箱的信号线插入声卡中的 Line Out 孔中就可以了。图 1.7 所示为音箱与主机的连接。

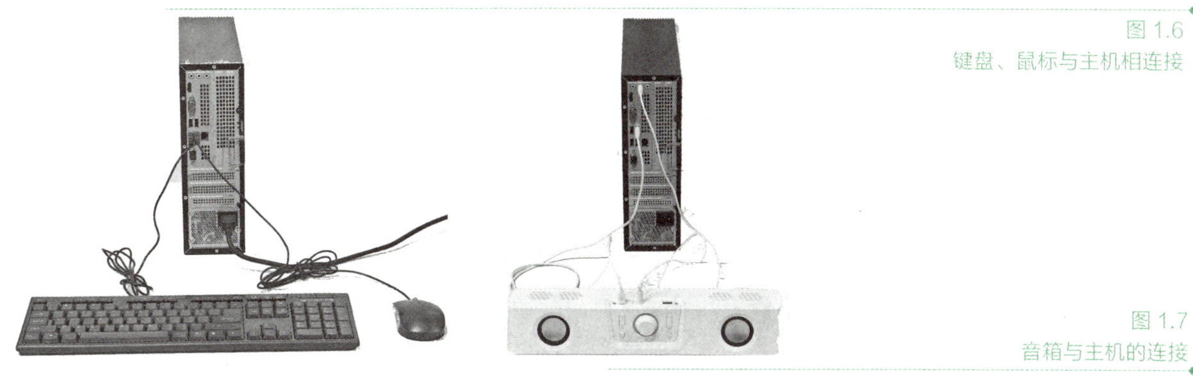
图 1.6
键盘、鼠标与主机相连接

图 1.7
音箱与主机的连接

5. 打印机

打印机是将计算机处理好的数据以纸质的方式打印出来以供用户阅读。比较常见的打印机有喷墨打印机和激光打印机两类。打印机大多通过 USB 接口连接到主机上。图 1.8 所示为打印机与主机的连接。

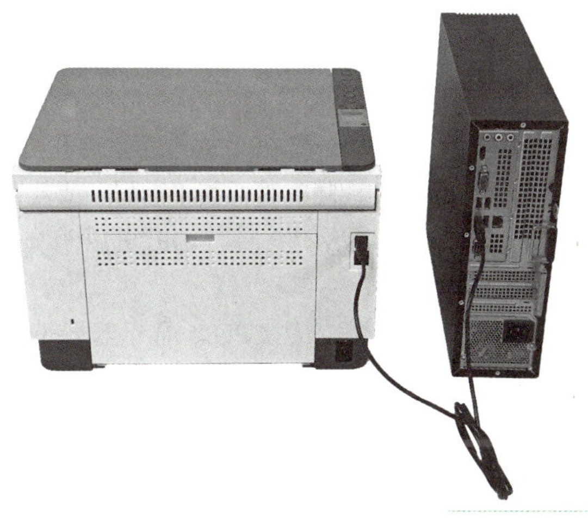
图 1.8
打印机与主机的连接

除了上述的几种硬件外，微型计算机系统还可以增加诸如扫描仪、摄像头等部件，这就要根据用户使用计算机的需要而选择了。

1.2.2 初识计算机主机箱内的配件

其实，可将计算机的组成概括为五大部件：运算器、控制器、存储器、输入设备、输出设备。具体说来共有十几个部件，依次为 CPU、主板、内存、硬盘、光驱、显卡、声卡、网卡、机箱、电源、显示器、音箱、键盘、鼠标。其中，CPU、主板、内存、硬盘、光驱、显卡、声卡、网卡、电源等部件都安装在主机箱内部。

各部件的说明如下。

1. 主板

主板又称系统板（System Board）、主机板（Main Board）或母板（Mother Board）。它安装于主机箱内，为其他的硬件部件提供连接的接口。主板是一块长方形的多层印制电路板，一般提供 CPU 插槽、内存条插槽、各种扩展槽、各类外部设备接口（如硬盘、软驱、光驱、鼠标、键盘、打印机接口等）、各类控制芯片等。主板通常使用螺纹柱和螺钉固定在主机箱内。图 1.9 所示为一款当前最新的华硕 ROG STRIX B760-G 主板。

2. CPU

CPU 的英文全称为 Central Processing Unit，中文意思是中央处理器。它是计算机的核心部件。这一部件主要完成各类运算及控制协调工作。CPU 档次的高低已成为衡量一台计算机档次高低的重要指标。图 1.10 所示是一款当前最新的 CPU 产品——Intel 酷睿 i9-13900KS（24 核 CPU）。

图 1.9
主板

图 1.10
CPU

3. 内存条

内存又称主存（Main Memory），全称为内部存储器（主要存储器）。内存条是内存的物理实现，是计算机存储器中的一种，也是非常重要和必不可少的一种记忆部件。它主要用于存放当前正在使用的或随时都要使用的程序或数据。内存条安装在主机箱内主板的内存条插槽上。图 1.11 所示为一款 DDR2 的内存条。

4. 显卡

显卡又称显示卡或显示适配器，是 CPU 与显示器之间的接口电路。显卡的主要作用是将 CPU 传送过来的数据处理为显示器所能显示的格式，然后送到显示屏上显示出来。因此，显卡的好坏直接影响显示器所显示的效果。显卡安装在主机箱内主板对应的扩展槽中。图 1.12 所示为一款常见的显卡。

图 1.11
DDR2 内存条

图 1.12
显卡

5. 硬盘

硬盘是计算机系统中的一种非常重要的存储器。硬盘因其盘片质地较硬而得名。硬盘主要用来存储各种类型的文件，可以长期保存数据。硬盘一般固定在主机箱内的硬盘支架上，通过专用的数据线与主板相连。图 1.13 所示为一款常见的硬盘。

图 1.13
硬盘

6. 光盘驱动器

光盘驱动器简称光驱，是一种利用激光技术存储信息的装置。光驱是多媒体计算机系统中一种不可缺少的硬件设备，通常与光盘配合使用。光盘也是计算机系统中的一种外部存储载体，具有存储容量大、存储时间长的优点。光驱通常固定在主机箱内的光驱支架上，通过专用的数据线与主板相连接。图 1.14 所示为一款常见的 DVD 光驱。

7. 声卡

声卡是计算机中专门用来采集和播放声音的部件。有了声卡，计算机系统才可以连接各种硬、软“声源”，才能播放出动听的音乐。有的声卡被做成了一块集成芯片，直接焊接在主板上，称为集成声卡。现在大多数计算机采用的都是集成声卡。如果对声音有特殊的要求，通常使用独立的声卡。独立声卡通常直接插在主机箱内主板对应的扩展槽上。图 1.15 所示为一款独立声卡。

图 1.14 DVD 光驱

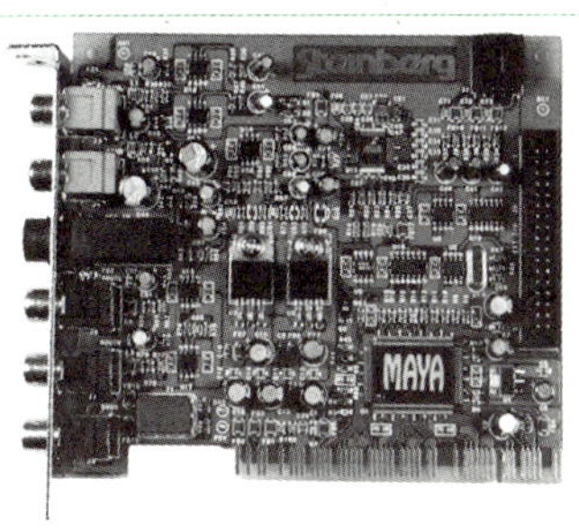

图 1.15 独立声卡

8. 网卡与调制解调器

计算机要接入网络，网卡就必不可少。网卡也称网络适配器，通过它，计算机可以与其他计算机交换数据、共享资源。网卡也有独立网卡和集成网卡的区别。独立网卡也是插在主板上对应的扩展槽中。调制解调器也是计算机接入因特网的必不可少的一款设备，它主要负责信号转换，以保证计算机接收和发送信号正常。图 1.16 所示为一款常用的网卡和调制解调器。

打开主机箱的外侧板，主机箱内部结构如图 1.17 所示。

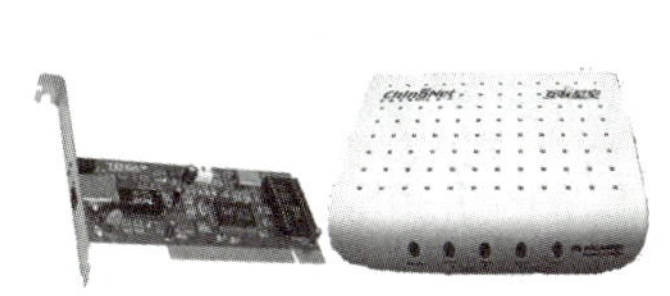

图 1.16 网卡和调制解调器

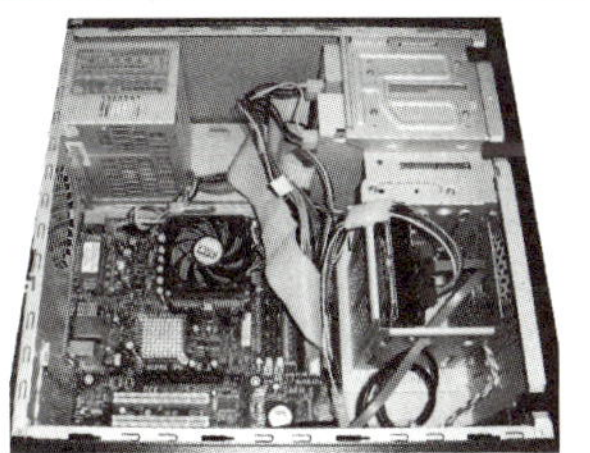

图 1.17 主机箱内部结构

下面分别对应地认识一下主机箱内的各个配件。

① CPU 及 CPU 散热风扇。图 1.18 所示为主机箱内安装的计算机的 CPU 和 CPU 散热风扇。要看到 CPU 的真面貌，必须将 CPU 上面的散热风扇取下来。

② 南北桥芯片组。图 1.19 所示为计算机的南北桥芯片组，这是计算机主板上仅次于 CPU 的第二大芯片组。

图 1.18 CPU 及 CPU 散热风扇

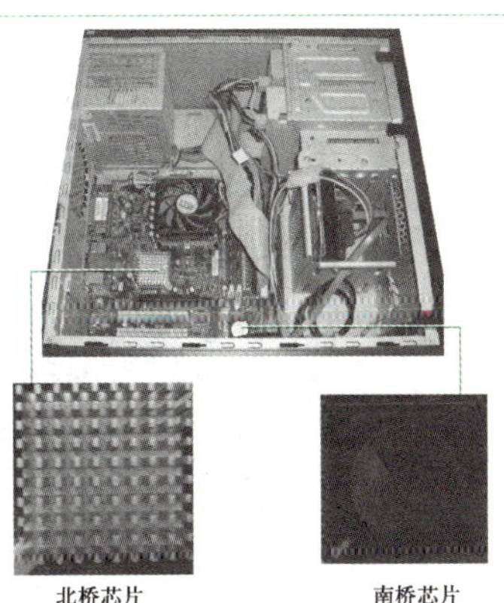

图 1.19 南北桥芯片组

③ 内存条与硬盘。图 1.20 所示为计算机的内存条和串口硬盘。

④ 扩展槽。图 1.21 所示为计算机主板上的各种扩展槽，这些扩展槽上可以分别插入各类接口的扩展卡，如显卡、声卡、网卡等。

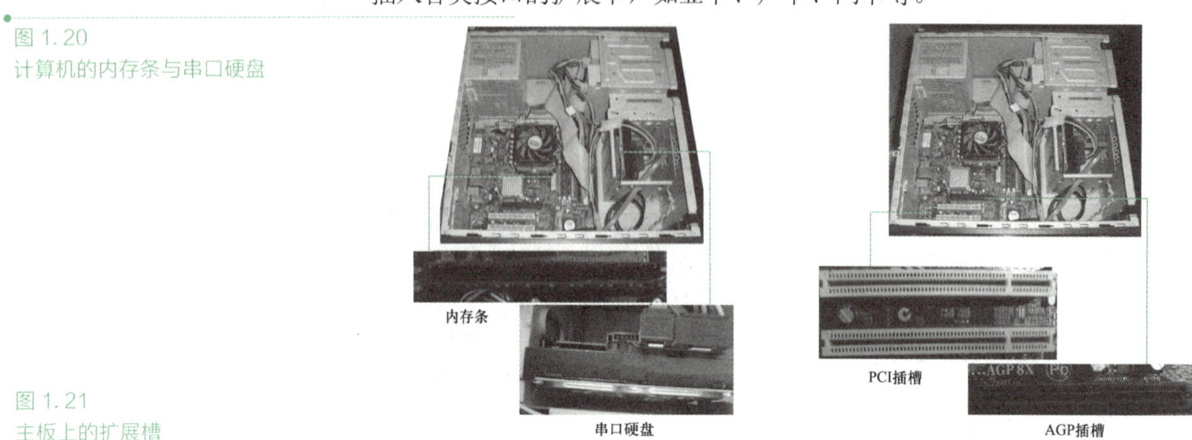

图 1.20
计算机的内存条与串口硬盘

图 1.21
主板上的扩展槽

⑤ 光驱和电源。图 1.22 所示为计算机的光驱和电源。

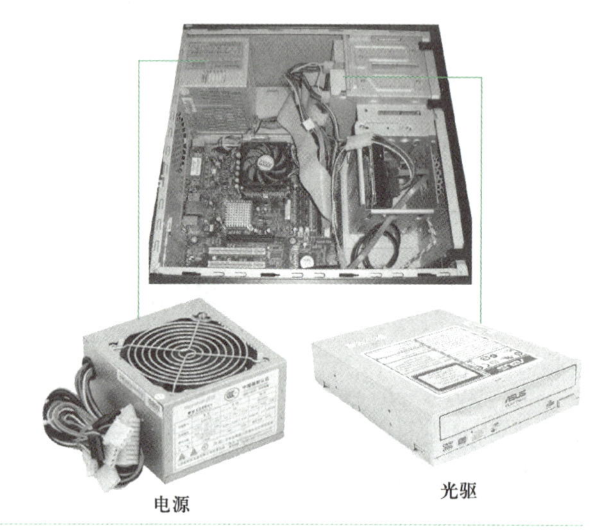

图 1.22
计算机的光驱和电源

为了更为全面地了解计算机主机箱内还有什么部件，这里将主板单独从机箱内取出来，并标注出各个部件的位置和名称，如图 1.23 所示。

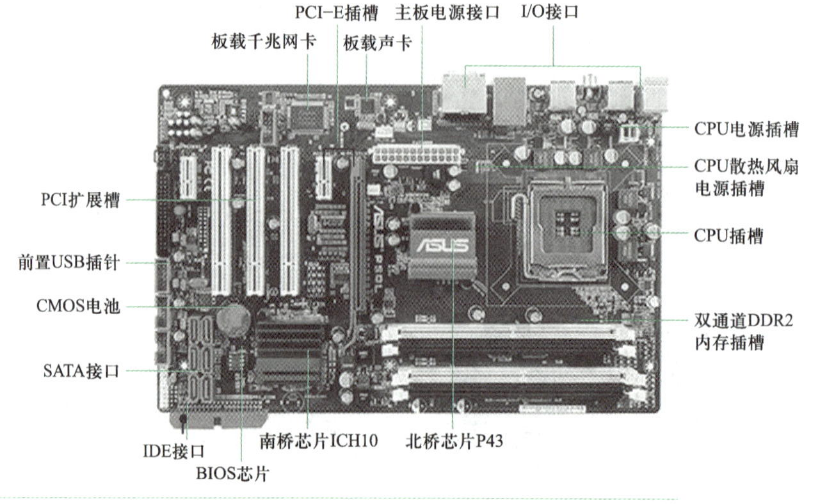

图 1.23
计算机主板上的部件及插槽

1.2.3 拆装前的准备工作

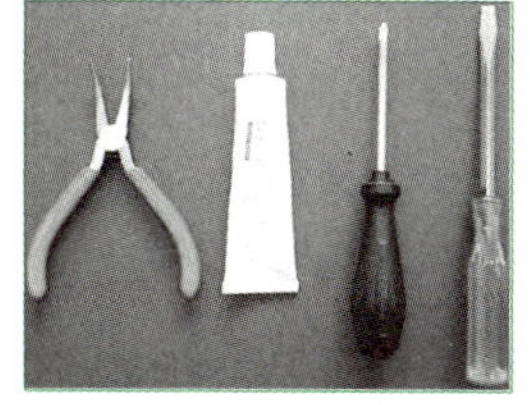
图 1.24
准备工具

1. 装机必备的工具

工欲善其事，必先利其器。在进行计算机组装前，要准备好以下几种工具，如图 1.24 所示。

① 螺钉旋具（俗称螺丝刀）。至少要准备两把，一把为十字螺钉旋具，一把为一字螺钉旋具。注意，螺钉旋具头部带有磁性的那种为宜。

② 尖嘴钳。

③ 镊子。用于夹取螺钉、设置跳线等。

④ 在条件允许的情况下，准备一个万用表和一只试电笔。

2. 装机注意的事项

组装微型计算机是一件精细的工作，必须小心翼翼、细心地进行。同时，对组装调试过程中出现的问题要能够耐心地进行处理。一般来说，下面一些事项是装机过程中需要特别注意的。

① 防静电。静电是计算机最大的敌人，在装机之前，一定要释放掉身上的静电，以防止损坏计算机配件，具体做法是摸一摸水管或者洗洗手。

② 计算机配件要轻拿轻放，板卡尽量拿边缘，不要用手触摸金手指和芯片。

③ 固定螺钉的时候，用力要适度，无松动即可不要拧得太紧，以防止螺钉滑丝或板卡变形。

④ 禁止带电拔插，以免造成配件或整机的损坏。

笔 记

1.2.4 简单拆装计算机的顺序

在实际的安装过程中，以方便、快捷为原则，哪个操作方便，就按哪个操作进行，使得各部件之间的安装能够无干扰地进行。下面是一种较常见的装机步骤。

① 安装主机箱两侧的面板，并固定。

② 连接键盘。

③ 连接鼠标。

④ 连接显示器。

⑤ 连接音箱。

⑥ 连接打印机。

⑦ 连接主机电源线。

简单拆卸计算机的步骤可以参照安装的顺序反过来进行。

1.2.5 计算机的组装与维护

计算机组装与维护涵盖了计算机硬件和软件等方方面面的知识。只有深入了解这些知识，才能正确组装一台适用的计算机，并在日常的使用过程中保证计算机的正常运行。

1. 组装

计算机的组装是指按照一定的顺序和步骤把计算机的各个硬件连接起来，并正确安装软件，使之能正常工作。计算机的组装是正确使用计算机的前提。花同样多的钱，不同的人采用不同的方法，所选配和组装起来的计算机的性能差别也是很大的。组装计算机所追求的是一种高性价比的指标，人们希望能尽量少花钱而组装出一台高性能的计算机。这就要求组装者对目前市场上计算机各配件的性能、价格有较为详细的了解，并掌握正确的安装方法。这也正是本门课程在教学中所要达到的一个目标。

2. 维护

计算机的维护是指使微型计算机系统的硬件和软件处于正常、良好运行状态的活动，包括检查、测试、调整、优化、修理、更换等工作。这些工作应该定期地进行，只有对计算机系统进行定期的维护，才能保证系统运行的稳定性和可靠性。

3. 维修

计算机维修和维护的概念又有所不同。计算机维修偏重于硬件损坏后的修理，它是指当计算机发生故障后，通过诊断来确定故障的位置，分析产生故障的原因，修理或更换已损坏的部件，从而使计算机系统恢复正常工作的过程。这个过程就像人们“修理”电视机的过程一样。随着计算机技术和制造技术的高速发展，目前计算机硬件的故障率已经很低了，反而是计算机软件的故障率大为升高，此时人们所说的维修计算机既指对计算机的软件进行修复或重新安装等处理，也指对硬件进行诊断与更换。

1.2.6 本课程的学习意义

拓展阅读
信息技术领域十大前沿技术展望

计算机组装与维护是计算机专业的一门专业课。本课程涵盖了当前微型计算机系统所涉及的软件、硬件知识，具有较强的针对性和实用性。本课程深入浅出地介绍了微型计算机各个部件的特点、构成、工作原理、性能指标和选购要点，并阐述了微型计算机维护的方法和特点，具有很强的可操作性。通过学习本课程，读者能够掌握计算机的基础知识，能够比较系统地了解计算机的硬件组成和结构，掌握软件的安装方法，从而达到自己动手组装计算机的目的，并且能够对微型计算机进行正确的日常维护和常见故障的排除。

1.3 动手做：简单拆装计算机

简单拆装计算机是本项目需要重点训练并要求读者熟练掌握的技能，包括简单拆卸和简单安装两个操作。读者首先需要了解计算机的部件组成及各个部件的连接方式，然后按照上节给出的操作顺序一步一步地完成训练，并需要反复训练多次，以达到熟练掌握的目的。

拆装之前，一般要在实训室内准备好较典型的计算机系统，且全是废旧部件组装而成的计算机。为了学习与迁移计算机组装知识，所提供的拆装用的计算机应是当前学习与办公常用的机型。过于陈旧的或过于特别的机型，都不利于学习与迁移。本项目是读者实施的第 1 个项目，如果使用能正常工作的计算机进行拆装，则极可能损坏计算机，这样成本太高，故利用废旧部件组装的计算机来练习拆装，可以将实验成本降至最低。

微课 1-1
简单拆卸计算机

1.3.1 简单拆卸计算机

简单拆卸计算机，就是将用线缆连接起来的各部件拆分开来，即去掉连接线缆即可。

简单拆卸计算机的具体步骤如下。

步骤1 切断主机电源。将主机电源线所接的插座上的开关关掉或拔掉。

步骤2 观察连线。图 1.25 所示为计算机各部件在主机上的连线说明。

步骤3 将主机电源线从主机箱上拆掉，如图 1.26 所示。

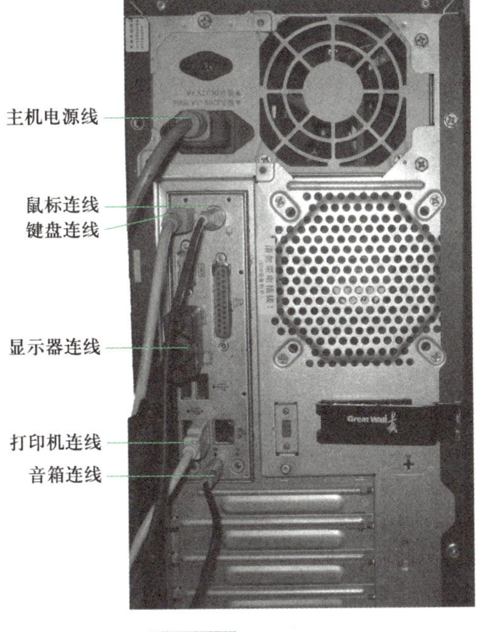

图 1.25
各部件在主机上的连线说明

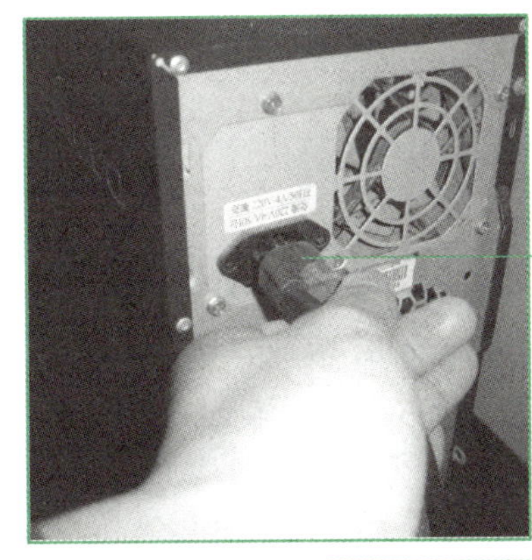

图 1.26
拆主机电源线

步骤4 拆卸显示器数据线。用手沿顺时针方向旋转显示器数据线插头两端的固定螺钉，然后将显示器数据线从主机上拆掉，如图 1.27 所示。

步骤5 拔掉键盘连线。用手握住键盘插头，沿垂直方向稍用力往外拆掉键盘与主机的连线，如图 1.28 所示。

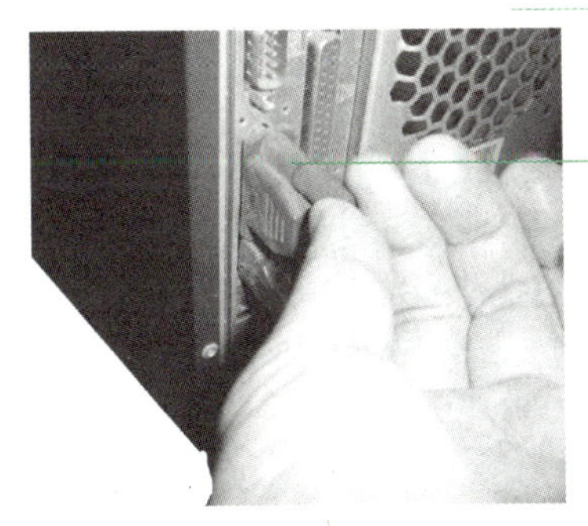

图 1.27
拔掉显示器与主机的数据连线

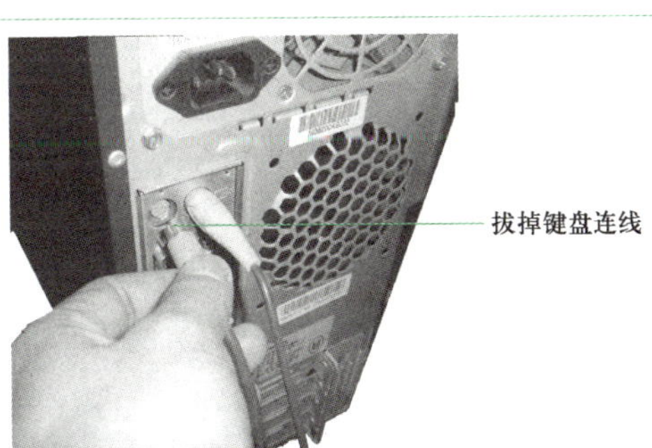

图 1.28
拔掉键盘连线

步骤6 拔掉鼠标连线。用手握住鼠标插头，沿垂直方向稍用力往外拆掉鼠标与主机的连线，如图 1.29 所示。

步骤7 拔掉音箱连线。将音箱与主机的数据连线从主机箱上拔掉，如图 1.30 所示。

步骤8 拔掉打印机连线。将打印机的数据连线从主机的 USB 接口上拆掉，如图 1.31 所示。

步骤9 拆卸主机箱侧面板。用螺钉旋具卸掉主机箱后面板两边缘上的固定螺钉，将主机箱的侧面板取下来，如图 1.32 所示。

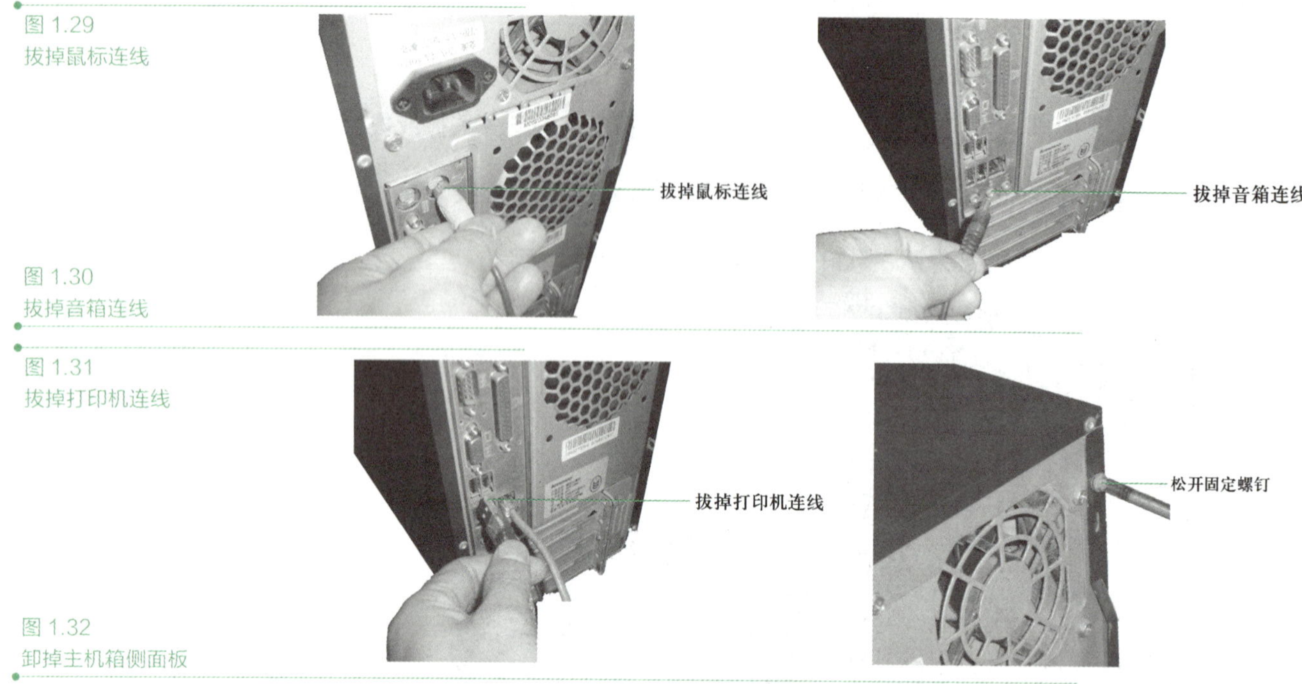

图 1.29 拔掉鼠标连线

图 1.30 拔掉音箱连线

图 1.31 拔掉打印机连线

图 1.32 卸掉主机箱侧面板

至此，就完成了一台计算机的简单拆卸工作。

1.3.2 简单安装计算机

微课 1-2 简单安装计算机

简单安装计算机是指按照简单拆卸计算机的顺序反过来做，分别将计算机的各个部件连接起来，具体步骤如下。

步骤1 固定主机箱侧面板。将主机箱的侧面板安装上去，并用螺钉固定好，如图 1.33 所示。

步骤2 比对接口与线缆头。图 1.34 所示为主机箱背面各个部件的接口图。对照这个图，找到各部件的插头对应的插孔，依次将各个部件接入主机。计算机的各部件（如键盘、鼠标、显示器等）在接口设计上均有防反插设置。此时要注意各个插头的外形和对应插孔的外形，防止接入方向出错。

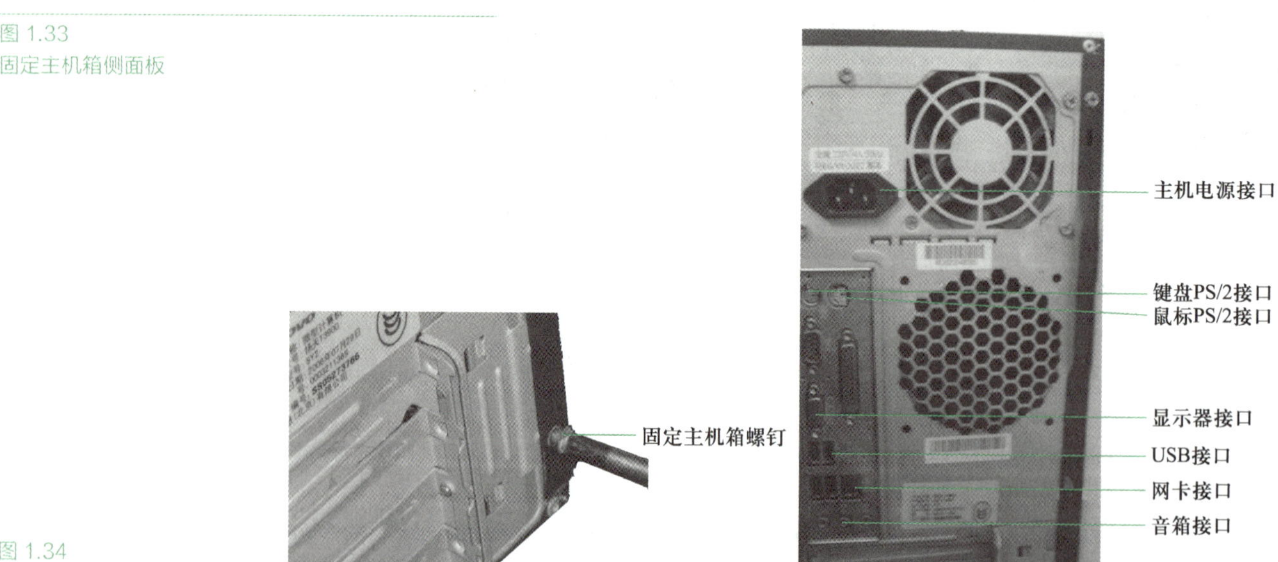

图 1.33 固定主机箱侧面板

图 1.34 各部件接入主机箱的接口图

步骤3 连接音箱。厂商的音箱输入插孔和声卡输出插孔的颜色是一致的，一般不会插错。一般红色的插孔是插麦克风的，绿色的插孔是插音箱的，蓝色的插孔是接4.1音箱用的。

步骤4 连接打印机。将具有USB接口的打印机数据线插入主机箱上的任一USB接口。

步骤5 连接网线。将网线的RJ-45接头（俗称水晶头）按照固定的方向插入主机箱上的网线接口。网线与RJ-45接头如图1.35所示。

图1.35
网线与RJ-45接头

步骤6 连接显示器。先将D形15针插头按照正确的方向插入主机后侧显卡上的15孔的D形插座上，然后用手将插头上的固定螺钉拧紧。D形显示器接头如图1.36所示。

图1.36
D形显示器接头

步骤7 连接鼠标和键盘。按照国际通用的颜色规范，鼠标接口是绿色的，键盘接口是紫色的。接入鼠标和键盘时要注意鼠标、键盘接口上有一个黑色塑料条，主机上的PS/2接口则有一个凹槽，连接的时候一定要使黑塑料条和凹槽对应，这样才能插入，否则插不进去，还容易造成鼠标、键盘接口针脚的弯曲。

步骤8 将主机电源线连接到主机箱上。

至此，就完成了简单安装计算机的工作。

1.4 网上学：简单拆装计算机

由本书编写组所建的“计算机组装与维护”网络课程是国家级精品资源共享课程，课程网站地址及使用方法见本书配套资源中的“课程网站使用说明”。

进入本课程网站后，通过首页左侧的“课程章节”导航，打开“第1章　初步认识计算机系统→1.1　简单拆装计算机”网上学习窗口，可以通过网络学习项目1的所有内容，如图1.37所示。

图1.37
简单拆装计算机视频教学窗口

分别单击窗口中的各个视频，可以在线观看计算机组装的操作演示视频。该视频可以帮助读者完成组装一台计算机的项目任务。

打开“简单拆卸计算机操作演示”视频，可以按照视频的操作演示一步一步地拆卸计算机。

1.5 拓展训练：拆装主机

拆装主机，就是将主机箱中的各个部件拆卸下来，之后再安装，如图 1.38 所示。

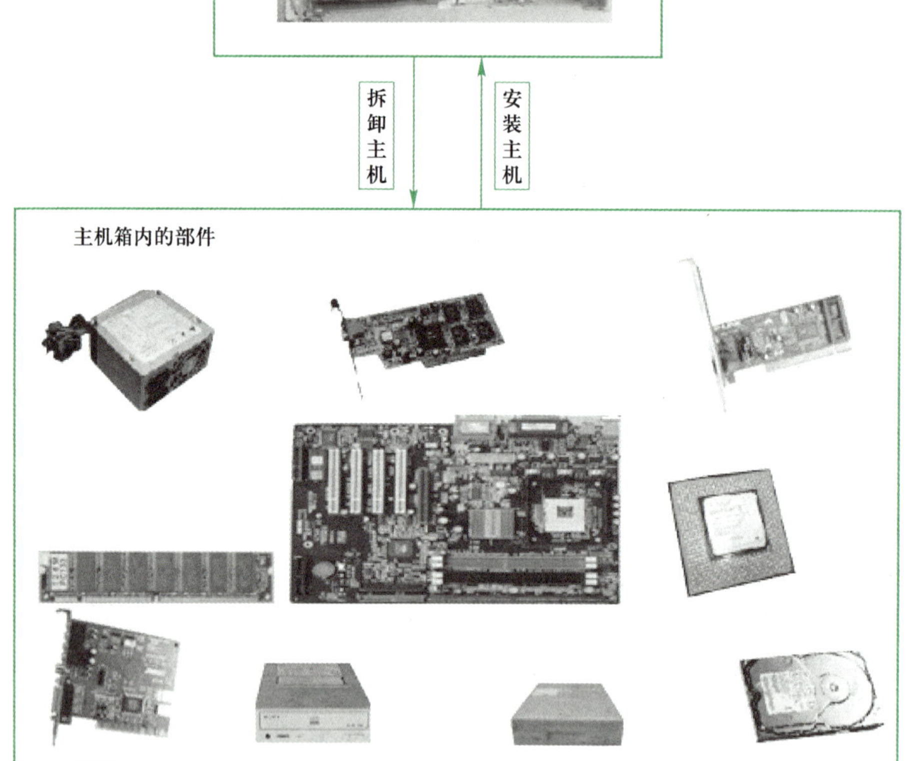

图 1.38
拆装主机

1.6 技术前沿：中国计算机的发展

计算工具的演进经历了由简单到复杂、从手动到自动、从自动到智能的多个阶段。作为最早的计算工具，中国春秋战国时期的“算筹”和起源于北宋时期的“算盘”至今仍在部分国家和领域发挥着作用，作为现代计算机的前世，它们同时还启发了现代计算机的研制思想。

世界上第一台现代电子计算机是 1946 年诞生于美国宾夕法尼亚大学的电子数字积分计算机，英文名称为 ENIAC（埃尼阿克），由此拉开了现代电子计算机迅猛发展的序幕。计算机先后经历了电子管（1946—1958 年）、晶体管（1958—1964 年）、集成电路（1964—1970 年）、大规模和超大规模集成电路（1970 年至今）四个发展阶段。进入 20 世纪末 21 世纪初，计算机向“智能化”方向发展，可以进行思考、学习、记忆、网络通信等工作。

1958 年，中国成功研制出第一台通用数字电子计算机 103 机，开启了中国现代计算机事业的发展。1964 年，中国成功研制出第一台自行设计的大型通用数字电子管计算机 119 机，同时研发了我国最早的实用高级程序设计语言 BCY，并在 119 机上实现了 BCY 编译系统。这一推动中国计算机领域自主创新的成果，使中国的计算机技术走向国际舞台。在党中央的高度重视与支持下，经过中国几代科技工作者的勤奋努力，中国计算机事业在短短的时间内就取得了显著成就，尤其是在巨型机领域，我国自主研发的“银河”巨型计算机让中国成为继美国、日本之后世界上第三个能独立设计和制造巨型计算机的国家。“银河”计算机如图 1.39 所示。

图 1.39
“银河-1”亿次计算机

中国计算机行业发展迅猛，1996 年联想计算机成为国内计算机市场巨头；2011 年，中国超越美国成为全球最大的个人计算机市场；2018 年，我国计算机产业实现主营业务收入 1.95 万亿元，同比增长近 9%，其中笔记本计算机的产量超过 1.7 亿台；2023 年，我国微型计算机设备的产量达到 3.31 亿台。中国计算机行业现已发展成为一个多技术、多产业、多元化融合的行业，必然带来旺盛的人才需求。聚焦到计算机组装与维修行业，市场具体的就业岗位有计算机硬件设计研发岗位、计算机生产装配质检岗位、计算机销售服务岗位、计算机售后维修岗位、各单位机房管理员等。

项目 2

挑选中央处理器

教案：
挑选中央处理器

教学课件：
挑选中央处理器

素质目标

笔 记

2.1 项目内容及实施计划

2.1.1 项目描述

挑选中央处理器（CPU）包括从市场上采购合适的 CPU，然后将其安装在主板上，并对 CPU 的性能进行测试，如图 2.1 所示。

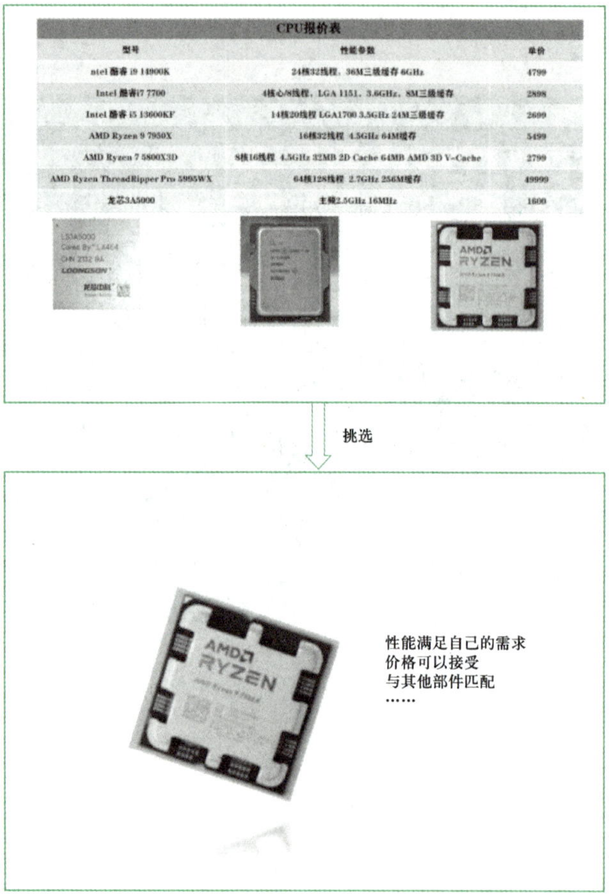

CPU报价表

型号	性能参数	单价
ntel 酷睿 i9 14900K	24核32线程，36M三级缓存 6GHz	4799
Intel 酷睿i7 7700	4核心/8线程，LGA 1151，3.6GHz，8M三级缓存	2898
Intel 酷睿 i5 13600KF	14核20线程 LGA1700 3.5GHz 24M三级缓存	2699
AMD Ryzen 9 7950X	16核32线程 4.5GHz 64M缓存	5499
AMD Ryzen 7 5800X3D	8核16线程 4.5GHz 32MB 2D Cache 64MB AMD 3D V-Cache	2799
AMD Ryzen ThreadRipper Pro 5995WX	64核128线程 2.7GHz 256M缓存	49999
龙芯3A5000	主频2.5GHz 16MHz	1600

LOONGSON
AMD
RYZEN
挑选
AMD
RYZEN
性能满足自己的需求
价格可以接受
与其他部件匹配
……

图 2.1
项目描述——挑选中央处理器

2.1.2 项目目标

1. 德育目标

（1）结合中央处理器在整机系统中的中心地位，引导学生树立“德育首位”的观念。

（2）结合近年来发生的“中兴事件”“华为事件”，让学生明白中国的“芯片之痛”，培养学生肩负为民族复兴和国家富强而努力拼搏的使命感。

（3）让学生了解中国芯片的发展历程，培养学生对中国科技创新实力的自信，增强学生“核心技术只有掌握在自己手中才能不受制于人”的意识。

2. 知识目标

（1）熟悉 CPU 的结构、工作原理及性能指标。

笔 记

（2）了解 CPU 的接口方式、封装形式和新技术。
（3）熟悉 CPU 挑选的策略。

3. 技能目标

（1）能正确安装与拆卸 CPU。
（2）能正确安装与拆卸 CPU 散热器。
（3）能使用常见性能测试软件对 CPU 性能进行测试。

4. 素养目标

（1）培养严谨细致的科学态度。
（2）增强学生学习 IT 行业新产品、新技术和新趋势的主动性。

2.1.3 项目实施计划

图 2.2 所示是挑选中央处理器的实施计划，其中左边栏目是分析，右边栏目是给读者的建议。读者也可以根据自己实际完成的顺序，将顺序号填入右上角的圆圈内。

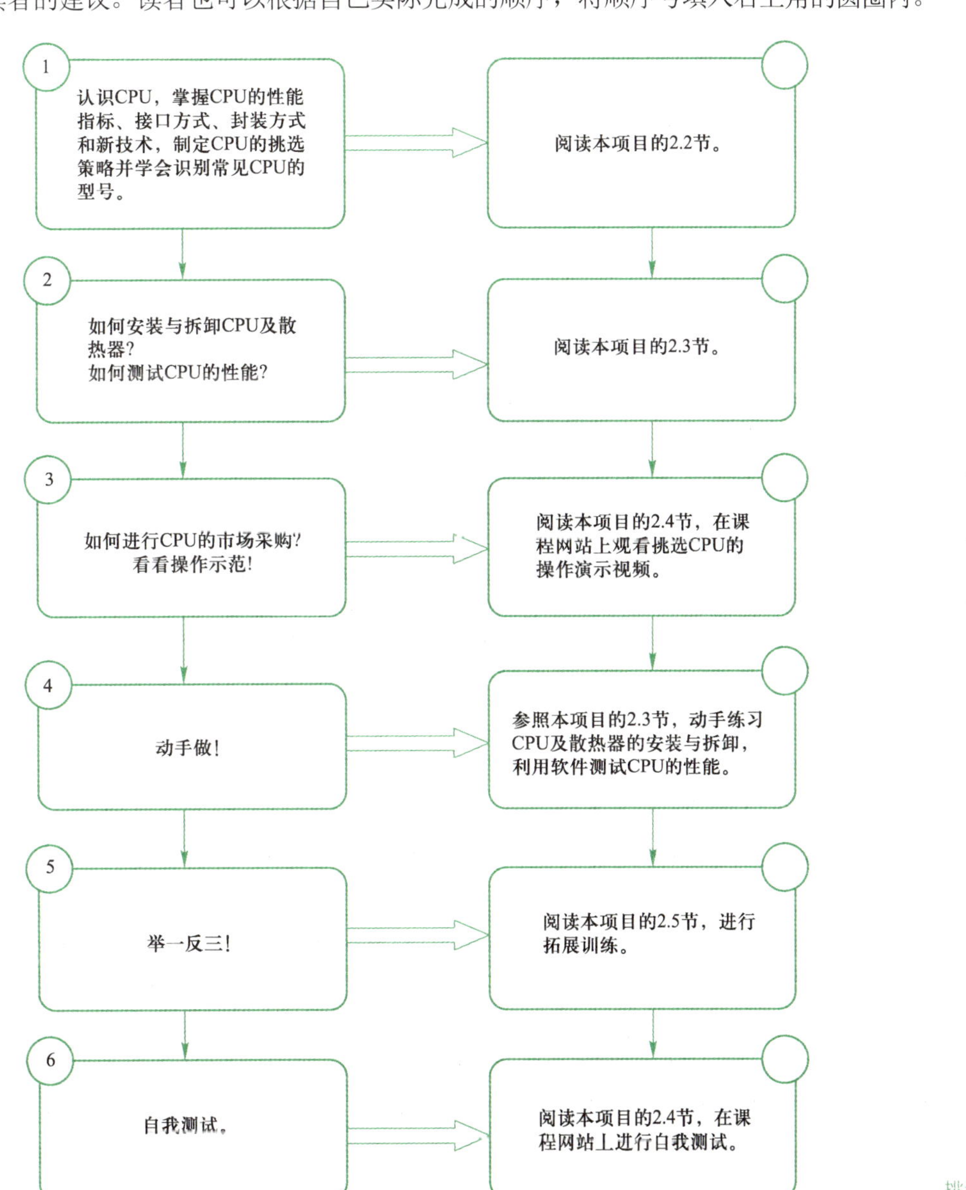

图 2.2
挑选中央处理器的实施计划

2.2 知识阅读：中央处理器

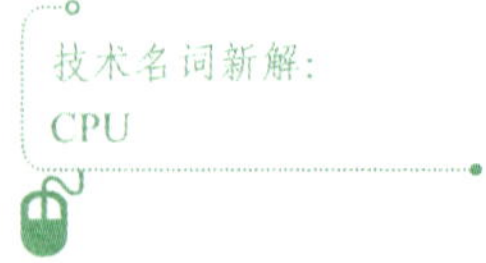

要完成“挑选中央处理器”项目，需要了解 CPU 的相关知识，包括 CPU 的结构、CPU 的性能指标、CPU 的接口方式、封装方式和 CPU 的新技术。本节主要介绍这几个方面的知识。通过对本节的学习，读者在进行项目操作时可以有充足的知识准备。对本节的学习可以放在 2.3 节以后，也可以先进行学习，再去完成 2.3 节的操作，同时还可以将本节当作资料随时进行查阅。

2.2.1 CPU 的结构及工作过程

CPU 是计算机系统的核心部件，控制着整个计算机系统的工作。CPU 一般由运算器、控制器、寄存器、高速缓冲存储器等几部分组成，主要用来进行分析、判断、运算，以及控制计算机各个部件协调工作。简单地说，CPU 的功能有三：一是读数据；二是处理数据；三是写数据。

经过多年的发展，CPU 的结构变化很大。现在，CPU 的物理结构可以分为内核、基板、填充物、封装及接口 5 部分，此外基板上还有控制电路、贴片电容等器件。

图 2.3 所示为 AMD 公司的一款 CPU 的结构图。

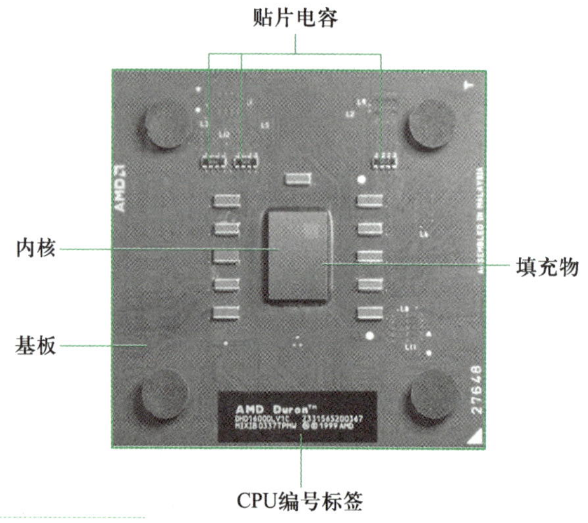

图 2.3
CPU 结构图

了解了 CPU 的结构后，再来看看 CPU 的工作过程。CPU 的工作过程就像一个工厂对产品的加工过程：进入工厂的原料（程序、指令）经过物资分配部门（控制单元）的调度分配，被送往生产线（逻辑单元），生产成产品（处理后的数据）后，再存储到仓库（存储单元）中，最后拿到市场上去卖（交由应用程序使用）。在此过程中，从控制单元开始，CPU 正式运行，中间过程由逻辑单元来进行运算处理，最后交到存储单元，代表 CPU 停止工作。

CPU 就是这样去执行读数据、处理数据和写数据这 3 项基本工作的。CPU 的这个工作过程是不断重复进行的。为了保证每一步操作都准时进行，在 CPU 内部设置了一个时钟，时钟控制着 CPU 执行的每一个动作。它就像一个节拍器，不停地发出脉冲信号，决定、调整 CPU 的步调和处理时间，这就是人们所熟悉的 CPU 的主频。

同时，一些制造厂商在 CPU 内增加了一个数据浮点运算单元（Float Point Unit，FPU），专门用来处理非常大和非常小的数据，大大地加快了 CPU 对数据的运算处理速度。

2.2.2 CPU 的性能指标

拓展阅读
破解中国 IT 业“缺芯少魂”之困局

CPU 的性能指标主要有主频、外频、倍频、字长、寻址空间、高速缓存、扩展指令集、工艺水平、工作电压等几项。

1. 主频、外频、倍频

（1）主频

主频又称时钟频率，即 CPU 的工作频率。从理论上讲，主频越高，CPU 的运算速度就越快。但这也不是绝对的，因为 CPU 内部结构的差异，如缓存的大小、指令集等方面的不同，就会出现相同主频 CPU 的运算速度有差异的现象。CPU 主频的发展异常迅速，早已经进入了吉赫兹（GHz）阶段。人们在选购 CPU 时，关注最多的也就是 CPU 的主频是多少。

（2）外频

笔 记

外频决定着整块主板的运行速度。通常人们所说的超频就是指提升 CPU 的外频（一般情况下，CPU 的倍频都是被锁定的）。当然，对服务器的 CPU 绝不允许超频，否则会因异步运行而造成服务器系统的不稳定。

（3）倍频

倍频是指 CPU 外频与主频相差的倍数。在相同的外频下，倍频越高则 CPU 的频率也越高。但实际上，在相同的外频下，高倍频的 CPU 意义并不大，因为 CPU 从系统中读取数据的极限速率一般无法达到 CPU 高主频运算的速率。

2. 字长

字长是 CPU 与二级高速缓存、内存之间一次所能交换的二进制的位数。位数越多，处理数据的速度就越快。就好比一条公路的宽度，道路越宽，车流量就会越大。字长是 CPU 的主要技术指标之一。常见的 CPU 的字长有 16 位、32 位和 64 位等，早期的 CPU 字长还有 4 位和 8 位。

3. 寻址空间

寻址空间由地址总线宽度决定，它规定了 CPU 可以访问的物理内存的地址空间是多大，即 CPU 到底能够识别、使用多大容量的内存。比如，CPU 的地址总线为 32 位，则其寻址空间为 2^{32} B=4 GB，即 CPU 最大能够识别和使用 4 GB 的物理内存空间。

4. 高速缓存

高速缓存的全称为高速缓冲存储器，英文名称为 Cache。高速缓存，顾名思义，就是可以快速进行数据存取的存储器，它的存取速度远远快于内存。高速缓存的出现是源于 CPU 在完成指令操作时需要频繁地和内存交换数据，而内存的速度远远地低于 CPU 的速度，这样就造成了一种系统“瓶颈”现象，CPU 在处理指令时的大多数时间都是在等待内存处理完毕，这种等待极大地浪费了 CPU 资源。为解决这个问题，人们在 CPU 内部集成了高速缓存，它的工作频率与 CPU 完全同步。一般将高速缓存分为 3 类：一级缓存（L1 Cache）、二级缓存（L2 Cache）和三级缓存（L3 Cache）。一级缓存一般分为数据缓存和指令缓存两部分；二级缓存主要存储数据；三级缓存比二级缓存要快很多，能够大大提升 CPU 的响应速度。

笔 记

5. 扩展指令集

CPU 依靠指令来计算和控制系统，在设计时就规定了一系列与其硬件电路相配合的指令系统。指令的强弱也是 CPU 的重要指标，指令集是提高微处理器效率的非常有效的工具之一。从现阶段的主流体系结构讲，指令集可分为复杂指令集和精简指令集两部分。从具体运用来看，Intel 公司的 MMX（Multi Media eXtension，多媒体扩展指令集）、SSE（Streaming SIMD Extensions，单指令多数据流扩展）、SSE2、SEE3、SEE4，以及 AMD 的 3DNow!都是 CPU 的扩展指令集。这些扩展指令集分别增强了 CPU 的多媒体、互联网和三维图形图像等的处理能力。其中，SSE3 指令集是目前规模最小的指令集，Intel Prescott 处理器和 AMD 的双核心处理器都支持 SSE3 指令集。SSE4 指令集是 Intel Conroe 架构（“扣肉”架构）所引入的新指令集，它更注重视频方面的优化，并提供完整的 128 位宽的 SSE 执行单元，一个频率周期内可执行一个 128 位 SSE 指令。

6. 工艺水平

工艺水平也称制造工艺，它本身是一个半导体工业术语，引入 CPU 中则表示组成 CPU 芯片的电子线路宽度或元器件的稀密程度。例如，CPU 的制造工艺为 0.13 μm，就是指该 CPU 核心中电子线路的宽度为 0.13 μm。这个值越小，表示可以在同样面积的线路上集成更多的晶体管，CPU 的功耗和发热量就越低，CPU 就能够工作在更高的频率上。CPU 制造工艺已经进入纳米（nm）时代（1 μm=10^{-3} mm，1 nm=10^{-3} μm），主流 CPU 产品的制造工艺为 14 nm。

7. 工作电压

工作电压指 CPU 正常工作时所需的电压。适当地提高 CPU 的工作电压，可以增加 CPU 工作的稳定性，但同时也会使 CPU 产生大量的热，降低 CPU 的使用寿命。随着制造工艺的提高，CPU 的运算速度越来越快，CPU 正常工作时所需的电压也越来越低，从早期的 5 V 降至 3.5 V，再降到 2.9 V，今天已降至 2 V 以下。工作电压大幅度下降，有效地解决了 CPU 工作时耗电过大和发热过高的问题，延长了 CPU 的使用寿命。

2.2.3 CPU 的接口方式

CPU 通过某个接口与主板连接后才能工作。经过多年的发展，CPU 采用的接口方式有引脚式、插卡式、针脚式、触点式等几种。图 2.4 所示为 4 种接口方式的 CPU。

图 2.4
4 种接口方式的 CPU

CPU 接口不同，则插孔数、体积、形状等都不同，故不能互相接插。早期的 CPU 接口可以通过本课程网站进行查询。下面介绍几种常见的 CPU 接口方式。

（1）LGA 1700

LGA 1700 接口又名 Socket V0，是为 12 代酷睿 CPU 开发的主流接口标准，其金属触点个数在原来第 10 代酷睿 CPU 使用的 LGA 1200 接口的基础上增加了 500 个，达到 1700 个针脚，主要用于支持 PCI-E 5.0、DDR5 内存及更高供电等。整体封装从正方形改为长方形，尺寸也变成 37.5 mm×45.0 mm。LGA 1700 的针脚分成了两部分，都是 L 形状，翻转结合在一起。图 2.5 所示为一款 LGA 1700 接口的 CPU 产品。

（2）LGA 1200

LGA 1200 又名 Socket H5，上市于 2020 年，广泛应用于英特尔桌面版第 10 代、第 11 代酷睿 CPU 上。全新的 LGA 1200 插槽相比前代 LGA 1155 多了 5 个触点，预留了更多的数据通道，也为第 11 代酷睿支持 PCI-E 4.0、DDR4 和性能激增的新架构提供支撑。LGA 1200 从外观上看，略微调整了整体布局。左右总长度还是保持 61.02 mm 不变，但是以中部电容区域中点进行分割，左右两侧长度分别改成了 26.11 mm、34.91 mm，相较于上代的 LGA 115X，接口的中点向右移动了 0.3 mm。图 2.6 所示为一款 LGA 1200 接口的 CPU 产品。

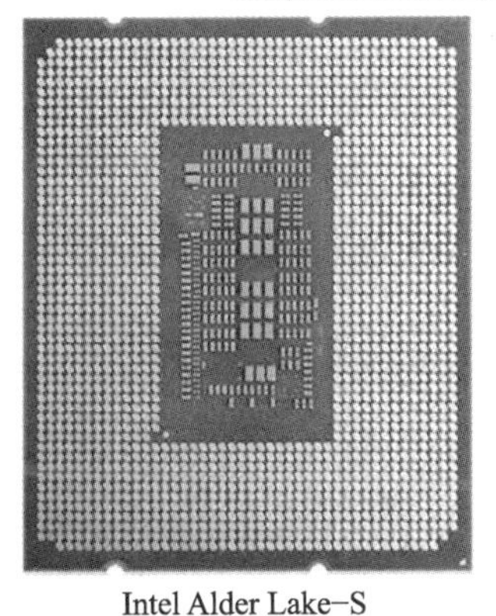
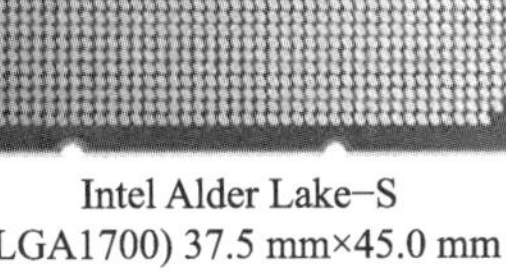
Intel Alder Lake-S
(LGA1700) 37.5 mm×45.0 mm

图 2.5
采用 LGA 1700 接口的 CPU

图 2.6
采用 LGA 1200 接口的 CPU

（3）LGA 1156/LGA 1155/LGA 1151

LGA 1156 是 Intel 64 位平台的封装方式——触点阵列封装，用来取代老的 LGA 775（Socket T）接口，也称 Socket H。LGA 1156 的意思是采用 1156 针的 CPU。其封装方式的特征是没有了以往的针脚，只有一个个整齐排列的金属圆点，因此 CPU 并不能利用针脚固定接触，而是利用一个安装扣架固定，令 CPU 可以正确压在 Socket 露出来的具有弹性的触须上。LGA 1156 接口底座的卡锁方式发生了一些变化，由原来的拉杆式卡锁变成了现在的铆钉式卡锁。从 LGA 1156 接口开始，整合技术（北桥及 IGP）、超线程技术、睿频（智能超频）技术、虚拟化技术及 32 nm 工艺都被集成在一起，LGA 1156 开创了一个新时代。

Intel Sandy Bridge 芯片于 2010 年投产，2011 年年初上市，主要用于台式计算机和便携式计算机。该产品采用新的 LGA 1155 接口。2012 年 4 月，Intel 公司发布了代号为 Ivy Bridge 的 22 nm 新处理器和与其相配套的 7 系列芯片组。Ivy Bridge 使用 LGA 1155 插槽，6 系列芯片组主板的用户可以升级 BIOS，以使用 Ivy Bridge。2013 年，Intel 公司推出了 Haswell 处理器，采用 LGA 1150 插槽。2018 年第二季度，Intel 公司正式推出 14 nm 工艺的 Skylake 架构的 CPU 产品，采用了全新的 LGA 1151 接口。它与 LGA 1150 接口从外观上看差别不大，只是多了一根针脚，但是这两种接口的 CPU 不能混插（架构更新）。采用 LGA 1151 接口的 CPU 产品主要为 Intel 公司的第 6 代、第 7 代、第 8 代产品。

LGA 1155 接口与 LGA 1156 接口虽然只是一针之差，但是在设计上却有不小的变动。图 2.7 所示为这两种接口结构对比的示意图。

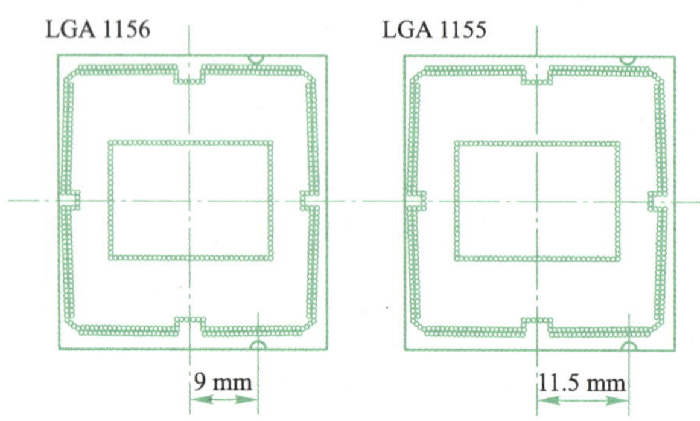

图 2.7
LGA 1155 接口与
LGA 1156 接口结构对比

（4）LGA 2066

LGA 2066 又名 Socket R4，有 2066 个触点，是 2017 年推出的一款接口规范，用于取代 LGA 2011-3 接口。该接口规范应用于 Skylake-X 和 Kaby Lake-X 处理器。该接口规范在性能、高端台式机和工作站平台(基于 X299 Basin Falls 和 C422 芯片组)上取代 LGA 2011-3（R3），而在基于 Skylake-SP（至强 Purley）的服务器平台上取代 LGA 2011-3（R3）。图 2.8 所示为一款采用 LGA 2066 接口的 Intel 酷睿 i9 10980XE 的 CPU 产品。

（5）Socket AM5

Socket AM5 接口是 2022 年 7 月推出的一款 CPU 接口规范，用于全面取代 AM4 接口。Socket AM5 最大的变化是从使用 PGA 针脚变成使用更可靠的 LGA 触点，触点数为 1718 个，故 Socket AM5 接口也可称为 LGA 1718。AM5 接口为适应新一代 DDR5 内存、PCI-E 5.0 总线，提升了供电能力，最高支持 170W 处理器功耗，PCI-E 5.0 通道最多可达 24 条，最关键的是兼容现有 AM4 散热器，用户后续更换硬件无须重新购买散热器，降低了升级成本。从外形上看，Socket AM5 采用 40mm×40mm 的正方形结构，搭配代号 Raphael 的 Zen 4 架构处理器，主要用于 AMD 锐龙 7000 系列的 CPU 产品。图 2.9 所示为一款采用 AM5 接口的 CPU 产品。

图 2.8
采用 LGA 2066 接口的 CPU

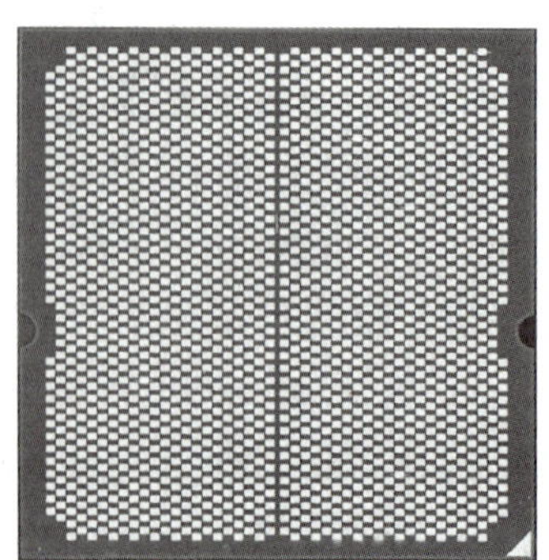

图 2.9
采用 AM5 接口的 CPU

（6）Socket AM4

Socket AM4 接口是 2016 年推出的一款 CPU 接口规范，具体针脚数量为 1331 个，用于取代 AMD 桌面处理器 AM3、FM2、AM1 等接口。AM4 处理器目前可以兼容 AMD 锐龙系列的 CPU，支持 PCI-E 3.0、USB 3.0/3.1、SATA Express 等技术标准，并支持双通道 DDR4 内存，最多 4 条，最高频率为 3 200MHz，同时根据芯片组不同支持最多 24 条 PCI-E。图 2.10 所示为一款采用 AM4 接口的 AMD Ryzen 9 3950X 的 CPU 产品。

图 2.10
采用 AM4 接口的 CPU

2.2.4 CPU 的封装形式

CPU 的封装是指采用特定的材料将 CPU 芯片模块固化在其中，以防止其损坏的保护措施，也可以把它理解为 CPU 芯片的外壳。CPU 必须封装后才能交付使用，封装也是 CPU 生产过程中的最后一道工序。封装技术的好坏直接影响 CPU 性能发挥的好坏和 PCB（Printed Circuit Board，印制电路板）设计与制造的好坏。

衡量一种封装方式的好坏主要考虑 3 个方面的因素：一是芯片面积与封装面积之比，应尽量接近 1∶1，以提高封装效率；二是引脚问题，引脚要尽量短，以减少时延，引脚间的距离应尽量远，以保证互不干扰，提高性能；三是基于散热的要求，封装越薄越好。

1. 早期的封装方式

CPU 封装方式始于计算机的 8088 时代。早期的 CPU 采用的是 DIP（Dual In-line Package，双列直插式封装）、QFP（Quad Flat Package，方形扁平式封装）和 PFP（Plastic Flat Package，塑料扁平组件式封装）三种方式。图 2.11 所示为采用 DIP、QFP 和 PFP 封装形式的 CPU。

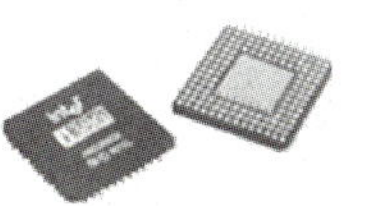

DIP封装　QFP封装　PFP封装

图 2.11
采用 DIP、QFP 和 PFP 封装形式的 CPU

2. PGA 封装方式

PGA（Pin Grid Array）也称为引脚网格阵列封装或插针网格阵列封装。对于 PGA 封装，通常在芯片下方围着多层方阵形的插针，插针之间按一定距离进行排列。PGA 封装具有插拔操作方便、可靠性高的优点，缺点是耗电量较大。从 486 的 CPU 开始，出现了一种 ZIF（Zero Insertion Force Socket，零插拔力）的 CPU 插座。该插座可以让 PGA 封装的 CPU 轻松、容易地插入插座和从插座上取下，而且可让 CPU 的针脚与插座牢牢相连，避免接触不良的现象。PGA 封装在发展的过程中衍生出了多种封装方式，如有机管脚阵列封装（OPGA）、微型 PGA 封装（mPGA）、陶瓷 PGA 封装（CPGA）、反转芯片针脚栅格阵列封装（FC-PGA）、塑料栅格陈列封装（PPGA）等。图 2.12 所示为采用 PGA 封装形式的 CPU。

图 2.12
采用 PGA 封装形式的 CPU

3. SECC 封装形式

SECC 是 Single Edge Contact Cartridge 的缩写，中文意思为单边接插卡盒。SECC 封装不使用针脚，而使用“金手指”触点来传递信号。它的外面覆盖一层金属壳，背面有热材料镀层作为散热器，内部有一个基体（即印制电路板），把芯片、二级 Cache 和电路连接起来。图 2.13 所示为采用 SECC 封装形式的 CPU。

SECC 封装还有一种升级版，那就是 SECC 2 封装。SECC 2 封装与 SECC 封装相比较，除了使用更少的保护性包装且不含有导热镀层外，其他的方面类似。SECC 2 封装主要用于 Pentium Ⅱ 处理器和 Pentium Ⅲ 处理器（242 触点）。

图 2.13
采用 SECC 封装形式的 CPU

4. BGA 封装形式

BGA（Ball Grid Array）的中文名称为球栅阵列封装。该技术采用了可控塌陷芯片法焊接，可以改善它的电热性能。采用 BGA 封装的 CPU，其信号传输延迟小，适应频率可以在很大程度上得到提高。图 2.14 所示为采用 BGA 封装形式的 CPU。

5. LGA 封装形式

LGA（Land Grid Array）封装也称为栅格阵列封装或 Socket T，是一种全新的处理器封装形式。和前几种封装相比，LGA 封装最明显的区别就在于其没有了以往的针状插脚，而是采用金属触点式封装。针脚是具有电容性的，易产生信号噪声，针脚越多，所产生的噪声越大。所以 Intel 公司在 CPU 封装上索性取消了针脚，而采用了 LGA 封装技术。它的出现使得 CPU 的频率突破了 Socket 478 的“瓶颈”，有了一个更大的发展空间，为 CPU 真正的 64 位时代的到来打下了基础。这种封装技术主要应用于 Intel 公司的 Pentium 4、Pentium D、Core 2 Duo、Core 2 Quad、Core i3/i5/i7、Celeron/Pentium E/G 系列 CPU，是 Intel 公司目前主流 CPU 的封装形式。图 2.15 所示为采用 LGA 封装形式的 CPU。

图 2.14
采用 BGA 封装形式的 CPU

图 2.15
采用 LGA 封装形式的 CPU

2.2.5 CPU 的新技术

CPU 的发展可以说是计算机硬件中发展最快的。短短三十几年，CPU 从最初的 4 位运算提升到今天的 64 位运算处理，时钟频率更是进入到吉赫兹（GHz）时代。在 CPU 的发展过程中，最引人注目的便是应用于 CPU 之上的各种新技术。本书主要在课程网站上介绍目前应用于 CPU 之上的主流新技术，主要有以下技术。

① 多核处理器技术。

② 超线程技术。

③ 64 位技术。

④ 制造工艺。

⑤ Core 微架构。

2.2.6 CPU 的挑选策略

目前，市场上台式计算机的 CPU 主要是 Intel 和 AMD 两家公司的产品。现在 CPU 的主频越来越高，选择的范围越来越大，既有高端产品也有低端产品，而且在每一个档次上都有不同的选择。那么，如何选择一款合适的 CPU 呢？这就要看使用者的需要了，对于不同的使用需求来说，选购的产品性能也应有所区别。

笔 记

1. 用户分群

首先要提醒读者不要盲目追求主频，因为CPU发展到今天，主频低已经不代表性能差了。正确划分用户群是合理选购CPU的前提。这里大致把消费群体分为3类。一是低端用户群，通常是学生、计算机初学者和多数网吧用户。他们买计算机的主要用途就是学习、处理基本文档、上网和听音乐、看电影等，因此对CPU的要求不是很高，也没有必要购买价格很高的CPU。二是中级用户群，一般是对计算机的相关知识有了一定的了解，对计算机的操作、使用相当熟悉的用户，这类群体也是最大的用户群体。大学中对技术比较感兴趣的同学，或者对计算机游戏特别痴迷的朋友，或者需要在工作中处理一些较为复杂内容的工作者，如视频采集、媒体影音图像的处理等的企业白领阶层、家庭用户都应该属于这一群体，他们对CPU的要求要高一些。三是高级用户群，专业图形处理工作者、超级游戏玩家和超级DIY爱好者都应该属于这一用户群，但是并不是说这类用户都应该使用最新、最快、最贵的CPU，他们更多的是追求一种高的性价比。

2. CPU的挑选策略

要挑选一款CPU，首先需要考虑用户的需求，其次要了解市场上具体的CPU产品有哪些是能满足这一需求的，最后确定用户的CPU挑选范围。

对于低端用户群来说，他们对CPU没有太高的要求，这一类用户的主要目标应该锁定在市场价位偏低的低端产品上。这一类产品的市场报价大多为250～400元，主频率一般为1.8～2.0 GHz，核心数最少应是双核心的，制造工艺要达到65 nm。

对中级用户群来说，他们对CPU没有太特殊的要求，挑选的CPU市场价位为中档价位，当前报价一般为500～800元，主频率不低于2.2 GHz，可以选择双核心或四核心的产品，二级缓存为2～3 MB，制造工艺一般是45 nm。

对于高级用户群来说，他们对CPU的要求比较高，在某些方面甚至有非常专业的要求，为此类用户挑选CPU，应该把市场价位定于高端价位，当前市场报价一般在1 000元以上，主频率在3.0 GHz及以上，可以优先考虑四核心的CPU，二级缓存为6～8 MB，制造工艺可以选22 nm或32 nm。

3. 网上拟购CPU

在去商家那里购买CPU之前，应根据自己的需要和经济情况定位几款CPU。先估计自己所要买的CPU的价格，然后到相应的门户网站上去查询CPU的价格及相应的介绍。这里给读者推荐几个网站，如表2.1所示。

表 2.1 相关 CPU 网站

网　站
中关村在线—CPU频道
泡泡网—CPU频道
太平洋电脑网—CPU频道
电脑之家—CPU频道

本课程网站也提供了当前主流的CPU产品，供用户在学习时进行浏览。

要获取更多的CPU信息，用户也可以直接利用比较有名的搜索引擎，在其中输入关键字，如“CPU导购”“CPU产品介绍”等字样，就可以搜索到很多相关的信息了。当然，这些信息需要用户进行分类整理，还要去掉一些过时的信息。

4. 市场采购

做好准备工作后，就可以按照下列步骤去市场上购买相应的产品了。

笔 记

步骤1 请专家护航。如果用户对本地的 CPU 市场不熟悉，不妨邀请几个有计算机专业知识的朋友一起前往本地电脑城。

步骤2 货比三家。在购买前要多逛几个商铺，此时只看货、询价，但不出手。

步骤3 锁定购买对象。在所逛的商铺中选择要价最低的商家作为自己初步的购买对象，然后深入全面地了解产品的各项性能指标，并进行讨价还价。如果双方所谈的价位相差过远，可以重换一个商家再谈。

步骤4 外观检查。价格谈好后，要先对商家拿出的 CPU 进行外观检查，看看 CPU 编号反映出的性能指标与宣传是否一致，看看 CPU 有没有“打磨”的痕迹，在验证没有问题的情况下再付钱。

步骤5 关注售后服务。要求商家对所售的 CPU 产品贴标，这样可以保证在保修期内对问题产品进行更换或退货。同时不要忘了索要 CPU 的保修单。

2.3 动手做：安装与测试中央处理器

安装与测试中央处理器的内容包括 CPU 及散热风扇的安装与拆卸、CPU 性能测试等。

2.3.1 CPU 及散热器的安装与拆卸

完成了 CPU 的购买后，用户还要初步掌握 CPU 及散热器的安装与拆卸技巧，保证能顺利地将买回来的 CPU 安装到计算机上。

所要注意的是，在进行 CPU 安装操作时要使用废旧的 CPU，也可以对不同接口的废旧 CPU 进行拆装。只有能熟练拆装废旧 CPU 后，才能操作新的 CPU 的安装与拆卸。此处以安装和拆卸 Intel 公司 Socket 478 接口的 P4 CPU 及散热器为例进行介绍。

微课 2-1
CPU 及散热器的安装与拆卸

1. 安装 CPU 及散热器

步骤1 拉起拉杆。将主板放平，找到 CPU 插槽的位置，将 CPU 插槽旁的小扳手向外拉出，并向上拉起，使其与主板垂直，如图 2.16 所示。

步骤2 放入 CPU。仔细观察 CPU 插槽与 CPU，便会发现有一个角和其他角不一样，那个地方是缺针的，将 CPU 的缺针角对准 CPU 插槽上的缺孔处，小心地将 CPU 放入插槽（不可用蛮力，若方向正确，就可很轻松地放入），如图 2.17 所示。

图 2.16
拉起 CPU 插座的小扳手

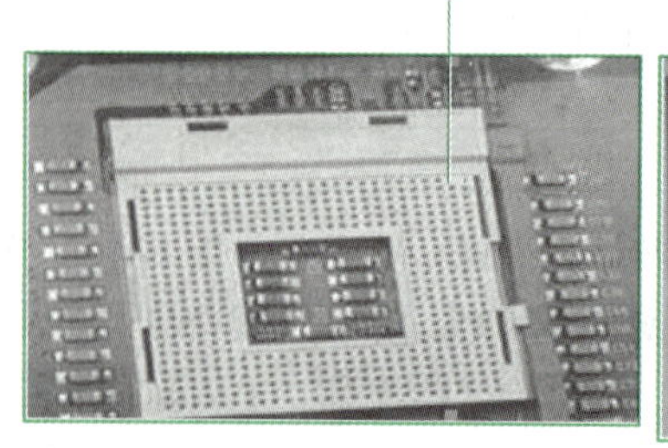

图 2.17
CPU 和插座的缺角

步骤3 压下拉杆。将拉起的插槽边的小扳手回复原位，固定好，这样就完成了 CPU 的安装，如图 2.18 所示。

步骤4 在 CPU 上涂抹硅脂。在已经安装好的 CPU 表面均匀地涂上一层散热硅脂，这样可加强 CPU 和散热片之间的接触，提高散热能力，如图 2.19 所示，注意不要涂太多，完全覆盖表面即可。

图 2.18 安装好的 CPU

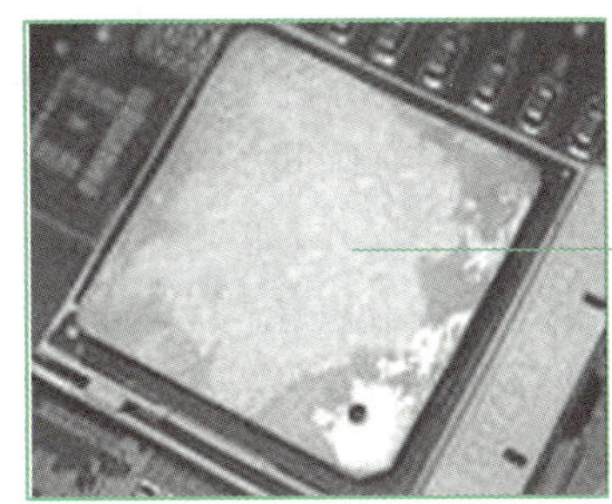

图 2.19 涂抹硅脂

步骤5 固定散热风扇。将 CPU 风扇的散热片小心地放入主板上的风扇支架，确保 CPU 和散热片紧密接触。将 CPU 风扇上的扣具小心地挂在风扇支架的挂孔上，对于有压杆的，还需要拉紧压杆，注意用力均匀，如图 2.20 所示。

步骤6 安装 CPU 风扇电源。将 CPU 风扇上的 3 针电源插头插入主板上标有 CPU FAN 的插槽里（一般在 CPU 插槽附近），如图 2.21 所示。

图 2.20 放置风扇和安装扣具

图 2.21 CPU 风扇电源的安装

2. CPU 及散热器的拆卸

拆卸过程是安装过程的逆过程。首先从主板上拔掉 CPU 风扇的电源线，再将散热风扇上面的固定杆向相反的方向拉起来，然后拆掉 4 个脚的固定端（因为扣具卡口比较牢靠，所以在拆卸过程中要先把扣具卡口下压，然后向外提，先拆掉一个固定端，再顺次拆掉其他 3 个固定端）。拆固定端的时候要注意别用力过猛，以防碰坏了电容（圆柱体）或弄断固定端。4 个固定端拆掉后，就可以将 CPU 散热风扇从主板上取下来，如图 2.22 所示。CPU 风扇拆掉后，会露出 CPU，此时向外向上稍用力拉起 CPU 插座旁边的拉杆，CPU 就会从插座中升起来，就可以取出 CPU 了，如图 2.23 所示。

微课 2-2 CPU 及散热器的拆卸

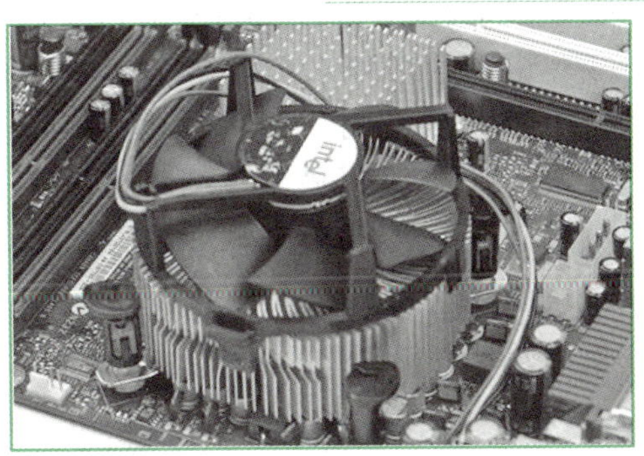

图 2.22 拆卸 CPU 散热风扇

图 2.23 取出 CPU

2.3.2 CPU的测试

微课2-3
CPU的测试

对计算机的各个部件进行专项测试是检查部件性能表现的有效手段。虽然用户平常在使用计算机时能“感性认识”自己计算机运行速度的“快慢”，但这不能真正说明问题。同时，在判别计算机的某个部件真假时，使用专项工具进行测试也远远要比靠经验去识别可靠得多。因此，对计算机进行测试是一项比较重要的工作。

要真正完成好测试工作，必须要做好充分的准备工作。首先要搭建好硬件测试平台，要在硬件的电气性能稳定之后再开始测试，并注意给CPU降温。其次要搭建好软件测试平台，包括安装操作系统和测试软件，并在测试前将所有系统自启动程序关闭（如各类实时防病毒软件等）。

目前对CPU详细信息和运算能力进行测试的软件很多，这里主要介绍检测CPU详细信息的软件CPU-Z。

CPU-Z是一款专门用于检测CPU基本信息的免费软件，能够检测的CPU基本信息包括CPU名称、代号、封装、工艺、电压、时钟频率、缓存及支持的指令集等，资料非常详细完整。另外，它还能够对主板和内存的信息进行简要的检测，是一款不错的CPU检测软件。该软件的大小只有1.4 MB，可以到网上去下载，下载后只需解压缩即可运行。该软件的界面如图2.24所示。

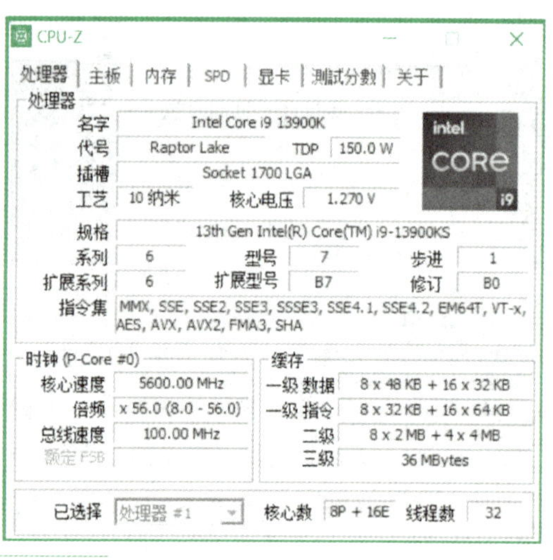

图2.24
CPU-Z的启动界面

通过图2.24显示的数据可以知道CPU的型号、额定工作频率、代号、缓存以及支持的指令集等信息，图中显示这块CPU的频率为5.6 GHz，是一款Intel酷睿i9 13900K的CPU，核心代号为Raptor Lake，功耗设计为150 W，采用LGA 1700接口规范，制造工艺为10 nm，工作电压为1.27 V，总线频率为100 MHz，支持三级缓存，核心数为24核（8个大核，16个小核），线程数为32。通过CPU-Z，用户可以对自己计算机的CPU有一个基本的认识，了解其详细信息和指标，是进行装机和检测的好帮手。

2.4 网上学：挑选中央处理器

进入本课程网站后，通过首页左侧的“课程章节→第2章　计算机硬件系统”导航，打开“挑选中央处理器”网上学习窗口，可以通过网络学习项目 2 的所有内容，如图 2.25 所示。

图 2.25
挑选中央处理器项目
网上学习窗口

2.5 拓展训练：拆装 LGA 1700 接口 CPU

微课 2-4
Intel LGA 1700 CPU 及散热器的安装

CPU 接口经历了很多次升级换代，2023 年市场主流的 CPU 接口是 Intel 公司的 LGA 1700 和 AMD 公司的 AM5 接口。中国龙芯 3 号系列 CPU 所采用的 BGA 1121 接口成为市场众多 CPU 接口标准中的一道亮丽的风景线。本拓展训练主要帮助读者掌握 LGA 1700 接口 CPU 的安装操作。

LGA 1700 接口主要用于 Intel 第 12 代、第 13 代和第 14 代酷睿处理器上，其安装方法与其他接口的 CPU 大体相同，需要注意的有 3 个方面：一是安装时要将 CPU 的 Pin1 标记与主板 CPU 卡槽上的 Pin1 标记对齐；二是确保 CPU 凹口与卡槽凸出部分正确对齐；三是将 CPU 放入到卡槽后，要仔细检查 4 个角是否在同一水平面上。如图 2.26、图 2.27、图 2.28 所示。

图 2.26
LGA 1700 CPU 的 Pin1 标记

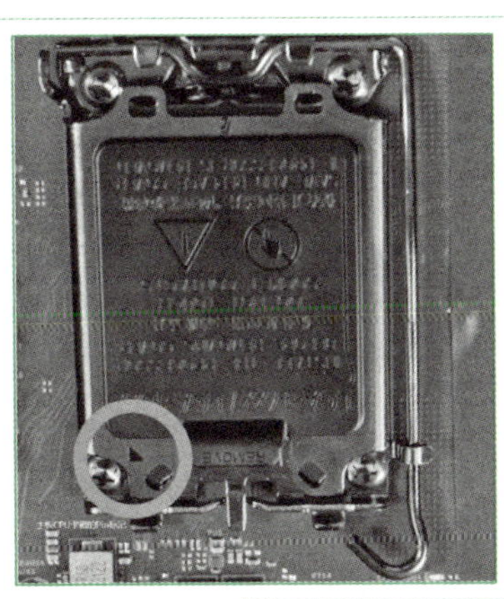

图 2.27
主板 CPU 卡槽的 Pin1 标记

图 2.28
水平放置 CPU

2.6 技术前沿：CPU 前沿产品及发展趋势

中央处理器芯片是现代科技产业的心脏，其发展程度体现了一个国家的科技实力。当前，全球 CPU 芯片主流产品仍然是美国 Intel 公司和 AMD 公司的产品，尤其是 Intel 公司推出的酷睿 I9 第 14 代产品，更是稳居 CPU 高端市场首位。图 2.29、图 2.30 所示为 Intel 公司和 AMD 公司当前最新的两款 CPU 产品。

图 2.29
Intel CORE i9-13900K CPU

图 2.30
AMD 锐龙 9-3950X CPU

中国芯片市场规模多年蝉联世界第一，却主要依赖进口。据统计，2022 年中国芯片进口高达 4156 亿美元。目前，国产芯片自给率仅为 25%，且多为低端芯片，中高端芯片大量依靠进口，“卡脖子”现象仍然很严重。特别是发生于 2018 年前后的“中兴事件”和“华为事件”，更是对国人敲响了警钟。中国科技自主创新，把核心技术掌握在自己手中势在必行。

以龙芯中科、华为技术有限公司为代表的一批民族企业，历经数十年的艰辛探索，让国产 CPU 在工艺、性能、生态建设等多个层面不断取得突破，形成了兼容不同指令集的三大技术路线和龙芯、鲲鹏、海光、兆芯、飞腾、申威六大主流厂商的发展格局。其各自的代表性新产品如表 2.2 所示。

表 2.2
六大国产 CPU 产品一览

产品信息	龙芯	鲲鹏	飞腾	海光	兆芯	申威
合作方/资方	中科院研究所	华为	天津飞腾/CEC	AMD/中科曙光	VIA/上海国资委	江南计算所/CETC
指令集体系	LongISA 2.0+MIPS	ARMv8	ARMv8	X86（AMD）	X86（VIA）	ALPHA，SW-64
架构来源	指令集授权+自研	指令集授权	指令集授权	IP 授权	IP 授权	指令集授权+自研

笔 记

续表

产品信息	龙芯	鲲鹏	飞腾	海光	兆芯	申威
代表产品	龙芯 1/龙芯 2/龙芯 3	鲲鹏 920	腾云 S 系列，腾锐 D 系列、腾珑 E 系列	海光 1 号、2 号、3 号、4 号	ZX-C、ZX-D、KX-5000、KX-6000、KH-20000	申威 SW1600、SW1610、SW26010
产品覆盖领域	桌面、服务器	服务器、桌面、嵌入式	服务器、桌面、嵌入式	服务器	服务器、桌面、嵌入式	服务器、桌面
厂商	台式机：曙光、联想、方正、同方等 服务器：云海麒麟、五舟科技、清华同方、长城等 笔记本：方正、同方、山东超越、北京计算机研究所等	服务器：华为	台式机：长城 笔记本：长城 服务器：清华同方、浪潮、联想、长城等	服务器：中科曙光	台式机：联想、同方 笔记本：联想 服务器：云海麒麟、火星舱、联想、秉时	服务器：ZoomServer、云海麒麟、联想、方正、宝德等 笔记本：方正等
实际应用	玲珑、逸珑、福珑、北斗导航卫星	华为服务器	天河一号、天河二号、天河三号	国家级超算项目	笔记本、服务器、火星舱存储系统	神威蓝光、神威·太湖之光
最小制程/nm	28	7	16	14	16	28

华为公司的自研芯片产品主要有服务器芯片鲲鹏系列、手机 SoC 芯片麒麟系列、人工智能芯片昇腾系列、5G 基站芯片天罡系列、5G 终端芯片巴龙系列等。其中鲲鹏的算力在非 x86 架构芯片中性能领先，2019 年华为公司发布的鲲鹏 920 芯片支持 ARM v8.2 指令集，是行业内首款 7 nm 数据中心 ARM 处理器，其 48 核处理器的性能与 Intel 至强 8180 芯片性能相当，但能耗仅是对方的 80%；64 核的鲲鹏 920 芯片测试性能要远优于 Intel 至强 8180 芯片。中国科学院计算机研究所自主研发的龙芯处理器以 32 位和 64 位单核及多核 CPU/SoC 为主，主要面向高端嵌入式、个人计算机、服务器和高性能计算机等应用，其产品自主可控程度高，片内安全机制、可信性均领先于其他同类产品。国产 CPU 在 ARM 架构上已经具备赶超 x86 架构性能的能力。

项目 3

挑选主板

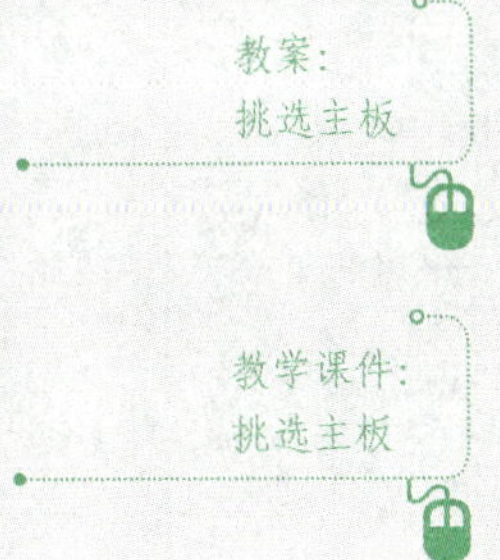

笔 记

3.1 项目内容及实施计划

3.1.1 项目描述

挑选主板包括从市场上采购主板，然后将其安装在主机箱内，并对主板的性能进行测试，如图 3.1 所示。

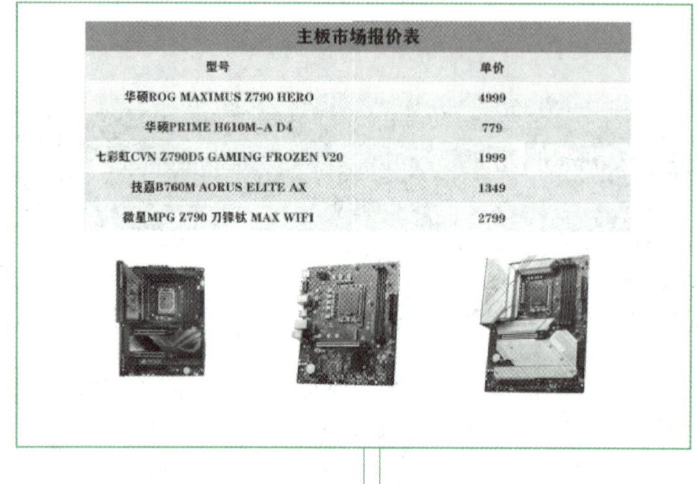

主板市场报价表

型号	单价
华硕ROG MAXIMUS Z790 HERO	4999
华硕PRIME H610M-A D4	779
七彩虹CVN Z790D5 GAMING FROZEN V20	1999
技嘉B760M AORUS ELITE AX	1349
微星MPG Z790 刀锋钛 MAX WIFI	2799

图 3.1
项目描述——挑选主板

3.1.2 项目目标

1. 德育目标

（1）引导学生理解“工匠精神”，在学习中努力发扬工匠精神。

（2）了解计算机行业从业人员应当具备的职业道德守则。

2. 知识目标

（1）熟悉主板的分类、组成部件及性能指标。

（2）了解主板新技术。

（3）熟悉挑选主板的策略。

3. 技能目标

（1）能正确安装与拆卸主板。

（2）能使用常见性能测试软件对主板性能进行测试。

4. 素养目标

（1）培养学生的文化自信和科技自信。

（2）培养学生的法治观念和职业意识。

笔 记

3.1.3 项目实施计划

图3.2所示是挑选主板的实施计划，其中左边栏目是分析，右边栏目是给读者的建议。读者也可以根据自己实际完成的顺序，将顺序号填入右上角的圆圈内。

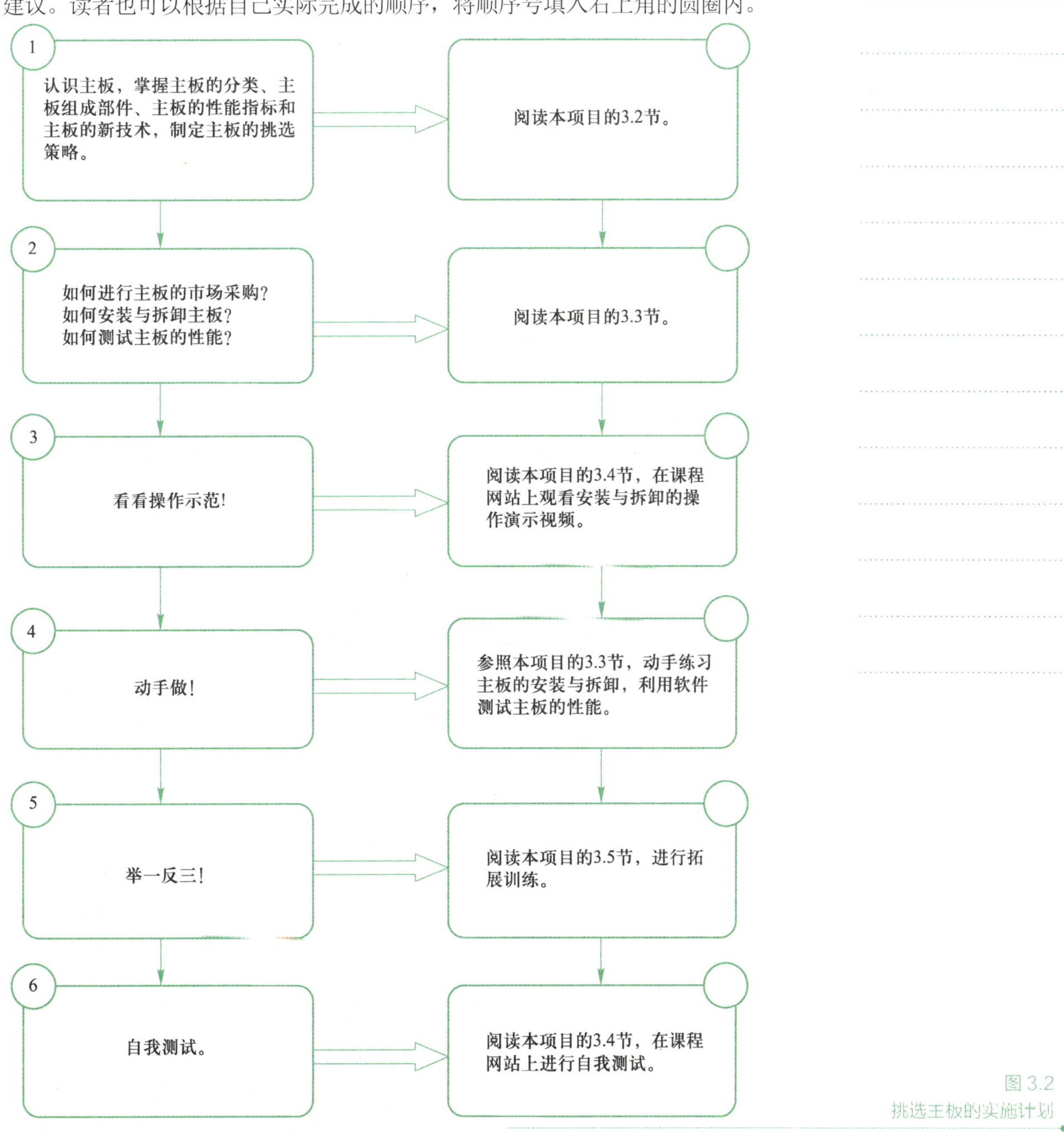

图3.2 挑选主板的实施计划

3.2 知识阅读：主板

技术名词新解：主板

要完成“挑选主板”项目，需要了解主板的相关知识，包括主板的分类、主板的组成部件、认识主板的性能指标和主板的新技术。本节主要介绍这几个方面的知识。通过对本节的学习，读者在进行项目操作时可以有充足的知识准备。对本节的学习可以放在3.3节以后，也可以先进行学习再去完成3.3节的操作，同时还可以将本节当作资料随时进行查阅。

3.2.1 主板的分类

现在市场上主板的种类繁多，对主板进行分类的方法也各有不同。这里主要介绍按主板尺寸和总体结构进行分类的方法。

主板的尺寸和结构不同，对主机箱及电源的要求也不相同。了解主板的尺寸与结构，可以帮助用户选择合适的主机箱和电源。根据主板的尺寸和总体结构，可以把主板分为AT主板、Baby-AT主板、ATX主板、Micro ATX主板、NLX主板和ITX主板等几类。

笔记

1. AT主板

AT主板，又称为标准尺寸的主板，因为在IBM PC/AT机器上首先使用而得名。它的尺寸为32 cm×30 cm，现在市场上已经很少见了。

2. Baby-AT主板

Baby-AT主板，又称为袖珍尺寸的主板，它是由传统的AT主板演变而来的，比AT主板小，尺寸为26.5 cm×22 cm，在一些原装机上率先使用，现已停产。图3.3所示为一款Baby-AT主板。

3. ATX主板

ATX（AT Extend）主板就是扩展的AT主板。ATX主板相对于AT主板来说，主要改进的方面是主板上各个元器件的相对位置。从外观上看，ATX主板相当于把AT（Baby-AT）主板旋转了90°；它的CPU和内存插槽均远离了扩展槽；软、硬、光盘驱动器的接口正好位于支架附近，缩短了连线；ATX主板上集成了串/并口和PS/2鼠标键盘接口；它还对主机电源做了改进，提供Soft Power（软电源开关）功能，即由主板控制电源开关，可实现遥控开机和操作系统自动关机等功能。ATX主板必须使用ATX机箱和电源。图3.4所示为一款ATX主板。

4. Micro ATX主板

Micro ATX主板，也称为小板，在尺寸上小于标准的ATX主板，提供的插槽也比标准ATX主板少，比如，Micro ATX主板上只提供了两个PCI插槽和内存槽。设计该类主板的主要目的是降低制造成本，节约能源和材料。图3.5所示为一款Micro ATX主板。

5. NLX主板

NLX即New Low Profile Extension（新型小尺寸扩展结构），它的尺寸为32.5 cm×22.5 cm，主要用于进口品牌机上。NLX主板的特性之一是扩展槽与主板分离，扩展槽专门做在一块电路板上（也称为Add-in卡），用时直接将该电路板插进主

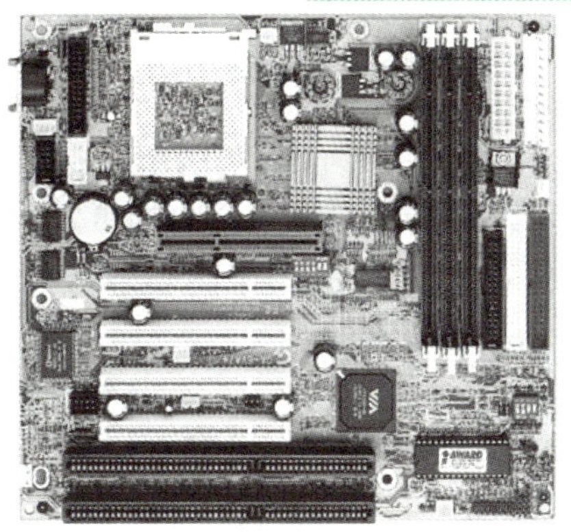

图 3.3
Baby-AT 主板

图 3.4
ATX 主板

板上相应的插槽中即可。这种设计使计算机的安装、升级更加方便灵活，具有较高的可操作性，同时也缩小了机箱的尺寸。图 3.6 所示为一款 NLX 主板。

图 3.5
Micro ATX 主板

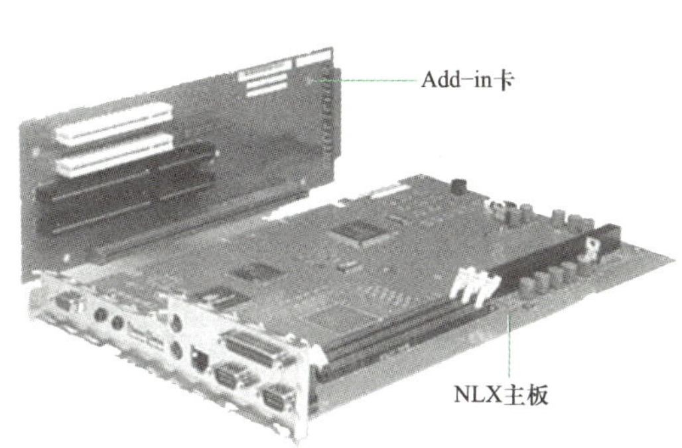

图 3.6
NLX 主板

6. ITX 主板

ITX 是 Mini-ITX 的简称，是一种结构紧凑的主板。Mini-ITX 非常小，尺寸为 170 mm×170 mm（6.75 英寸×6.75 英寸），电源功率小于 100 W。Mini-ITX 处理器是超低功率的 x86 处理器，它焊接在主板上，且只用 heatsink 散热器冷却，而不是用散热器加风扇冷却。显卡、声卡和局域网连接都集成在 Mini-ITX 主板上。图 3.7 所示为一款 ITX 主板。

目前市场上主流的主板板型有 ATX、Micro-ATX 和 Mini-ITX 三种，其尺寸对比如图 3.8 所示。

图 3.7
ITX 主板

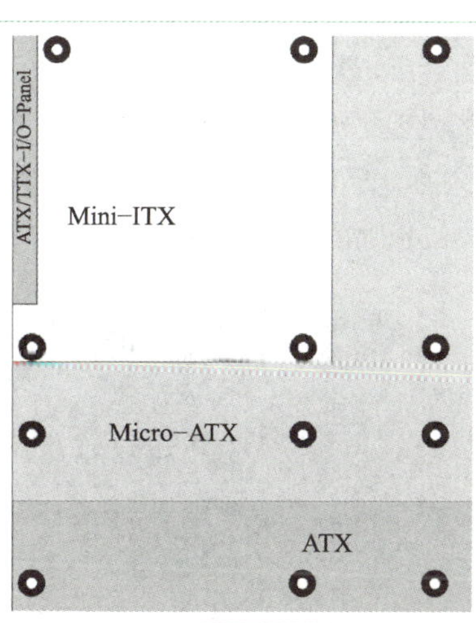

图 3.8
三种主流的主板板型尺寸对比

3.2.2 认识主板的组成部件

主板是一块长方形的多层印制的集成电路板，它是组成计算机系统的主要电路系统。主板上集成有各种扩展插槽、BIOS 芯片、各种控制芯片、CPU 插槽、内存条插槽、跳线开关、键盘（鼠标）接口、指示灯接口、主板电源插座、软驱接口、硬盘 IDE 接口、串/并行接口等部件，如图 3.9 所示。

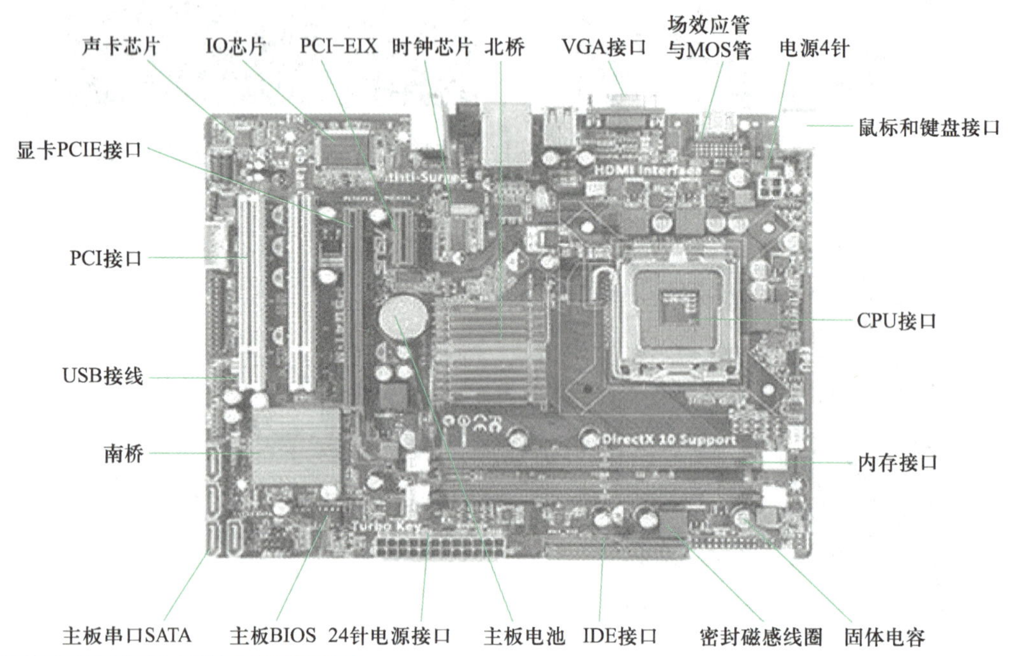

图 3.9
主板的结构图

1. 主板芯片组

主板芯片组是主板上仅次于 CPU 的第二大芯片，它上面集成了许多高密度的电子元器件，采用表面封装的形式焊接在主板上。目前以 Intel 公司和 AMD 公司的芯片组最为常见。按照芯片组在主板上的排列位置，可以将芯片组划分为南桥芯片组和北桥芯片组，相当于人的右脑和左脑，各有分工。其中，北桥芯片组又称为主控制芯片组，它多位于 CPU 槽旁，离 CPU 很近，主板上 CPU 插槽的类型、主板的系统总线频率、内存类型和容量、显卡插槽规格等均由北桥芯片组决定。南桥芯片组又称为功能控制芯片组，它离 CPU 槽稍远，主要决定扩展槽种类与数量、扩展接口的类型和数量等。北桥芯片的速度要远快于南桥芯片组，而且在主板上起着主导作用，所以通常也把北桥芯片组称为主桥，并把北桥芯片组的型号作为主板的代名称。随着技术的发展，芯片组将打破南北桥的架构，朝着更高级的加速集线架构发展。图 3.10 所示为主板上的南北桥芯片组。

北桥芯片组i915P

南桥芯片组ICH6R (FW82801FR)

图 3.10
主板上的南北桥芯片组

2. 主板上的 CPU 插座

根据 CPU 接口规范的变化，主板上对应的 CPU 插座规范也在不断变化。选定了 CPU，就必须选择与该 CPU 接口规范相匹配的主板。当前市场上主流的 CPU 插座的主板主要有 LGA 1700、LGA 1200、LGA 2066、Socket AM5、Socket AM4 等几种，如图 3.11～图 3.15 所示。

图 3.11 LGA 1700 插座

图 3.12 LGA 1200 插座

图 3.13 LGA 2066 插座

图 3.14 Socket AM5 插座

3. 内存插槽

内存插槽是主板上提供的用来安装内存条的插座，它决定了主板所支持的内存类型和容量。常见的插槽有 SIMM、DIMM、RIMM 等。图 3.16 所示为 SIMM 和 DIMM 内存插槽。

图 3.15 Socket AM4 插座

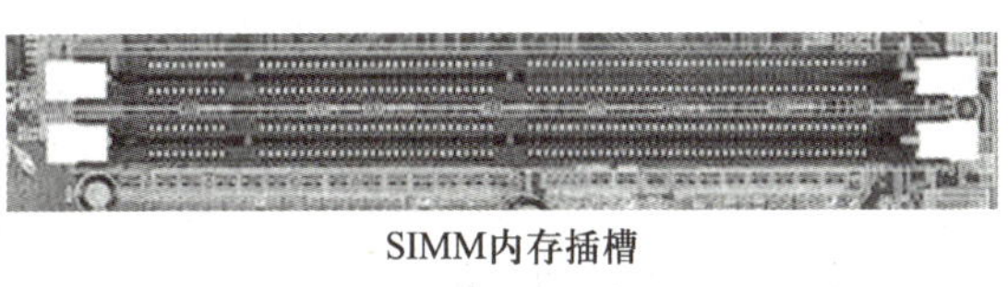

SIMM内存插槽

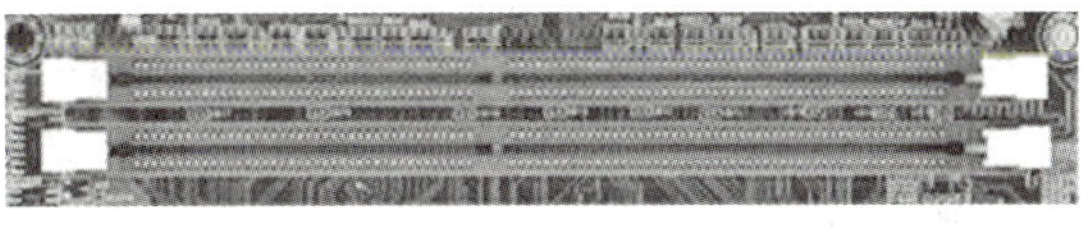

DIMM内存插槽

图 3.16 内存插槽

内存与主板连接是通过其下端的“金手指”来实现的。SIMM 是一种使用两侧金手指传输相同信号的内存结构。目前这种内存插槽已经被淘汰，取而代之的是 DIMM

插槽。DIMM 两侧的金手指可以传输各自独立的信号，能满足更多数据信号的传送需求。RIMM 是 Rambus 公司生产的 RDRAM 内存所采用的插槽，它的外形尺寸与 DIMM 大体相同，但因价格等多种原因，在市场上很少见。

4. 扩展槽

扩展槽也称为扩充槽，是主板上用于固定扩展卡（如声卡、显卡、网卡等）并将扩展卡连接到系统总线上的插槽。在主板上使用的扩展槽有 ISA、PCI、AGP、CNR、AMR、ACR、PCI Express 等。

（1）PCI 插槽

PCI 插槽是基于 PCI（周边元件扩展接口）总线的扩展槽，一般为白色。PCI 插槽最大数据传输速率可达到 266 MB/s（64 位），可插接显卡、声卡、网卡等扩展卡。图 3.17 所示为 PCI 插槽。

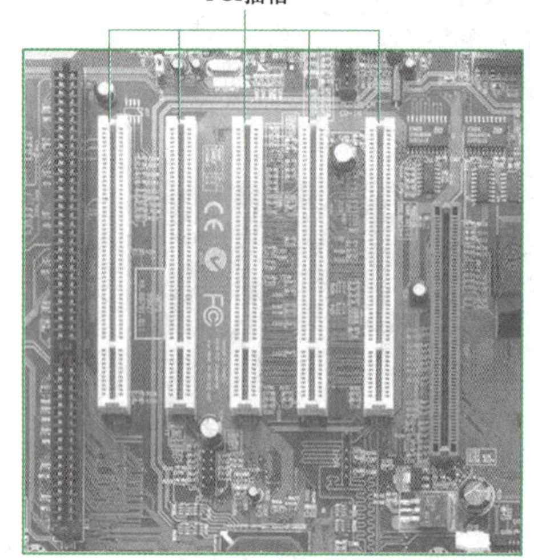

图 3.17
PCI 插槽

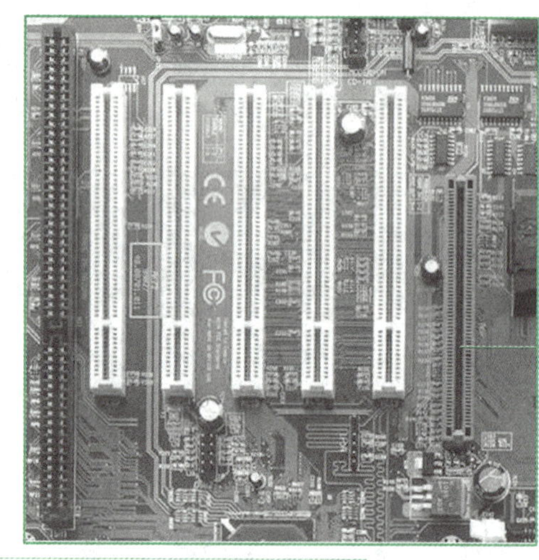

图 3.18
AGP 插槽

（2）AGP 插槽

AGP 是图形加速接口的简写，它是在 PCI 总线基础上发展起来的，专门用于插接图形显示卡。AGP 插槽的传输速率达到了 2 100 MB/s。AGP 插槽从外形上看比 ISA 和 PCI 插槽都要短，颜色为棕色。图 3.18 所示为 AGP 插槽。

（3）PCI Express 插槽

PCI Express（简称 PCI-E）是一种新型总线和接口标准，原名称为 3GTO，采用了业内流行的点对点串行连接。比起 PCI 以及更早期的计算机总线的共享并行架构，PCI-E 插槽支持每个设备都有自己的专用连接，不需要向整个总线请求带宽，而且可以大幅提高数据传输率，提供 PCI 所不能提供的高带宽。相对于传统 PCI 总线在单一时间周期内只能实现单向传输，PCI-E 的双单工连接能提供更高的传输速率和质量，传输速率最高可达 64 GT/s。PCI-E 插槽规格包括×1、×4、×8、×16、×32 等几种长度，分别对应 1、4、8、16、32 通道，其中×1 最短，仅有 25 mm，一些独立网卡、声卡、USB 3.0/3.1 拓展卡等可以使用；×16 插槽物理尺寸为 89 mm，专用于独立显卡和 RAID 阵列卡等设备，可以向下兼容×1、×4、×8 等设备。图 3.19 所示为常见的 4 种不同规格的 PCI-E 插槽。

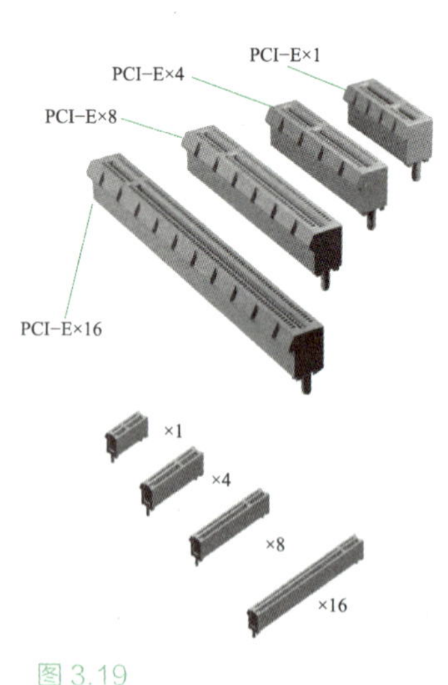

图 3.19
不同规格的 PCI-E 插槽

目前 PCI-E 接口标准有不同的代系：PCI-E 1.0、PCI-E 2.0、PCI-E 3.0、PCI-E 4.0、PCI-E 5.0 和 PCI-E 6.0，传输速率每一代都会翻倍。当前主流的 PCI-E 接口标准为

PCI-E 4.0 和 PCI-E 5.0, PCI-E 6.0 标准和预计 2025 年推出的 PCI-E 7.0 标准将成为下一代主流接口标准。图 3.20 所示为不同接口标准的演进历史和传输速率。

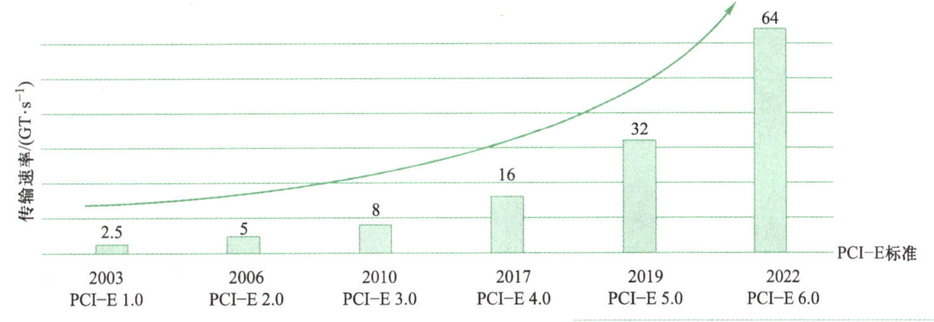

图 3.20
不同标准的 PCI-E 插槽演进历史和传输速率

5. 软驱接口

软驱接口用于连接软盘驱动器与主机，一般位于 IDE 接口旁，标记为 Flopp、FDD、FDC。从外观上看，软驱接口要比 IDE 接口短，实质上它是一个 34 针的插座，现在的主板上已经取消了这种接口。图 3.21 所示为软驱接口及其数据排线。

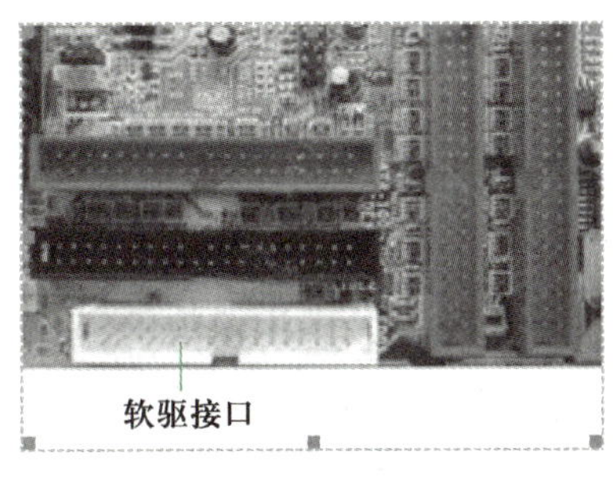

图 3.21
主板上的软驱接口及数据排线

6. IDE 接口

IDE 是 Integrated Device Electronics 的缩写，中文意思为集成设备电子部件。IDE 接口又称 ATA 接口（并行口），常用来接硬盘和光驱等 IDE 设备。图 3.22 所示为主板上常见的 IDE 接口及 40 芯和 80 芯的数据排线。

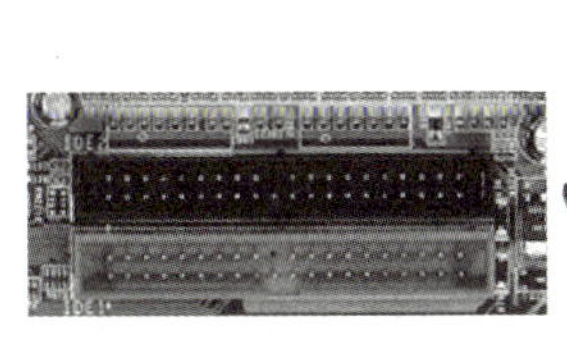
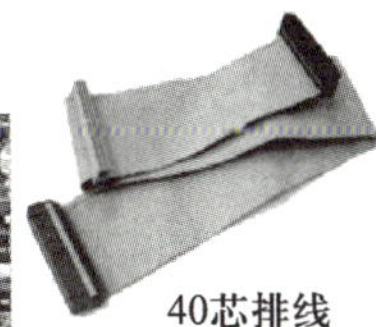

图 3.22
IDE 接口及数据排线

7. SATA 接口

SATA 接口是一种串行 ATA 传输方式，即 Serial ATA。与 ATA 并行传输方式相比，SATA 的数据传输速率更快，最高可达到 600 MB/s，而且 SATA 接口非常小巧，排线也很细，更有利于机箱内部空气流动，从而加强散热效果。SATA 传输方式还有一个特点就是支持热插拔。SATA 接口的针脚数为 4：一针用于连电缆，一针用于连地线，一针用于发送数据，一针用于接收数据。图 3.23 所示为 SATA 接口及其数据排线。

图 3.23
SATA 接口及数据排线

8. USB 接口

USB 是 Universal Serial Bus 的简写，中文意思是“通用串行总线”。USB 接口具有传输速度快（例如，USB 3.0 可达到 5 Gbit/s）、使用方便、支持热插拔、连接灵活等优点，广泛应用于鼠标、键盘、打印机、摄像头、U 盘、MP3 播放器、手机、移动硬盘、数码相机等外部设备上。图 3.24 所示为 USB 接口。

9. IEEE 1394 接口

IEEE 1394 也是一种高效的串行接口标准，功能强大且性能稳定，支持热插拔和即插即用，主要适用于高速外置式硬盘、数码摄像机等需要高速数据传输的设备。图 3.25 所示为 IEEE 1394 接口。

图 3.24
USB 接口

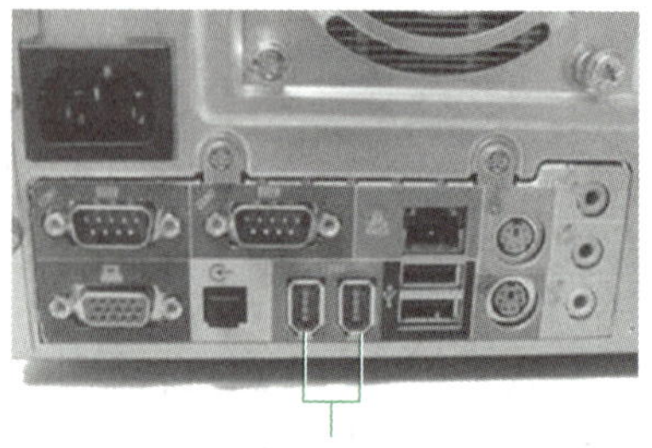

图 3.25
IEEE 1394 接口

10. 外置 I/O 接口

主板上的外置 I/O 接口主要用于连接鼠标、键盘、打印机等设备，如图 3.26 所示。

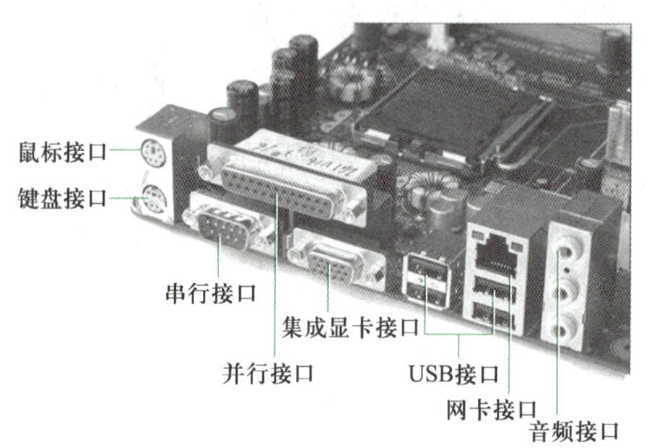

图 3.26
主板上的外置 I/O 接口

11. BIOS 芯片

BIOS，是 Basic Input Output System 的简写，中文意思是基本输入输出系统。BIOS 实际上是一组程序，为计算机提供最基本的硬件支持信息。它通常被固化在计算机的存储芯片上，将其称为 BIOS 芯片。BIOS 芯片是主板上的一块长方形或正方形芯片，包括自诊断程序（完成系统自检和初始化工作）、CMOS 设置程序（对 CMOS 参数进行设置）、系统自检装载程序（自检成功后将磁盘 0 道 0 扇区的引导程序装入内存）、主要 I/O 设备的驱动程序和中断服务等几个方面的内容。目前市场上主要的 BIOS 有 AMI BIOS、Award BIOS 和 Phoenix BIOS 等版本，其中，Award BIOS 和 Phoenix BIOS 已经合并。图 3.27 所示为常见的 BIOS 芯片。

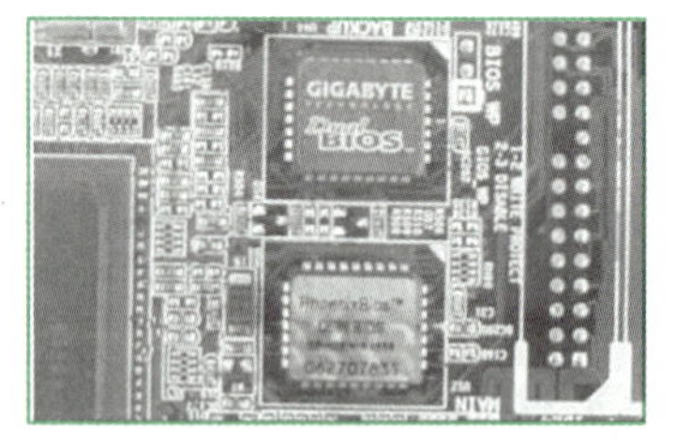

图 3.27
BIOS 芯片（双 BIOS）

12. 电池

通过 BIOS 设置程序可以对系统的硬件进行参数设置。这些设置的内容存储在一块名为 CMOS 的 RAM 芯片上，而 RAM 芯片的内容在断电后会自动丢失。为了在断电期间维持 CMOS 的内容不丢失，主板上安装了一个专门为 CMOS 芯片提供电力支持的锂电池。该电池的外形像一颗纽扣，使用寿命一般为 3～5 年。用户如果发现计算机的时间变慢，就表明该电池的使用寿命已完，要及时更换电池，以防电池的电解溶液泄漏而腐蚀主板。图 3.28 所示为主板上的锂电池。

图 3.28
主板上的锂电池

13. 电源插座

电源插座就是为连接主板的电源而提供的插座。它是一个双排 20 针的白色长方形插座，有防反插的设计。在 Pentium 4 主板上，为保证 CPU 有充足的电力支持，在 CPU 插座附近还专门设计了一个 4 针的 12 V 专用插座。图 3.29 所示为主板上的电源插座。

图 3.29
电源插座

14. CPU 风扇的插座

CPU 的工作频率非常高，在高频率下工作必然会产生大量的热，如果这些热量不能及时散发出去，就会烧毁 CPU，因此必须为 CPU 安装专用的散热器。为了保证 CPU 散热器（风扇）与 CPU 更好地接触，主板上专门提供了用于固定 CPU 风扇的插座。图 3.30 所示为一款 CPU 风扇插座。

在安装 CPU 风扇时，只需将风扇两侧的扣具勾入插座两侧的槽中，再将安装扶手压紧，就可以将 CPU 风扇牢牢地固定在 CPU 上。

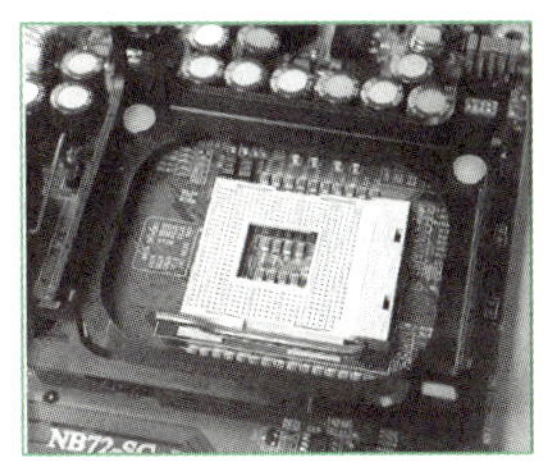

图 3.30
CPU 风扇插座

15. 面板插座

图 3.31 所示为主板上的一组面板插座，包括电源开关、复位开关、电源指示灯、PC 喇叭接头和硬盘指示灯等几项。与之相应的还有一组连线，连线头上分别标注着相应的英文名称。在进行连接时，要确保连线头上的英文名称与主板的面板插座旁标注的英文名称一致。不同主板的连接方式有区别，一般在主板说明书上都有详细的介绍。表 3.1 所示为插座英文名称及对应的中文含义和用途。

图 3.31
面板插座及连线

表 3.1
面板插座标注及含义说明

插座标注	含义及用途
HDD LED	硬盘工作指示灯插座，该指示灯是红色的，灯亮时表示硬盘正在读或写
POWER LED	电源指示灯插座，该指示灯为绿色，灯亮时表示电源已接通
RESET	复位插座，用于强制重新启动计算机
PWR SW	电源开关插座，用于接通电源
SPEAKER	PC 喇叭接头，用于连接 PC 喇叭，使其发声

3.2.3 主板的性能指标

如何去衡量一块主板的好坏呢？决定一块主板性能好坏的因素有很多，主要有芯片组、外频及调频、BIOS 及刷新、主板缓存、安全设计等几项技术指标。

1. 芯片组

芯片组（Chipset）是主板的核心组成部分，用于联系 CPU 和其他周边设备的运行。对于主板而言，芯片组几乎决定了这块主板的功能，进而影响到整个计算机系统性能的发挥。芯片组是主板的灵魂，其性能的优劣直接决定了主板性能的好坏与级别的高低。

笔 记

2. 外频及调频

主板的外频是由主板上的时钟发生器产生的，实际就是系统总线频率。调频可以改变主板的外频，以达到改变 CPU 工作速度的目的。调频的方法有两种：一是通过 BIOS 程序进行设置（软调频）；二是通过主板跳线来设置（硬调频）。具体调频的方法与步骤请查阅主板说明书。

3. 主板缓存

主板缓存实际是实现“预处理”操作的一种特殊存储器。通过主板缓存可以缩短 CPU 的等待时间。主板上通常会提供 256 KB～2 MB 的缓存。

4. 安全设计

主板的安全是计算机系统正常工作的基础，也是一个不容忽视的问题。用户在追求主板速度快、功能全、性能稳定的同时，需要注重主板的安全设计。主板的安全主要体现在 3 个方面：电压、温度、防病毒。主板要正常运行，必须要有稳定的供电电源。电压不稳会损坏主板上的元器件。主板工作速度快时，便会产生较高的温度。为避免烧坏主板上的元器件，必须要为主板散热，让它的温度保持在安全线以内。主板上的 BIOS 也是重点保护的对象，因为病毒喜欢侵入其中并破坏信息。有些主板采用了双 BIOS 芯片，其中的一片 BIOS 用于维持正常的工作所需，另一片 BIOS 做备份。主板的安全性设计已成为评价一款主板好坏的不可忽视的性能指标。

3.2.4 主板的新技术

主板的发展是异常迅速的，平均每隔几个月就要升级一次。为了提高自己产品的市场竞争力，主板生产商便不断地推出自己的主板新技术。事实证明，有很多新技术在推出不久便成为主板上的主流技术。主板新技术的推陈出新，加快了主板更新换代的速度。本书主要在课程网站上为读者介绍如下几种目前正应用于主板上的新技术。

① APM 与 ACPI 技术。

② BIOS 抗病毒技术。

③ 防电磁辐射技术。

④ 超线程技术。

⑤ PAT 技术。

⑥ PCI Express 技术。

⑦ 四通道 DDR 技术。

⑧ 多相供电电路技术。

⑨ Serial ATA 技术。

⑩ USB 3.0 技术。

⑪ QPI（Quick Path Interconnect，快速通道互连）总线技术。

3.2.5 主板的挑选策略

主板作为计算机中一个非常重要的部件，其质量的优劣直接影响整个计算机的稳定，因此在品牌繁多的市场上，挑选出质量过关的主板显得非常必要。挑选主板的策略可以参考本书项目 2。挑选时，需要注意的是以下几点。

1. 主板平台的选择

依照支持CPU类型的不同，主板产品可以有AMD、Intel平台之分。不同的平台决定了主板的不同用途。相对来说，AMD平台有着很高的性价比，但是它的兼容性稍微差一些，而且主板工作时间一长，就特别容易发热，因此非常适合普通用户日常办公使用。而Intel平台的稳定性就比较好，而且支持高速运行，特别适合游戏玩家或图形设计者。

2. 主板品牌划分

目前市场上比较出名的品牌主板厂商有微星、技嘉、华硕等几家，这些主板的做工、稳定性、抗干扰性等都处于同类产品的前列。更为重要的是，这些品牌厂商几乎提供了免费3年的质保，而且售后服务也非常完善。当然，如果用户是一位DIY（自己动手做）爱好者，也可以选择类似联想、精英、奔驰、磐英、升技、捷波、天虹、硕泰克之类的主板，这类品牌的主板大多数有着良好的性价比，而且也提供1年或3年的质保期，非常适合组装计算机使用。

3. 产品网站

在去商家那里购买主板之前，可先根据自己的需要和经济情况定位几款主板。用户应先估计自己所要买的主板的价格，然后到相应的门户网站上去查询主板的价格及相应的介绍。此处给读者推荐几个网站，如表3.2所示。

表3.2 主板相关网站

网 站
中关村在线—主板频道
华硕官网
技嘉科技官网
Intel 官网
微星科技官网

本课程网站也有当前主流主板产品推荐，供用户在学习时进行浏览。

3.3 动手做：安装与测试主板

本节重点训练主板的安装与拆卸、主板性能测试等几方面的操作技能。

3.3.1 主板的安装与拆卸

微课3-1 主板的安装与拆卸

购买主板后，紧接着的工作就是要把主板安装到计算机机箱内。在机箱内部安装一些金属螺纹柱和塑料钉，利用螺钉将主板固定在机箱上。正式安装主板前需要认识一下用来固定主板的螺钉。图3.32所示为金属螺纹柱、塑料钉、螺钉和一些工具。

步骤1 确定固定位置。将机箱平放，将主板小心地放入机箱后进行比照，看看需要在机箱的哪些位置安装金属螺纹柱或塑料定位卡。

步骤2 固定金属螺纹柱。按照刚才比照的结果，将机箱附带的金属螺纹柱和塑料定位卡固定好，至少需要安装4个，如图3.33所示。

步骤3 去掉挡板铁片。用螺钉旋具将机箱后侧I/O挡板上的铁片去掉，如图3.34所示。

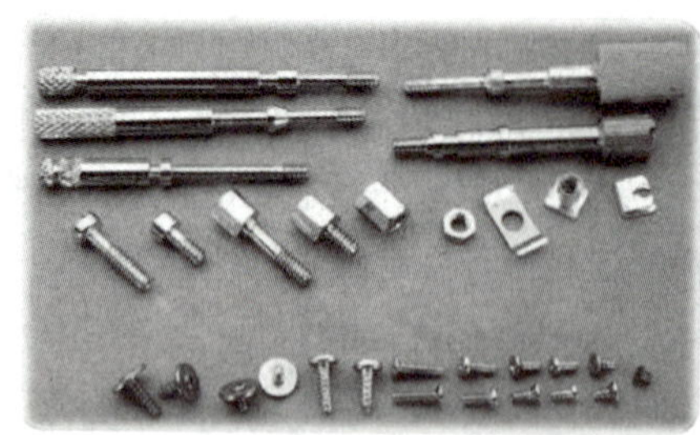

图 3.32
各种螺钉及工具

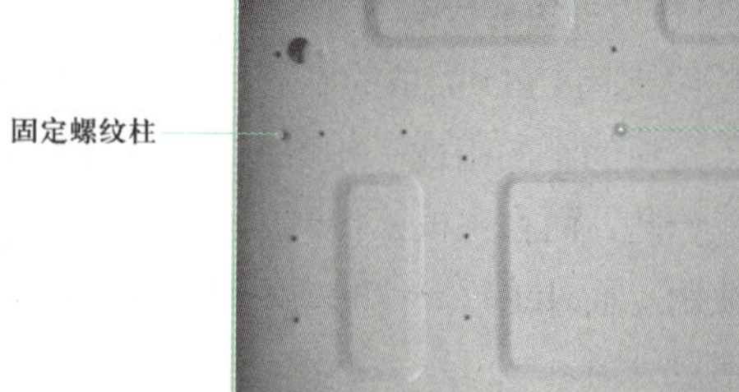

图 3.33
固定机箱螺纹柱

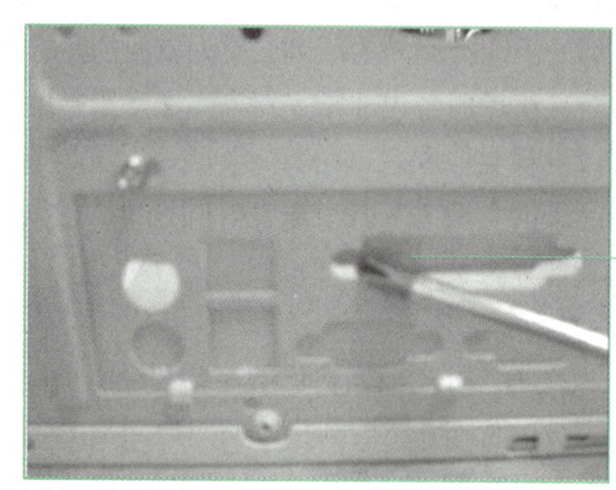

图 3.34
去除主板 I/O 挡板铁片

步骤4 放入主板。将主板轻轻放入机箱，如图 3.35 所示。如果机箱后侧面板和主板侧面的接口不配套，则需要将机箱后面板撬掉，使用主板自带的金属面板。

步骤5 固定主板。将主板上面的连接孔对准机箱上侧已经固定好的螺纹柱或塑料定位卡，如果均已一一对应，则先将金属螺钉套上纸质绝缘垫圈加以绝缘，再用螺钉旋具旋入，如图 3.36 所示。

主板的拆卸很简单，只需要先将固定主板的几个螺钉松开，然后将主板从机箱内取出来就行了。

图 3.35
将主板放入机箱

图 3.36
固定主板

3.3.2 主板的测试

主板是计算机最关键的部件，所有的配件都要依赖于主板。对于计算机的测试，主板测试的要求更全面，涉及各个子系统。一般来说，对主板进行测试的软件都是测试整机的，然后通过各个子系统的性能来衡量主板的性能。本小节以测试软件 EVEREST Ultimate Edition 为例来介绍测试主板性能的步骤。

1. 测试软件介绍

EVEREST Ultimate Edition 原名 AIDA32，是一个测试软硬件系统性能的工具，支持包括中文在内的 30 种语言，可以让用户轻松使用。用户可以通过网络搜索并下载该软件。

2. 测试主板

微课 3-2
用 EVEREST Ultimate 测试主板

步骤1 运行 EVEREST Ultimate Edition。启动软件后，可以看到图 3.37 所示的软件的主界面。

步骤2 展开“主板”项。单击窗口左侧导航框内“主板”项前的+号，展开主板折叠项，如图 3.38 所示。

图 3.37 软件主界面

图 3.38 展开“主板”项

步骤3 查看主板信息。选择主板展开项中的“主板”选项，就会在窗口右侧栏中显示出主板的相关信息，如图 3.39 所示。用户可以根据这些信息了解主板的相关性能指标。

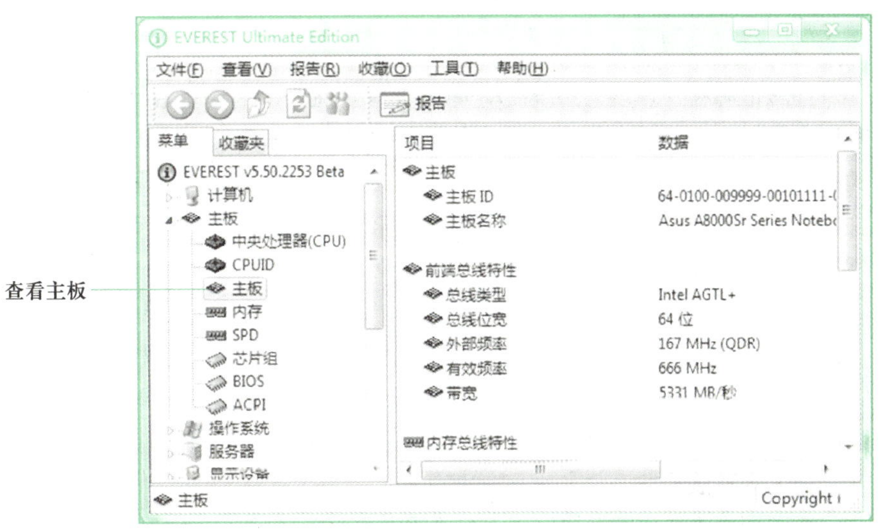

图 3.39 查看主板信息

3.4 网上学：挑选主板

进入本课程网站后，通过首页左侧的“课程章节”导航，打开“第 2 章　计算机硬件系统”→“2.2　挑选主板”网上学习窗口，可以通过网络学习本课程的所有内容，如图 3.40 所示。

微课 3-3
用 HWiNFO32 测试主板

图 3.40
挑选主板项目网上学习窗口

笔 记

3.5 拓展训练：主板故障检修

主板故障往往表现为系统启动失败、屏幕无显示、有时能启动有时又启动不了等难以直观判断的现象。在对主板的故障进行检查维修时，一般采用“一看、二听、三闻、四摸”的方法进行，即观察故障现象、听报警声、闻是否有异味、用手摸某些部件是否发烫等。下面列举几种常见的主板维修方法，每种方法都有自己的优势和局限性，一般要几种方法结合使用。

（1）清洁法

这种方法一般用来解决因主板上灰尘太多、带静电而造成主板无法正常工作的故障，可用毛刷清除。另外，主板上一般接有很多的外接板卡，这些板卡的金手指部分可能被氧化，造成与主板接触不良，解决这种问题可用橡皮擦擦去表面的氧化层。

（2）观察法

主要用到“看、摸”的技巧。在关闭电源的情况下，看各部件是否接插正确，电容、电阻引脚是否接触良好，各部件表面是否有烧焦、开裂的现象，各个电路板上的铜箔是否有烧坏的痕迹。同时，可以用手去触摸一些芯片的表面，看是否有发烫的现象。

（3）替换法

当不能确定一些故障现象究竟是由哪个部件引起的时候，可以通过替换法来排除故障。可以把怀疑的部件拿到好的计算机上去试，同时也可以把好的部件接到出故障的计算机上去试。例如，内存在自检时报错或容量不对，就可以用此方法来判断引起故障的真正元凶。

3.6 技术前沿：主板前沿产品及发展趋势

随着 Intel 酷睿第 14 代处理器的发布，华硕、七彩虹、技嘉等一批主板厂商也第一时间推出了多款新品主板。其中作为中国板卡品牌领创者的七彩虹所发布的CVNB760I D5 登陆舰主板，在规格上采用标准 MINI-ITX 迷你型主板尺寸，外观设计上继承了 CVN 钢铁战舰系列的设计风格，主板供电为 7+1+1 相设计，有两条最高支持 8 000MHz 的 DDR5 内存插槽，单条最高支持 48 GB 容量。主板上设计了一个PCI-E 5.0 的 SSD 固态硬盘插槽、4 个 SATA 3.0 接口、4 个 USB 2.0 和 2 个 USB 3.2 Gen 1接口，1 个 USB Type-C 接口，两路 WiFi 6 无线网卡。此款主板既能完美支持 Intel酷睿 14 代处理器，也可向下兼容第 12 代、13 代处理器，当前市场参考价为 1 200 元左右。如图 3.41 所示。

图 3.41
七彩虹 CVNB760I D5 主板

未来，新一代主板将围绕 4 个方向进行技术革新。其一是会采用更先进的制程工艺和架构设计，让主板的运行速度更快，性能更强；其二是会采用更低功耗的设计，提供更长的电池续航时间，减少能源消耗；其三是会采用更高程度的集成技术，让主板的功能更强大，使用更方便；其四是会采用固态电容技术，解决传统的电解电容带来的安全隐患，让主板运行更稳定，使用寿命更长，也更环保。

项目4

挑选内存

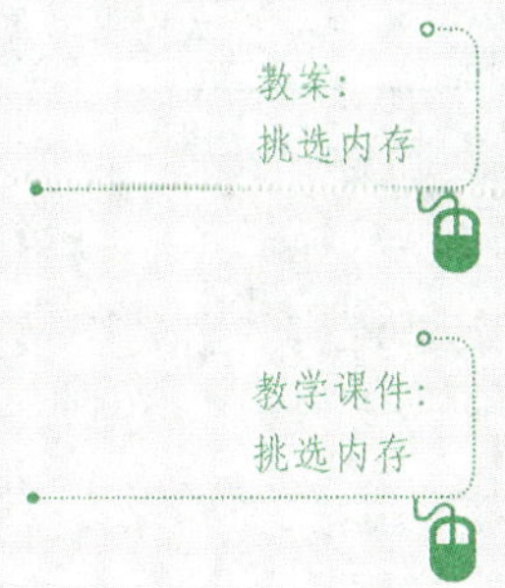

素质目标

笔 记

4.1 项目内容及实施计划

4.1.1 项目描述

挑选内存包括从市场上采购内存，然后将其安装在主板上，并对内存的性能进行测试，如图 4.1 所示。

市场内存数据报价表

型号	容量	频率	单价
海盗船复仇者 DDR5	32GB	6400Mhz	859
威刚威龙LANCER DDR5	32GB	6000Mhz	822
芝奇幻锋戟 DDR5	32GB	6000Mhz	873
金士顿骇客神条FURY DDR4	16GB	3200Mhz	470
金士顿FURY Beast DDR4	32GB	3200Mhz	1079

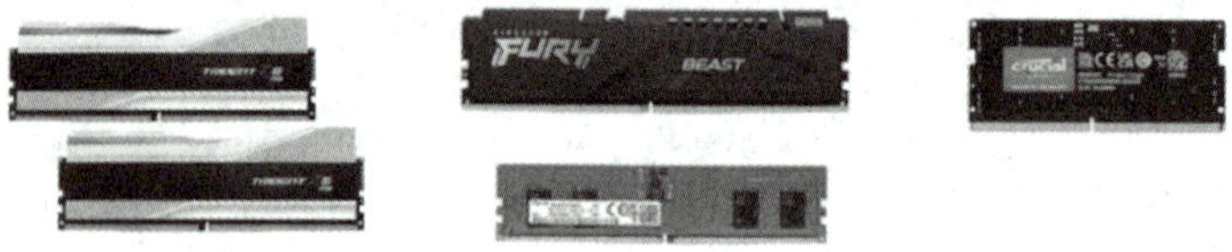

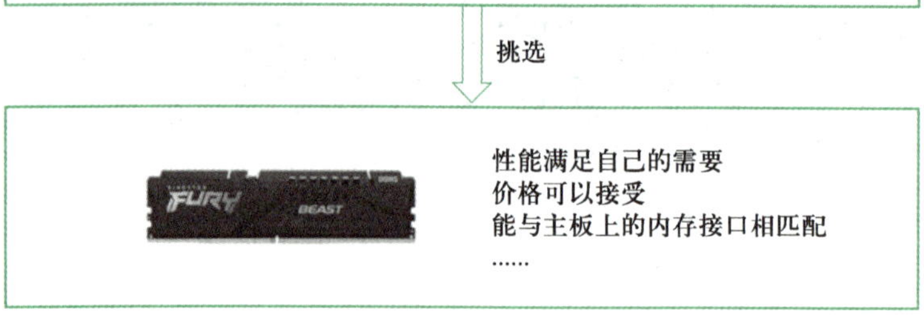

挑选

性能满足自己的需要
价格可以接受
能与主板上的内存接口相匹配
……

图 4.1
项目描述——挑选内存

4.1.2 项目目标

1. 德育目标

(1) 培养学生勇于探究的勇气。

(2) 培养学生专业专注的工程师品格。

2. 知识目标

(1) 了解内存的结构、封装、接口方式与分类。

(2) 熟悉内存的主要性能指标。

(3) 熟悉挑选内存的策略。

3. 技能目标

(1) 能正确安装与拆卸内存。

(2) 能使用常见性能测试软件对内存性能进行测试。

(3) 能掌握识别品牌内存真伪的技巧。

4. 素养目标

(1) 培养学生诚实守信、严于律己、开拓创新的职业品格和行为习惯。

（2）培养学生爱岗敬业、吃苦耐劳、乐于奉献的职业精神。

笔 记

4.1.3 项目实施计划

图 4.2 所示的是挑选内存的实施计划，其中左边栏目是分析，右边栏目是给读者的建议。读者也可以根据自己实际完成的顺序，将顺序号填入右上角的圆圈内。

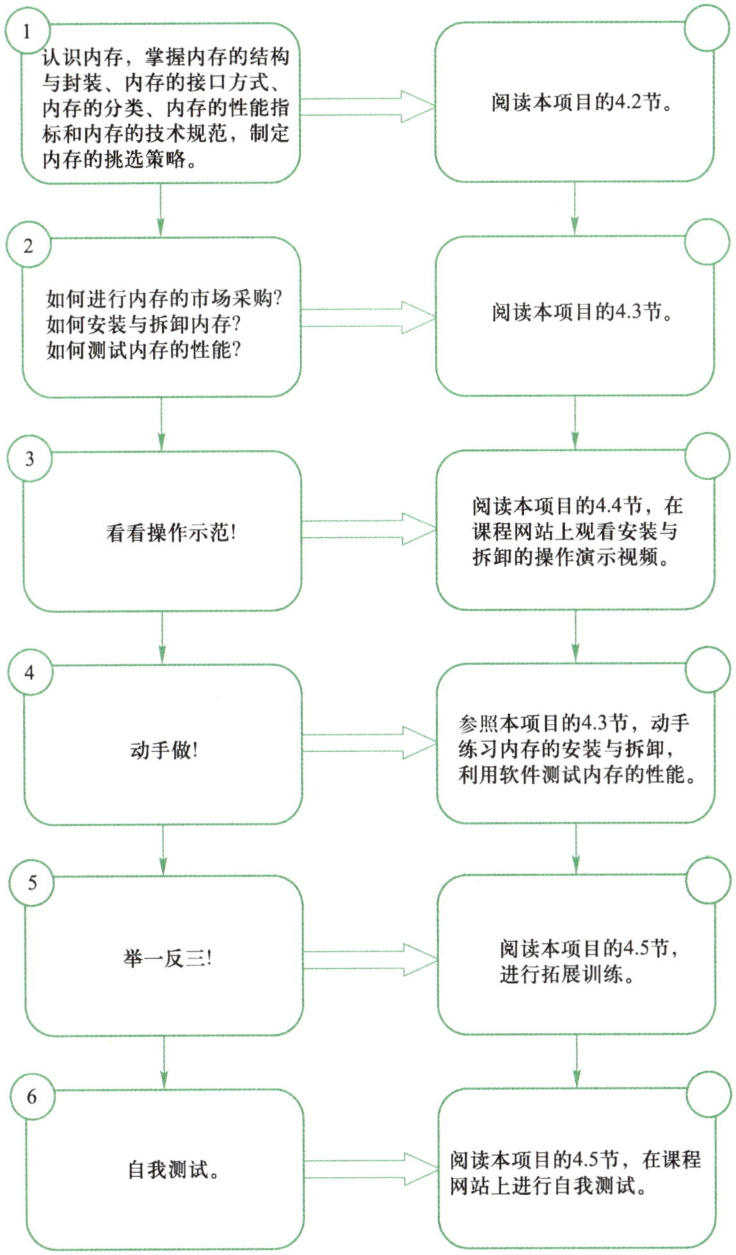

序号	分析	建议
1	认识内存，掌握内存的结构与封装、内存的接口方式、内存的分类、内存的性能指标和内存的技术规范，制定内存的挑选策略。	阅读本项目的4.2节。
2	如何进行内存的市场采购？ 如何安装与拆卸内存？ 如何测试内存的性能？	阅读本项目的4.3节。
3	看看操作示范！	阅读本项目的4.4节，在课程网站上观看安装与拆卸的操作演示视频。
4	动手做！	参照本项目的4.3节，动手练习内存的安装与拆卸，利用软件测试内存的性能。
5	举一反三！	阅读本项目的4.5节，进行拓展训练。
6	自我测试。	阅读本项目的4.5节，在课程网站上进行自我测试。

图 4.2
挑选内存的实施计划

4.2 知识阅读：内存

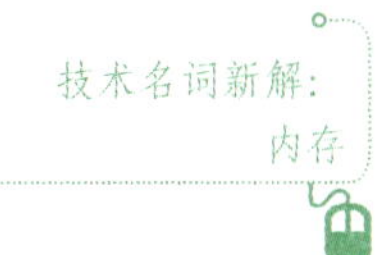

要完成“挑选内存”项目，需要了解内存的相关知识，包括内存的结构与封装、内存的接口方式、内存的分类、内存的性能指标和内存的技术规范。本节主要介绍这

笔 记

几个方面的知识。通过对本节的学习，读者在进行项目操作时可以有充足的知识准备。对本节的学习可以放在4.3节以后，也可以先进行学习，再去完成4.3节的操作，同时还可以将本节当作资料随时进行查阅。

4.2.1 内存的结构与封装

计算机的内存是由RAM（Random Access Memory，随机存取存储器）、ROM（Read Only Memory，只读存储器）和Cache（高速缓冲存储器）3部分构成的。内存在计算机处理数据的过程中有着重要的作用。任何程序要想被执行，必须首先进入内存，并在执行的过程中不断把所需要的数据调入内存，把执行过程中产生的临时数据信息和最终得到的结果信息写入内存。在这个过程中，使用最多的是RAM，可以说，程序在执行过程中主要是与RAM交换数据。本书所称的内存通常指RAM。

1. 内存的结构

内存的结构如图4.3所示。

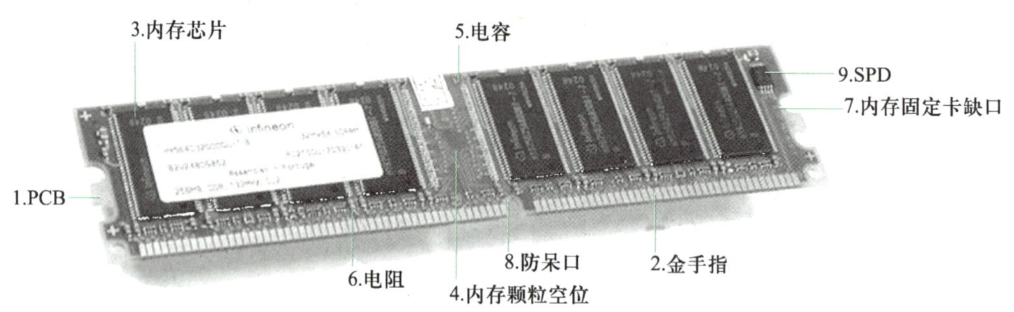

图4.3 DDR内存条的结构图

内存的组成部分说明如表4.1所示。

表4.1 内存的组成部分说明

标注	部件名称	说明
1	PCB	多为绿色的4层或6层的电路板，内部有金属布线，6层设计要比4层的电气性能好，性能更稳定。名牌内存多采用6层设计
2	金手指	金黄色的触点，与主板连接的部分，数据通过“金手指”传输。金手指是铜质导线，易氧化，要定期清理表面的氧化物
3	内存芯片	内存的灵魂所在，决定着内存的性能、速度、容量等，也称为内存颗粒。市场上的内存种类很多，但内存颗粒的型号却并不多，常见的有HY、KINGMAX、WINBOND、TOSHIBA、SEC、MT、Apacer等几种品牌。不同品牌的内存颗粒，其速度、性能不相同
4	内存颗粒空位	预留的一片内存芯片位置，供其他采用这种封装模式的内存条使用。此处预留的是一个ECC校验模块位置
5	电容	PCB上必不可少的电子元件之一。一般采用贴片式电容，可以提高内存条的稳定性，提高电气性能
6	电阻	PCB上必不可少的电子元件之一，也采用贴片式设计
7	内存固定卡缺口	内存插到主板上后，主板内存插槽的两个夹子便扣入该缺口，可以固定内存条
8	防呆口	防止不同代的内存条误插在内存槽上
9	SPD	一个8脚的小芯片，实际上是一个EEPROM（可擦写存储器）。有256字节的容量，每一位都代表特定的意思，包括内存的容量、组成结构、性能参数和厂家信息

除此以外，内存条还有芯片标志，如图 4.4 所示。

该芯片标志记录着内存条的厂商名称、单片容量、芯片类型、工作速度、生产日期、电压等内容，是获取内存条性能参数的重要依据。通过图 4.4 可知，此条内存的容量是 256 MB，DDR 内存，频率为 133 MHz。

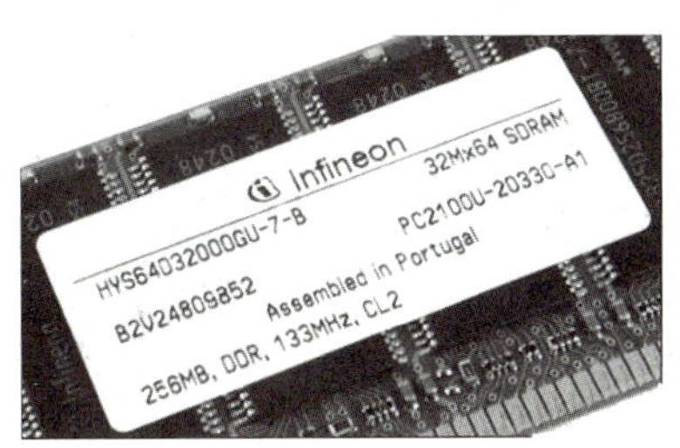

图 4.4
内存条上的芯片标志

2. 内存的封装

人们所看到的内存条其实并不是内存真正的面貌和大小，而是内存条芯片经过“封装”后的产品。像 CPU 一样，封装是内存至关重要和必不可少的一道程序。封装可以隔离空气中的杂质对内存芯片电路的腐蚀，便于安装和运输，良好的封装也会提高内存芯片的性能。衡量封装技术好坏的重要指标是看芯片面积与封装面积的比值是否接近 1。常见的内存封装形式有 DIP、TSOP、BGA、CSP 等几种。对于早期用的 DIP、SOJ、TSOP 几种封装形式，读者可以通过本课程网站进行查询。此处为读者介绍当前常用的几种内存封装方式。

（1）BGA 封装

BGA 是 Ball Grid Array 的缩写，中文意思为球形矩阵排列封装，简称球形封装。BGA 封装技术具有这样几个特点：I/O 引脚数增多，引脚间距不变，有利于提高成品率；BGA 能用可控塌陷芯片法焊接，电热性能得到改善；此种封装内存的厚度和重量减少，信号传输延迟小，使用频率大大提高；封装采用共面焊接，可靠性高。采用 BGA 封装技术的内存，容量在体积没变的基础上提高了两三倍。相同容量的内存，采用 BGA 封装技术的体积只有 TSOP 封装的 1/3。图 4.5 所示为采用 BGA 封装技术的内存芯片。

BGA 封装技术还有两种改进版。一种是 Kingmox 公司推出的 Tiny—BGA 封装（小型球栅阵列封装），可以将它视为一种超小型的 BGA 封装；另一种是主要应用于 Direct RDRAM 内存上的 mBGA 封装（微型球栅阵列封装）。图 4.6 和图 4.7 所示分别为采用这两种封装技术的内存条。

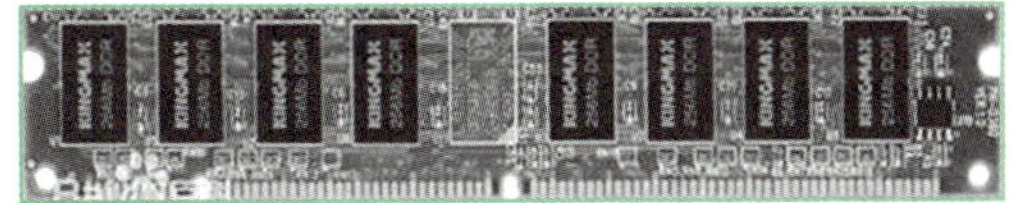

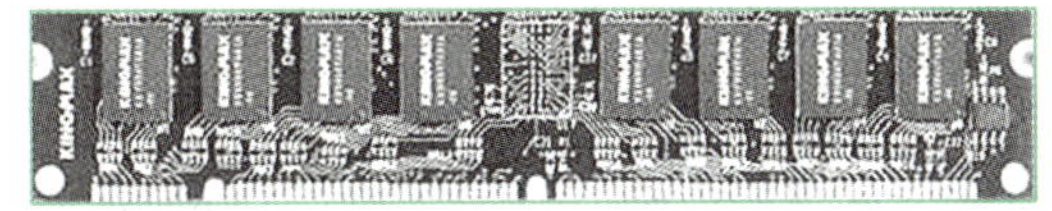

图 4.5
采用 BGA 封装形式的内存条
图 4.6
采用 Tiny—BGA 封装形式的内存条

（2）CSP 封装

CSP 是 Chip Scale Package 的缩写，中文意思为芯片尺寸封装，是一种新的封装方式。在 TSOP、BGA 的基础上，CSP 封装的性能有了很大的提升。CSP 封装的芯片面积与封装面积之比超过了 1∶1.14，几乎接近 1∶1 的理想情况，绝对尺寸也只有 32 mm^2，仅为普通 BGA 封装的 1/3，为 TSOP 封装的 1/6。也就是说，在相同的体积下，CSP 封装的内存条可以装入更多的内存颗粒，增大了单条的容量。另外，CSP 封装的内存产品在抗噪性、散热性、电气性能、可靠性、稳定性等方面也要比其他封装形式强。CSP 封装技术以它的绝对优势成为了 DRM 产品中最具革命性变化的内存封装工艺。图 4.8 所示为采用 CSP 封装技术的内存芯片。

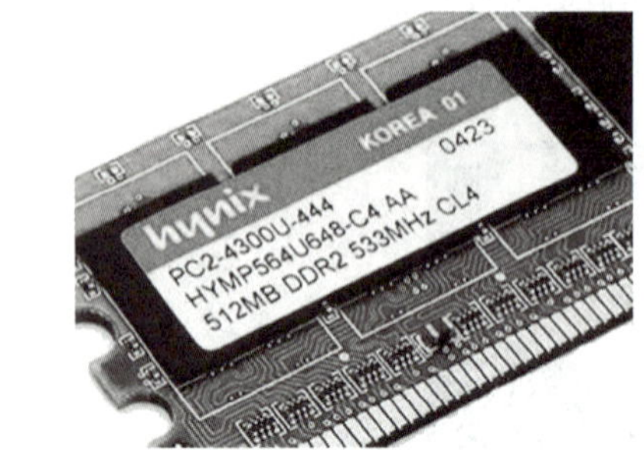

图 4.7
采用 mBGA 封装形式的内存芯片

图 4.8
采用 CSP 封装形式的内存芯片

内存的封装技术几经变迁，正在向轻、薄、短、小方向发展。目前，市场上采用的主流封装技术有堆叠封装（PoP）、引线键合封装、倒装封装（FC）等几种。堆叠封装中的典型代表有台积电 CoWoS 先进封装和硅通孔 TSV 堆叠封装，其中 TSV 堆叠封装采用纵向穿越结构，通过导线将不同层的芯片连接起来，可以提供更高的信号带宽、减少电阻和电感，提高芯片的整体性能，被广泛应用于 DDR5 内存上；台积电的 CoWoS 先进封装是一种 2.5D/3D 封装技术，包括 CoW 和 WoS 两部分，CoW 实现芯片堆叠，WoS 则将堆叠的芯片封装在基板上，形成一个三层堆叠的立体封装形式，随着生成式人工智能的快速发展，CoWoS 封装因节省空间、减少功耗与成本、高性能和高效率等优势，将成为 AI、数据中心、5G 等领域内存的主要封装技术。引线键合封装因具有灵活性、可靠性和低成本的优点，被广泛应用于移动存储器上。FC 因传输路径短、电性能表现好的优点，成为 DDR4 内存的主要封装技术。

4.2.2 内存的接口方式

内存的接口方式是根据内存条金手指上导电触片（也称为针脚或线，英文名称为 pin）的数量来划分的。不同的内存采用的接口方式也不尽相同，每个接口方式采用的针脚数也不尽相同。如台式计算机的内存早期一般使用 30 线、72 线的接口，现在多为 240 线和 288 线的接口；便携式计算机的内存则一般使用 204 线、240 线和 260 线的接口。使用不同针脚数的内存，在主板上对应的插槽也各不相同。就台式计算机而言，主要有 3 种类型的接口：SIMM（早期的 30 线、72 线的内存使用）、DIMM（168 线、184 线、240 线的内存使用）、RIMM（RDRAM 内存条使用）。早期使用的 SIMM 接口方式和专用的 RIMM 接口方式可通过本课程网站进行查询，此处主要介绍 DIMM 接口方式。

DIMM（Dual Inline Memory Module，双列直插内存模块）接口，其金手指的两面传输的是独立的信号，这样，DIMM 便于满足更多数据信号的传递需要。在 DIMM 下，又有几种不同的接口：SDRAM 内存使用的 168 线接口；DDR SDRAM 内存使用的 184 线接口；DDR2 内存和 DDR3 内存使用的 240 线接口；DDR4 内存使用的 288 线接口。图 4.9、图 4.10 和图 4.11 所示分别为 288pin、184pin 和 240pin 接口的内存。

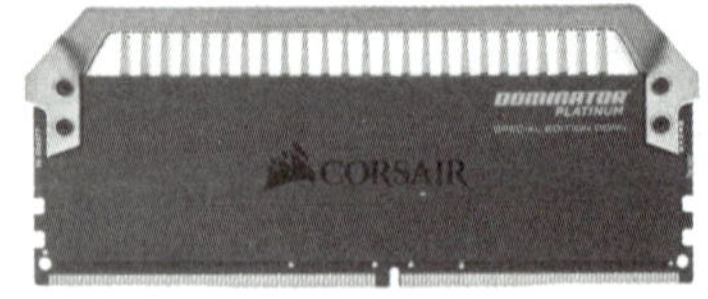

图 4.9
288pin 接口的内存

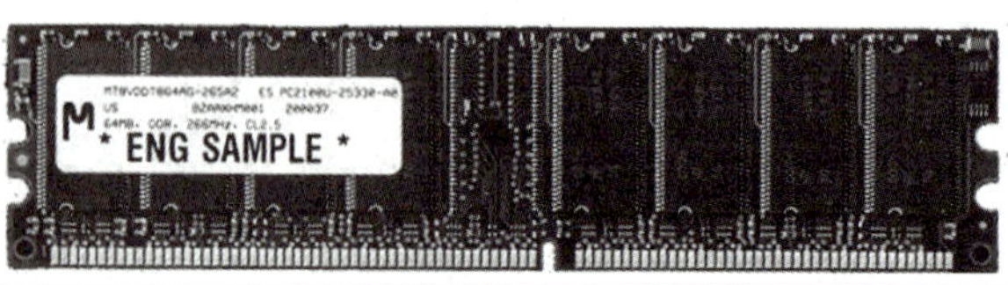

图 4.10
184pin 接口的内存

图 4.11
240pin 接口的内存

4.2.3 内存的分类

笔 记

内存（Random Access Memory，RAM）一般可分为两大类型：SRAM（Static Random Access Memory，静态随机存取存储器）和 DRAM（Dynamic Random Access Memory，动态随机存取存储器）。SRAM 的读取速度快，但造价昂贵，一般被用作计算机中的高速缓存。DRAM 虽然读/写速度较慢，但它的价格低廉，集成度高，故比较适宜做系统所需的大容量“主存”。

在 DRAM 内存种类中，早期使用的 FPM DRAM、EDO DRAM、SDRAM 的介绍可以通过本课程网站进行查询，此处主要介绍常用的其他几类 DRAM 内存。

1. DDR SDRAM 内存

DDR SDRAM（Double Data Rate SDRAM）内存就是人们通常所说的 DDR 内存，全称为双倍速率同步动态随机存取存储器。DDR 内存与 SDRAM 相似，只不过它在系统时钟的上升沿和下降沿都能传输数据，这样就能够将 SDRAM 的速率提高 1 倍，即 DDR 内存的传输速率是普通 SDRAM 的 2 倍。作为 SDRAM 内存的换代产品，DDR 内存除了速率上比 SDRAM 快 1 倍外，它还采用 DLL（Delay Locked Loop，延时锁定回路）来提供一个数据滤波信号。从外观上看，DDR 内存只有 1 个卡口，SDRAM 内存一般有 2 个卡口，这是两种内存最明显的区别。

2. DDR2 内存

DDR2 内存能够提供比传统 SDRAM 内存快 4 倍、比 DDR 内存快 2 倍的工作频率。DDR 内存由于架构的局限性，当工作频率达到 400 MHz 后，就很难再有所提升了。而作为 DDR 内存的替代者，DDR2 内存在总体上保留了 DDR 的大部分特性，在针脚设计（240pin）、封装（CSP 封装）、工作电压、延迟时间（1.8 ns 左右）、数据预取技术（4 bit Prefetch 架构）等方面做了改进。图 4.12 所示为一款 DDR2 内存条。

3. DDR3 内存

DDR3 内存采用了 ODT（核心整合终结器）技术及用于优化性能的 EMRS 技术，同时也允许输入时钟异步。DDR3 内存的制作工艺达到 30 nm，可以工作在 1.5 V 的电压下。与 DDR2 内存相比，DDR3 内存的功耗和发热量较小，工作频率更高，通用性好。图 4.13 所示为一款 DDR3 内存条。

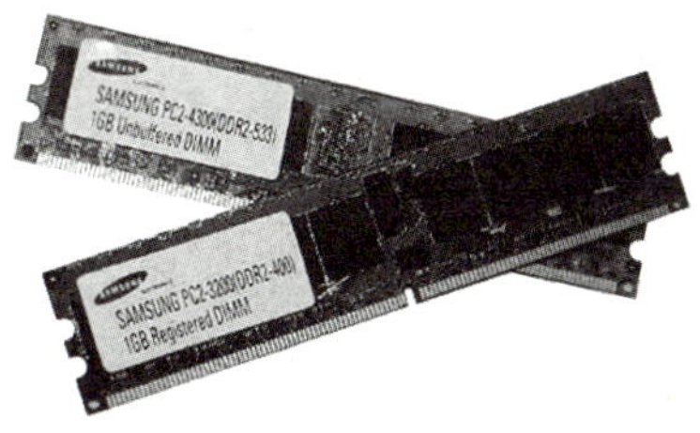

图 4.12 DDR2 内存条

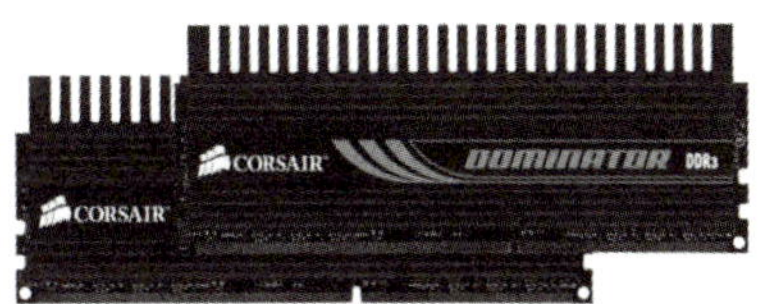

图 4.13 DDR3 内存条

4. DDR4 内存

DDR4 相对于 DDR3 内存，其主要区别包括：DDR4 内存条外观变化明显，金手指由直线型变为弯曲状，增加了金手指与内存插槽触点间的接触面；DDR4 内存采用 16 位预读取机制，理论速度是 DDR3 内存的 2 倍；DDR4 内存采用了 3DS（三维堆叠）技术，单条内存的容量最大可以达到 128 GB；DDR4 内存条工作电压降至 1.2 V，更加节能。图 4.14 所示为一款 DDR4 内存条。

5. DDR5 内存

DDR5 内存是继 DDR4 之后新一代内存规格，也是当前市场主流的内存，相对于前代技术，DDR5 提供了更高的性能、更低的功耗、更大的存储容量和更优的带宽速率。其带宽速率可达 32 Gbit/s，远高于 DDR4 的 25.6 Gbit/s；单片芯片密度可达 16 GB，而 DDR4 仅为 4 GB；工作频率在 4 800−6 400 MHz，远超 DDR4 的最高工作频率 3 200 MHz；工作电压也从 DDR4 的 1.2 V 降至 1.1 V；DDR5 采用了双 32 位寻址通道，每个通道都可以进行 32 位读写操作，提高了数据处理的效率；DDR 内存中加入了内置纠错码（ECC），增强了数据的安全性和可靠性。图 4.15 所示为一款国产光威神策系列的 DDR5 内存条。

图 4.14
DDR4 内存条

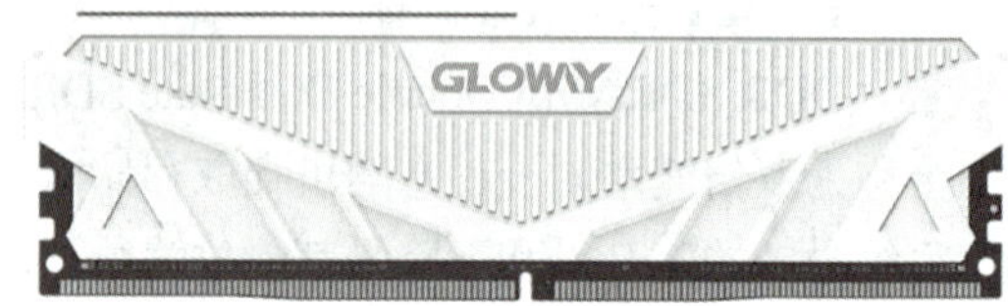

图 4.15
国产光威神策系列 DDR5 内存条

笔 记

4.2.4 内存的性能指标

衡量一根内存条性能好坏的主要性能指标有容量、工作频率、数据带宽、CAS 的延迟时间、工作电压等。

1. 内存容量

内存容量是指一根内存条可以容纳的二进制信息量，一般以 GB 作为计量单位。目前主流的内存单条容量多为 4 GB 和 8 GB，部分内存的单条容量已达到 16 GB。

2. 工作频率

内存的工作频率表示的是内存的传输数据的频率，一般以 MHz 为计量单位。内存工作频率是衡量内存性能的较简单而又直接的指标，工作频率越高，在一定程度上代表着内存所能达到的速度越快。目前市场上内存的主流工作频率多在 1 600 MHz 以上，部分高端内存的工作频率已可为 3 200～4 000 MHz。

3. 数据带宽

数据带宽是指内存的数据传输速度，也就是内存一次能处理的数据宽度，它是衡量内存性能的重要标准。内存的数据带宽有个计算公式：数据带宽=内存的工作频率×内存数据总线位数/8。其实，内存的数据带宽就是内存控制器与 CPU 之间的数据连线的宽度，就好比生活中道路或桥梁的宽度一样，直接影响着数据“交通”的速度。

4. CAS 的延迟时间

CAS 是 Column Address Strobe 的缩写，中文意思为列地址信号。CAS 的延迟时间就是指内存纵向地址脉冲的反应时间，用 CL（CAS Latency）来表示。CL 设置在一定程度上反映了该内存在 CPU 接到读取内存数据的指令后到正式开始读取数据所需要的等待时间。CL 参数值越小，代表延迟时间越短。

5. 工作电压

工作电压是指内存正常工作所需要的电压值。不同类型的内存，其电压也不同，各有各的规格，不能超出规格，否则会损坏内存。现在 DDR4 内存的工作电压已经降至 1.2 V 甚至更低，更为节能。

4.2.5 内存的挑选策略

内存的挑选策略与主板的挑选策略大同小异，可以参照主板挑选策略制定内存的挑选策略。所要注意的有以下几个方面。

① 内存条的类型与接口方式。尽量采购与主板内存接口匹配的内存。

② 内存的做工。可以从金手指、用料、设计、工艺 4 个方面来考察内存做工的精细与否。

③ 要防范内存造假。

在去市场上购买内存之前，应根据自己的需要定位几款内存，然后到相应的门户网站上查询这几款内存的价格及相应的介绍。此处给读者推荐几个网站，如表 4.2 所示。

表 4.2
内存相关网站

网　站
中关村在线—内存硬盘频道
金邦科技官网
泡泡网—内存硬盘频道

本课程网站中也有当前主流内存产品推荐，供读者在学习时进行浏览。

4.3 动手做：安装与测试内存

本节重点训练用户对计算机内存的安装与拆卸、内存性能测试等方面的操作技能。

4.3.1 内存的安装与拆卸

微课 4-1
内存的安装与拆卸

接口类型为 DIMM 的内存的安装步骤如下。

步骤1 取出内存条。将内存条从包装盒里拿出，用手抓住边缘，不要用手触摸金手指以免造成表面氧化而引起接触不良，更不要用手触摸内存芯片以免损坏，如图 4.16 所示。

步骤2 掰开内存条插槽两端的卡子。在主板上找到内存插槽，将其两端白色的卡子均匀用力向两边掰开，如图 4.17 所示。

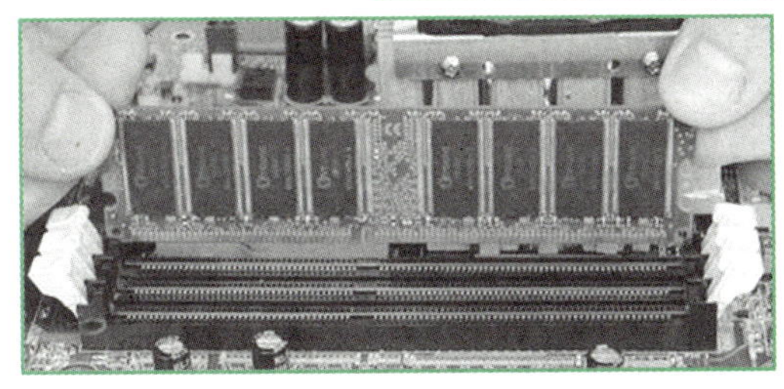

图 4.16
内存的正确拿取

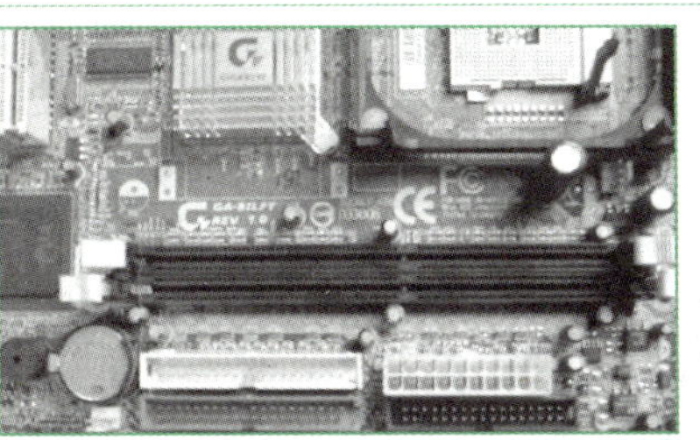

图 4.17
掰开内存卡子

步骤3 放入内存条。将内存条垂直放入内存插槽，注意内存条上的卡口要和主板上的卡口保持一致，否则是安装不上去的，如图 4.18 所示。

步骤4 装上内存条。在内存条两端均匀用力，使得两边的白色卡子自动弹起，将内存条牢牢卡住，这样就完成了内存条的安装，如图 4.19 所示。

图 4.18
放入内存条

图 4.19
安装好的内存条

在安装 RDRAM 内存条的时候是不能够一根单独使用的，它必须成对出现。RDRAM 要求 RIMM 内存插槽中必须都插满，空余的 RIMM 内存插槽中必须插上传接板（也称“终结器”），这样才能够形成回路以正常使用，如图 4.20 所示。

拆卸内存条的时候，只需要将两边的卡子同时掰开，内存条即可取下。

图 4.20
安装好的 RDRAM 内存条

4.3.2 内存的性能测试

微课 4-2
用 HWiNFO32 测试内存

内存是计算机进行数据传输和处理的重要通道，其规格和生产厂商众多，通过内存测试软件可以帮助用户了解内存的规格种类，分辨内存的优劣，并能够了解内存的性能，在这里可以利用 HWiNFO32 来测试内存的一些性能指标。

HWiNFO32 是一款计算机硬件检测软件。它主要可以显示出 CPU、BIOS 版本、内存等信息，另外还提供了对处理器、内存、硬盘及 CD-ROM 的性能测试功能。在这里主要介绍它在内存方面的检测功能，步骤如下。

步骤1 运行 HWiNFO32，可看到如图 4.21 所示的工作界面。

步骤2 打开“内存”选项。选择窗口左侧导航中的“内存”选项，即可显示内存的基本信息，如图 4.22 所示。

图 4.21
HWiNFO32 的工作界面

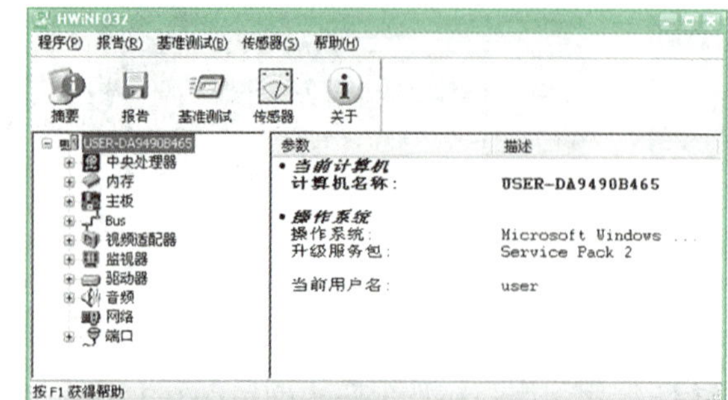

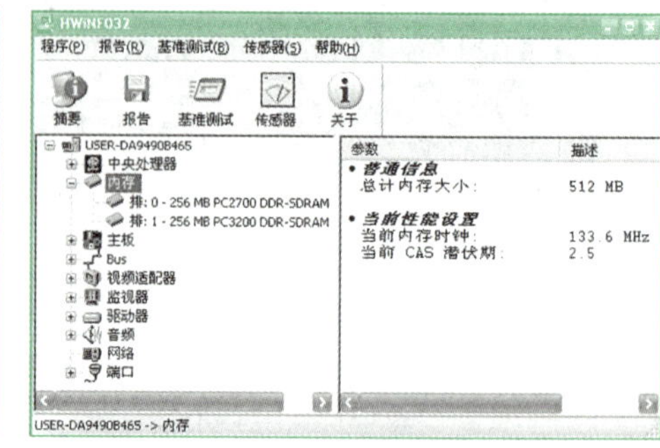

图 4.22
内存的基本信息

步骤3 获得详细信息。选择“内存”下的选项，还可以得到插在该插槽内存的详细信息，如图 4.23 所示。

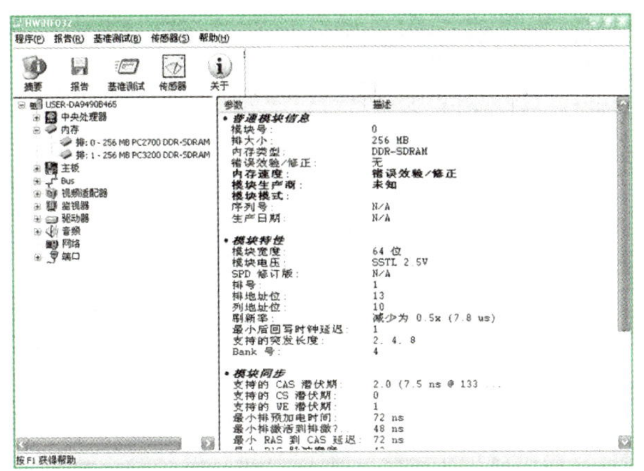

图 4.23
内存的详细信息

步骤4 基准测试。单击工具栏中的“基准测试”按钮，即可进行测试选项的选择，选择需要进行测试的内容的复选框，一般默认的是全部选中，如图 4.24 所示。

步骤5 获得测试结果。单击“开始”按钮即可开始测试，等待一段时间，即可得到测试结果，如图 4.25 所示。

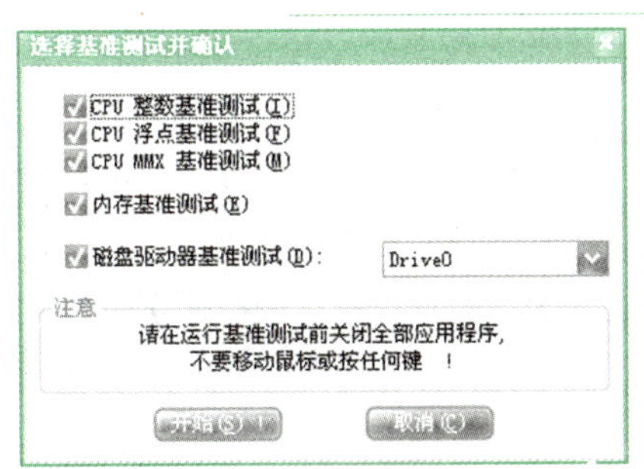

图 4.24
选择基准测试

图 4.25
测试结果

4.4 网上学：挑选内存

进入本课程网站后，通过首页左侧的“课程章节”导航，打开“第 2 章 计算机硬件系统”→“2.3 挑选内存”网上学习窗口，可以通过网络学习项目 4 的所有内容，如图 4.26 所示。

图 4.26
挑选内存项目网上学习窗口

笔记

4.5 拓展训练：品牌内存真伪识别

为了防止自己的利益受到侵犯，各大内存产品厂商纷纷在自己产品的防伪措施上下功夫。读者了解了这些防伪措施，更有助于识别产品的真伪。此处以金邦、金士顿、三星、胜创和宇瞻 5 家厂商的防伪措施为例来介绍识别内存产品真伪的方法。

① GEIL（金邦电子）的 DNA 识别技术。GeIL 所采用的 DNA 防伪标签应用了生物 DNA 防伪技术，撷取动植物的 DNA，经萃取、剪接、合成等步骤，并由遗传工程技术处理后再经特殊生产制成。金邦 DNA 防伪标签在识别方法上也非常简便和易操作，只需要用配备的药水涂抹一下，真假就立刻可知。造假者想要模拟这个防伪技术，估计要付出不小的成本，因此能够有效避免假冒产品出现。

② Kingston（金士顿）的铭牌防伪标技术。有关金士顿的假货在市场上也是比较多的，消费者在购买金士顿内存时也要注意。其防伪特点是产品的铭牌就是防伪标。当视线与防伪标表面垂直时，看到的防伪标上的 Kingston 的 LOGO 是玫瑰红色；而当视线与标签形成一个夹角以后，标签就变成了橄榄绿色。这种方法是最简便、直接的防伪办法，消费者在购买时就可以立即检验产品真伪，及时发现假货。

③ Samsung（三星）的圆点标签变幻识别技术。三星金条新的防伪标签设计得非常独特，采用全视角三维立体图像、立体“金条”商标、“精工雕刻立体模型”等高技术。在识别方面更下了不少功夫，肉眼直接观察时，转动一定的角度，翻转金条商标，可依次看到商标内的立体模型的上、下、左、右分别有 1、2、3、4 个圆点分布，如图 4.27 所示，即可检验该产品的真伪，从而让消费者在购买之前就拒绝假冒品，提高识别效率。

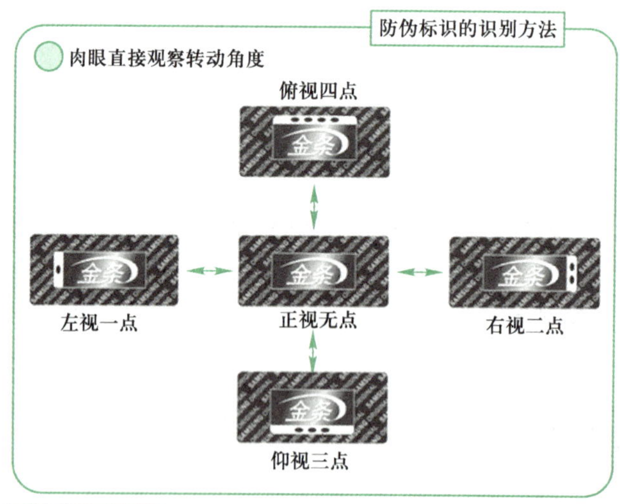

图 4.27
三星防伪标识

④ Kingmax（胜创）的红色防伪芯片技术。在 Kingmax 的所有台式计算机内存上，都能看到 PCB 上有一颗醒目的红色颗粒，它是采用 Kingmax 全球独家专利的 TinyBGA 彩色封装技术制成的，可以说为内存加上了一道高科技的防火墙。TingBGA 封装技术，不仅在防伪上有独到之处，也能使内存在整体性能上具有优越的表现，还能让消费者方便地识别 Kingmax 产品，真正地体现了为消费大众服务的理念，如图 4.28 所示。

图 4.28
胜创内存防伪标识

⑤ Apacer（宇瞻）的网上查真伪技术。内存模块背面贴有防伪标签，仅需刮除涂料，上网输入序号即可查真伪。此外，包装上提供多样化颜色及附有数字编码的易撕标贴，且不定时更改编码原则，杜绝仿冒者有机可乘。消费者在购买宇瞻内存模块产品前，可依照以上方式辨认，以确保自身权益，以免购买到假货。宇瞻在其官方网站上提供防伪登录窗口，以最直接、便利的方式提供消费者快速辨识真伪的服务。消费者只需进入宇瞻官方网站，依照所列的简单指示，即可轻松确认其购买产品是否为真品。

4.6 技术前沿：内存前沿产品及发展趋势

随着科技的飞速发展，作为计算机关键组件之一的内存，其性能也在不断地提升。相对目前市场上主流的 DDR4 内存，最新推出的 DDR5 内存将成为未来的主流内存产品。

DDR5（第五代双倍数据速率同步动态随机存取内存）是下一代内存技术，其性能远远高于 DDR4。传输速率上，DDR5 内存可达到 64 Gb/s，是 DDR4 的 2 倍；能耗上，DDR5 可以在 1.1 V 电压下工作，比 DDR4 的功耗降低约 20%，更加节能环保。DDR5 与 DDR4 内存插槽不兼容，需要专门支持 DDR5 内存规格的主板。由于是新一代内存技术，在价格上，DDR5 要远高于 DDR4 内存，但是随着市场的逐渐普及，其价格也会逐步下降。图 4.29 所示为一款双条 32GB（2×16GB）的 DDR5 内存条。

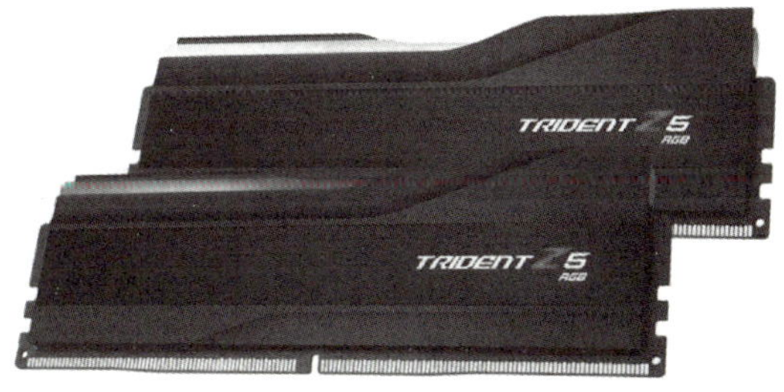

图 4.29
DDR5 内存条

项目 5

配置外存储系统

教案：
配置外存储系统

教学课件：
配置外存储系统

素质目标

笔 记

5.1 项目内容及实施计划

5.1.1 项目描述

配置外存储系统项目包括硬盘和光驱采购、安装硬盘和光驱，以及测试硬盘和光驱性能等几个方面的内容，如图5.1所示。

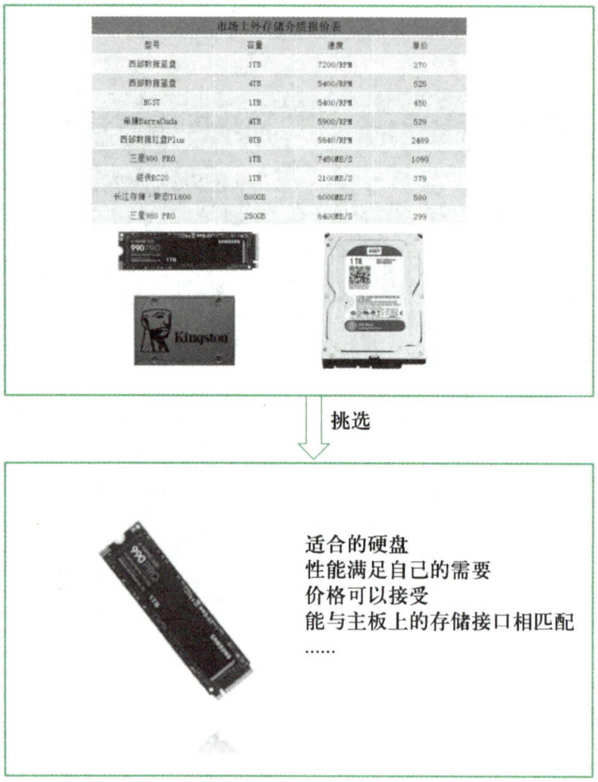

市场上外存储介质报价表

型号	容量	速度	单价
西部数据蓝盘	1TB	7200/RPM	270
西部数据蓝盘	4TB	5400/RPM	525
HGST	1TB	5400/RPM	450
希捷BarraCuda	4TB	5900/RPM	529
西部数据红盘Plus	8TB	5640/RPM	2499
三星990 PRO	1TB	7450MB/S	1099
铠侠RC20	1TB	2100MB/S	379
长江存储·致态Ti600	500GB	6000MB/S	500
三星980 PRO	250GB	6400MB/S	299

挑选

适合的硬盘
性能满足自己的需要
价格可以接受
能与主板上的存储接口相匹配
……

图5.1
项目描述——挑选外存储产品

5.1.2 项目目标

1. 德育目标

（1）通过讲解硬盘工作原理，引导学生思考如何创新改进硬盘技术，培养学生的创新意识和实践能力。

（2）通过讲解外存储系统的存储容量，引导学生理解“有容乃大”的精神内涵。

2. 知识目标

（1）了解外存储器的基础知识。

（2）熟悉硬盘、光驱的结构、工作原理、性能指标和新技术。

（3）熟悉挑选硬盘和光驱的策略。

3. 技能目标

（1）能正确安装、拆卸硬盘和光驱。

（2）能使用常见性能测试软件对硬盘、光驱的性能进行测试。

（3）能正确识别主流硬盘产品的编号。

4. 素养目标

（1）培养学生遵守法律法规、行业规范、工作制度和职业操守的意识。

（2）培养学生良好的时间管理意识、成本控制意识和服务大局意识。

笔 记

5.1.3 项目实施计划

图 5.2 所示的是配置外存储系统的实施计划，其中左边栏目是分析，右边栏目是给读者的建议。读者也可以根据自己实际完成的顺序，将顺序号填入右上角的圆圈内。

图 5.2
配置外存储系统的实施计划

5.2 知识阅读：外存储设备

要完成“配置外存储系统”项目，需要了解外存储系统的相关知识，包括硬盘

笔 记

的分类、硬盘的结构与工作原理、硬盘的接口方式、硬盘的性能指标、硬盘新技术、光驱的基本概念和分类、DVD 光驱的分类、DVD 光驱的性能指标、蓝光光驱以及各类光存储介质等内容。本节主要介绍这几个方面的知识。通过对本节的学习，读者在进行项目操作时可以有充足的知识准备。对本节的学习可以放在 5.3 节以后，也可以先进行学习，再去完成 5.3 节的操作。

5.2.1 硬盘的分类

硬盘的分类方法很多，就品牌而言，主要有希捷（Seagate）、西部数据（Western Digital）、东芝（Toshiba）、HGST（原日立）等几家厂商的产品。

从尺寸上分，可将硬盘分为 5.25 英寸（1 英寸=2.54 厘米）、3.5 英寸、2.5 英寸和 1.8 英寸 4 种，其中，前两种主要用于台式计算机上，后两种尺寸的硬盘主要用于便携式计算机或袖珍型精密设备上。目前，5.25 英寸的硬盘已被淘汰，台式计算机使用的硬盘的主流尺寸是 3.5 英寸，其外观大小与普通软驱相似。图 5.3 所示为 4 种尺寸的硬盘。

5.25英寸硬盘　3.5英寸硬盘　2.5英寸硬盘　1.8英寸硬盘

图 5.3
4 种尺寸的硬盘

从接口类型上分，可将硬盘分为 IDE 接口硬盘、SCSI/SAS 接口硬盘、USB 接口硬盘、IEEE 1394 接口硬盘和 SATA（Serial ATA）接口硬盘等几类。其中，SATA 接口硬盘是目前市场上的主流硬盘，固态硬盘（Solid State Drive，SSD）和混合硬盘（Hybrid Hard Disk，HHD）也越来越普及。图 5.4 所示为 5 种不同接口的硬盘。

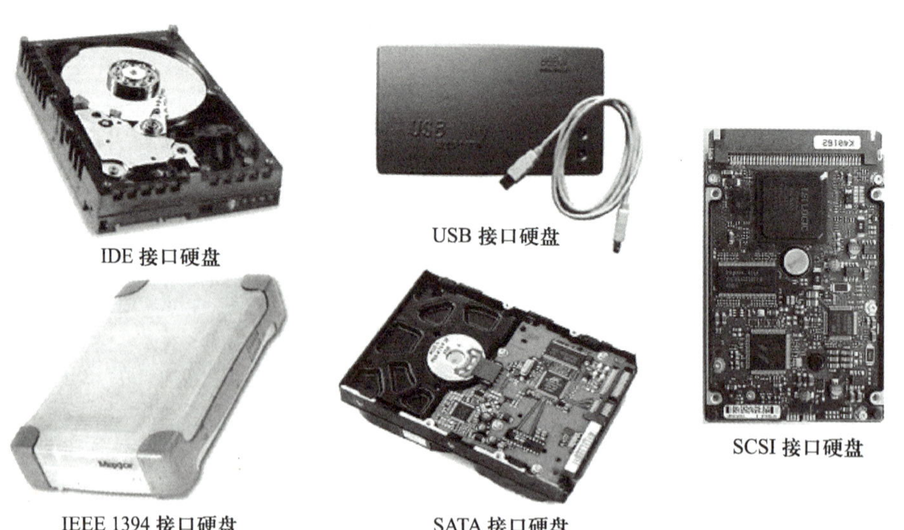

图 5.4
5 种不同接口的硬盘

5.2.2 硬盘的结构与工作原理

硬盘是计算机系统中非常重要的外存设备，计算机中的大量数据都存储在硬盘中，包括操作系统本身，所以把硬盘称作计算机数据的仓库。硬盘的结构，主要是指硬盘的外部结构、内部结构和逻辑结构。

1. 硬盘的外部结构

图 5.5 所示为一款常见的 3.5 英寸的硬盘正面图及外部结构图。

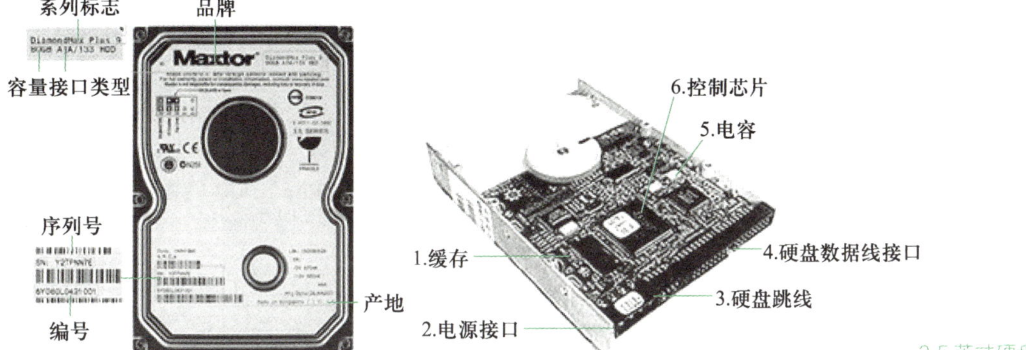

图 5.5
3.5 英寸硬盘的正面图及外部结构图

上图中各个组成部分的说明如表 5.1 所示。

表 5.1
硬盘外部组成部件的说明

编号	组成部分名称	说明
1	缓存	硬盘缓存的主要作用是与硬盘内部交换数据，是实现硬盘数据“预处理”操作的芯片，通常所说的硬盘内部传输速率其实就是指该缓存与硬盘内部之间的数据传输速率
2	电源接口	该接口由 4 针组成，可将硬盘与机箱电源相连接，并通过该接口为硬盘供电
3	硬盘跳线	当计算机中连接有两个及以上硬盘时，必须为它们设置主盘和从盘。硬盘跳线可以实现这种设置，具体设置方法因不同的硬盘而不同，用户可以参考硬盘正面标签上的设置说明来进行主盘、从盘的设置
4	硬盘数据线接口（IDE 接口）	通过该接口，利用专用数据排线可以把硬盘与主板连接起来，从而实现硬盘中数据的读/写操作
5	电容	硬盘中存储了大量的数据，为保证数据读/写操作的安全，需要高质量的电容来稳定电路
6	控制芯片	硬盘的核心部件之一，负责数据的交换与处理

2. 硬盘的内部结构

打开硬盘的外壳，可以一目了然地看清硬盘的内部组成，它主要由浮动磁头组件、磁头驱动机构、盘片、盘片主轴驱动机构和前置读写控制电子线路等几部分组成。图 5.6 所示为一块掀开外壳的硬盘内部结构图。

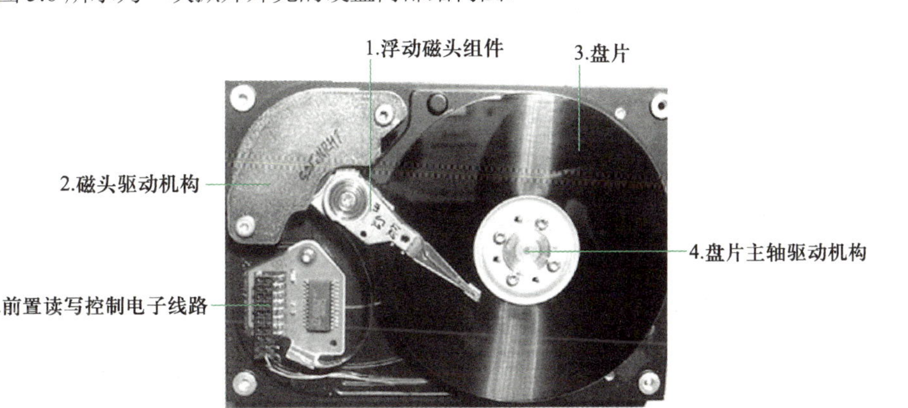

图 5.6
硬盘内部结构图

各组成部件的说明如表 5.2 所示。

表 5.2
硬盘内部组成部件的说明

编号	组成部分名称	说明
1	浮动磁头组件	硬盘中非常精密的部件之一，由读磁头、传动手臂和传动轴 3 部分组成。磁头是硬盘技术中最重要、最关键的一环，它类似于“笔尖”。硬盘磁头采用非接触式结构，悬在盘片上方，加电后可在高速旋转的盘片表面移动，与盘片的间隙（飞高）只有 0.08～0.3 μm。硬盘磁头其实是通过集成工艺制造的多个磁头的组合，每张盘片的上、下方都各有一个磁头。磁头不能接触高速旋转的硬盘盘片，否则会破坏盘片表面的磁性介质而导致硬盘数据丢失和磁头损坏，因此硬盘工作时不要搬运主机
2	磁头驱动机构	由音圈电动机和磁头驱动小车组成，能对磁头进行正确的驱动和定位，并能在很短的时间内精确定位于系统指令指定的磁道，保证数据读/写的可靠性
3	盘片	硬盘存储数据的载体，一般采用金属薄膜磁盘，记录密度高。硬盘盘片通常由一张或多张盘片叠放组成
4	盘片主轴驱动机构	由轴承和电动机等组成。硬盘工作时，通过电动机的转动将盘片上用户需要的数据所在的扇区转动到磁头下方以供磁头读取。电动机转速越快，用户存取数据的时间就越短，从这个意义上讲，电动机的转速在很大程度上决定了硬盘最终的速度。人们常说的 5400 转、7200 转就是指硬盘电动机的转速。轴承是用来把多个盘片串起来固定的装置
5	前置读写控制电子线路	用来控制磁头感应的信号、主轴电机调速、磁头驱动和定位等操作

笔 记

硬盘磁头的组成如图 5.7 所示。

3. 硬盘的逻辑结构

上面介绍的其实是硬盘的物理组成。要在硬盘上以文件的方式记录信息，还必须制定相关的规则，这就涉及硬盘的逻辑结构的划分。

硬盘从逻辑上划分，包括下面几个部分。

磁面（Side）：每个盘片都有上、下两个磁面，从上向下从 0 开始编号，0 面、1 面、2 面、3 面……

磁道（Track）：在格式化硬盘时，盘片会被划成许多同心圆，这些同心圆轨迹就称为磁道。磁道从外向内从 0 开始顺次编号，0 道、1 道、2 道……

柱面（Cylinder）：所有盘面上的同一编号的磁道构成一个圆柱，称为柱面。在每个柱面上，从外向内以 0 开始编号，0 柱面、1 柱面、2 柱面……

扇区（Sector）：硬盘的盘片在存储数据时又被逻辑划分为许多扇形的区域，每个区域叫作一个扇区。每个扇区可以存储 512 字节。扇区编号按一定规则从 1 开始编号。

弄清这几个概念后，就可以计算出硬盘的容量，公式如下：

硬盘容量=柱面数×扇区数×每扇区字节数×磁头数

存储在硬盘上的某个信息就可以表示为××磁道（柱面），××磁头，××扇区。图 5.8 所示为硬盘的逻辑结构图。

4. 硬盘的工作原理

硬盘作为一种磁表面存储器，是在非磁性的合金材料（多为铝片）表面涂上一层很薄的磁性材料，再通过磁层的磁化来存储信息的，即硬盘是利用特定的磁粒子的极性来记录数据的。磁头在读取数据时，将磁粒子的不同极性转换成不同的电脉冲信号，再利用数据转换器将这些原始信号变成计算机可以使用的数据，写操作正好相反。硬盘 Cache 主要负责协调硬盘与主机在数据处理速度上的差异。

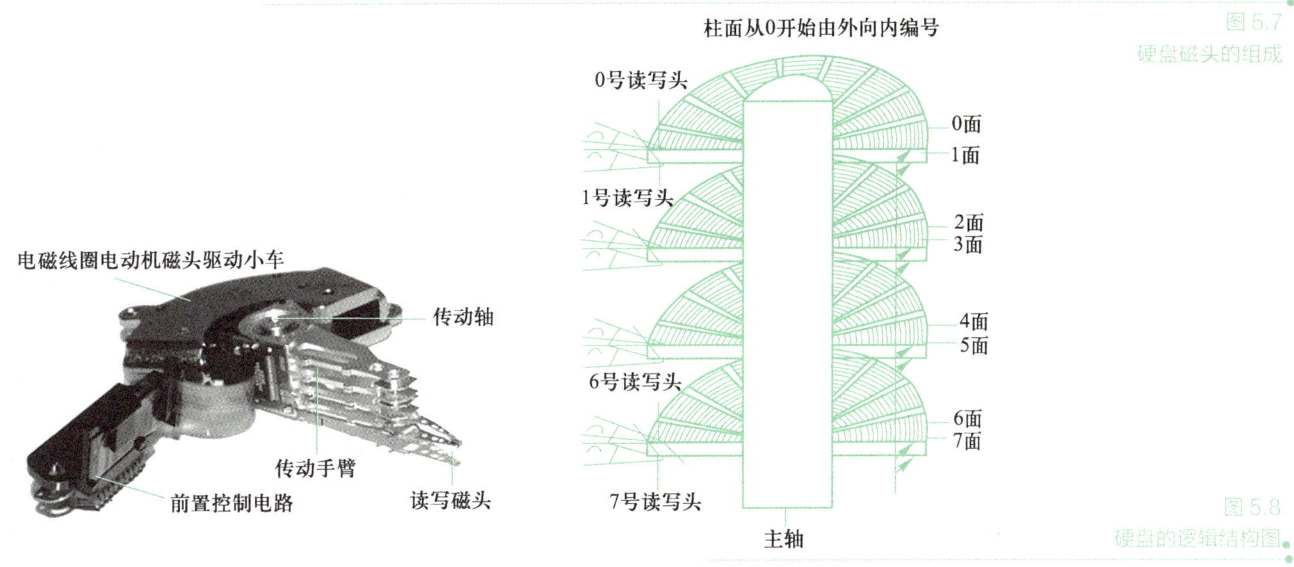

图 5.7 硬盘磁头的组成

图 5.8 硬盘的逻辑结构图

硬盘驱动器加电正常工作后，首先是利用控制电路完成初始化工作，将磁头置于盘片中心位置。初始化完成后，主轴电动机将开始工作，高速旋转，装载磁头的驱动小车机构移动，将磁头置于盘片表面的 00 道，处于等待指令状态。当接收到系统指令后，前置放大控制电路处理指令，并由驱动音圈电动机发出磁信号，此时，感应阻值变化的磁头对盘片数据进行正确定位并将接收后的数据信息解码，再通过放大控制电路传输到接口电路，由接口电路传送给主机，完成一次指令操作。

当硬盘断电停止工作时，硬盘不旋转，各个浮动磁头依靠反力矩弹簧的作用与对应的盘片表面相接触。每个盘片的中心位置都留有一部分空间，该部分空间不存放任何信息，专用来停靠磁头，这个位置称为启停区。一旦硬盘开始工作，磁头便会离开启停区，不再与盘片接触，而是悬浮在盘片上方进行数据的读/写。

硬盘从停止状态进入工作状态，会发出“咔咔”声，这是由于硬盘在通电后，音圈电动机会将硬盘磁头从启停区上拉开并移动到盘片上方而形成的。当硬盘磁头离开启停区并悬浮在盘片上方后，声响便会减弱或消失。实际上，所有的硬盘在开机时都会发出声响，只不过根据各自的电动机种类不同，这一噪声的大小指标并不尽相同，有些容易被人察觉，有些则不易察觉。

笔 记

5.2.3 硬盘的接口方式

硬盘接口是硬盘与主机系统之间的连接部件，作用是在硬盘缓存与主机内存之间传输数据。不同的硬盘接口决定着硬盘与主机之间的连接速度。目前硬盘的接口类型主要有 IDE 接口、SATA 接口、SCSI/SAS 接口、IEEE 1394 接口、USB 接口和光纤通道等几种。

1. IDE 接口

IDE 是把“硬盘控制器”与“盘体”集成在一起的硬盘驱动器，也称为电子集成驱动器。把盘体与控制器集成在一起的做法减少了硬盘接口的电缆数目与长度，提高

笔 记

了数据传输的可靠性，而且硬盘制造起来也变得很容易。IDE 接口的硬盘具有价格低廉、兼容性好、性价比高的优点，但同时它也有数据传输速率低、只能内置使用、对接口电缆的长度有严格限制等缺点。

2. SATA 接口

SATA 接口即串行 ATA 接口（Serial ATA），它一改以往 IDE 接口并行传输数据的方式，而采用连续串行的方式传送数据。这样，在同一时间点上就只有一位数据传输，减少了接口针脚数目，只有 4 针就可以完成所有工作（第 1 针发送，第 2 针接收，第 3 针供电，第 4 针接地线），相对于 IDE 接口标准的 80 芯数据排线来说大大地简化了，数据线趋于标准化，同时，针脚数的减少也有效降低了系统能耗并提高了数据传输速率。

SATA 接口相对于 IDE 接口的起点更高，发展潜力更大。从推出 SATA 至今，SATA 的发展已经历了 3 个版本：SATA 1.0、SATA 2.0 和 SATA 3.0。其中，SATA 1.0 定义的数据传输速率可达 150 MB/s，SATA 2.0 的数据传输速率达到 300 MB/s，SATA 3.0 的数据传输率达到 600 MB/s。

目前，SATA 2.0 与 SATA 3.0 已经成为硬盘的主流接口，部分固态硬盘（SSD）也多采用 SATA 3.0 接口或 M.2 接口。

3. SCSI 接口与 SAS 接口

SCSI 接口即 Small Computer System Interface（小型计算机系统接口），它最早研制于 1979 年，原是为小型计算机研制的接口技术，但随着计算机技术的发展，现今它被完全应用于 PC 上。SCSI 接口技术发展到今天，先后经历了 SCSI-1、SCSI-2、Ultra SCSI、Ultra 2 SCSI、Ultra 160 SCSI、Ultra 320 SCSI 等几个阶段。SCSI 接口技术具有应用范围广、多任务、宽带宽、CPU 占用率低及支持热插拔等优点。

SAS 接口即 Serial Attached SCSI（串行连接 SCSI），是新一代的 SCSI 技术，综合了现有的并行 SCSI 和串行连接技术来提高传输速率，并可向下兼容 SATA。从接口标准上看，SATA 是 SAS 的一个子标准，SAS 接口的控制点可以直接掌控 SATA 硬盘，但是 SATA 接口的控制点却不能对 SAS 硬盘进行控制。SAS 硬盘是目前机械硬盘中传输速率最快的，可以达到 600 MB/s，但此类硬盘价格昂贵。因此，SAS 目前是云服务器的主流接口。

4. IEEE 1394 接口

IEEE 1394 接口并不是专为硬盘开发的接口，它是为了增强外部多媒体设备（如数码摄像机、高速硬盘、音响设备等）与计算机的连接性能而设计的一种高速串行总线。IEEE 1394 接口标准具有即时数据传输（Real-Time Data Fransfer）、支持热插拔、驱动程序安装简易、数据传输速率高、具备通用 I/O 连接头、点对点的通信架构等特点。同时，IEEE 1394 接口也有使用费用昂贵的致命缺点，故目前支持 IEEE 1394 接口硬盘的适配器很少见。

5. USB 接口

USB 接口也叫作通用串行总线接口，它是 1994 年年底由 Compaq、IBM、Microsoft 等多家公司联合推出的，也是目前应用最为普遍的设备接口。USB 接口不仅仅用于硬盘接口，其他设备如 Modem、打印机、鼠标、键盘、扫描仪、数码照相机等也几乎都采用了该接口。

6. 光纤通道

这是一种跟 SCSI 和 IDE 有很大不同的接口，以前它是专为网络设计的，常见于高档交换机、网卡中，后来慢慢移植到存储系统上，常用于连接一个 SCSI RAID 设备，以满足高端工作站或服务器对高数据传输速率的要求。光纤通道（Fibre Channel）最长可达 10 km，理论带宽可达 1.06 Gbit/s，实际带宽可达 100 Mbit/s，但价格非常昂贵，并且组建复杂。

笔 记

5.2.4 硬盘的性能指标

1. 容量

容量是指硬盘的存储空间大小，常用 GB（吉字节）为单位。硬盘容量是硬盘的重要技术指标，大多数硬盘被淘汰都是因为容量不足的原因。目前市场上的硬盘容量已经进入 TB（太字节）时代。硬盘的标称容量跟系统显示的容量不一致，这是因为厂商在标称硬盘容量时按 1 GB 等于 1 000 MB 计算的，而系统则是按 1 GB 等于 1 024 MB 计算的，自然两者的结果不一致，即系统显示的容量要比标称的容量小。例如，购买了一块 2 TB 的硬盘，用 NTFS 文件系统格式化后，显示容量为 1863 GB 左右，这是正常现象。

2. 转速

硬盘主要依靠内部主轴电动机驱动，转速也就是指硬盘内部主轴电动机的转动速率。转速越高，硬盘内部的数据传输速率也就越高。在读取大量数据时，高转速硬盘的优势很明显。台式计算机硬盘的转速主要有 3 种：5 400 转、7 200 转和 10 000 转（常以 r/min 为单位，即每分钟的旋转次数），目前主流硬盘的转速为 7 200 r/min 或更高。另外，SCSI 接口的硬盘，其转速可为 10 000～15 000 r/min，但造价较高，多用于服务器上。

3. 动作时间

硬盘的动作时间，主要包括平均寻道时间、平均访问时间、道至道时间、最大寻道时间和平均等待时间等几种。

平均寻道时间（Average Seek Time）：指硬盘磁头移动到数据所在磁道所需要的时间，单位为毫秒（ms）。此项指标值越小，硬盘性能越好。目前主流硬盘产品的平均寻道时间一般为 3～9 ms。

平均访问时间（Average Access Time）：也叫作平均存取时间，是指磁头从起始位置到达目标磁道位置，并从目标磁道上找到要读/写的数据扇区所用的时间，可简单理解为读取指定扇区所需的时间，通常是平均寻道时间和平均等待时间之和。该值最能代表硬盘找到某一数据所用的时间，值越小越好。目前主流硬盘产品的平均访问时间一般为 11～16 ms。

平均等待时间（Average Latency）：是指磁头移动到数据所在的磁道后等待数据所在的扇区转动到磁头下的时间，单位为毫秒，值越小越好。目前市场上主流产品的平均等待时间在 2～6 ms。

4. MTBF

MTBF（连续无故障时间）是指硬盘从开始运行到出现故障的最长时间，单位为小时。一般硬盘的 MTBF 至少在 30 000 h 或 40 000 h。

5. 数据传输速率

硬盘的数据传输速率衡量的是硬盘读/写数据的速度，一般以 MB/s 作为计算单位。它又可分为外部数据传输速率（External Transfer Rate）和内部数据传输速率

笔记

（Internal Transfer Rate）。

外部数据传输速率：也称为突发数据传输速率或接口传输速率，是指从硬盘缓存中向外输出数据的速率，单位为 MB/s。外部数据传输速率与硬盘接口类型和硬盘缓存的大小有关。

内部数据传输速率：也叫作最大或最小持续传输速率，是指硬盘从盘片上读/写数据到缓存的速率。内部数据传输速率一般取决于硬盘盘片的转速和盘片数据线密度（即同一磁道上的数据间隔度），一般以 Mbit/s 为单位（即兆位/秒的意思）。此处要注意区分 Mbit/s 与 MB/s 的不同。两个单位的转换方式为 1 MB/s=8 Mbit/s。例如，一块硬盘的内部数据传输速率为 131 Mbit/s，换算后则等于 16.375 MB/s。

硬盘内部数据传输速率要远小于外部数据传输速率，达不到 33 MB/s，更达不到 133 MB/s。其实，按照著名的“木桶原理”，硬盘内部数据传输速率才是决定硬盘速度的关键，也是整个系统性能的速度“瓶颈”。只有硬盘的内部数据传输速率提高了，再提高硬盘的接口速率才有实在的意义。

6. 硬盘缓存

缓存是硬盘控制器上的一块存储芯片，可为硬盘与外部总线交换数据提供场所，其容量通常用 KB 或 MB 表示。

不同品牌、不同型号的硬盘其缓存大小各不相同。早期的硬盘缓存都很小，只有几百 KB，当前主流硬盘的缓存多为 32 MB 或 64 MB。

5.2.5 硬盘的新技术

随着对越来越庞大的数据的处理需求增加，追求高稳定性、大容量的硬盘新技术也在不断发展和成熟。在课程网站上为读者介绍了以下几种常见的新技术。

① 数据保护技术，包括标准化的 SMARTR 技术、DSP 数据保护技术、SPS 抗震技术、DFT 硬盘稳固技术等。

② 新型磁头技术，包括 MIG 金属夹层磁头、MR 磁阻磁头、GMR 巨磁阻磁头、TMR 磁道磁阻式磁头、热辅助记录磁头等。

③ 新型接口技术，包括 SATA 串行接口、SAS 接口、光纤接口和 RAID 磁盘阵列等。

④ 数据存储技术，包括机械硬盘、SSD 固态硬盘、HDD 硬盘，其中 HDD 硬盘技术是 2024 年最新研发的一种新技术，可以使硬盘容量高达 30 TB，是存储技术领域的一项重要突破。

5.2.6 光驱

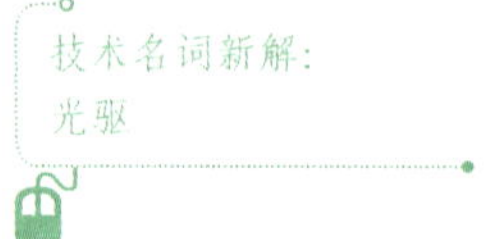

光驱是光盘驱动器的简称，用来读写光盘信息，是各类计算机中较为常见的外部存储设备之一。光驱可分为 CD-ROM 光驱、DVD 光驱、蓝光光驱（COMBO）和各类刻录机等。其中，CD-ROM 光驱及其刻录机目前已经逐渐被淘汰，DVD 光驱和蓝光光驱占据市场主流位置。

5.2.7 DVD 光驱的分类

DVD 是 Digital Versatile Disc 的简写，即数字通用光盘，是由索尼、日立、松下等公司推出的一种存储介质，是CD-ROM的替代产品。DVD集计算机技术、光学记录技术和影视技术等为一体，可以满足用户对大存储容量、高性能存储媒体的需求。一张DVD光盘的容量可达5.7 GB甚至更高，相当于7张CD-ROM光盘的容量，可以存储133分钟MPEG-2格式的音视频信号。DVD向下兼容CD、VCD和CD-ROM等格式的光盘。DVD驱动器已成为目前计算机的主流配置。

按照DVD的格式分类，可以将DVD驱动器分为7种类型：DVD-ROM、DVD-Video、DVD-Audio、DVD-R、DVD-RAM、DVD-RW、DVD+RW。其中，前3类属于只读型的驱动器，后4类属于记录型和重复记录型的驱动器。功能说明如表5.3所示。

表5.3
各类DVD驱动器功能说明

类别	功能说明
DVD-ROM	只读型DVD驱动器，始于1996年，类似于CD-ROM，并向下兼容所有格式的CD盘片
DVD-Video	在DVD-ROM的基础上发展起来的，最初的意图只是提供视频的存储与复制功能，盘片与家用影音光盘类似
DVD-Audio	始于2000年，类似于CD-Audio，盘片是一种音乐碟片，也支持视频、字幕、菜单、屏保等
DVD-R	限录一次的DVD，类似于CD-R，俗称DVD刻录机，所刻盘片可以在家用普通DVD影碟机上播放
DVD-RAM	由日立、松下和东芝三家开发，支持反复刻录，最适合于数据存储，所刻盘片不能在DVD影碟机上使用
DVD-RW	由先锋和夏普公司开发，支持反复刻录，主要用于刻录视频，与绝大多数家用DVD影碟机兼容
DVD+RW	由Dell、HP、Philips、Sony、Yamaha等几家公司开发，支持反复刻录，适合于数据存储、视频存储，并与绝大多数普通家用DVD影碟机兼容

目前，DVD支持可重复刻录的格式有3种：DVD-RAM、DVD-RW和DVD+RW。

笔记

5.2.8 DVD光驱的性能指标

1. 速度

速度是指DVD驱动器的倍速，采取与CD-ROM驱动器倍速一样的标注方式，以多少倍来表示。但DVD驱动器的倍速与CD-ROM驱动器倍速的含义不同。对于DVD-ROM驱动器来说，DVD-ROM驱动器的一倍速约等于CD-ROM驱动器的9倍速。目前市场上主流的DVD-ROM驱动器所能达到的最大倍速为16倍速。

2. 光头

目前市场上DVD-ROM驱动器主要有两种光头，一为单激光头，一为双激光头。单激光头使用同一个激光头读取数据。双激光头使用两个激光头读取数据。

3. 平均读取时间

平均读取时间指DVD驱动器的激光头移动到指定数据区后从开始读取数据到将数据传送到缓存所需的时间，单位为毫秒。目前大部分DVD光驱的平均读取时间为90～110 ms。

4. 缓存大小

与CD-ROM一样，DVD光驱内部也有缓存，用于“预处理”操作。缓存大小同样会影响DVD光驱的整体性能。缓存越大，DVD光驱读取数据的命中率就越高，性能就越好。目前 DVD 光驱的缓存多为 2 MB，有些高性能的 DVD 光驱，其缓存容量会大一些。

5. 兼容性

兼容性指 DVD 光驱对其他格式盘片的认可度。能否支持、兼容多种格式的盘片（如 DVD-ROM、DVD-Video、DVD-R、DVD-RW、CD-ROM、CD-R/RW 等格式的盘片）是选购 DVD 光驱时必须要考虑的一个指标。兼容性不好的 DVD 光驱，使用起来很不方便。

6. 区域代码

区域代码是为防止 DVD 盘片被盗版和翻版而采取的一项 DVD 技术生产的限制措施——CSS（内容乱码系统）。区域代码采用分区制，将全球划分为 6 个区，不同区内的 DVD 驱动器只能读取本区内的 DVD 盘片，具体划分如表 5.4 所示。

表 5.4
DVD 驱动器的区域代码

区域	包括的地区范围
第一区（Region 1）	美国、加拿大、东太平洋岛屿
第二区（Region 2）	日本、西欧、北欧、埃及、南非、中东
第三区（Region 3）	韩国、泰国、印度尼西亚等东南亚国家
第四区（Region 4）	澳大利亚、新西兰、中南美洲、南太平洋岛屿
第五区（Region 5）	俄罗斯、蒙古国、印度半岛、中亚、东欧、朝鲜、北非、西北亚
第六区（Region 6）	中国

5.2.9 蓝光光驱

蓝光光驱用于读写蓝光光盘，向下兼容 DVD、VCD、CD 等格式。蓝光光盘缩写为 BD，利用波长较短的蓝紫色激光读取和写入数据。光盘驱动器读写用的激光是一种十分精确的光，精确到极限就是光波长的一半。由于 DVD 使用的红色激光波长达到 650 nm，而蓝光光盘使用的蓝紫色激光波长却只有 405 nm，所以蓝紫激光能够读写一个只有 202.5 nm 的点，相比红色激光只能读写 325 nm 的点，其精确度更高，在相同单位面积中能记录更多的信息。因此，同样大小的蓝光光盘比 DVD 的存储量更大。

5.2.10 各类光盘的比较

目前市场上的光盘种类很多，归纳起来有以下几种：CD、CD-ROM、VCD、CD-R/RW、DVD-ROM、DVD-R/RW、DVD-RAM、DVD+RW 等几类。各类不同盘片的比较如表 5.5 所示。

表 5.5
各类光盘的比较

光盘	用途	容量	使用说明
CD 唱片（CD-DA）	用于存储音频信号	74～80 min（650～700 MB）	在 CD 播放机、普通光驱中使用
CD-ROM	用于存储文字、图像和应用软件	650 MB	在 CD-ROM 光驱和 DVD 光驱中使用
VCD	用于存储音、视频信号	74 min（MPEG-1 规格）	在影碟机和光驱上使用
CD-R	一次写入相关信息	650～730 MB	在 CD-R 光驱中刻写、读取，也可在普通光驱读取

续表

光盘	用途	容量	使用说明
CD-RW	多次写入相关信息（1 000 次写入）	650 MB	在 CD-RW 光驱中刻写、读取，普通光驱也可读取
DVD-ROM	只读型的 DVD 碟片	4.7 GB	在普通 DVD 光驱上读取
DVD-R	一次可录多次可读的 DVD 碟片	4.7 GB	在 DVD-R 光驱上刻写、读取，也可在普通 DVD 光驱上读取
DVD-RW	可反复擦除和写入数据	4.7 GB	在 DVD-RW 光驱上刻写、读取，也可在普通 DVD 光驱上读取
DVD-RAM	无限次读写的 DVD 碟片	4.7～17 GB	在 DVD-RAM 光驱上刻写读取
DVD+RW	支持多次读/写操作，是 DVD-R 与 DVD-RW 的复合片	4.7～9.4 GB	在 DVD+RW 光驱上刻写、读取，也可以在普通 DVD 光驱上读取
蓝光光盘	存储高清电影、游戏和大容量数据	25～50 GB	在 COMBO 上刻写、读取

笔 记

无论是哪一类光盘，在使用时均要注意以下几个方面。

① 不要将不清洁的光盘放入光驱读/写，否则会因为光盘上的灰尘等脏物而缩短光驱的使用寿命。

② 不要在光驱工作时强行按弹出键弹出光盘，否则会损伤盘片和光驱。

③ 不要使用来历不明的光盘，否则系统会有感染病毒的可能。

④ 不要在光盘上贴标签或使用标识笔在光盘表面书写，因为贴标签会使光盘在高速旋转时失去平衡，粘胶与墨水也可能会浸入光盘保护膜而损坏光盘。

⑤ 不要用手接触光盘存储数据的一面，尤其是手不干净时，否则会使光盘无法读/写。

⑥ 不要将光盘长时间置于阳光下，不将光盘直接夹于书页间，以免损坏光盘。

5.2.11 硬盘和 DVD 光驱的挑选策略

硬盘通常被称为计算机的三大部件之一，其重要性和必要性可想而知。现阶段，组装台式计算机时大多仍会选择安装光驱，而在各类光驱中，DVD 光驱则成为首选。本小节重点介绍计算机硬盘和 DVD 光驱的挑选策略。

1. 硬盘的挑选策略

每个购买计算机的用户都希望选择一个性价比高、性能稳定的好硬盘，并且在一段时间内能够满足自己的存储需要。速度、容量、安全性一直是衡量硬盘的最主要的三大因素。更大、更快、更安全、更廉价永远是硬盘发展的方向。挑选硬盘首先应该从以下几方面加以考虑。

（1）硬盘容量

硬盘的容量是非常关键的，大多数被淘汰的硬盘都是因为容量不足，目前市场上的硬盘容量已经进入 TB 时代，建议优先选购 1 TB 或以上的硬盘。同时也应考虑硬盘的盘片数，同等容量下，盘片越少越好。

（2）硬盘速度

硬盘的速度相对于计算机的各个组件的速度来说是比较慢的，因此，计算机的运行速度在很多时候都由硬盘来决定。影响硬盘速度的因素主要有主轴转速、缓存、平均寻道时间和接口类型。

笔 记

（3）硬盘的安全性

硬盘作为存放信息的主要场所，所存放信息的价值往往要远高于其产品的价值，因此，硬盘的可靠性非常重要。在挑选硬盘时要充分考虑硬盘的品牌、质量、所采用的防振动技术、数据保护和恢复技术等方面的因素。

（4）硬盘质保和售后服务

硬盘总是在不停地高速运转，是计算机配件中比较脆弱的部件。一般来说，硬盘的设计寿命是 5 年，厂家保修期是 3 年，一年以内随坏随换，但不包括那些经由非正式渠道（一般为水货）流入市场的产品。

2. DVD 光驱的挑选策略

DVD 光驱已经成为计算机的标准配置，其中，DVD 刻录机早已面向了大众用户。很多消费者在选购时，常常会考虑以后可能有刻录光盘的需要，所以近乎 2/3 的装机用户都会选择具备刻录功能的 DVD 光驱。

（1）关注 DVD 光驱的速度与支持的盘片格式

在购买 DVD 刻录机时，很多用户都将其读取或刻录盘片的速度及支持盘片的标准放在了首位。目前市场上 16 X 的 DVD 刻录机已足够用，所能读取与刻录的盘片种类越多越好。

（2）关注 DVD 光驱的噪声振动和纠错读盘能力

要优先选购纠错能力强、采用避振技术的光驱。

（3）关注 DVD 光驱机芯材质

目前 DVD 光驱机芯主要有全钢机芯与塑料机芯两种，建议优先选购一线大厂的钢制机芯的产品。

（4）关注 DVD 光驱的质保

在去市场上购买硬盘和 DVD 光驱之前，应根据自己的需求定位几款产品，然后到相关的门户网站上去查询这几款产品的价格及相应的介绍。此处给读者推荐几个网站，如表 5.6 所示。

表 5.6 硬盘和 DVD 光驱相关网站

网　站
中关村在线—内存硬盘频道
泡泡网—存储频道
中关村在线—DVD 频道

本课程网站也有当前主流硬盘和 DVD 光驱产品推荐，供用户在学习时进行浏览。

5.2.12 硬盘编号的识别技巧

对于硬盘的识别，主要依靠硬盘标签所印制的编号。通过硬盘的编号可以了解各硬盘厂家的产品规格，从而辨别所购买产品的真伪，下面就介绍一下当前主流硬盘的编号规则。

1. 希捷（Seagate）硬盘编号的识别

希捷硬盘的编号比较简单，其格式为：

ST+硬盘尺寸+容量+盘片数+转速+接口类型

具体说明如表 5.7 所示。

表 5.7 希捷硬盘编号说明

名称	说明
ST	为希捷公司的产品标识符，表示是希捷公司的产品
硬盘尺寸（一个字符）	代表硬盘的外形尺寸。1∶3.5 英寸，厚为 41 mm（全高硬盘）；3∶3.5 英寸，厚为 25 mm（半高硬盘）；4∶5.25 英寸，厚为 82 mm（已淘汰）；5∶3.5 英寸，厚为 19 mm；9∶2.5 英寸
容量（4 个字符）	表示硬盘的标称容量（按 1 GB=1 000 MB 计算）。例如，1 600 表示 160 GB；800 表示 80 GB
盘片数（一个字符）	代表盘片数量。例如，2 表示两张盘片，在 SCSI 硬盘中，此位表示硬盘的转速
转速（一个字符）	表示硬盘的转速。0∶7 200 r/min（SCSI 口为 10 000 r/min）；1∶5 400 r/min
接口类型（1～3 个字符）	A：ATA 接口（IDE 接口） AS：Serial ATA 150 接口 AG：便携式计算机专用 ATA 接口 N：50 针，Ultra SCSI 接口，数据传输速率为 20 MB/s W：68 针，Ultra SCSI 接口，数据传输速率为 40 MB/s WC：80 针，Ultra SCSI 接口 FC：光纤通道，数据传输速率为 100 MB/s，支持热插拔 WD：68 针，Ultra Wide SCSI 接口 LW：68 针，Ultra 2 SCSI（LVD）接口，数据传输速率为 80 MB/s（新推出的多为 Ultra 160 SCSI 接口） LC：80 针，Ultra 2 SCSI（LVD）接口，数据传输速率为 80 MB/s（新推出的多为 Ultra 160 SCSI 接口）

例如，图 5.9 所示的为一款希捷硬盘的标签信息，其编号为 ST31000528AS。通过编号和标签上的其他说明，人们可以获知这款希捷硬盘隶属于新一代 Barracuda 7200.12 系列，采用双碟片设计，单碟容量为 500 GB。其中，ST 代表希捷，3 代表是 3.5 英寸桌面硬盘，1000 代表硬盘容量是 1 000 GB，AS 代表这块硬盘是 SATA 接口，固件版本号是 CC34，产地为中国。

图 5.9 希捷硬盘标签信息

2. 西部数据（West Digital）硬盘编号的识别

西部数据硬盘编号的标签形式简洁明了，由 12 个数字或字母组成，前 6 个编号为主编号，后 6 个为附加编号。例如，鱼子酱系列产品的标签形式为厂商代号+容量+转速、缓存+接口类型，也可简单地分为 7 个部分，即 WD“××××，×，×，××，×，×，××”，其含义如表 5.8 所示。

表 5.8
西部数据硬盘编号说明

名称	说明
WD	表示该产品为西部数据的产品，WD 是 Western Digital 的简写
第 1 部分（4 个字符）	表示硬盘容量，单位为 100 MB。例如，1200 表示 120 GB；800 表示 80 GB（和希捷产品相似）
第 2 部分（一个字符）	表示硬盘转速及缓存容量 A/B：5 400 r/min/7 200 r/min 的鱼子酱硬盘 E：5 400 r/min 的 Protégé 系列硬盘 J：7 200 r/min，8 MB 缓存的鱼子酱硬盘 G：10 000 r/min，8 MB 缓存的猛禽系列硬盘
第 3 部分（一个字符）	表示接口类型 A：Ultra ATA 66 接口 B：Ultra ATA 100 接口 W：应用于 A/V（数码影音）领域的硬盘 D：Serial ATA 150 接口
第 4 部分（两个字符）	表示 0EM 的客户标志。面向零售市场时，此两位为 00，有编号的一般不面向零售市场
第 5 部分（一个字符）	表示硬盘单碟容量，单位为 GB C：40 GB D：66 GB E：83 GB
第 6 部分（一个字符）	表示同系列硬盘的版本代码 A：7 200 r/min，Ultra ATA 100 接口的 BB 系列 B：5 400 r/min，Ultra ATA 66 接口的 AB 系列 P：5 400 r/min，Ultra ATA 100 接口的 EB 系列 R：7 200 r/min，Ultra ATA 100 接口，具有 8 MB 缓存的 JB 系列
第 7 部分（两个字符）	表示硬盘的 FirmWare 版本，常见的有 AO

例如，图 5.10 所示为一款硬盘的编号标签。

图 5.10
WD 硬盘编号标签

图 5.10 所示的编号为 WD2500JB-00EVAO，其含义是：该硬盘是西部数据公司的产品（WD），容量为 250 GB（2500），转速为 7 200 r/min，且带有 8 MB 缓存的鱼子酱系列（J），接口类型为 Ultra ATA 100（B），单碟容量为 83 GB。对一般用户来说，只需要识别到前 6 位主编号的含义就足够了。

5.3 动手做：安装与测试外存储系统

本节重点训练硬盘和光驱的安装与拆卸、硬盘和光驱的性能测试等方面的操作技能。

5.3.1 硬盘和光驱的安装与拆卸

微课 5-1
硬盘的安装与拆卸

此处以 IDE 接口为例，来引导用户去完成硬盘和光驱的安装与拆卸。

1. IDE 接口的硬盘的安装与拆卸

硬盘的安装一般需要按以下步骤进行：设置硬盘主从跳线、固定硬盘、连接数据线、连接电源线。

步骤1 设置硬盘主从跳线。因为每个 IDE 接口只能接两个 IDE 设备，当涉及一根数据线连接两个 IDE 设备的时候，就要进行主从跳线设置，否则很容易造成设备不能被正确识别的情况。一般在硬盘上有商标的那一面能够看到硬盘跳线的相关说明，如图 5.11 所示。

如果需要将硬盘设置为主盘，那么按照跳线设置说明，将跳线按照 DS（Master）进行短接；如果是从盘，将跳线按照 Slave 进行短接。一般来说，如果光驱和硬盘用同一根数据线连接，则建议将硬盘设置为主盘；如果是两个硬盘用同一根数据线进行连接，则建议将安装系统的那个硬盘设置为主盘。

步骤2 固定硬盘到机箱。硬盘一般固定在机箱内 3.5 英寸的支架上，先在机箱找一个位置合适的支架，将硬盘小心插入支架（插入的深度以不影响主板使用和容易固定为原则），通过支架旁边的条形孔将硬盘固定好，两边均要用螺钉固定，如图 5.12 所示。

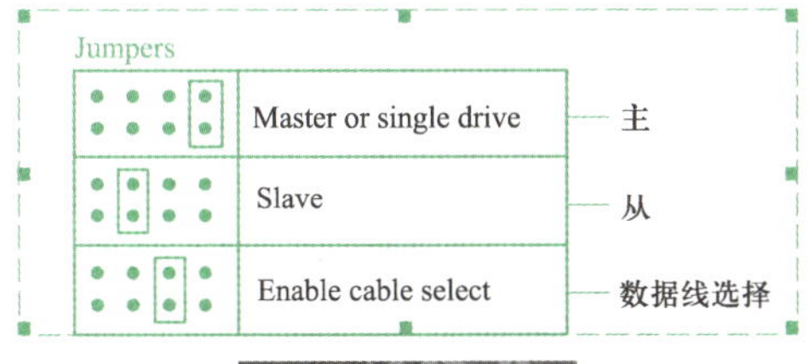

图 5.11 跳线设置说明

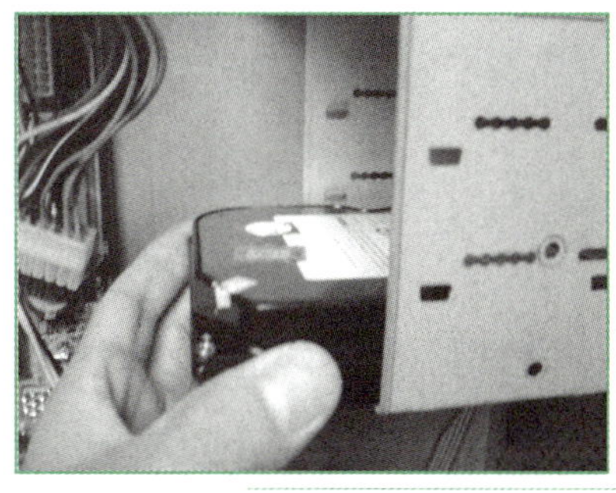

图 5.12 硬盘的固定

步骤3 连接电源线和数据线。硬盘固定好后，就需要将电源线和数据线连接好。硬盘的电源接口是 D 形四孔的，只能从一个方向插入，反方向很难插入。硬盘的数据线为 40 线或 80 线的扁平数据线，数据线上有防插错卡口，在连接的时候要注意方向，如图 5.13～图 5.16 所示。通常，电源线的红线和数据线上有颜色的那一端是相邻的，把握这个原则一般不会插错。

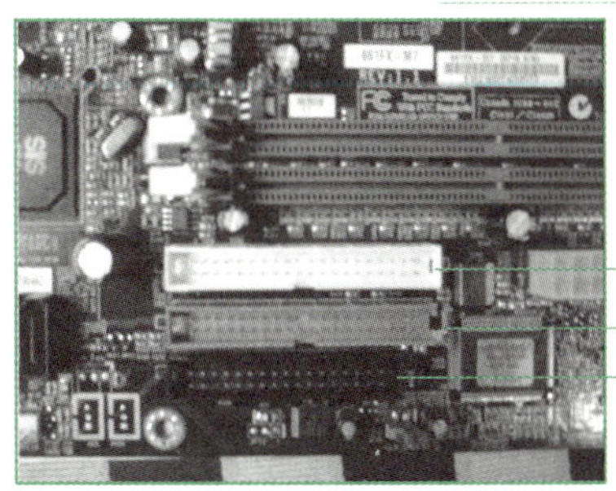

图 5.13 主板上的数据线接口

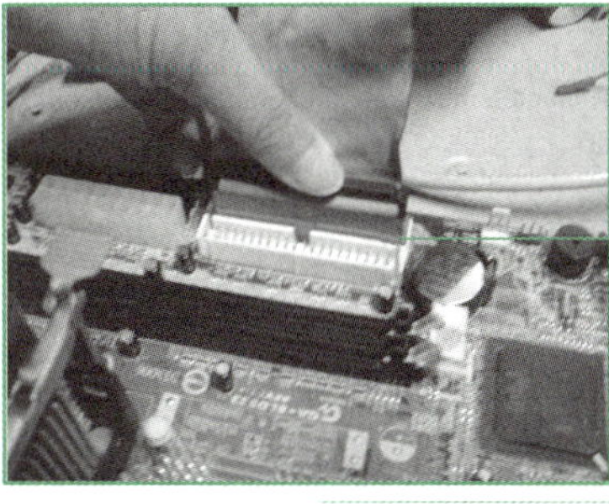

图 5.14 连接主板的 IDE 接口

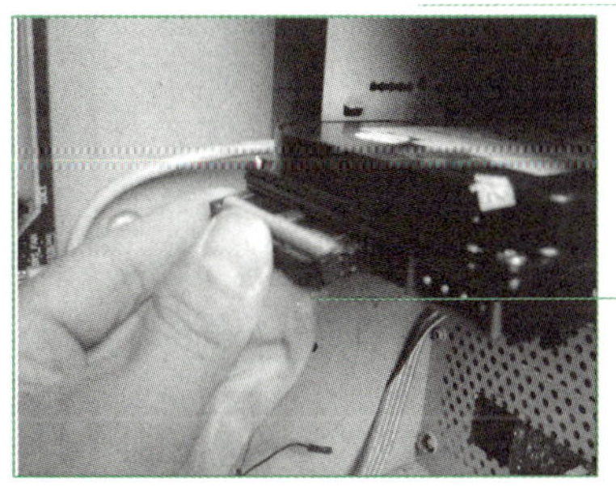

图 5.15 连接硬盘数据线

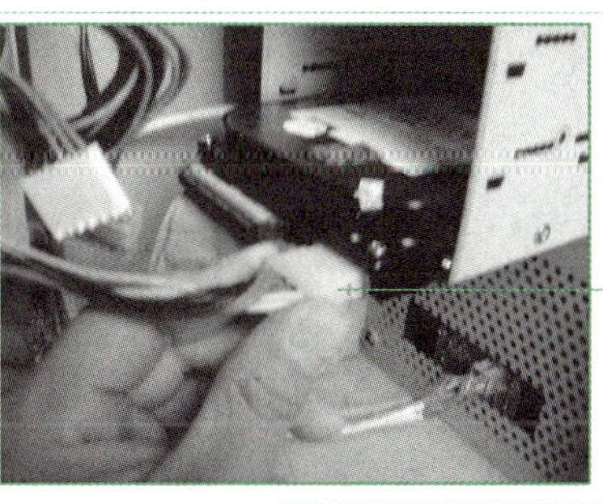

图 5.16 连接硬盘电源线

硬盘拆卸时，先将电源线从盘体上取下，然后将数据线从盘体上取下，再松开固定支架两边的固定螺钉，就可以将硬盘拆卸下来了。

2. IDE 接口的光驱的安装与拆卸

微课 5-2
光驱的安装与拆卸

光驱的安装一般也需要以下几步：设置主从跳线、固定光驱、连接数据线、连接电源线，其整个过程和硬盘的安装大体一致。先取下机箱的前面板以安装光驱的挡板，将光驱按照从外向内的方向从机箱前面板装进机箱的 5.25 英寸槽位。确认光驱的前面板与机箱对齐，在光驱的每一侧都用两个螺钉初步固定，先不要拧紧，这样可以对光驱的位置进行细致的调整，然后再把螺钉拧紧，这主要是考虑到机箱前面板的美观。光驱的安装如图 5.17 所示。

图 5.17
光驱的安装

光驱和硬盘同属 IDE 设备，数据线和电源线的安装及拆卸步骤大致一样，这里就不详细介绍了。

5.3.2 硬盘和光驱的性能测试

1. 用 HD Tach 测试硬盘的性能

微课 5-3
用 HD Tach 测试硬盘的性能

硬盘是计算机的数据仓库，它的性能好坏影响着计算机的整体性能，用户需要使用一些测试软件对硬盘进行性能测试。此处重点介绍使用 HD Tach 对硬盘进行性能测试的方法。

HD Tach 是一款专门针对磁盘底层性能测试的软件，它主要通过分段复制不同容量的数据到硬盘，来测试硬盘的连续数据传输速率、随机存取时间、突发数据传输速率和 CPU 占用率等参数。它使用的场合并不仅针对硬盘，而且还可以用于软驱、ZIP 驱动器测试。

步骤1 启动 HD Tach。双击 HD Tach 应用程序快捷方式图标，打开 HD Tach，出现如图 5.18 所示的主界面。

步骤2 选择测试方式。从“快速基准检测”和“充分基准检测”中选择一项，然后单击“开始测试”按钮，在这里选中“快速基准检测”单选按钮，即可开始测试，如图 5.19 所示。

步骤3 查看测试结果。等到测试过程结束，即可得到测试结果，如图 5.20 所示。

注意

为了真实、有效地测试结果，在测试之前一定要确保没有其他程序在后台运行，并整理硬盘碎片。

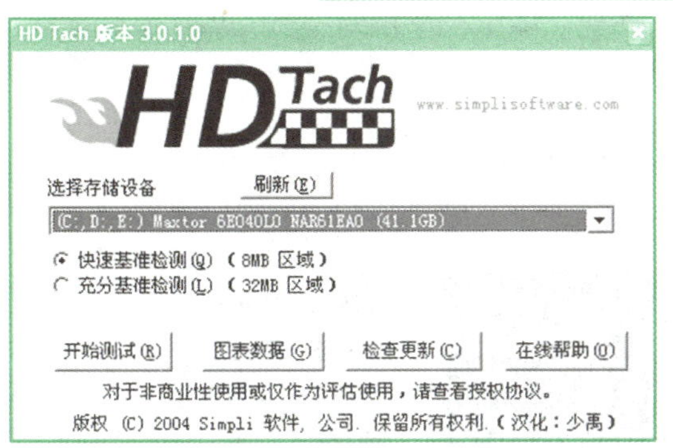

图 5.18
HD Tach 主界面

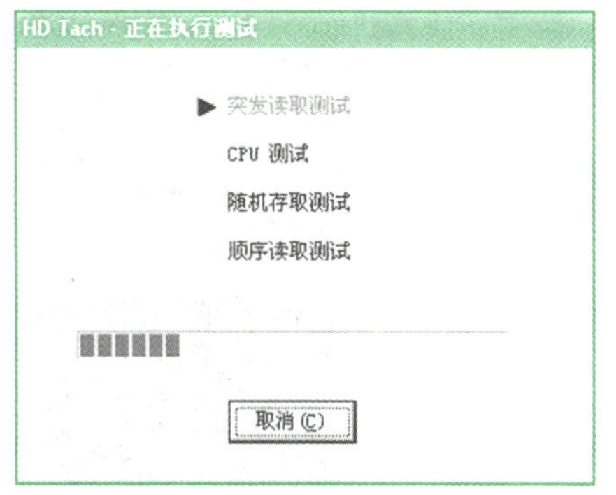

图 5.19
测试过程

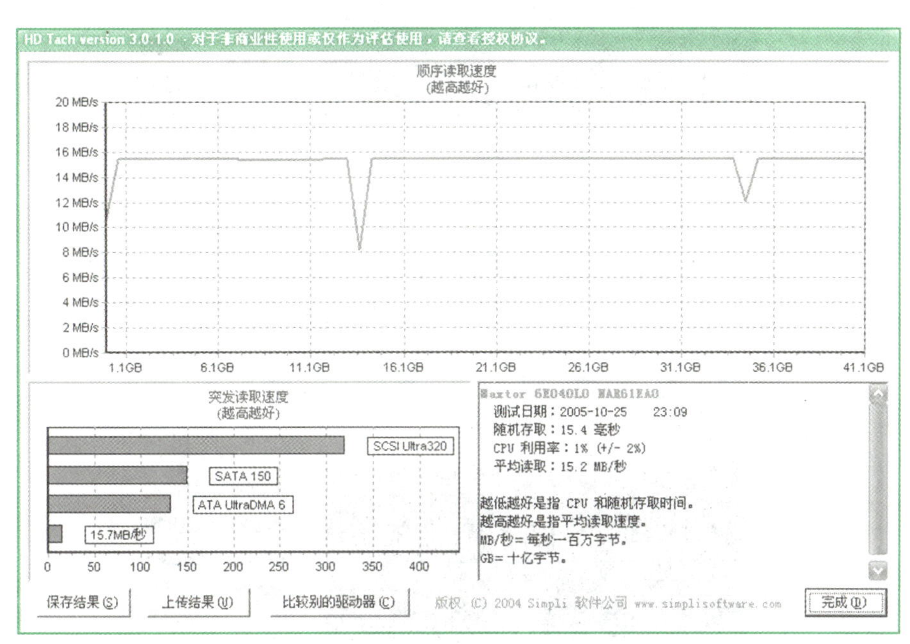

图 5.20
测试结果

2. 用刻录软件 Nero 测试光驱性能

微课 5-4
用刻录软件 Nero 测试光驱性能

Nero 是一款著名的刻录软件，在这个软件里，集成了对光驱进行测试的功能。使用此软件的操作步骤如下。

步骤1 选择测试功能。启动 Nero 后，在主界面上端的“其他”选项中选择“测试驱动器”选项，如图 5.21 所示。

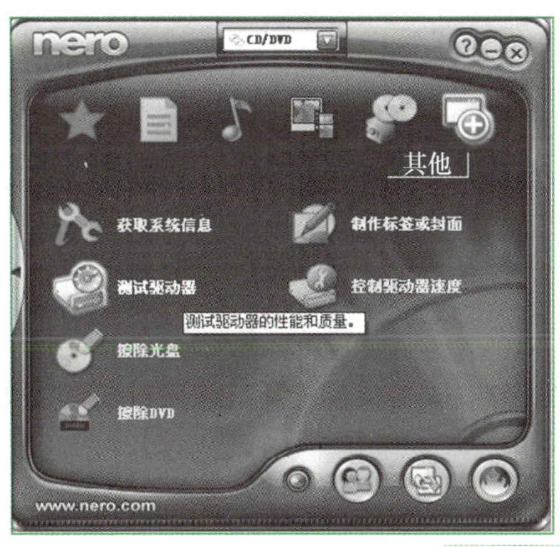

图 5.21
选择测试驱动器

步骤2 打开“测试驱动器”选项。选中“测试驱动器”选项后就进入测试驱动器功能的工作界面，如图 5.22 所示。

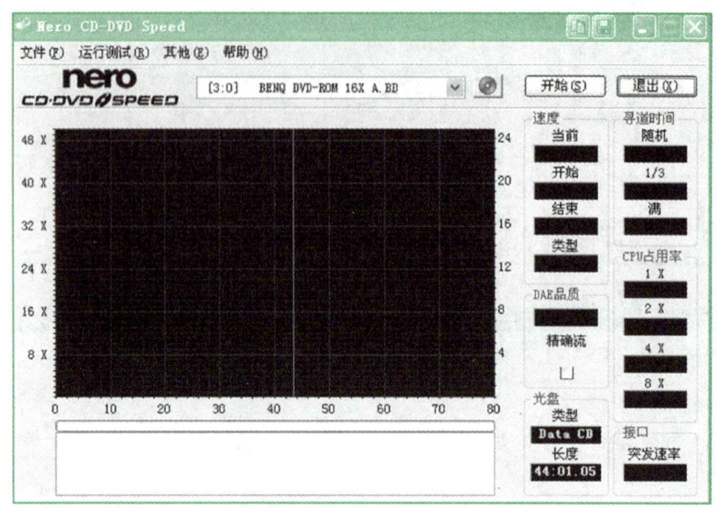

图 5.22
测试驱动器的工作界面

步骤3 开始测试。在需要进行测试的光驱中放入一张有内容的光盘，单击“开始”按钮进行测试，耐心等待测试完毕，得出的结果如图 5.23 所示。

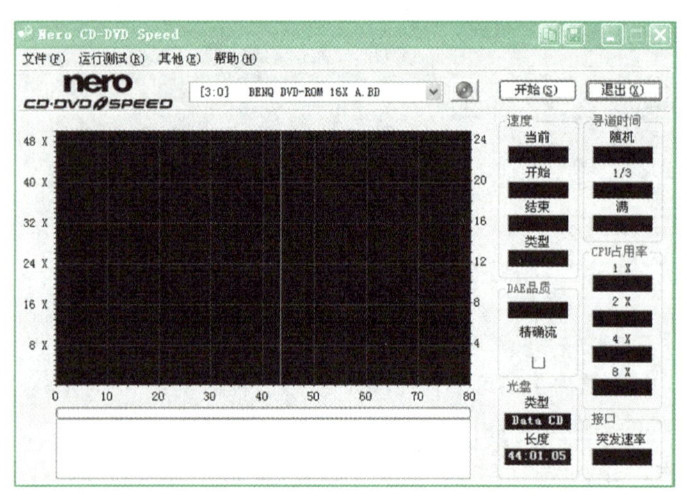

图 5.23
光驱测试结果

步骤4 结果分析。在左边的图中，两条曲线平滑，说明光驱的性能较好，在右边的结果中，可以得到平均速度、随机寻道时间、CPU 占用率及突发速率等相关参数。值得注意的是，测试的光盘一定要选择质量较好的，这样得出的结果才比较精确。

5.4 网上学：配置外存储系统

进入本课程网站后，通过首页左侧的“课程章节”导航，打开“第 2 章 计算机硬件系统”→“2.4 配置外存储系统”网上学习窗口，可以通过网络学习项目 5 的所有内容，如图 5.24 所示。

图 5.24
配置外存储系统项目
网上学习窗口

5.5 拓展训练：SATA 接口硬盘的安装与拆卸

SATA 接口硬盘目前已经成为个人计算机的主流配置。与传统的 IDE 接口硬盘相比，SATA 接口硬盘采用 7 针细线缆，而不是以往的 40/80 针扁平线作为传输数据的通道。可以直接用细线缆将 SATA 接口硬盘连接到主板上的 SATA 接口上。SATA 线与接口没有采用卡扣设计，所以拆卸 SATA 线时直接垂直拔出即可。SATA 接口较脆弱，插拔时需用户小心操作。图 5.25 所示为 SATA 接口硬盘的连线示意图。

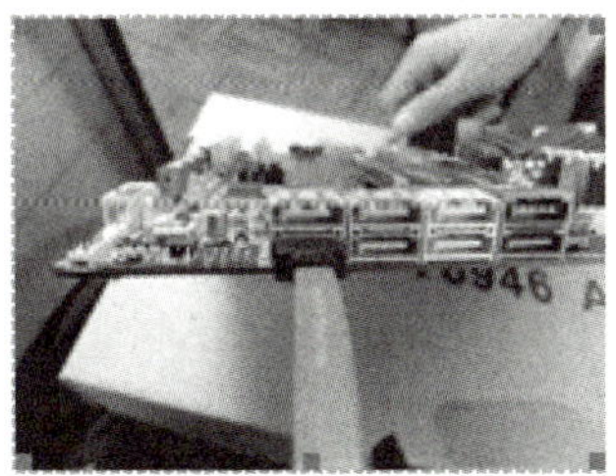

图 5.25
SATA 接口硬盘的
连线示意图

5.6 技术前沿：国产硬盘前沿产品及发展趋势

随着科技的飞速发展，数据存储需求日益增长，硬盘作为主要的存储设备，从早期的机械式硬盘 HHD 到现在的固态硬盘 SSD，其存储技术可谓日新月异。中国的硬盘市场长期被国外品牌所占据，但随着技术进步和国内制造业的崛起，越来越多的国产硬盘品牌崭露头角，其中典型的代表有浪潮硬盘、华为硬盘、联想硬盘、紫光硬盘、忆捷硬盘等。

国内硬盘产品主要定位于企业级存储市场和消费类市场。其中，浪潮、联想、华

笔 记

为、紫光等品牌在企业级存储市场具有较强的竞争力，而忆捷品牌则在消费类市场表现较好。各品牌根据自身的特点和发展战略，针对不同的用户群体提供多样化的产品和服务。

浪潮的硬盘产品以高性能、高可靠性和高扩展性著称，为各类企业提供了全方位的数据存储解决方案；华为的硬盘产品融合了其在通信技术领域的先进技术和创新思维，独特的存储架构和算法优化技术使得其存储设备具有高速传输、高可靠性和高安全性的特点；联想的硬盘产品线较为丰富，涵盖了从入门级到高端的全系列产品，能够满足不同用户的需求，其技术研发实力强，多项技术已经达到国际领先水平，尤其是垂直记录技术和数据校准技术在业内受到广泛好评；紫光的硬盘产品线以安全、稳定、高速为特点，尤其是其加密硬盘技术在行业内处于领先地位，深受用户信赖；忆捷硬盘产品线主要以移动存储和固态硬盘为主，其固态硬盘在性能和稳定性上表现优异，受到广泛好评。

随着存储技术的革新和市场竞争的加剧，国产硬盘产品需要不断提高自身的研发实力和自主创新能力，尤其是在存储的高端领域和高容量的数据中心两大发展趋势上，需要国产硬盘不断完善产业链，提升品质和服务体验，增强品牌知名度。未来，随着国内制造业的崛起和产业链的完善，国产硬盘产品有望在全球市场中占据更大的份额，取得更大的突破，在未来的数据存储领域发挥出更加重要的作用。

项目 6

配置显示系统

教案：
配置显示系统

教学课件：
配置显示系统

素质目标

笔 记

6.1 项目内容及实施计划

6.1.1 项目描述

配置显示系统项目包括显卡和显示器市场采购、安装显卡，以及测试显卡和显示器性能等几个方面的内容，如图6.1所示。

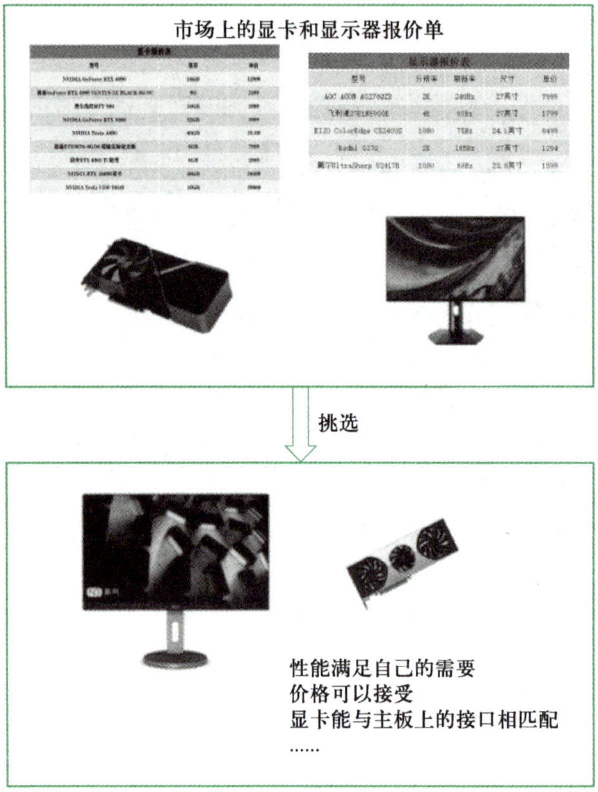

市场上的显卡和显示器报价单

挑选

性能满足自己的需要
价格可以接受
显卡能与主板上的接口相匹配
……

图6.1
项目描述——配置显示系统

6.1.2 项目目标

1. 德育目标

通过讲解中国显示产业的优势地位，增强学生对我国科技尤其是显示技术发展的信心，激发学生投身中国显示科技研究的动力。

2. 知识目标

（1）熟悉显卡与显示器的结构、工作原理和性能指标。

（2）熟悉显示器的分类与对比。

（3）熟悉挑选显卡和显示器的策略。

3. 技能目标

（1）能正确安装、拆卸显卡。

（2）能使用常见性能测试软件对显卡、显示器的性能进行测试。

4. 素养目标

（1）培养学生严谨的职业态度和良好的工作作风。

（2）增强学生学习 IT 行业新产品、新技术和新趋势的主动性。

笔 记

6.1.3 项目实施计划

图 6.2 所示的是配置显示系统的实施计划，其中左边栏目是分析，右边栏目是给读者的建议。读者也可以根据自己实际完成的顺序，将顺序号填入右上角的圆圈内。

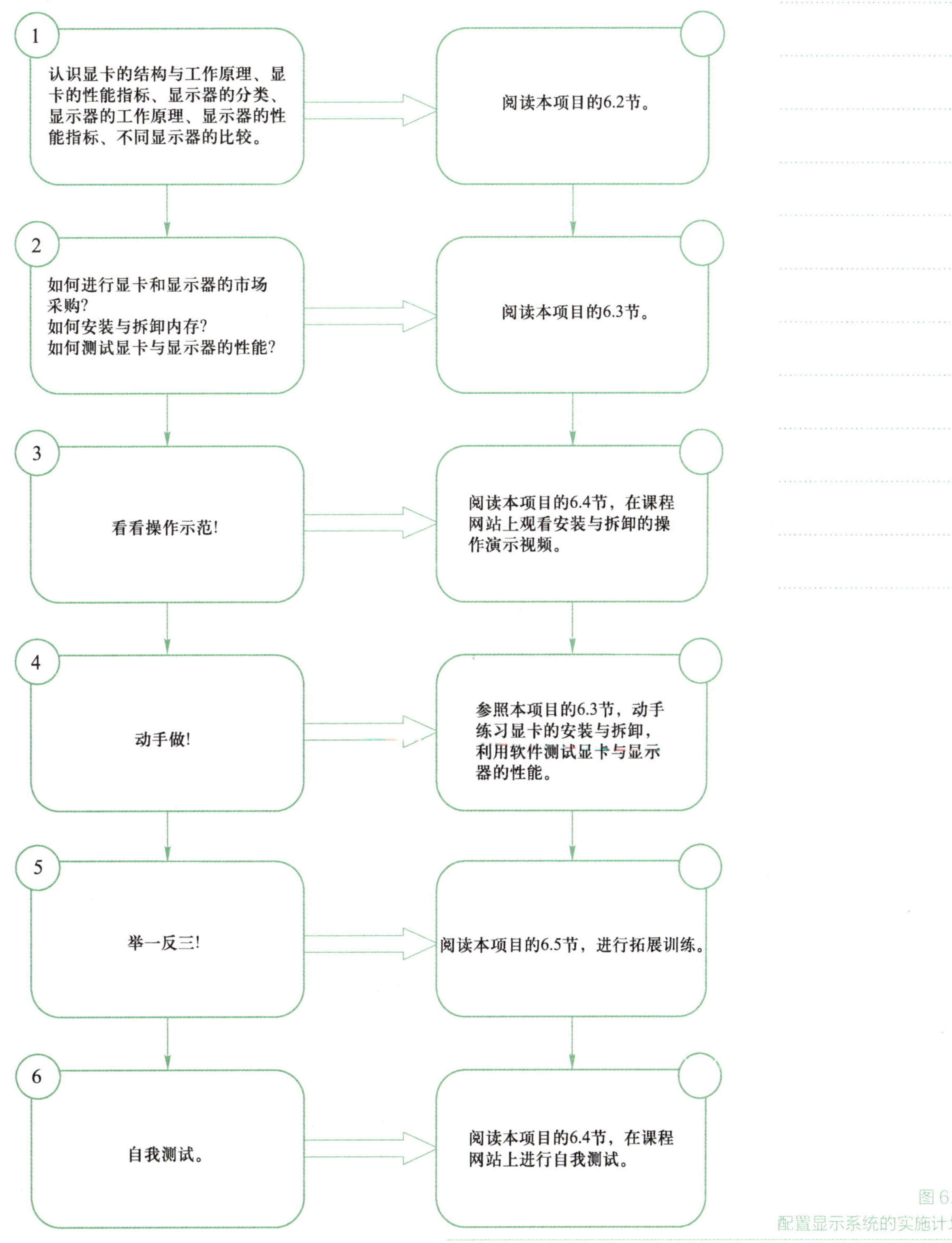

图 6.2
配置显示系统的实施计划

6.2 知识阅读：显卡和显示器

要完成“配置显示系统”项目，需要了解显示系统的相关知识，包括显卡的结构与工作原理、显卡的性能指标、显示器的分类、显示器的工作原理、显示器的性能指标、不同显示器的比较等内容。本节主要介绍这几个方面的知识。通过对本节的学习，读者在进行项目操作时可以有充足的知识准备。对本节的学习可以放在 6.3 节以后，也可以先进行学习，然后再完成 6.3 节的操作。

6.2.1 显卡的结构与工作原理

显卡又称为显示卡，它是计算机中进行数/模信号转换的设备，负责将计算机中的数字信号转换成模拟信号，并送给显示器显示，同时它还具有图像处理能力，可以协助 CPU 工作，提高整机运行速度。

技术名词新解：
显卡

1. 显卡的结构

一款显卡通常由显示芯片、显存、总线接口、各类输入/输出接口等部分组成。图 6.3 所示为一款普通显卡的结构。

（1）显示芯片及散热风扇

显示芯片是显卡的 CPU，也称作 GPU（图形处理单元），它的主要任务是处理计算机系统传送给显卡的信息，并对这些信息进行构建、渲染等工作。图 6.4 所示为一款显示芯片。因为显示芯片的处理速度很快，因此在工作过程中会产生大量的热量。为了帮助显卡散热，许多显卡专门为显示芯片安装了散热风扇。

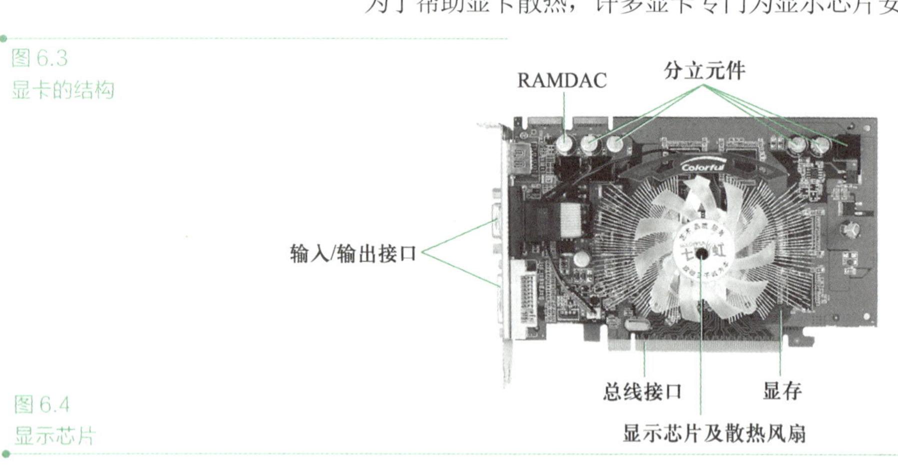

图 6.3
显卡的结构

图 6.4
显示芯片

（2）显示内存

显示内存简称显存，也称帧缓存，用来暂时存放显示芯片处理的数据或即将提取的渲染数据。显存也是显卡的核心部件之一，它的优劣和容量大小直接决定显卡的最终性能表现。分辨率越高，像素也就越多，所要求的显存容量也就越大。

（3）总线接口

显卡的接口是指显卡与主板连接时所采用的接口方式。显卡的接口决定着显卡与系统之间数据传输的最大带宽，不同接口的显卡性能差异较大。显卡接口有 PCI 接口、AGP 接口和 PCI-E 接口 3 种。其中，PCI 接口的显卡和 AGP 接口的显卡因为传输速率的问题已经退出市场，取而代之的是 PCI-E 接口，其最大传输速率可以达到 8 GB/s（PCI-E×16 全双工标准），是现在显卡的主流接口。

（4）各类输入/输出接口

显卡提供的输入/输出接口有 VGA 接口、DVI 接口、HDMI 接口和 DisplayPort 接口（简称 DP 接口），图 6.5 所示为此 4 类接口的正面图。其中，VGA 接口也称 D-Sub 接口，它是专为只能识别模拟信号的显示器提供的接口。从外形上看，VGA 接口是一种 D 形 15 针的插座，分 3 排，每排 5 个孔。DVI 的全称为 Digital Visual Interface（数字视频接口），它传输的是数字信号，数字图像信息不需经过任何转换，直接被传送到显示设备上，减少了数/模（D/A）至模/数（A/D）的转换过程，大大节省了时间，有效消除了拖影现象，细节表现力大大提高。HDMI（High Definition Multimedia Interface，高清多媒体接口）是新一代高清数字信号输出接口，它同 DVI 一样，是传输全数字信号的。不同的是，HDMI 接口不仅能传输高清数字视频信号，还可以同时传输高质量的音频信号。DisplayPort 是一种可扩展的业界标准，它的数字信号可直接输出，不需要 TMDS 转换电路。

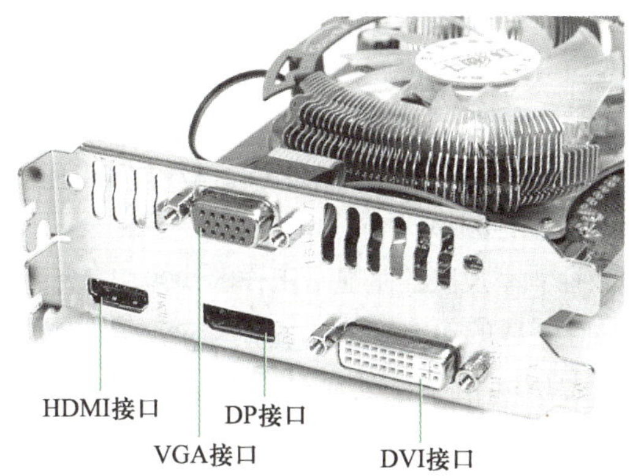

图 6.5 各类输入/输出接口

（5）RAMDAC

RAMDAC 全称为随机存取内存数/模转换器。它的主要作用是将暂存于显存中要输出的数字信号转换为显示器能够识别并显示出来的模拟信号，其转换速率以 MHz 表示。该数值决定了在足够的显存下显卡支持的最高分辨率和刷新率。目前主流的显卡 RAMDAC 都能达到 900 MHz 以上，已足以满足和超过目前大多数显示器所能提供的分辨率和刷新率。

（6）分立元件

显卡除了显卡芯片、显存以外还有不少的分立元件，如电阻、电容、线圈和 MOS 管等。通过这些元件将核心与显存组合成一个整体。

2. 显卡的工作原理

简单地说，显卡的工作原理如下：显卡开始工作前（图形渲染建模前），通常把所需要的材质和纹理数据传送到显卡里面；开始工作时（进行建模渲染），这些数据通过总线进行传输，显示芯片提取存储在显存中的数据，这些数据通过 RAMDAC 转换为模拟信号并输出到显示端，最终完成一个完整的画面。

6.2.2 显卡的性能指标

衡量显卡性能的好坏，主要有核心频率、显存、色深、分辨率、刷新频率、渲染

笔 记

笔 记

管线、顶点着色引擎数、3D API 等几项指标。

1. 核心频率

显卡的核心频率是指显示芯片的工作频率，其工作频率在一定程度上可以反映出显示芯片的性能，但显卡的性能是由核心频率、显存、像素管线、像素填充率等多方面的情况所决定的，因此在显示芯片不同的情况下，核心频率高并不代表显卡性能强劲。在同样级别的芯片中，核心频率高的则性能要强一些，提高核心频率是显卡超频的方法之一。

2. 显存的几项性能指标

显存就是显卡的“数据仓库”，它的性能好坏直接关系到显卡的表现。而体现显存性能的参数主要有显存容量、显存类型、显存速度、显存频率和显存位宽。

（1）显存容量

显存容量是指显卡显示内存的容量大小，是选择显卡时的关键参数之一。显存大小决定着显存临时存储数据的多少。目前，显存容量最大已经达到 24 GB，主流显卡的显存容量多为 6～12 GB。用户选择多大显存的显卡取决于多方面的因素，可以参考计算公式来选择，即显存容量=显示分辨率×颜色位数/8 bit。

（2）显存类型

显存所使用的是 DDR 内存，其当前主流类型为 GDDR5、GDDR5X、GDDR6（与计算机内存相比，显卡显存的工作电压不同，故用 GDDR5 表示，以示区别）。

（3）显存速度与显存频率

显存速度与显存频率反映的是显卡工作的快慢，二者之间是一个倒数关系（显存速度的倒数就是显存对应的额定工作频率）。显存速度一般以 ns（纳秒）为单位，目前主流的显存速度为 0.3 ns，主流的显存频率达到 12 000 MHz。

（4）显存位宽

显存位宽是显存在一个时钟周期内所能传送数据的位数，位数越大则瞬间所能传输的数据量越大，这是显存的重要参数之一。目前市场上的显存位宽有 128 位、256 位和 512 位等几种。

3. 分辨率

分辨率是指显卡在显示器上所能描绘的像素点的数量。显卡的分辨率一般用所能达到的最大分辨率来衡量。显卡能输出的显示分辨率并不代表该计算机系统一定能达到这个分辨率，还必须要有相应的显示器配套才可以。目前，主流显卡的最高分辨率可以达到 7680×4320 像素。

4. 色深

色深是指在某一分辨率下描述每一个像素点的色彩所使用的数据的宽度，单位是“位”（bit）。它决定了每像素点可以有的色彩的种类。比如 8 位色深，像素点所能使用的颜色就有 2^8 即 256 种。不过，人们通常都直接把乘方的结果叫作颜色数，来代替色深作为挑选显示卡的指标，比如 256 色、16 位增强色（16 位色深，65 536 颜色数，也称 64 K 色）、24 位真彩色（24 位色深，16 777 216 颜色数，也称 16 M 色）和 32 位色等。颜色数越多，所描述的颜色就越接近于真实的颜色。

5. 刷新频率

刷新频率是指图像在显示器上的更新速度，也就是图像每秒钟在屏幕上出现的帧数，以 Hz 作为单位。刷新频率越高，屏幕上的图像给人的闪烁感就越小，图像就越稳定，视觉效果就越好。

6. 渲染管线

渲染管线也称为渲染流水线，是显示芯片内部处理图形信号相互独立的并行处理单元。在某种程度上可以把渲染管线比喻为工厂里面常见的各种生产流水线，工厂里的生产流水线可提高产品的生产能力和效率，而渲染管线则可提高显卡的工作能力和效率。

7. 顶点着色引擎数

顶点着色引擎（Vertex Shader）也称为顶点遮蔽器，根据官方规格，顶点着色引擎是一种在 3D 场景中增加各种特效的处理单元。顶点着色引擎的可程式化特性允许开发者依靠加载新的软件指令来调整各式的特效，每一个顶点将被各种数据元素清楚地定义，至少包括每一顶点的 x、y、z 坐标，每一顶点可能包含的数据有颜色、最初的路径、材质、光线特征等。顶点着色引擎数越多，速度越快。

8. 3D API

API 是 Application Programming Interface（应用程序接口）的缩写，3D API 是指显卡与应用程序直接的接口。编程人员设计的 3D 软件通过调用 3D API 内的程序，让 API 自动和硬件的驱动程序沟通，启动 3D 芯片内强大的 3D 图形处理功能，从而大幅度地提高 3D 程序的设计效率。有了 3D API，便可实现不同厂家的硬件、软件最大范围的兼容。目前个人计算机中主要应用的 3D API 有 DirectX 和 OpenGL。

9. SP 单元

SP 英文为 Stream Processor，是 NVIDIA 公司对其统一架构 GPU 内通用标量着色器的称谓，也是全新的全能渲染单元。SP 是继 Pixel Pipelines 和 Vertex Pipelines 之后的新一代显卡渲染技术指标，它既可以完成 Vertex Shader 运算，也可以完成 Pixel Shader 运算，而且可以根据需要组成任意 VS/PS 比例，从而给开发者更广阔的发挥空间。简而言之，过去按照固定比例组成的渲染管线/顶点单元渲染模式如今被 SP 组成的任意比例渲染管线/顶点单元渲染模式替代。

6.2.3 显示器的分类

显示器是计算机的主要输出设备。一台显示器的好坏不但影响人在使用计算机时的显示效果，更重要的是影响人的身体健康，特别是眼睛。从不同的角度分类，显示器的种类有很多。

1. 按显示器的显示技术分类

根据显示器的显示技术（显像管）的不同，可以将显示器分为 5 种。一是阴极射线管（Cathode Ray Tube，CRT）显示器，是一种基于阴极射线管技术的显示器，也是最早、最传统的计算机显示器，因其体积大、质量重、功耗高和容易产生辐射等问题，目前已被淘汰，较少使用。二是液晶显示器（Liquid Crystal Display，LCD），是当前计算机显示器的主流类型。它的特点是体积小、质量轻、功耗低、对环境无污染等。其中，TN、IPS、VA 等不同的液晶技术各有优缺点，适用于不同的用户需求。三是 LED（发光二极管）显示器，它在液晶显示器的基础上发展而来，使用 LED 作为背光源，取代传统液晶显示器中的冷阴极荧光灯（CCFL），具有更高亮度、更广色域、更低功耗和更薄机身，适用于图像处理和

笔 记

技术名词新解：显示器

专业设计领域。四是有机发光二极管（Organic Light Emitting Diode，OLED）显示器，是一种基于有机发光二极管技术的显示器，具有薄、轻、色彩鲜艳、对比度高等特点。但其价格较高，且存在烧屏问题，使用寿命较短。五是 Micro LED 显示器，是一种新兴的显示技术，是基于微型 LED 灯珠的显示器，具有高亮度、高对比度、高色彩饱和度、低功耗等特点，且可以实现无缝拼接。目前，Micro LED 显示器仍在发展阶段，价格较高，尚未普及。

2. 按显示器的形状分类

根据显示器外部形状的不同，可以将显示器分为普通平板显示器、曲面显示器和 3D 显示器三种，其中曲面显示器近年来比较火热，具有更广阔的视角和更舒适的观看体验，其弧形设计可以减少视觉疲劳，适合长时间使用；3D 显示器一直被公认为是显示技术发展的终极梦想，现已开发出需要佩戴立体眼镜和不需要佩戴立体眼镜的两大立体显示技术体系。图 6.6 和图 6.7 所示分别为曲面显示器和 3D 显示器。

图 6.6 曲面显示器

图 6.7 3D 显示器

6.2.4 显示器的工作原理

不同种类的显示器，它们的工作原理也各不相同。本小节以按显示器显像管分类的方法，分别对 CRT 显示器、LCD 和 PDP 的显示原理进行说明。

1. CRT 显示器的显示原理

CRT 显示器的显示系统与电视机相同。它的显像管实际就是电子枪。一般有 3 个电子枪。显示器的显示屏幕上涂有一层荧光粉。电子枪发射出的电子束击打在屏幕上，使被击打位置的荧光粉发光，产生一个个光点（像素），从而形成图像。每一个发光点又由红、绿、蓝 3 个小的发光点组成（3 个电子枪）。电子束是分为 3 条的，分别射向屏幕上的这 3 种不同颜色的发光小点，从而在屏幕上出现绚丽多彩的画面。

2. LCD 的显示原理

LCD 的显像原理是，将液晶分子置于两片导电玻璃薄片之间（电极面向内），靠两个电极间电场的驱动，引起夹于其间的液晶分子扭曲向列的电场效应，以控制光源透射或遮蔽功能，在电源关开之间产生明暗而将影像显示出来，若加上彩色滤光片，则可以显示彩色影像。当在两处玻璃基板上加入电场后，液晶层就会因偏振光的直射而透明，无电场时，液晶层处于不透明状态。若对每个像素施加不同的电场，就会出现透明和不透明的状态，也就形成了在屏幕上所看到的图案或文字。

3. PDP 的显示原理

PDP 是一种利用气体放电的显示装置，它采用等离子管作为发光元件，大量的等离子管排列在一起构成屏幕。在等离子管电极间加上电压后，封在两层玻璃之间的等离子管小室内的氖氙气体就会产生紫外光，从而激活平板上的红、绿、蓝三原色荧光粉而发生可见光。每个离子管作为一像素，由这些像素的明暗变化、颜色变化组合而产生各种灰度和色彩的图像，与其他的显像管的发光原理类似。等离子显示器的导电玻璃有 3 层，第 1 层里面有涂有导电材料的垂直条，中间层中有灯泡排列，第 3 层中有涂有导电材料的水平条。要点亮某个地址的灯泡，开始时要在相应行上加较高电压，等该灯泡点亮后，可用低电压维持灯泡亮度。要关掉某个灯泡，只需将相关的电压降零。这就是 PDP 的工作原理。

笔记

6.2.5 显示器的性能指标

目前市场上常见的显示器主要是 LCD，CRT 显示器在有些地方还在使用。此处主要介绍这两类显示器的性能指标。

1. CRT 显示器的性能指标

CRT 显示器的性能指标主要有显示尺寸、屏幕外形、点距、分辨率、刷新频率、带宽、调节方式等几种。对于具体介绍，用户可以通过本课程网站进行查询。

2. LCD 的性能指标

（1）可视面积

可视面积是指 LCD 屏幕对角线的长度，单位为英寸。LCD 采用的标称尺寸就是它实际屏幕的尺寸，因此，15 英寸的 LCD 的可视面积相当于 17 英寸 CRT 显示器的实际尺寸。目前市场上 LCD 的主流产品为 22 英寸、24 英寸或 27 英寸。

（2）点距

点距一般指显示屏相邻两个同色像素点之间的距离。LCD 的像素间距类似于 CRT 显示器的点距。LCD 的点距与可视面积有直接关系，例如，一台 LCD（14 英寸）的可视面积为 285.7 mm×214.3 mm，其最佳分辨率为 1 024×768 像素，则其点距为 285.7/1 024 mm 或 214.3/768 mm，即大约等于 0.28 mm。其实，LCD 的点距与 CRT 显示器的点距有些不同。液晶显示器的屏幕上的任何一个地方，它的点距都是一样的。

（3）分辨率

LCD 的像素间距已固定，它并不能像 CRT 显示器那样支持多个显示模式，LCD 只有在显示跟该液晶显示板所设置的分辨率完全一样的画面时才能达到最佳效率。如果显示小于最佳分辨率的画面，则 LCD 有两种显示方式：其一是居中显示，例如，在 1 024×768 像素的屏幕上显示 800×600 像素的画面时，就只有屏幕中间 800×600 像素大的那一块位置显示出该画面，其他位置为阴影；其二是扩展显示，就是在显示低于最佳分辨的画面时，800×600 像素的画面通过计算方式扩大为 1 024×768 像素的分辨率来显示，从而使整个屏幕被画面填满。这种方式会使画面失去原有的清晰度和真实的色彩。

（4）亮度与对比度

LCD 的亮度是指画面的明亮程度，以坎德拉每平方米（cd/m^2）为单位（也可以用 nits 为单位）。亮度必须要均匀。LCD 的亮度均匀与否，与背光源、反光镜的数量与配置方式有关。目前市场上品质较佳的 LCD，画面亮度均匀，画面中心亮度和边框区域的亮度差别不大，没有明显的暗区。对比度则是指画面上某一点最亮时（白色）与最暗时（黑色）的亮度比值，它直接决定该 LCD 能否表现出丰富的色阶。对比度越高，还

笔记

原的画面层次感就越好，即使在观看亮度很高的图片，黑暗部分的细节也可以清晰体现。高对比度意味着相对较高的对比度和呈现颜色的艳丽程度。这里还有“动态对比度”的概念。所谓动态对比度，指的是LCD在某些特定情况下测得的对比度数值，例如逐一测试屏幕的每一个区域，将对比度最大的区域的对比度值作为该产品的对比度参数。不同厂商对于动态对比度的测量方法可能也不尽相同，但其本质万变不离其宗。动态对比度与真正的对比度是两个不同的概念，一般，同一台LCD的动态对比度是实际对比度的3～5倍。所以，动态对比度也不过就是厂商所玩的数字游戏，并没有实际意义。目前市场上，桌面型LCD的亮度多介于300～500 cd/m^{2}之间(三星电子有高达1 000 cd/m^{2}亮度的LCD产品)，对比度则在1 000∶1～2 000∶1之间。

（5）响应时间

响应时间是液晶显示器的一个重要参数，它包括黑白响应时间和灰阶响应时间两种。人们通常所说的响应时间主要是指黑白响应时间，也就是指LCD各像素点对输入信号的反应速度，即像素点由全黑变为全白或由全白变为全黑所需要的时间，以毫秒（ms）作为单位。这个指标直接影响到对动态画面的还原，响应时间过长就会导致还原动态画面时有比较明显的尾影拖动现象。目前市场上，LCD的响应时间大多在5～2 ms之间。

（6）视角

视角的全称是可视角度，它是指用户从不同的方向清晰地观察屏幕上所有内容的角度，数值越大越好。视角大，表明该显示器从不同角度观看时画面失真的可能性较小。视角值可以以用户所站的位置与屏幕法线（假想的与屏幕垂直的一条线）之间的夹角的两倍来计算。例如，视角值为90°，则表示用户站在始于屏幕法线45°的位置处仍可清晰地看见屏幕上的图像。目前，液晶显示器的视角可达到170°左右。

（7）最大显示色彩数

最大显示色彩数是指屏幕上最多能显示多少种颜色，是衡量LCD的色彩表现能力的一个参数，也是用户非常关心的一个重要指标。一台LCD的像素点一般为1 024×768个，每个像素由红（R）、绿（G）、蓝（B）三原色组成。高端LCD显示板，每个原色能表现8位色，即256（2^8）种颜色，人们可以算出该显示器的最大颜色数为256×256×256（16 777 216）种颜色，即24位真彩色。最大显示色彩数越多，所显示的画面色彩就越丰富，层次感也越好。用户在选购LCD时一定要咨询清楚所选购的液晶显示器的最大显示色彩数是多少。

6.2.6 不同显示器的对比

用户在配置计算机时到底选购哪一种显示器，需要考虑多方面的因素，包括资金因素、用途、健康、效果等方面。表6.1所示为CRT显示器与LCD之间的比较，供选购时参考。

表6.1 CRT显示器与LCD的比较

参数	CRT显示器	LCD
分辨率	无固定分辨率。只要在显示器允许的范围内，就可以直接显示出来	固定分辨率。在自有的分辨率下可得到最佳的显示效果，在其他分辨率下可以以扩展或压缩的方式显示画面
刷新率	不低于85 Hz	最佳刷新率为60 Hz
颜色数	无限制，取决于系统设定及显示卡	较大，达到全彩标准

续表

参数	CRT 显示器	LCD
体积及质量	体积较大，笨重	体积小，质量轻，外观时尚
响应时间	较快	较慢，有待进一步提高
动态色彩还原	还原度较高	还原度较低
可视角度	良好的视角	视角在不断改良、提升
健康状况	有辐射及电磁干扰	无辐射及电磁干扰，环保节能
价格因素	较便宜	较贵

6.2.7 显卡和显示器的挑选策略

本小节重点在课程网站上为用户介绍计算机显卡和显示器的挑选策略，以帮助用户进行计算机显示系统的挑选。

此处给读者推荐几个网站。用户可以到这些网站上去查询产品的价格及相应的介绍，如表 6.2 所示。

表 6.2 显卡和显示器相关网站

网　站
IT168—显示器频道
中关村在线—显卡频道
中关村在线—LCD 频道

本课程网站也有当前主流显卡和显示器产品推荐，供用户在学习时进行浏览。

6.3 动手做：安装与测试显卡和显示器

本节重点训练显卡的安装与拆卸、显卡和显示器的性能测试等几方面的操作技能。

微课 6-1 显卡的安装与拆卸

6.3.1 显卡的安装与拆卸

安装显卡的具体步骤如下。

步骤1 取下防尘片。在主板上找到显卡对应的插槽，卸下机箱上和这个插槽对应的防尘片上的螺钉，取下防尘片，如图 6.8 所示。

图 6.8 取下防尘片

步骤2 按下防滑扣。现在，有些AGP插槽为了防止不同标准的接口混插，带有防滑扣设计。在安装此类AGP显卡之前，必须查看此防滑扣是不是真的防止插入。如果是真的，在安装之前要按下AGP插槽末端的防滑扣，如图6.9所示。

图6.9
按下防滑扣

步骤3 插入显卡。将显卡的金手指小心地插入显卡插槽，然后压下显卡，使之紧密插入显卡插槽，如图6.10所示。注意显卡挡板不要戳到主板上边。

步骤4 固定显卡。用螺钉将显卡金属挡板顶部的缺口固定在机箱条形窗口的螺纹孔上，如图6.11所示。

显卡的拆卸过程是安装过程的逆过程，用户只需要按照上述步骤从后往前做就可以将显卡从计算机中拆卸下来。

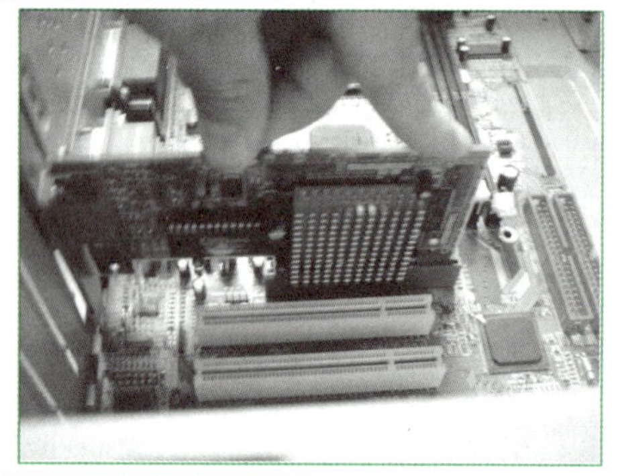

图6.10
插入显卡

图6.11
固定显卡

6.3.2 显卡与显示器的性能测试

1. 用3DMark11测试显卡的性能

微课6-2
用3DMark06测试显卡的性能

3DMark是一款专为测试显卡性能的软件，先后共推出3DMark 99、3DMark 2000、3DMark 2001、3DMark 03、3DMark 05、3DMark 06、3DMark vantage、3DMark 11共8种版本。3DMark 11是一款原生支持简、繁体中文语言的测试软件，具有真正的权威性，能够测试出A/N两大阵营显卡谁能够更好地支持DX11标准，这也成为影响用户选择显卡最为重要的参数指标。同时，该软件也不再仅仅是一款测试显卡性能的软件，已经成为一款衡量整机性能的软件。下面介绍如何使用这款软件测试显卡的性能。

步骤1 下载并安装3DMark 11。读者可以通过搜索引擎搜索3DMark 11，并下载安装到自己的计算机上。

步骤2 运行3DMark 11。安装完成后，可以双击快捷图标运行3DMark 11，启动该软件后，运行界面如图6.12所示。

步骤3 认识软件功能。3DMark 11有3个版本，基础版（Basic）、高级版（Advanced）和专业版（Professional）。以高级版为例，测试场景共分为6大部分，其中有4项图形测试，一项物理测试，一项综合测试，同时3DMark 11还提供一项音频

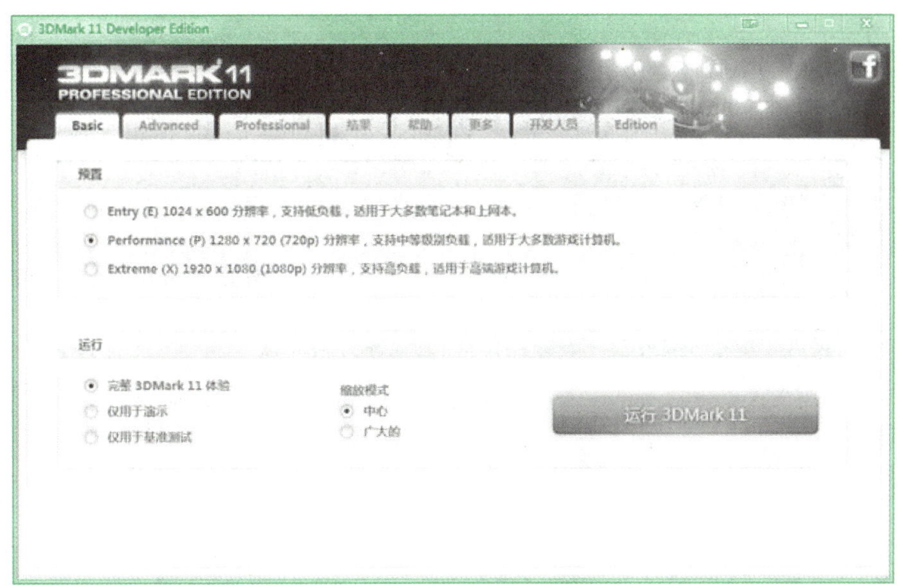

图 6.12
3DMark 11 的主界面

视觉演示。在 4 个图形测试中，分别有基于深海（Deep Sea）和神庙（High Temple）的两个场景，具备了曲面细分、光照以及阴影投射光照等特效。在物理测试中，3DMark 11 提供了大量的物体刚体物理模拟、固定的分辨率以及预设值，能更好地测试物理性能。3DMark 11 的主体功能如图 6.13 所示。

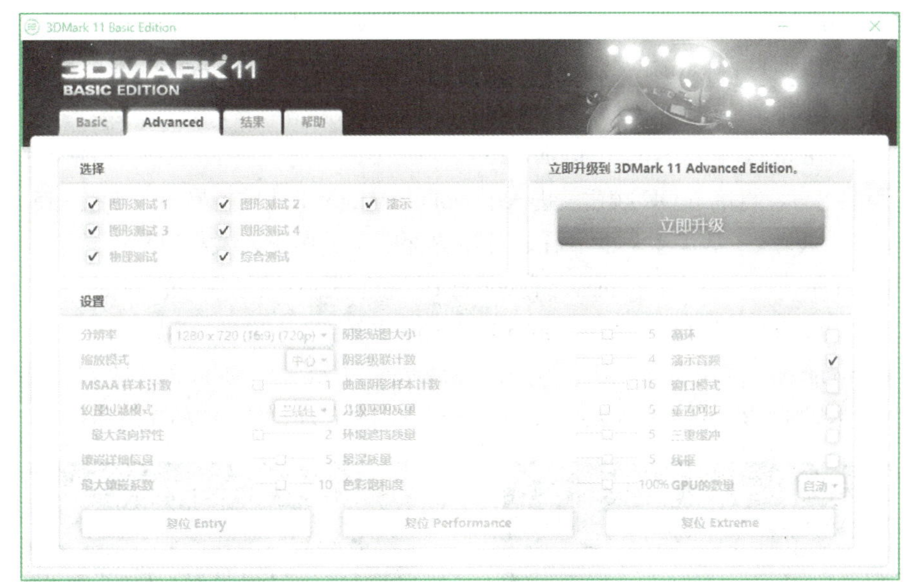

图 6.13
3DMark 11 的主体功能

步骤4 运行基准测试。在基础版中，根据计算机配置选择预置负载，然后在运行框中选择“仅用于基准测试”，单击“运行 3DMark 11”按钮即可开始运行测试。

步骤5 查看运行结果。测试完成后，在“结果”选项卡中可以看到运行跑分，如图 6.14 所示。

3DMark 11 中得分共分为 E、P、X 三个等级，其中 X 等级最高，E 等级最低。从运行结果看，总分为 P4467，图形分数为 4449，物理分数为 4808，结合分数为 4155，其中图形分数主要是显卡的测试分数。

微课 6-3
用 Nokia Monitor Test 2.0 测试显示器性能

2. 用 Nokia Monitor Test 2.0 测试显示器性能

Nokia Monitor Test 2.0 是一款由 Nokia 公司出品的专业显示器测试软件，功能很

图 6.14
3DMark 11 测试结果

全面，包括了测试显示器的亮度、对比度、色纯、聚焦、水波纹、抖动、可读性等重要显示效果和技术参数。Nokia Monitor Test 很小，只有 300 多 KB，很方便存储携带。经过它检测过的显示器可以放心购买，也可以用它来更好地调节显示器各项指标，让显示器发挥出最好的性能。

步骤1 测试前的准备工作。为了使测试更加准确，需要做一些准备工作。在进行测试前，需要先把显示器预热 20 min，并对显示器进行消磁处理。

步骤2 运行 Nokia Monitor Test。单击 Ntest.exe 文件启动软件，选择运行所使用的语言，再单击 OK 按钮就进入了 Nokia Monitor Test 的主界面，如图 6.15 所示。

步骤3 认识主界面。在软件主界面的下方中央，共有 15 个选项，分别是 Geometry（几何）、Brightness and contrast（亮度与对比度）、High Voltage（高电压）、WWW、Colors（色彩）、To control panel/display（转到控制面板显示属性）、Help（帮助）、Convergence（收敛）、Focus（聚焦）、Resolution（分辨率）、Moire（水波纹）、Readability（文本清晰度）、Jitter（抖动）、Sound（声音）、Quit（退出），如图 6.16 所示。

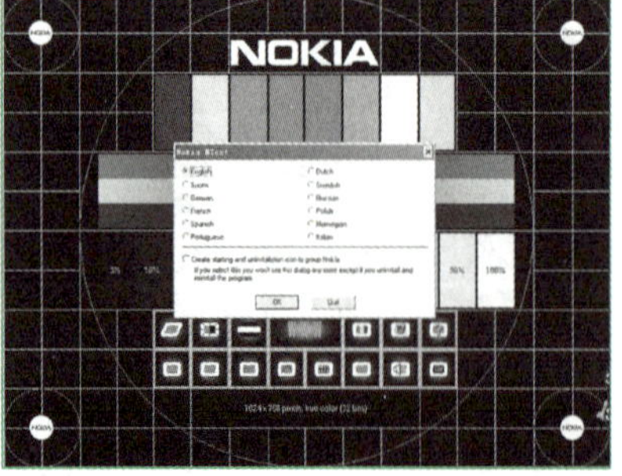

图 6.15
Nokia Monitor Test 主界面

图 6.16
Nokia Monitor Test 测试选项

Geometry（几何）：这一项用来测试图像的几何失真度。测试时看一下 4 个角上和中间的圆形是否为正圆，还要看屏幕上的方块是否是正方形，如果不是，就要进行调节，直至准确为止。下面一些选项可以调节图像的几何失真度：Width（宽度）、Height（高度）、Horizontal centering（水平中心定位）、Vertical centering（垂直中心定位）、Tilt（倾斜）、Trapezoid（梯形）、Orthogonality（正交度）、Pincushion（枕形失真）、Pincushion

笔 记

balance（枕形失真调节）。

Brightness and contrast（亮度与对比度）：这两项可设定屏幕的光线输出。亮度决定了屏幕的低亮输出水平，把灰度调节得低一些，会损失一些灰色调，但这比设置得太高而失去对比度、看不见黑色背景要好。较低的对比度可以减少眼睛的疲劳，保护视力。

High Voltage（高电压）： 也就是常说的“呼吸效应”，它可加速扫过屏幕电子束的电子。屏幕上的光亮区加载了高电压源，可能会引起电压的降低，使图像扩大。

人们可以看见黑白相间的颜色交替变化，如果颜色切换时没有移位现象，说明显示器质量很好；有轻微移位也可以接受；若移动幅度很大，就说明质量有些问题了。呼吸效应测试对显示器有危害，应尽量少做。

WWW：这一项是链接到诺基亚显示器网站的快捷方式。

Colors（色彩）：用户通常不能调节白色度或亮度，而白色平衡（或称色温）往往是可调节的。

To control panel/display（转到控制面板显示属性）：选择这一项，便可以转到Windows 中的“显示”属性项，来调节分辨率、刷新率等。

Convergence（收敛）：屏幕上的红、绿、蓝色线条重合在一起可形成白色。如果图像没有收敛错误，则 3 色线条会重合，组成白色，否则说明有收敛错误。收敛指的是显示器在屏幕上正确排列一幅图片中红、绿、蓝成分的能力。垂直收敛错误可以从水平线条上看出来，反之也一样。

Focus（聚焦）：图像是由扫过屏幕的电子束组成的。聚焦好的显示器，其电子束能准确地投射到显示器的荧光层。

Resolution（分辨率）：黑白相间的线条逐渐变细，排列出方块图形，看是否清晰，线条是否会交织在一起。如果线条之间清晰可辨，则说明分辨率较高。

Moire（水波纹）：所有的显示器都有水波纹，可以把它看成是图形的正常波形失真。水波纹是由显示器荫罩和显示模式分辨率的干扰引起的，聚焦好的显示器往往容易产生。通过这项测试，可以看出水波纹的情况。

Readability（文本清晰度）：这项测试文字显示的清晰程度，它检查屏幕上的各处及各个角落，能看出文字在显示器上是否有模糊现象。好的显示器，文字显示锐利，清晰可辨。当然，它跟显示器的聚焦、水波纹及对比度、亮度都有关系。

Jitter（抖动）：它指的是在一幅静止的图片中像素表现出的小的运动，图片看起来好像是动态的。

Sound（声音）：测试声音是否先从左声道扬声器发出，然后慢慢移动到右声道扬声器中。

Quit（退出）：退出 Nokia Monitor Test 测试程序。

步骤4 进行选择测试。根据上面介绍的 15 个选项的功能，读者可以按照自己的想法逐一选择相关的项目从而对自己的显示器进行测试或调试。

6.4 网上学：配置显示系统

进入本课程网站后，通过首页左侧的“课程章节”导航，打开“第 2 章 计算机硬件系统”→“2.5 配置显示系统”网上学习窗口，可以通过网络学习项目6的所有内容，如图6.17所示。

图6.17
配置显示系统项目网上学习窗口

笔记

6.5 拓展训练：配置高清显示器

2009年之后，大批量的全高清桌面计算机开始低价上市，普通用户的计算机上配备高清显示系统也越发普及。在挑选高清显示系统时，需要从以下几个方面进行考虑。

① 分辨率是高清显示系统的关键。液晶显示器领域存在着Full HD和HD Ready这两个完全不同的专业术语。其中，Full HD代表的是全高清产品，其分辨率达到了1 920×1 080像素或以上。至于HD Ready则代表了入门高清产品，分辨率只要达到1 280×720像素即可。只有那些分辨率达到了1 920×1 080像素或以上的液晶显示器，才算是真正的“全高清显示器”。

② 关注屏幕比例是否为16∶9。目前来看，16∶9和16∶10的全高清液晶显示器并存于市场当中。16∶9的液晶显示器分辨率为1 920×1 080像素，在播放1080P规格的全高清电影时，可以保证屏幕上下不留有黑边，实现全屏播放。16∶10的液晶显示器分辨率为1 920×1 200像素，在播放1080P规格的全高清电影时，会在屏幕上下留有两道窄窄的黑边，显示效果会受到影响。

③ DX10独显技术不可缺少。其实，主流的计算机要想流畅解码1080P规格的全高清电影并不是很困难的事情。因为自从显卡技术进入了DX10时代之后，与之一同发展的还有独立显卡的高清“硬解码”能力。有了这样的技术之后，DX10独显的桌面计算机在解码全高清数据时就没有任何问题了。不但显卡的“硬解码”效果快速流畅，而且效率极高，CPU占用率甚至不到20%。用户在选购时，不用过多地担心显卡的配备，只要购买主流的DX10显卡即可。

3D显示器一直被公认为显示技术发展的终极梦想，多年来，有许多企业和研究

笔 记

机构从事这方面的研究。日本、欧美、韩国等发达国家和地区早在 20 世纪 80 年代就纷纷涉足立体显示技术的研发，在 20 世纪 90 年代开始陆续获得不同程度的研究成果，现已开发出须佩戴立体眼镜和无须佩戴立体眼镜的两大立体显示技术体系。传统的 3D 电影在荧幕上有两组图像（来源于拍摄时互成角度的两台摄影机），观众必须戴上偏光镜才能消除重影（让一只眼只接收一组图像），形成视差（Parallax），产生立体感。

自动立体显示（AutoSterocopic）技术，即所谓的“真 3D 技术”，利用所谓的“视差栅栏”，使两只眼睛分别接收不同的图像，来形成立体效果。平面显示器要形成立体感的影像，必须至少提供两组相位不同的图像。其中，快门式 3D 技术和不闪式 3D 技术是如今显示器中常使用的两种。

6.6 技术前沿：国产显示技术的前沿产品及发展趋势

液晶显示 LCD、有机发光二极管显示 OLED、等离子显示 PDP、激光显示等技术已经在计算机、监控系统、智能手机、平板计算机、家庭电视、车载显示、智能穿戴、VR/AR 等应用场景广泛使用。显示行业发展情况已经成为衡量国家信息化发展水平的重要指标之一。近几年，中国的显示产品在产能、技术等方面发展迅速，产业链条逐步完善，聚集发展态势明显，初步形成了京津冀地区、长三角地区、东南沿海地区以及中西部地区的产业发展格局，并在 TFT-LCD 技术、激光显示技术、Micro-LED 显示技术等前沿领域取得领先优势，具备了强大的市场竞争力。

在 LCD 领域，中国市场占有率超过 56%，超过韩国、日本占有率之和，成为 LCD 产业的绝对霸主；技术方面，中国在最新的 Mini LED 背光技术方面处于行业领先地位。在 OLED 领域，以天马微、京东方、TCL 华星光电、群创光电、友达光电、维信诺、和辉光电为代表的一大批民族企业积极布局，2023 年产品市场占有率达到 40%，市场评价口碑良好。图 6.18 所示为国产显示企业综合排行榜。

1 天马微/TIANMA
2 京东方/BOE
3 华星光电/TCL
4 群创光电
5 友达光电
6 维信诺
7 和辉光电

图 6.18
国产显示企业综合排行榜

2023 年以来，无论是 OLED 还是 Mini LED，其市场占比和销量显著增长，高端显示器市场需求正在加速从 LED 转向新技术。未来，显示器市场将不再是简单的价格竞争，而是更多地转向技术创新和用户体验的深度挖掘。随着 OLED 和 Mini LED 技术日益成熟，显示器的显示效果、功能和环境适应性越来越重要，集成 AI 助手的显示技术和根据用户使用场景智能切换显示模式的创新功能将成为新的市场热点。新型的显示材料，如掩膜版、偏光片、光刻胶、柔性 PI 膜、OLED 发光材料等关键材料依赖进口的格局也将被打破，多学科、跨领域融合是新型显示产业实现高质量发展的必由之路，创新、开放、协同的理念将助推显示产业成为我国现代产业体系建设的“主引擎”。

项目 7

配置声音系统

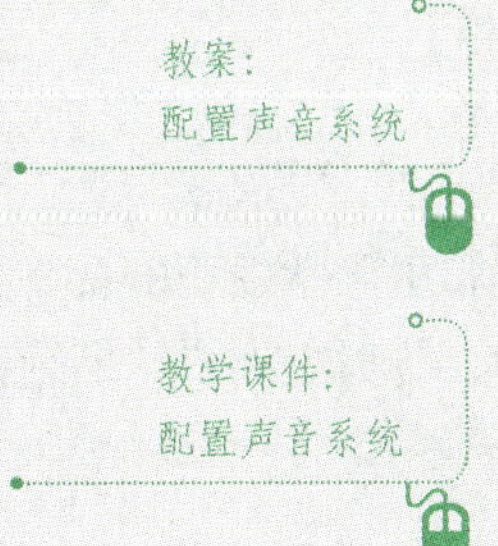

素质目标

笔 记

7.1 项目内容及实施计划

7.1.1 项目描述

配置声音系统项目包括音箱和声卡的市场采购、安装声卡以及测试音箱和声卡性能等几个方面的内容，如图 7.1 所示。

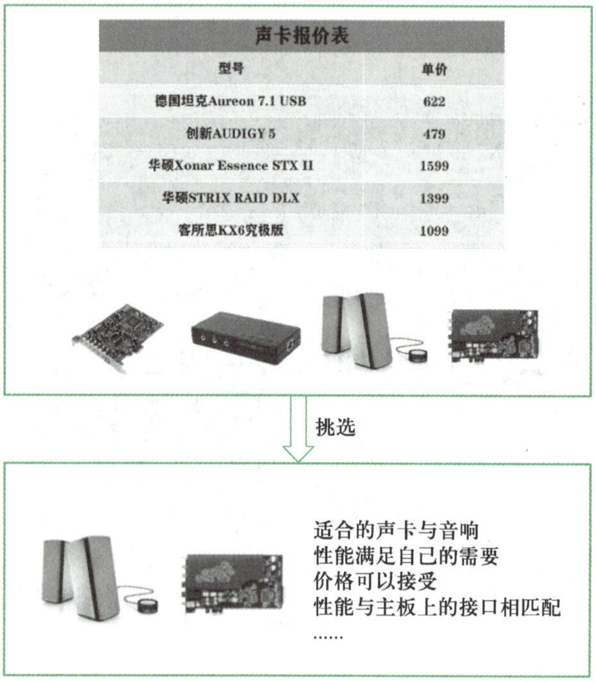

声卡报价表

型号	单价
德国坦克Aureon 7.1 USB	622
创新AUDIGY 5	479
华硕Xonar Essence STX II	1599
华硕STRIX RAID DLX	1399
客所思KX6究极版	1099

挑选

适合的声卡与音响
性能满足自己的需要
价格可以接受
性能与主板上的接口相匹配
……

图 7.1
项目描述——配置声音系统

7.1.2 项目目标

1. 德育目标

通过讲解短视频、直播声卡行业的新动态，教育和引导学生正确看待直播行业的发展现状，培养通过短视频、直播平台弘扬正能量、传播主旋律、拒绝低俗内容的意识。

2. 知识目标

（1）了解声卡与音箱的结构、分类与工作原理。

（2）熟悉声卡与音箱的性能指标。

（3）熟悉声卡和音箱的挑选策略。

3. 技能目标

（1）能正确安装与拆卸声卡。

（2）能正确进行音箱的连接。

（3）能使用常见性能测试软件对声卡与音箱的性能进行测试。

4. 素养目标

（1）培养学生良好的沟通交流与团队合作意识。

（2）培养学生良好的职业心理素质与积极乐观的生活态度。

笔 记

7.1.3 项目实施计划

图 7.2 所示的是配置声音系统的实施计划，其中左边栏目是分析，右边栏目是给读者的建议。读者也可以根据自己实际完成的顺序，将顺序号填入右上角的圆圈内。

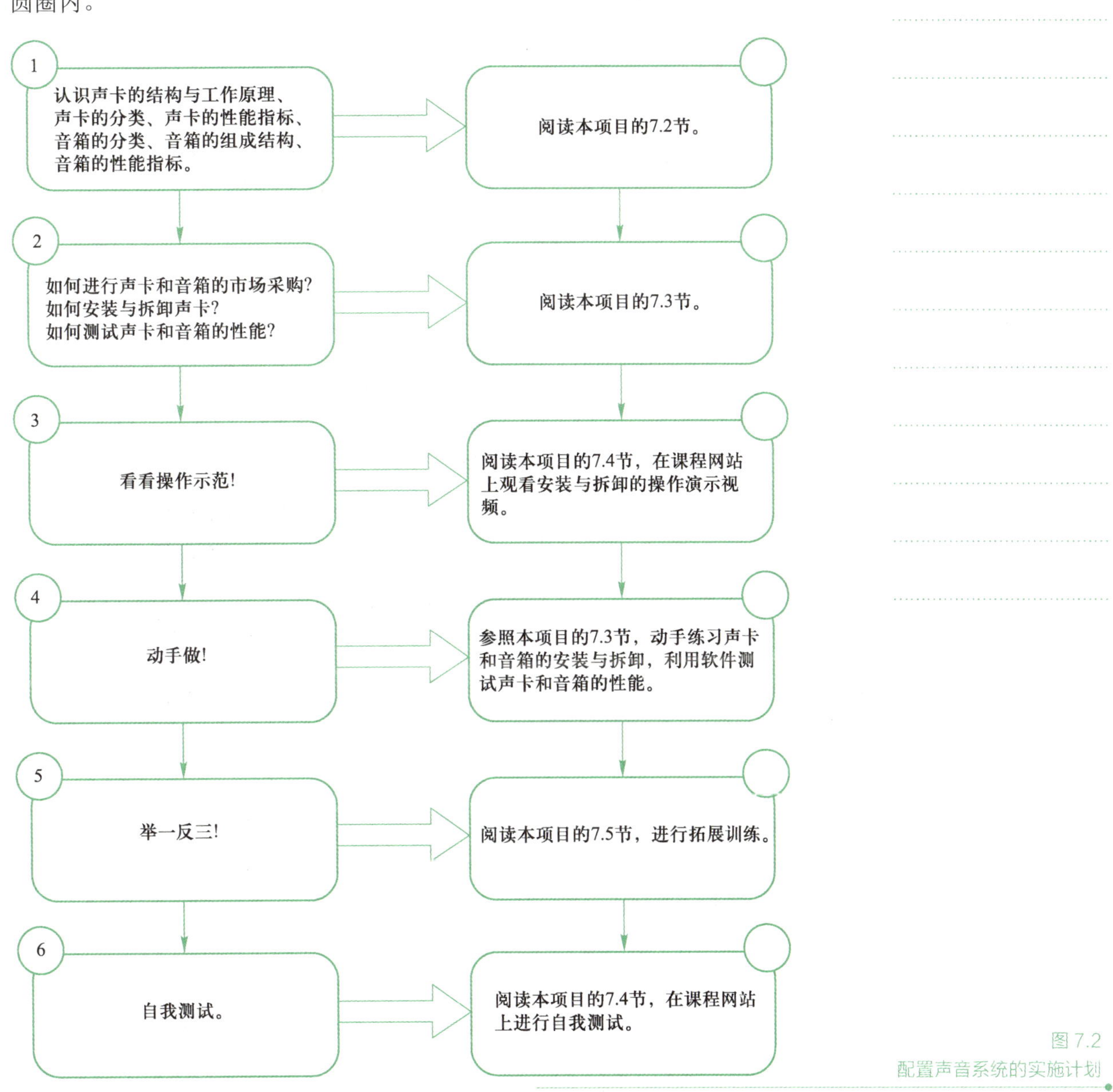

图 7.2
配置声音系统的实施计划

7.2 知识阅读：声卡与音箱

要完成“配置声音系统”项目，需要了解声音系统的相关知识，包括声卡的结构与工作原理、声卡的分类、声卡的性能指标、音箱的分类、音箱的组成结构、音箱的性能指标等内容。本节主要介绍这几个方面的知识。通过对本节的学习，读者在进行项目操作时可以有充足的知识准备。对本节的学习可以放在7.3节以后，也可以先进行学习，然后完成7.3节的操作。

技术名词新解：
声卡

7.2.1 声卡的结构与工作原理

声卡也称音效卡，主要负责处理计算机系统中所有与声音有关的工作，如播放音乐、录制音乐等。虽然目前市场上声卡的品牌有几十种，但声卡的结构与工作原理都大体相同。

1. 声卡的结构

声卡主要由声音处理芯片、功率放大器、CODEC芯片、总线接口、输入/输出端口、MIDI及游戏杆接口、CD音频连接器等几部分组成。图7.3所示为一款声卡的结构图。

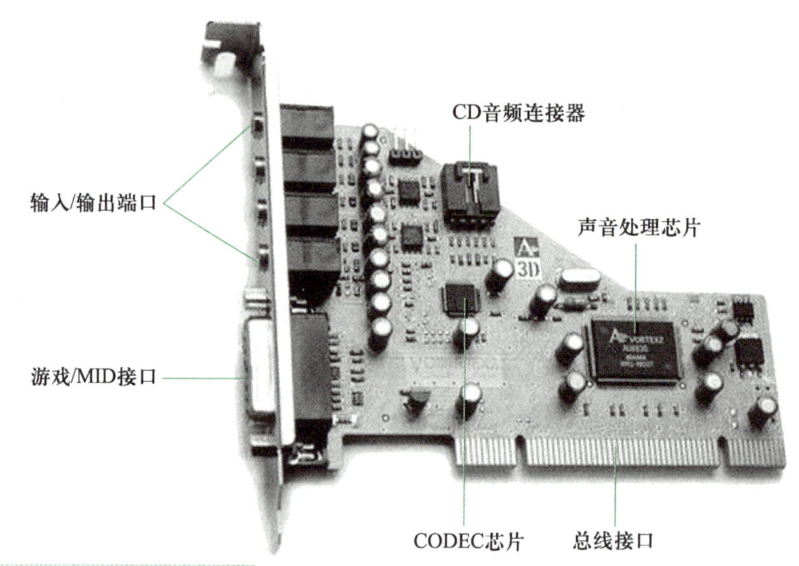

图7.3
声卡的结构

（1）声音处理芯片

声音处理芯片是声卡的核心部件，其基本功能包括对声波采样和对回放的控制、处理MIDI等。它从本质上决定了声卡的性能好坏和档次高低。目前，声音处理芯片制造商主要有Realtek（瑞昱）、C-Media（骅讯）、Creative（创新）等几家公司，其中影响较大的是新加坡的Creative公司。

（2）功率放大器

由于声音处理芯片处理好的声音信号不足以推动音箱发声，因此需要增加功率放大器（简称功放），对声音信号进行放大，再送到扬声器或音箱中。

（3）CODEC芯片（Coder-Decoder）

CODEC芯片是编码器/解码器的英文缩写，它的标准名称是“多媒体数字信号编解码器”，主要负责将数字信号转换为模拟信号和将模拟信号转换为数字信号的工作。

（4）总线接口

声卡的总线接口就是声卡与主板连接的金手指。

（5）CD音频连接器

通过CD音频连接器将光驱与声卡相连接，便于声卡处理来自光驱的数字或模拟信号。

笔 记

（6）输入/输出端口

声卡的输入/输出端口主要是将声卡与音箱、话筒等声音或录音设备相连接的端口，一般有 Speaker Out（喇叭输出）端口、Line In（线路输入）端口、Line Out（线路输出）端口、Mic In（话筒输入）端口等几种。Line In 端口用于其他声音设备（如收录机）与声卡相连接，Mic In 端口用于话筒与声卡相连接，Line Out 端口用于外部的功率放大器与声卡相连接，Speaker Out 端口用于无源或有源音箱与声卡相连接。当然，声卡所提供的输入/输出端口数的多少与它所支持的声道数是有关系的。

（7）MIDI 及游戏杆接口

该接口是游戏手柄（操作杆）或 MIDI 设备（如 MIDI 键盘、电子琴等）与声卡相连时所用的接口。

2. 声卡的作用

声卡是多媒体计算机系统中必不可少的最基本的组成部分，也是实现模拟声波信号/数字信号相互转换的功能部件。声卡的作用主要是把原始声音信号（模拟信号）加以转换，然后输出到音箱、耳机等声响设备上来播放。概括地说，声卡共有 7 大作用：播放音乐、录音、语音通信、实时效果器、界面卡、音频解码、音乐合成。

3. 声卡的工作原理

声卡的工作原理其实很简单。话筒、喇叭、音箱等设备所能识别和处理的信号均为模拟信号，而计算机所能处理的均为数字信号。要将计算机中的数字信号送给音箱等设备播出，或要将话筒输入的模拟信号送给计算机处理，均需要进行信号转换。声卡就是完成这个转换工作的部件。声卡从话筒或其他输入设备中获取声音模拟信号，通过 CODEC 芯片将之转换为数字信号，然后送给计算机进行处理。当需要播放这些声音信号时，声卡再将计算机中存储的这些数字信号送给 CODEC 芯片转换，还原为模拟波形，经过放大电路放大后送给音箱、喇叭等设备进行播放。

7.2.2 声卡的分类

声卡的分类方法有很多种。本小节主要介绍按声道数进行分类的方法。

声道数就是声卡处理声音的通道的数目。声卡所支持的声道数是衡量声卡档次高低的重要指标之一。按声卡所支持的声道数，可将声卡分为单声道声卡、双声道声卡、四声道声卡、5.1 声道声卡和 7.1 声道声卡等几种。

（1）单声道声卡

单声道声卡是比较原始的一种声卡，其所处理的声音在播放时缺乏位置感，让人明显感觉到声音是从两个音箱中发出的。图 7.4 所示为一款单声道声卡。

（2）双声道声卡

双声道声卡又称为立体声声卡。它改变了单声道声卡缺乏位置定位的缺陷，声音在录制过程中被分配到两个独立的声道上，播放时可以让听众清晰地分辨出各种乐器的方向，从而增加听众对音乐的想象力，增加临场的感觉。图 7.5 所示为一款双声道的声卡。

（3）四声道声卡

四声道声卡采用立体环绕的方式，规定了 4 个发音点：前左、前右、后左、后右，听众则被包围在这 4 个点的中间。从整体效果上讲，四声道系统可以为听众带来来自多个不同方向的声音环绕。置身于其中，听众可以获得身临各种不同环境的听觉感受。

图7.6所示为一款四声道声卡。

（4）5.1 声道声卡

5.1 声道已广泛应用于各类影院中，一些比较知名的声音录制压缩格式（如杜比AC-3、DTS等）都是以5.1 声道系统为技术蓝本的。5.1 声道中的1是指专门设计一个超低音声道。5.1 声道技术来源于四声道（4.1 声道）系统，只不过在前左、前右、后左、后右4个点的正中间增加了一个中置声道单元，这个中置声道单元专门负责传送低于80 Hz的声音信号。这样，在欣赏影片时有利于加强人声，把对话集中在整个声场的中部，以增强整体效果。图7.7所示为一款5.1 声道声卡。

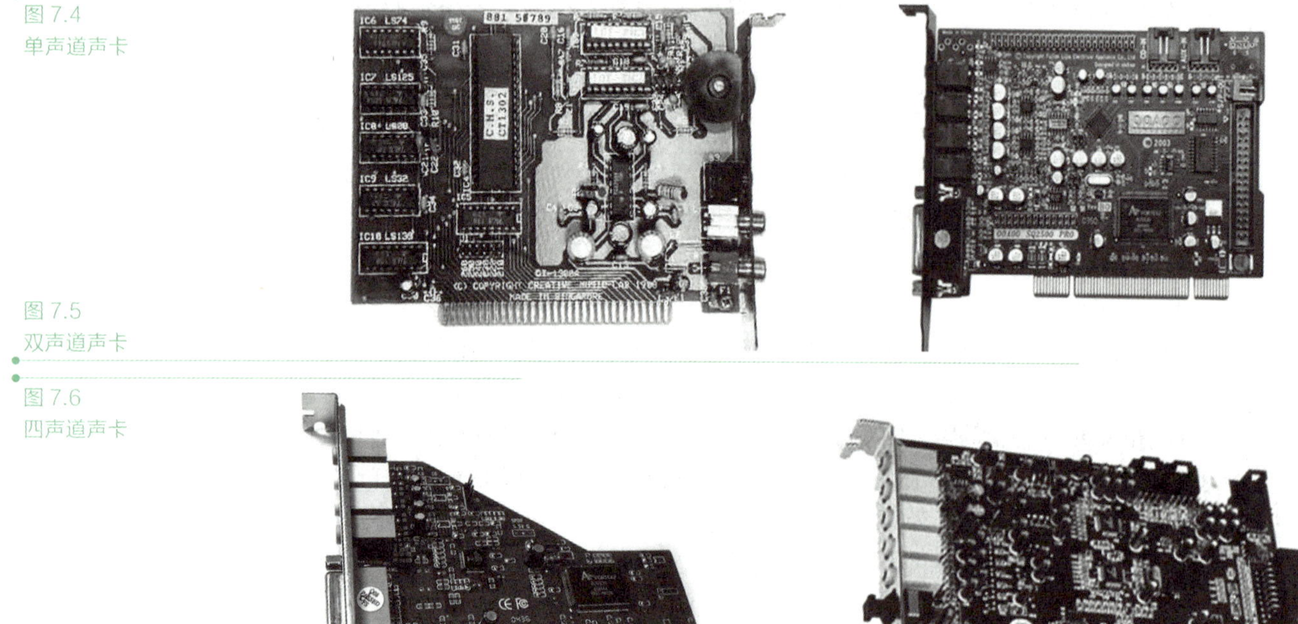

图7.4
单声道声卡

图7.5
双声道声卡

图7.6
四声道声卡

图7.7
5.1 声道声卡

（5）7.1 声道声卡

7.1 声道系统的作用是在听者的周围建立起一套前后声场相对平衡的声场。不同于5.1 声道的是，它在原有的基础上增加了后中声道（双路后中置）。图7.8所示为建立在7.1 声道系统上的一个影院系统，图7.9所示为一款7.1 声道的声卡。

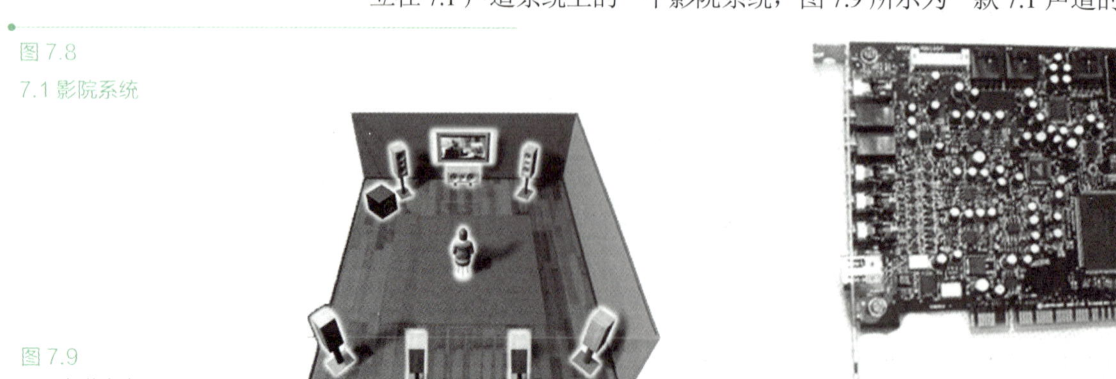

图7.8
7.1 影院系统

图7.9
7.1 声道声卡

7.2.3 声卡的性能指标

笔 记

衡量一块声卡性能的好坏和档次的高低，主要看它的采样位数、采样频率、声道数和输出信噪比等几个性能指标。

1. 采样位数

采样位数可以理解为声卡处理声音的解析度（相当于显卡的分辨率），是用来衡量声音波动变化的一个参数。这个参数值越大，声音解析度就越高，录制和回放的声音就越真实。声卡的位数是指声卡在采集和播放声音时所使用的数字信号的二进制位数，它准确地反映了数字信号与模拟信号的对应关系。声卡的采样位数有 8 位、16 位、32 位和 64 位等几种，目前市场上的主流产品为 32 位声卡，部分高档次声卡采用 64 位的采样位数。

2. 采样频率

采样频率是指录音设备在一秒钟内对声音信号的采样次数。采样频率越高，声音的质量也就越好，声音的还原也就越真实。常见的采样频率有 22.05 kHz、44.1 kHz、48 kHz 这 3 个等级。22.05 kHz 的采样频率只能达到 FM 广播的声音品质，44.1 kHz 则相当于 CD 的音质效果，48 kHz 的采样频率要更加精确一些。采样频率高于 48 kHz 后，人耳便无法分辨出来了，所以在计算机上没有多大价值。早期的采样频率还出现过 8 kHz、11.025 kHz、16 kHz 等几个等级，因频率太低，从 16 位声卡开始便不再采用了。

3. 声道数

声道数就是声卡处理声音的通道的数目。声卡所支持声道数是衡量声卡档次的重要指标之一。声卡的声道数经过了单声道到双声道再到四声道、5.1 声道、7.1 声道的发展变迁，目前的主流产品为 5.1 声道系统。

4. 输出信噪比

输出信噪比是衡量一块声卡好坏的重要指标，它是指声音输出的信号与噪声电压的比值（单位为分贝，即 dB）。这个值越大，输出信号中所掺杂的噪声就越小，音质也就越纯净。

7.2.4 音箱的分类

技术名词新解：音箱

声卡处理好的音频信号要播放出来，必须借助于外部设备来实现。音箱就是这些外部设备中的一种非常重要的音频设备，它主要用于将音频信号还原成声音信号。

音箱的分类方法有很多，此处主要介绍按音箱数量进行分类的方法。

按音箱数量可以把音箱分为 2.0 音箱（双声道立体声）、2.1 音箱、4.1 音箱、5.1 音箱、6.1 音箱和 7.1 音箱等几种类型。前面的数字（如 2、4、5、6、7）表示环绕音箱的个数，小数点后的数字 1 表示一个专门设置的超低音声道（俗称低音炮）。图 7.10～图 7.15 所示分别为上述几种声道的音箱。

图 7.10 2.0 音箱

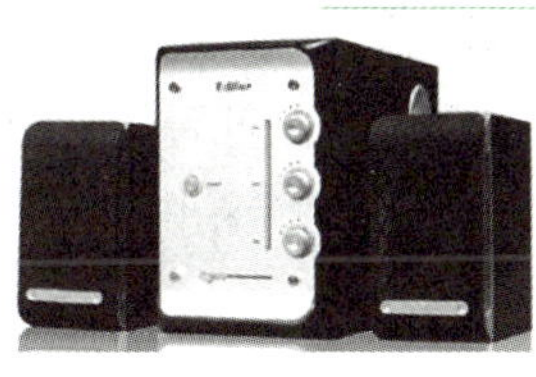

图 7.11 2.1 音箱

图 7.12 4.1 音箱

图 7.13 5.1 音箱

图 7.14 6.1 音箱

图 7.15 7.1 音箱

7.2.5 音箱的组成结构

笔记

计算机所使用的音箱多为带有功率放大器的有源音箱。有源音箱主要由箱体、扬声器、功放电路、分频器等部件组成。

1. 箱体

箱体是构成音箱的基础。目前市场上常见的音箱主要用两种材料做箱体：一种是塑料，另一种是木质。塑料箱体具有便于加工、外形时尚、成本低、音质效果不理想的特点。当然，某些高档塑料音箱的音质还不错。木质箱体大多采用中密板做箱体材质，高档的音箱采用真正的纯木板做材料。这种箱体，木板的厚度、木板之间结合的紧密程度、箱体的密封性等都会影响音箱的音色。

2. 扬声器

音箱的扬声器又称为扬声单元，有高音单元、低音单元之分。每个单元都由振膜、磁铁、线圈等组成。按照扬声器的结构可以把它分为锥盆扬声器、球顶扬声器和平板扬声器三大类，主要区别在于口径大小和振膜类型的不同。扬声器单元的口径大小一般和振动频率成反比，口径越大，其低音表现力越好，高音则正好相反。锥盆扬声器上常用的振膜种类比较多，有纸盆、羊毛盆、防弹布盆、金属盆、陶瓷盆和 PP（聚丙烯复合）盆等。各种振膜不存在绝对的好坏之分，所不同的是各有各的音色。例如，纸盆和 PP 盆的适应性最好，音色适中；羊毛盆的音色温暖而轻柔；陶瓷盆和金属盆的反应速度快，材质轻，中高音表现力好，但低音不柔和。

3. 功放电路

内置功放电路是有源音箱区别于无源音箱的一个重要特征。功放电路的主要作用就是将声音信号的功率放大，包括电压和电流，使输出的信号能推动扬声器单元。功放电路主要由线路输入、电源、功放和运放组成。线路输入包括电源线输入和信号线输入，而且要在工艺上实现信号线和电源线的分离式进线，以防止电源线的电磁波对信号线形成强干扰。电源是功放系统的基础，主要包括一个变压器（负责将 220 V 的交流电转换为低压直流电）、一个桥式整流电路（将交流电整流为直流电）和一个滤波电路网络（由 2 或 4 个电解电容组成，用于将波动形的直流电平滑化）3 个部分。图 7.16 所示为音箱的功放电路图。

4. 分频器

分频器的用途是将高、低音信号分开，分别送给高、低音扬声单元输出。分频器的作用至关重要，如果不分频，高、低音信号就会混杂在一起，同时由高音单元或低音单元输出，声音就会变得混乱。且因低音信号的功率大于高音信号的功率，故还有烧坏高音单元的可能。图 7.17 所示为音箱内的分频器。

图 7.16
功放电路

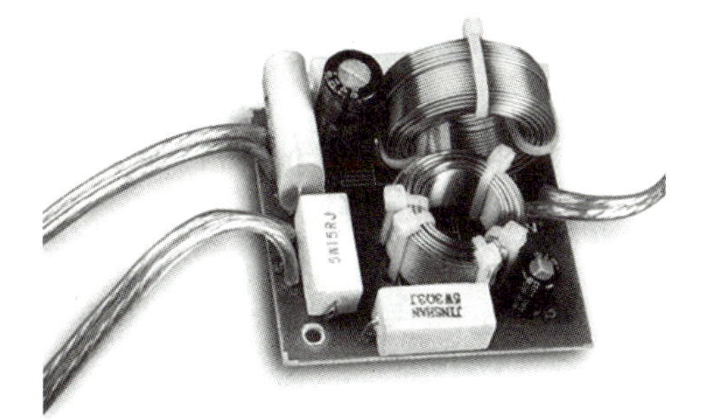

图 7.17
分频器

7.2.6 音箱的性能指标

本小节重点为读者介绍音箱的 5 项重要的性能指标：输出功率、频响范围、信噪比、灵敏度和谐波失真。

笔 记

1. 输出功率

音箱的功率决定的是音箱所能发出的最大声强，即通常所说的震撼力。音箱的功率有两种标注方法：标称输出功率（额定输出功率）和最大瞬间输出功率（瞬间峰值功率）。标称输出功率是指在额定范围内驱动一个 8 Ω的扬声器所规定的波形持续模拟信号时，音箱能长时间安全工作时输出功率的最大值。它的谐波失真在标准范围内变化。最大瞬间输出功率是指音箱接收信号输入时，在保证音箱不受损坏的前提下瞬间所能承受的输出功率最大值。通常，商家为迎合用户心理，标出的是瞬间功率，它大约是额定功率的 8 倍。用户在选购音箱时要以额定功率为准。音箱的功率也不是越大越好，适用即可。

2. 频响范围

频响范围是指音箱的频率范围和频率响应。频率范围是指最低有效声音频率到最高有效声音频率之间的范围，单位为赫兹（Hz）。就人类而言，普通人耳的听力范围是 20 Hz～20 kHz，因此要求音箱的频率范围为 45 Hz～20 kHz，只有这样才能保证覆盖人耳的有效听力范围。频率响应是指将一个以恒定电压输出的音频信号与音箱系统相连接时，音箱产生的声压随频率的变化而发生增大或衰减及相位随频率而发生变化的现象。频率响应的单位是分贝（dB），其值越小，表明音箱的失真越小。

3. 信噪比

信噪比是指音箱回放的正常声音信号与无信号时噪声信号强度的比值，用 dB 表示。例如，某音箱的信噪比为 60 dB，表示输出的有效声音信号比噪声信号的功率大 60 dB。信噪比值越大，表示噪声越小，音箱的音质就越好。信噪比低，则输入小信号时噪声严重，声音会混浊不清。建议不要购买信噪比低于 80 dB 的音箱和信噪比低于 70 dB 的低音炮。

4. 灵敏度

灵敏度也是衡量音箱性能的一个重要技术指标。灵敏度越高，音箱的性能就越好。音箱的灵敏度每差 3 dB，输出的声压就相差一倍。一般，87 dB 为中灵敏度，84 dB 以下为低灵敏度，90 dB 以上为高灵敏度。普通音箱的灵敏度一般在 70～80 dB，高档音箱通常可达到 80～90 dB，专业音箱则在 95 dB 以上。灵敏度的提高是以增加失真度为代价的，所以要保证音色的还原程度与再现能力，就必须降低对灵敏度的要求。

5. 谐波失真

谐波失真是指在音箱工作过程中由于会产生谐振现象而导致音箱重放声音时出现失真。音箱工作时不可避免地会出现谐振现象，这样就会在声音信号中夹杂谐波及其倍频成分，这些倍频信号将导致音箱放音时产生失真。谐波失真的数值越小越好。

7.2.7 声卡和音箱的挑选策略

本小节重点在课程网站上为用户介绍计算机声卡和音箱的挑选策略，以帮助用户挑选计算机声音系统。此处给读者推荐几个网站，如表 7.1 所示。用户可以到这些网站上去查询产品的价格及相应的介绍。

表 7.1
声卡和音箱相关网站

网　站
泡泡网—音箱声卡频道
中关村在线—音频频道

本课程网站也有当前主流声卡和音箱产品推荐，供用户在学习时进行浏览。

7.3 动手做：安装与测试声音系统

本节重点训练声卡和音箱的安装与拆卸、声卡和音箱的性能测试等方面的操作技能。

7.3.1 声卡和音箱的安装与拆卸

1. 声卡的安装与拆卸

微课 7-1
声卡的安装与拆卸

声卡的安装与拆卸与显卡的安装与拆卸非常相似，所不同的是，目前的多数声卡都采用 PCI 接口，且不需要专门的散热器，安装起来要比显卡更加简单。安装声卡的具体步骤如下。

步骤1 去掉防尘挡板。先选择一条空闲的 PCI 插槽，从机箱上移除对应 PCI 插槽上的挡板及螺钉。

步骤2 插入声卡。将声卡对准 PCI 插槽，用双手大拇指将其插入 PCI 插槽中，使卡上的金手指与 PCI 插槽紧密接触在一起，如图 7.18 所示。注意，插入时要均匀用力。

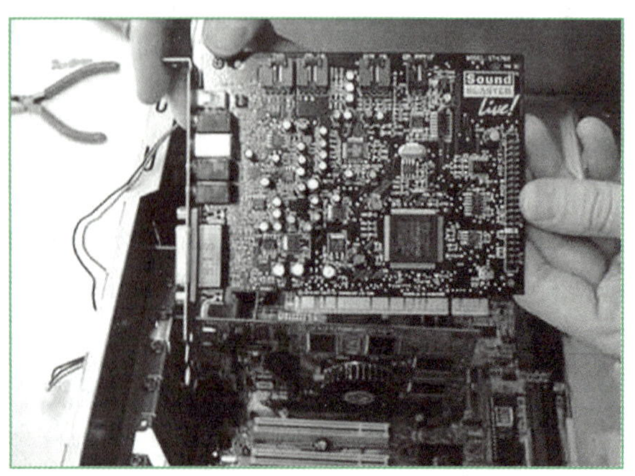

图 7.18
安装声卡

步骤3 固定声卡。用螺钉将声卡固定在机箱上，注意不要拧得太死。拆卸声卡的步骤是上述过程的逆过程，将上述步骤倒过来就可以将声卡从机箱中拆卸下来。

2. 音箱的连接

目前，很多用户选择了5.1 声道的音箱，连接此类音箱应按以下几个步骤实施。

步骤1 做好连接前的准备工作。首先理清整体连接方式，这样在连线时就不会手足无措了。一般的桌面5.1 音箱都将电路部分放在低音炮音箱中，因此人们把低音炮音箱称作主音箱，这样来看，整体连接无非就是“声卡—主音箱—卫星箱”这三者之间的连接。其次，连接前应分别认识一下5.1 声卡上的各个插孔、主音箱上的各个接头及连接用线，如图7.19～图7.21 所示。

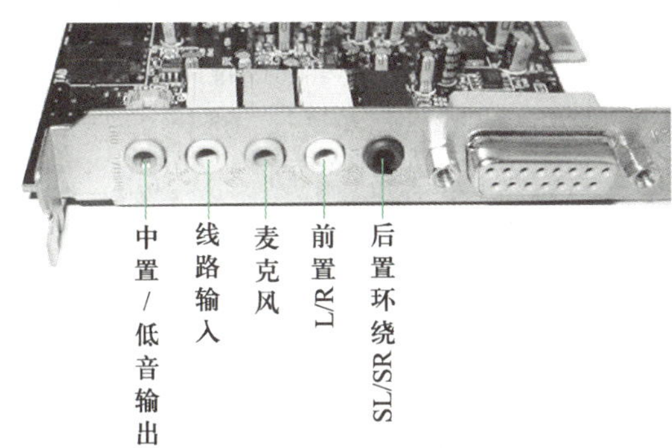

图7.19
5.1 声卡插孔

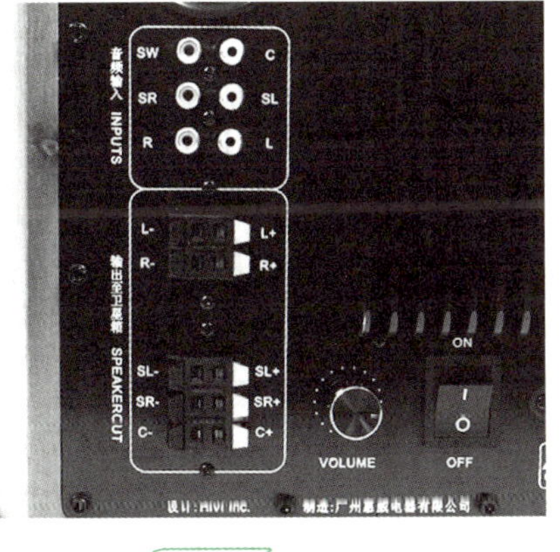

图7.20
5.1 音箱接头

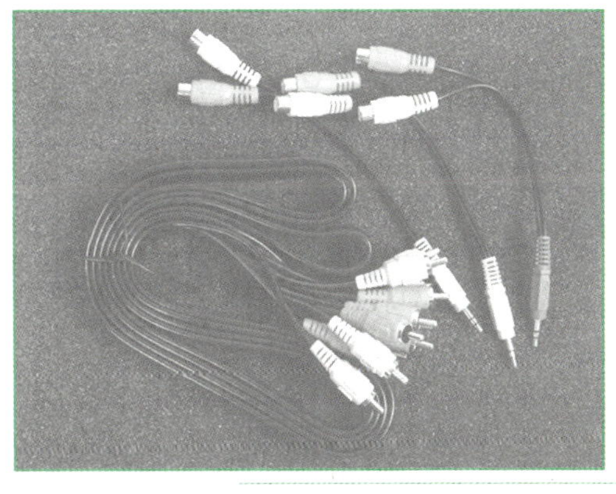

图7.21
各类连接线

步骤2 连接主音箱与声卡。在随机附送的连接线中，找到3 条一端为3.5 mm端，另一端为两路RCA 端的连接线（图7.21 右边的3 根线），即为声卡与主音箱的连接线。其中，3 根连接线的3.5 mm 端（绿头、黄头和蓝头）连接计算机声卡对应的绿孔（前置L/R）、黄孔（中置/低音输出）和黑孔（后置环绕SL/SR）中，如图7.22所示。3 根连接线的两路RCA 端（每根线的红头和白头）分别插入主音箱倒相孔下方的3 组RCA 接口，从上至下分别为“低音（红孔）、中置（白孔）”“右后（红孔）、左后（白孔）”和“右前（红孔）、左前（白孔）”。其中，黄头线的RCA 端分别接入低音中置孔，绿头线的RCA 端分别接入右前左前孔，蓝头线的RCA 端分别接入右后左后孔，如图7.23 所示。

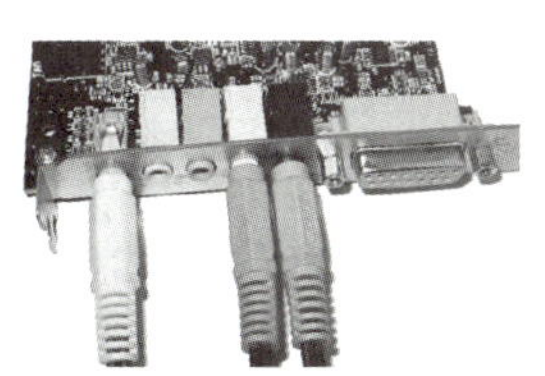

图7.22
连接主音箱与声卡

步骤3 连接主音箱与卫星箱。主音箱与卫星箱的连接可以参照音箱说明书，把各卫星箱上相应的连接线按照说明书的要求一一连在主音箱背后的“输出至卫星箱”区对应的接线夹上即可。

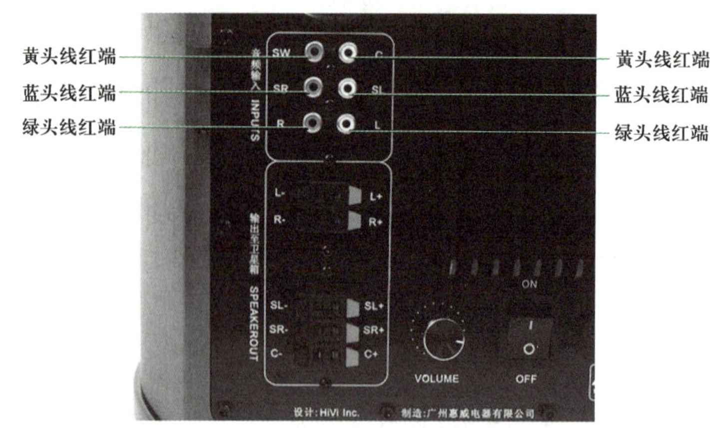

图 7.23
主音箱插线

步骤4 效果设置。连接工作其实非常简单，连接好后，要想让 5.1 的音箱正常工作，还需要在声卡驱动程序中进行简单的设置。如图 7.24 所示，打开音量控制界面，从选项里选择属性，然后在“属性”对话框中选择“前部”“环绕”“中部”等复选框即可。不同的声卡，其选项可能会有所不同，不过大体上都是通过按钮来更改声卡的声道输出模式，只需要选择 5.1 里的相关项目即可。

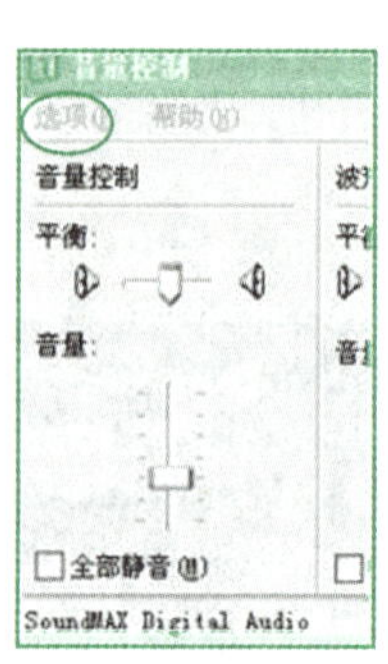

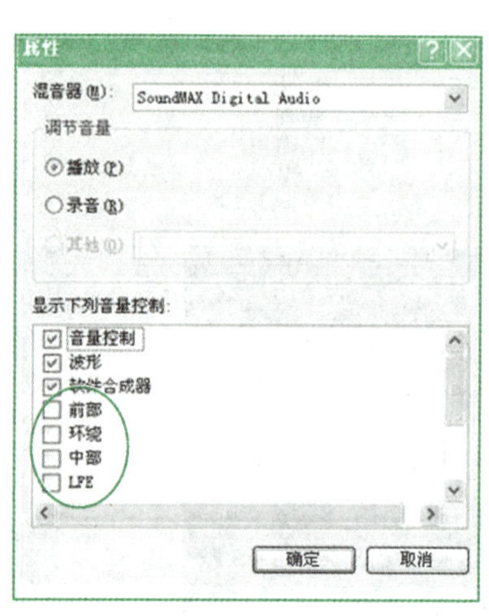

图 7.24
声音效果设置

步骤5 5.1 音箱摆放。为了让音箱发挥最佳的工作效果，还要注意对 5.1 音箱的各个组成箱进行科学、合理的摆放。图 7.25 所示为 5.1 音箱的摆放示意图。

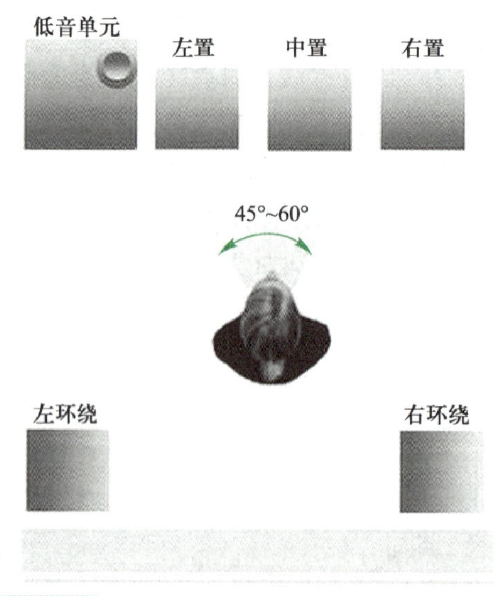

图 7.25
5.1 音箱的摆放示意图

7.3.2 声卡与音箱的性能测试

1. 用 RMAA 6.0.6 测试声卡的性能

一般，人们看到的对声卡的评价大多是较为主观的听觉感受，这并不准确。利用 RMAA（RightMark Audio Analyzer）可以很客观地测试出计算机声卡的性能，测试的步骤如下。

微课 7-2
声卡与音箱的性能测试

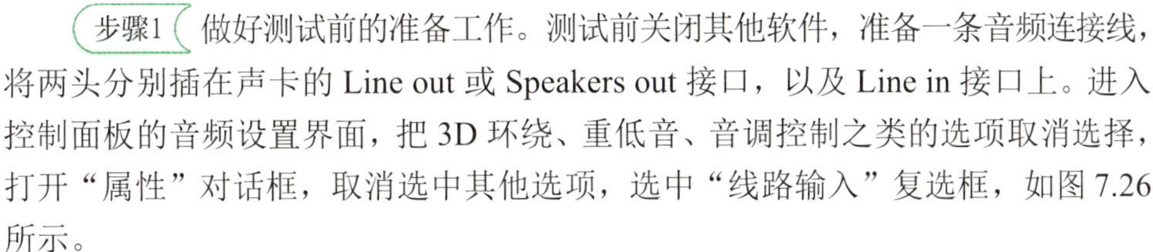

步骤1 做好测试前的准备工作。测试前关闭其他软件，准备一条音频连接线，将两头分别插在声卡的 Line out 或 Speakers out 接口，以及 Line in 接口上。进入控制面板的音频设置界面，把 3D 环绕、重低音、音调控制之类的选项取消选择，打开“属性”对话框，取消选中其他选项，选中“线路输入”复选框，如图 7.26 所示。

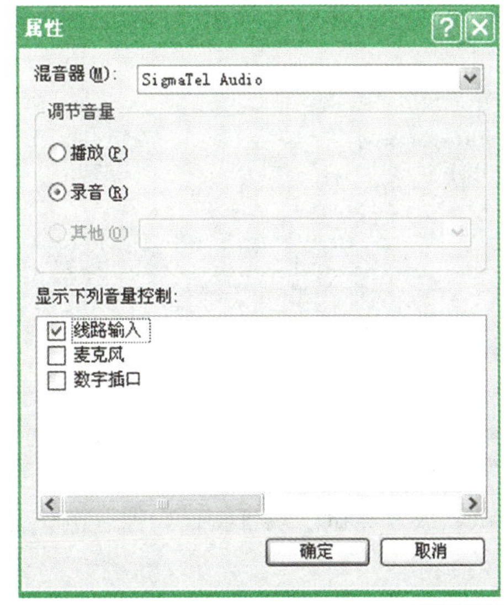

图 7.26
选择线路输入

步骤2 启动 RMAA 6.0.6。从网上下载 RMAA 6.0.6，解压后直接双击 Rmaa6.exe 文件运行。软件启动后的界面如图 7.27 所示。

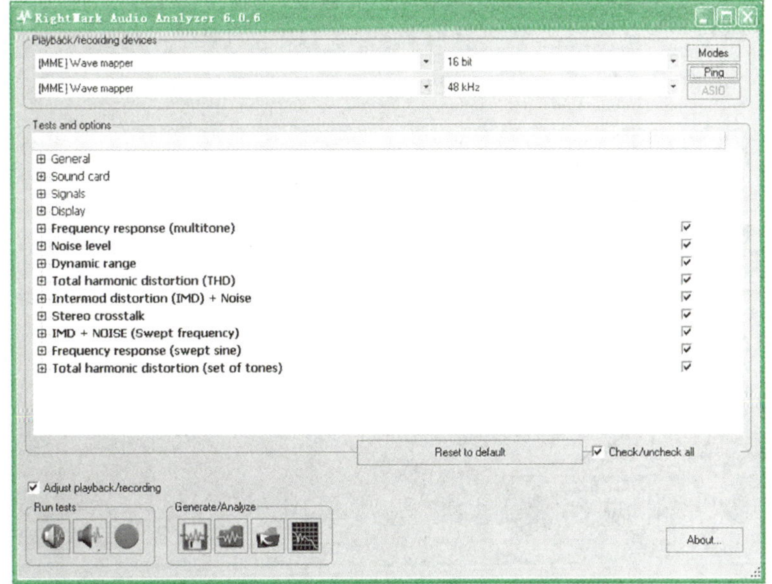

图 7.27
RMAA 6.0.6 主界面

步骤3 设置测试参数。在软件主界面上的 Playback/recording devices 中选择自己要测试的音频设备。在选中设备旁边的下拉列表框中选择被测试声卡的处理位数和采样频率。一般主板集成的 AC97 声卡的 CODEC 芯片的处理位数和采样频率为 16 bit/48 kHz，如图 7.28 所示。

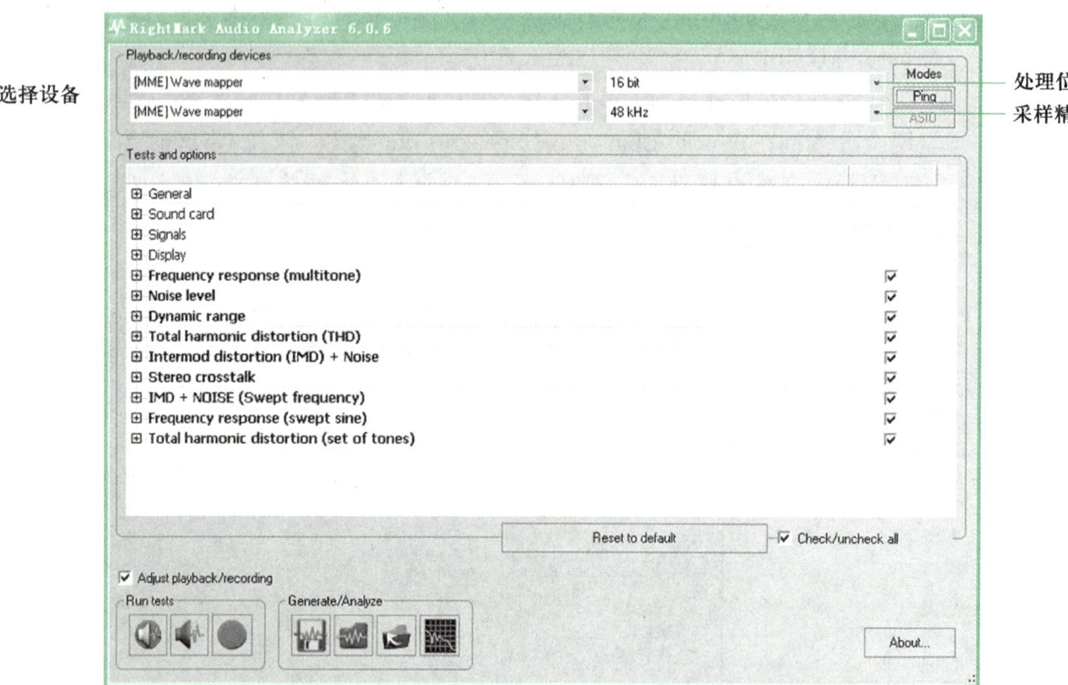

图 7.28
设置测试参数

步骤4 选择测试模式。在软件主界面中单击右上方的 Modes 按钮，设置测试模式，包括回路测试、放音测试、录音测试、保存测试信号和读取测试信号等，如图 7.29 所示。

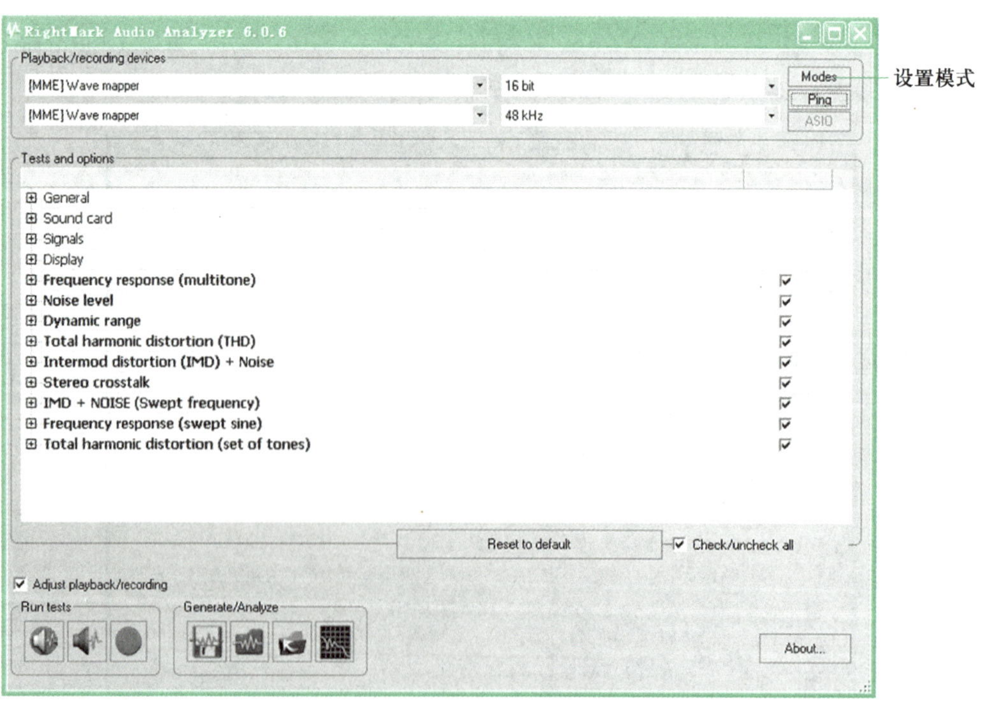

图 7.29
设置测试模式

步骤5 进行测试。在做好测试准备后，在主界面的左下角分别单击对应的按钮以进行不同的测试。在测试的过程中，用户可以听到软件测试所用的声音效果，同时，测试完毕还会获得声卡的综合评价。

2. 测试音箱的性能

测试音箱分为客观测试和主观测试两种。客观测试，主要指的是对音箱设计结构、电路的分析，以及使用专用仪器对音箱信噪比、频响等参数的测试。主观测试指的是利用相关的软件和测试音乐对音箱实际的工作效果进行体验。作为普通的用户，当然不可能有这些高昂的设备，所以主要依靠各种音频测试软件进行单一音频信号的回放，如专门的音频信号测试 CD 软件、DavidsAudio Sweep Generator 和“短歌行音频测试者”等。

7.4 网上学：配置声音系统

进入本课程网站后，通过首页左侧的“课程章节”导航，打开“第 2 章 计算机硬件系统”→“2.6 配置声音系统”网上学习窗口，可以通过网络学习项目 7 的所有内容，如图 7.30 所示。

图 7.30 配置声音系统项目网上学习窗口

7.5 拓展训练："煲"音箱

新音箱的使用就像新汽车一样，有一个“磨合”阶段，这个“磨合”阶段也称为“煲箱”阶段。所谓“煲箱”，就是在音箱买来之后，先让其以较大的功率持续工作一

笔记

段时间，使其关键部件迅速老化而进入最佳工作状态的行为。因为音箱扬声器的振膜需要一段时间的工作才能完全舒展开，电路则需要一段时间的老化才能达到稳定状态，箱体更是需要一段时间的持续振动，才能使接缝处达到稳定。“煲”和“未煲”的音箱在音质上差别很大，所以“煲箱”是音箱必经的一段过程。木箱子比塑料箱子更需要“煲”；书架箱比X.1箱更需要“煲”；高档箱比低档箱更需要“煲”。

“煲箱”没有固定的做法，大体上可以分为3个阶段。

（1）信号轰炸阶段

使用专用的信号碟从20 Hz到20 kHz连续播放信号，从低频到高频循环播放。用户可以使用这样的碟片（碟中记录的是20 Hz到20 kHz的正弦波信号），也可以通过音箱测试软件（如DavidsAudio Sweep Generator和“短歌行音频测试者”）来制造这样的正弦波信号。播放时要开到最大安全音量（注意不是最大音量，而是音箱说明书上标注的安全音量），同时也要避免妨碍他人休息。此阶段的持续时间大约4小时。

（2）频带密集轰炸阶段

在这一阶段，需要选择一些低、中、高频带上很有特色的乐曲回放，让音箱在“实战”中得到锻炼。推荐音乐：低频上，有著名的《一意孤行》（电子合成乐器的低音，下潜很深）、《鼓诗》（考验低频的爆发力）、《阿姐鼓》（音箱的“低频杀手”）等；中频可以用腾格尔的《天堂》（中频的厚度和延展力）；高频可以是弦乐，如《梁祝》（高频的细腻感和质感）等。通过这些乐曲的不断回放，可以达到打通3频的目的。这一阶段时间不要少于50 h。

（3）全频轰炸阶段

在这一阶段，主要侧重于全频带的磨炼。可以选择一些全频带的音乐来进行连续播放。推荐音乐：著名的《加州旅店》、各类交响乐等。此阶段的持续时间为2 d左右。

经过此3个阶段，大约需要100 h的时间，就可以度过音箱的“磨合期”，完成音箱的“煲箱”工作。

7.6 技术前沿：短视频/直播声卡的发展趋势

随着互联网技术快速发展，直播平台遍地开花。目前，中国在线直播平台数量已经接近200家，百度、腾讯、网易等巨头纷纷入场。从年轻的学生群体到已经退休的老人，从城市居民到乡镇村民，广大网民纷纷加入直播行列。在此背景下，短视频/直播声卡行业进入快速增长期。

目前短视频/直播声卡的应用范围广泛，除了用于直播与短视频制作之外，短视频/直播声卡也可以用于K歌、视频配音、线上教育、有声书录制等。它的功能主要有多种场景音效、特色互动特效与变音等，可以外接伴奏和话筒。同时，短视频/直播声卡还自带锂电池供电，蓄电能力较强，方便户外和便携式使用。

网络直播和短视频制作的普及，让声卡产品形态不断丰富，使用门槛也在不断降低。正是因为新的业态发展衍生出巨大的新需求，让声卡等硬件设备开始按照使用场景出现领域细分，进而推动专业设备更快地走近大众。在发展的初始阶段，短视频/直播声卡市场经历了长期的同质化竞争。在发展态势稳定后，市场逐步涌现优质品牌。

业内逐渐达成一个共识：声卡设备在音效转化以及音质保真上均依赖产品在底层芯片以及核心算法的积累，技术实力的竞争或将成为市场未来主基调。

未来的短视频/直播声卡设备将更聚焦于用户的个性化需求，在产品的研发端需要实现创新与突破。为此，一方面，声卡行业需要在声卡芯片技术端不断深耕，积累技术优势；另一方面，需要依据硬件配置和用户需求优化产品的形态设计和软硬件适配技术，为用户提供更优秀的直播解决方案和软硬件设备。

项目 8

挑选网络设备

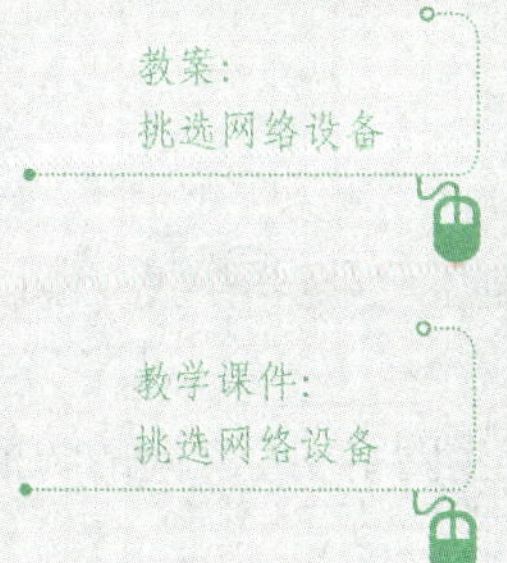

素质目标

笔 记

8.1 项目内容及实施计划

8.1.1 项目描述

挑选网络设备项目包括市场采购需要的网卡、调制解调器、集线器、路由器产品，安装网卡到计算机等几个方面的内容，如图 8.1 所示。

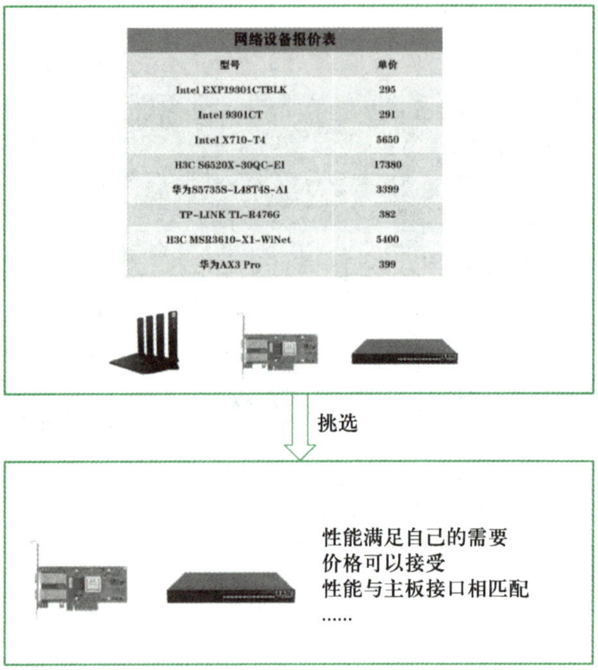

网络设备报价表

型号	单价
Intel EXPI9301CTBLK	295
Intel 9301CT	291
Intel X710-T4	5650
H3C S6520X-30QC-EI	17380
华为S5735S-L48T4S-A1	3399
TP-LINK TL-R476G	382
H3C MSR3610-X1-WiNet	5400
华为AX3 Pro	399

挑选

性能满足自己的需要
价格可以接受
性能与主板接口相匹配
……

图 8.1
项目描述——挑选网络设备

8.1.2 项目目标

1. 德育目标

（1）引导学生认识“没有网络安全就没有国家安全”，鼓励学生投身于国家建设网络强国的宏伟工程中。

（2）通过讲解新时代网络安全发展的趋势，增强学生网络安全风险的防范意识和防范能力。

2. 知识目标

（1）了解网络的类型与接入方式。

（2）熟悉网卡、调制解调器、集线器、交接机、路由器的分类与对比。

3. 技能目标

（1）能正确安装与拆卸网卡。

（2）能正确接入因特网并完成相关上网设置。

4. 素养目标

（1）培养学生的网络安全意识。

（2）培养学生遵纪守法的意识和团队精神。

8.1.3 项目实施计划

笔 记

图 8.2 所示的是挑选网络设备的实施计划，其中左边栏目是分析，右边栏目是给读者的建议。读者也可以根据自己实际完成的顺序，将顺序号填入右上角的圆圈内。

图 8.2
挑选网络设备的实施计划

8.2 知识阅读：网络设备

要完成“挑选网络设备”项目，需要了解网络设备的相关知识，包括网络的类型

笔 记

与接入网络的方式，网卡的分类与组成结构，调制解调器、集线器、交换机和路由器的分类及比较等。本节主要介绍这几个方面的知识。通过对本节的学习，读者在进行项目操作时可以有充足的知识准备。

8.2.1 网络的类型与接入网络的方式

1. 网络的类型

目前，计算机网络的分类方法有很多种，通常，按网络规模和覆盖范围分类的方法可以把计算机网络分为 3 类：局域网（Local Area Network，LAN）、城域网（Metropolitan Area Network，MAN）和广域网（Wide Area Network，WAN）。

（1）局域网（LAN）

局域网是在一个局部的地理范围内（如一个学校、工厂或机关内），一般是方圆几千米以内，将各种计算机、外部设备和数据库等互相连接起来组成的计算机通信网。它可以通过数据通信网或专用数据电路，与远方的局域网、数据库或处理中心相连接，构成一个较大范围的信息处理系统。局域网可以实现文件管理、应用软件共享、打印机共享、扫描仪共享、工作组内的日程安排、电子邮件和传真通信服务等功能。局域网严格意义上是封闭型的。它可以由办公室内几台甚至成千上万台计算机组成，是目前计算机网络中最活跃的分支。

（2）城域网（MAN）

城域网主要指大型企业集团、ISP、电信部门、有线电视台和政府构建的专用网络和公用网络。城域网是介于广域网与局域网之间的一种大范围的高速网络，它的覆盖范围通常为几千米至几十千米。随着局域网带来的好处，人们逐渐要求扩大局域网的范围，或者要求将已经使用的局域网互相连接起来，使其成为一个规模较大的城市范围内的网络。因此，城域网设计的目标是要满足几十千米范围内的大量企业、机关、公司与社会服务部门的计算机联网需求，以实现大量用户、多种信息传输。

（3）广域网（WAN）

广域网的覆盖范围很大，几个城市、一个国家、几个国家甚至全球都属于广域网的范畴，其网络覆盖范围从几十千米到几千或几万千米。互联网在范畴上属于广域网，但互联网并不是一种具体的物理网络技术，它是将不同的物理网络技术按某种协议统一起来的一种高层技术，是广域网与广域网、广域网与局域网、局域网与局域网之间的互联，形成了局部处理与远程处理、有限地域范围资源共享与广大地域范围资源共享相结合的互联网。目前，世界上发展最快、最热门的互联网就是 Internet，它是世界上最大的互联网。国内这方面的代表主要有中国电信的 ChinaNet、中国教育科研网（CERNet）、中国科学院系统的 CSTNet 和金桥网（GBNet）等。

表 8.1 所示为 3 种不同类型的网络的比较。

表 8.1
3 种不同类型的网络的比较

网络分类	分布距离	跨越地理范围	带宽
局域网（LAN）	10 m	房间内	10 Mbit/s～x Gbit/s
	200 m	建筑物内	
	2 km	校园内	
城域网（MAN）	100 km	城市内	64 kbit/s～x Gbit/s
广域网（WAN）	1 000 km 及以上	国家、洲或洲际	64 kbit/s～1 000 Mbit/s

笔 记

2．接入网络的方式

现在，人们的生活已经越来越离不开计算机网络了，尤其对 Internet 的依赖更是达到了前所未有的程度。如何接入 Internet 恐怕是每个人都会遇上的一个问题。此处主要介绍几种常见的接入 Internet 的方式。

接入因特网需要向因特网服务供应商（Internet Service Provider，ISP）提出申请，并按使用时间缴纳一定的费用。ISP 的服务主要是提供因特网接入服务，即通过网络连线把用户的计算机或其他终端设备连接到因特网。目前国内的 ISP 主要有中国电信、中国联通、中国移动、广电中心等。常见的因特网接入方式主要有拨号接入方式、专线接入方式、无线接入方式和局域网接入方式 4 种。

（1）拨号接入方式

此方式是最早面向普通用户的一种接入方式，它又包括 56K Modem（调制解调器）拨号接入、ISDN 拨号接入、ADSL 虚拟拨号接入 3 种方式。国内目前主流宽带的接入方式是 ADSL（Asymmetrical Digital Subscriber Line，非对称数字用户环路）及其升级版——VDSL（ADSL 的快速版本）。这种接入方式不需要改造信号传输线路，完全可以利用普通铜质电话线作为传输介质，配上专用的 ADSL Modem 即可实现数据高速传输。ADSL 支持的上行速率范围为 640 kbit/s～1 Mbit/s，下行速率范围为 1～8 Mbit/s，其有效的传输距离在 3～5 km 范围。

（2）专线接入方式

专线接入方式包括 Cable Modem 接入方式、DDN 专线接入方式和光纤接入方式 3 种。目前，光纤接入方式已经成为普通家庭用户的首选。通过光线路终端（Optical Line Terminal，OLT）与业务节点相连，通过光网络单元（Optical Network Unit，ONU）与用户连接。根据光网络单元的位置，光纤接入最主要的方式是 FTTB（Fiber to The Building，光纤到大楼）、FTTC（Fiber to The Curb，光纤到路边）、FTTH（Fiber to The Home，光纤到用户）3 种形式。FTTC 主要是为住宅用户提供服务的，光网络单元设置在路边，即用户住宅附近，从光网络单元出来的电信号再传送到各个用户，一般用同轴电缆传送视频业务，用双绞线传送电话业务。FTTB 的光网络单元设置在大楼内的配线箱处，主要用于综合大楼、远程医疗、远程教育及大型娱乐场所，为大中型企事业单位及商业用户服务，提供高速数据、电子商务、可视图文等宽带业务。FTTH 是将光网络单元放置在用户住宅内，为家庭用户提供各种综合宽带业务，是光纤接入的最终目标。

（3）无线接入方式

无线接入方式包括 GPRS 接入方式、蓝牙技术与 HomeRF 技术。GPRS 是通用分组无线业务（General Packet Radio Service）的英文缩写。它是一种分组数据承载业务，下载资料和通话是可以同时进行的。蓝牙技术是 10 m 左右的短距离无线通信标准，用来在便携式计算机、移动电话及其他的移动设备之间建立起一种小型、经济、短距离的无线链路。HomeRF 技术主要为家庭网络设计，采用 IEEE 802.11 标准构建无线局域网，能满足未来家庭宽带通信。

（4）局域网接入方式

将一个局域网（校园网或者公司内部网 Intranet）连接到 Internet 主机可以有两

种方法：一种是通过局域网的服务器、高速调制解调器和电话线路把局域网与 Internet 主机连接起来，局域网上的所有计算机共享服务器的一个 IP 地址；另一种是通过路由器把局域网与 Internet 主机连接起来。局域网上的所有主机都可以连接 X.25 网、DDN 专线或帧中继等。使用这种方式接入，主机有自己的 IP 地址。虽然路由器与 Internet 主机的通信要求用户对软硬件的初始投资较高，每月的通信线路费用也较高，但它是唯一可以满足大信息量 Internet 通信的方式。这种方式最适用于教育科研机构、政府机构及企事业单位中已装有局域网的用户，或是希望多台主机都加入 Internet 的用户。

表 8.2 所示是以上几种接入网络方式的比较。

表 8.2
几种接入方式比较

接入方式	特点	适用对象	所需硬件
56K Modem 拨号接入方式	安装简单，速度较慢，上网时不能打电话	家庭	网卡、电话线、56K Modem
ISDN 拨号接入方式	速度快，可同时上网和打电话	家庭	网卡、Modem、分流器、电话线
ADSL 虚拟拨号接入方式	速度很快	家庭、公共场所	网卡、ADSL Modem、分流器、电话线
Cable Modem 专线接入方式	带宽高，传输速率高，但随用户数量增多速率会下降	证券交易	网卡、专用高速 Cable Modem、闭路电视线
DDN 专线接入方式	高速度，高费用	银行、证券、气象等	网卡、高速电缆调制解调器、专用线路
光纤接入方式	高速度，高成本	小区、单位、家庭	ONU、网卡、专用线路、高速电缆调制解调器
无线接入方式	快捷登录，高速传输	外出办公者	无线上网卡、无线网卡
局域网接入方式	费用较高，信息量大，同时面向多个用户	教育科研机构、政府机构及企事业单位	服务器、高速调制解调器、集线器、交换机、网卡等

8.2.2 网卡的分类

技术名词新解：网卡

网卡，英文名称为 Network Interface Card，简写为 NIC，也称网络适配器，它是计算机接入网络（局域网、广域网）的接口，也是局域网中非常基本的部件之一。网卡的功能有二：一是将计算机的数据封装为帧（数据包），并通过网线将数据发送到网络中去；二是接收网络上传输过来的帧，并将帧重新组合成数据，送给计算机处理。每块网卡都有一个唯一的网络节点地址，它是生产厂家在生产该网卡时直接烧入网卡 ROM 中的，也称为 MAC（Media Access Control）地址。网卡的 MAC 地址全球唯一，绝不会重复，一般用于在网络中标识网卡所插入的计算机的身份。图 8.3 所示为一款常见的普通网卡。

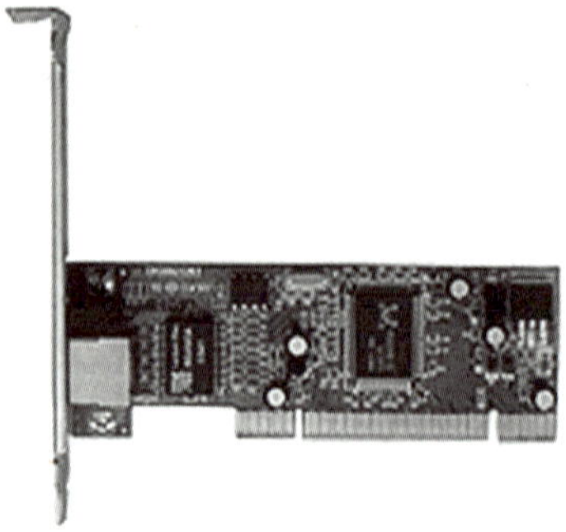

图 8.3
网卡

网卡的分类方法有很多种，此处介绍按总线类型进行分类的方法。

按总线类型，可以将网卡分为 ISA 网卡、PCI 网卡、PCI-E 网卡、PCMCIA 网卡、USB 网卡和无线网卡等几种。ISA 总线的网卡具有传输速率缓慢、安装复杂等缺点，目前已被市场淘汰。PCI-E ×1 网卡是目前网卡的主流产品。PCMCIA 总线网卡是一种专用于便携式计算机的网卡，大小与扑克牌差不多，厚度在 3～4 mm。USB 接口的网卡主要是一种外置式网卡，移动方便，支持热插拔。无线网卡使用电磁波进行数据通信。图 8.4 所示分别为这几种类型的网卡。

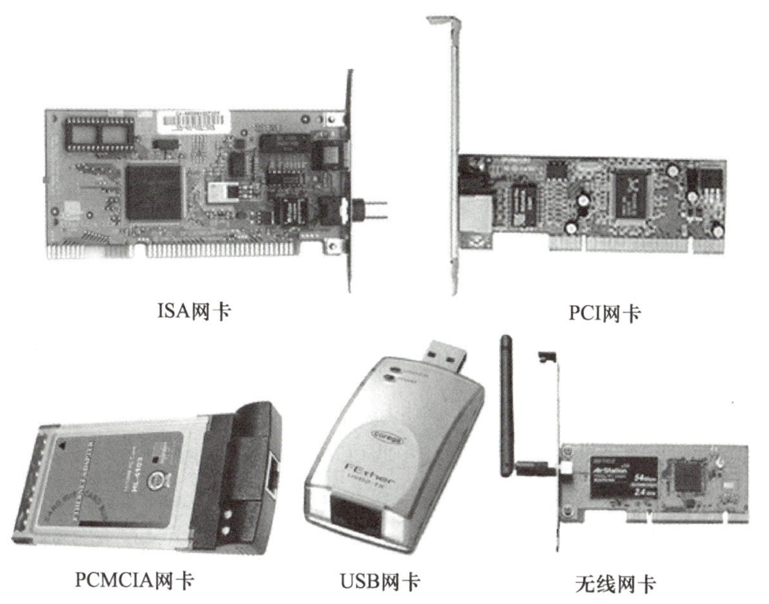

图 8.4
几种不同总线类型的网卡

8.2.3 网卡的结构

网卡主要由主控制编码芯片、调控元件（数据泵）、Boot ROM 芯片插槽和工作状态指示灯等几部分组成，如图 8.5 所示。

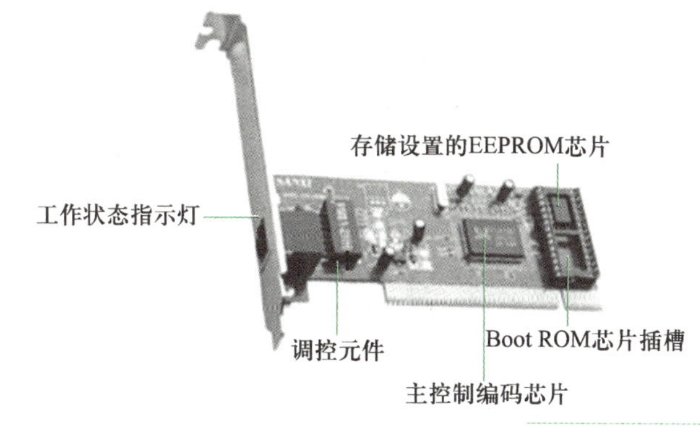

图 8.5
网卡的结构

1．主控制编码芯片

网卡的主控制编码芯片控制着进出网卡的数据流。

2．调控元件（数据泵）

调控元件的作用是发送和接收中断请求（Interrupt Request，IRQ）信号。它的外形是一个黑色的小方块。当信号要发出去时，它会先给数据泵一个指令，然后才传出去。当外边有信号进来时，它会发一个指令给主控制芯片。当遇到信号繁忙时，它会调节数据流，起到指挥数据流正常流动的作用。

3．Boot ROM 芯片插槽

该插槽用来插接 Boot ROM 芯片。Boot ROM 芯片就像 BIOS 芯片一样，是一块只读存储器，里面存放了网络启动程序。把 Boot ROM 芯片插上后，就可以实现无盘启动功能（无盘工作站可以通过这块芯片启动计算机）。Boot ROM 芯片有搭配不同网络操作系统的功能，购买时一定要注意它所搭配的网络操作系统是哪一种，如 Boot ROM for Netware、Boot ROM for NT、Boot ROM for UNIX 等。如果购买错误，就可能连接不上网络。

4. 工作状态指示灯

网卡的端口上方一般配有一个或多个工作状态指示灯，用来显示网卡当前的工作状态，便于用户了解网卡的工作状态和诊断故障。网卡工作状态指示灯有电源指示、发送指示（TX）和接收指示（RX）等几种。

8.2.4 调制解调器的分类

调制解调器，英文名是 Modem（Modulator（调制器）与 Demodulator（解调器）的简写），俗称“猫”，它是不同计算机之间借助电话线实现互相通信（如接入互联网）的必备装置。众所周知，计算机内的信号是由“0”“1”字符串组成的数字信号，而电话线中只能传输波形模拟信号。要通过电话线实现计算机间的数据传输就必须要进行信号的转换，调制解调器就是完成这个转换工作的设备。在发送端，调制解调器把计算机内的数字信号转换为相应的模拟信号，然后送给电话线传输，此过程称为调制。在接收端，调制解调器把电话线传输过来的模拟信号转换为数字信号，然后送给计算机处理，此过程称为解调。

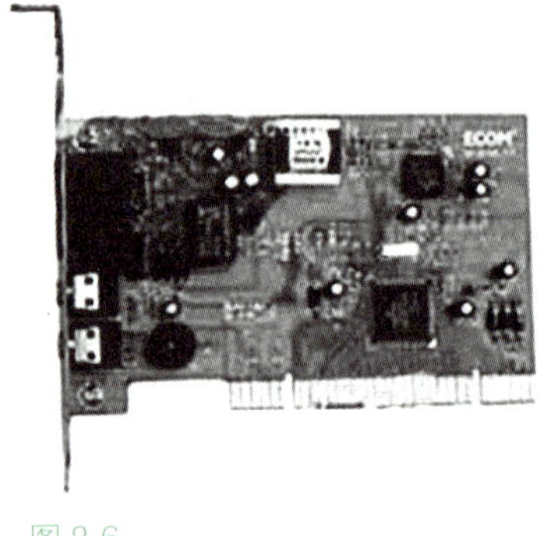

图 8.6
内置式 Modem

调制解调器的分类方法有很多种，此处介绍按安装方式的分类方法。

按硬件的安装方式可以将调制解调器分为内置式 Modem、外置式 Modem 和 PCMCIA 插卡式 Modem 这 3 种。内置式 Modem 也称为传真卡（FAX），它的外形与计算机的其他扩展卡相似。内置式 Modem 一般提供 4 种接口：一是 Line 口，用于接电话线；二是 Phone 口，用于接电话机；三是 MIC 口，用于接话筒；四是 SPK 口，用作声音出口。图 8.6 所示为一款内置式 Modem。

外置式 Modem 通常又可以分为串口 Modem 和 USB 接口 Modem。外置串口 Modem 是目前市场上的主流产品，一般带有 AC 电源和通信电缆，使用 25 针的 RS-232 接口。外置 USB 接口 Modem 连接起来极为方便，支持即插即用。外置 Modem 的面板上提供了工作状态指示灯，用户可以通过指示灯来了解 Modem 的工作状态。图 8.7 所示为一款外置式 Modem。

PCMCIA 插卡式 Modem 是便携式计算机的专用产品，体积小，功能与普通 Modem 相同。图 8.8 所示为一款 PCMCIA 插卡式 Modem。

图 8.7
外置式 Modem

图 8.8
PCMCIA 插卡式 Modem

8.2.5 集线器的分类

集线器（Hub）属于数据通信系统中的基础设备，它和双绞线等传输介质一样，是一种不需任何软件支持或只需很少管理软件管理的硬件设备。它被广泛应用到各种场合。集线器工作在局域网（LAN）环境，像网卡一样，应用于 OSI 参考模型第 1 层，因此又被称为物理层设备。集线器内部采用了电器互连，当维护 LAN 的环境是逻辑总线型或环形结构时，完全可以用集线器建立一个物理上的星形或树形网络结构。在这方面，集线器所起的作用相当于多端口的中继器。其实，集线器实际上就是中继器的一种，其区别仅在于集线器能够提供更多的端口服务，所以集线器又称多口中继器。图 8.9 所示为一款常见的 24 口集线器。

图 8.9
24 口集线器

集线器的分类方法有很多种，常见的是按端口进行分类。

端口数的意思其实就是所连节点的数量。人们常说要买一个 16 口或 24 口的集线器，这里的 16 口、24 口指的就是集线器的端口数。如果按照集线器能提供的端口数来分，目前主流的集线器主要有 8 口、16 口和 24 口等几类，但也有少数品牌提供非标准端口数，如 4 口和 12 口的，还有 5 口、9 口、18 口的集线器产品，这主要用于满足部分对端口数要求过严、资金投入比较谨慎的用户需求。图 8.9 所示为一款 D-Link 24 口的集线器，它提供了专门的 Uplink 接口，所以这台集线器如果全部接工作站，就可以连接 24 台工作站。

笔 记

8.2.6 交换机的分类

交换机（Switch）是集线器的升级产品，从外观上看，它和集线器没有什么区别，都是带有多个端口的长方形盒状体。交换机是一种基于 MAC 地址（网卡的硬件地址）识别、能完成封装转发数据包功能的网络设备。交换机可以“学习”MAC 地址，并把其存放在内部地址表中，通过在数据帧的始发者和目标接收者之间建立临时的交换路径，使数据帧直接由源地址到达目的地址。现在的交换机分为二层交换机、三层交换机或是更高层的交换机。二层交换机同样可以有路由的功能，而且比低端路由器的转发速率更快。它的主要特点是：一次路由，多次转发。

8.2.7 路由器的分类

所谓“路由”，是指把数据从一个地方传送到另一个地方的行为和动作。而路由器，正是执行这种行为动作的机器，它的英文名称为 Router，是一种连接多个网络或网段的网络设备，它能将不同网络或网段之间的数据信息进行“翻译”，以使它们能够相互“读懂”对方的数据，从而构成一个更大的网络。路由器主要有三大功能：一是网络互联功能，路由器支持各种局域网和广域网接口，主要用于互联局域网和广域网，实现不同网络的互相通信；二是数据处理功能，提供包括分组过滤、分组转发、优先级、复用、加密、压缩和防火墙等功能；三是网络管理功能，路由器提供包括配置管理、性能管理、容错管理和流量控制等的功能。路由器的作用在于连接不同的网段，并且找到网络中数据传输最合适的路径，一般情况下个人用户需求不大。

路由器的分类方法有很多种，常见的是按功能进行分类。

从功能上划分，可将路由器分为骨干级（核心层）路由器，企业级（分发层）路由器和接入级（访问层）路由器。

（1）骨干级路由器

骨干级路由器是实现企业级网络互联的关键设备，其数据吞吐量较大，非常重要。对骨干级路由器的基本性能要求是高速度和高可靠性。为了获得高可靠性，网络系统普遍采用诸如热备份、双电源、双数据通路等传统冗余技术，从而使得骨干路由器的可靠性不成问题。

（2）企业级路由器

企业或校园级路由器用于连接许多终端系统，连接对象较多，但系统相对简单，且数据流量较小。对这类路由器的要求是，以尽量便宜的方法实现尽可能多的端点互联，同时还要求能够支持不同的服务质量。路由器连接的网络系统因为能够将机器分成多个碰撞域，所以可以方便地控制一个网络的大小。此外，路由器还可以支持一定的服务等级，至少允许将网络分成多个优先级别。当然，路由器的端口造价要贵些，在使用之前，要求用户进行大量的配置工作。因此，企业级路由器的成败就在于是否可提供大量端口，是否端口造价很低，是否容易配置，是否支持 QoS，是否支持广播和组播等多项功能。图 8.10 所示为一款企业级路由器。

（3）接入级路由器

接入级路由器主要应用于连接家庭或 ISP 内的小型企业客户群体。在不久的将来，接入级路由器将支持许多异构和高速端口，并能在各个端口运行多种协议。图 8.11 所示为一款接入级路由器。

图 8.10
企业级路由器

图 8.11
接入级路由器

8.2.8 比较集线器、交换机、路由器

集线器、交换机、路由器这 3 种网络设备经常被人们提起，但也有一部分用户不了解这 3 种网络设备的区别。下面具体介绍一下集线器、交换机和路由器的区别。

1. 工作层次不同

传统的路由器、交换机、集线器分别工作在 OSI 参考模型的 3 个不同层上。集线器工作在第 1 层（物理层），只起到物理连接的作用，造成网络冲突的可能性很大。最初的交换机是工作在第 2 层（数据链路层），有些交换机也可实现第 3 层（网络层）的交换。而路由器一开始就工作在第 3 层。由于交换机工作在第 2 层，所以它的工作原理比较简单，而路由器工作在第 3 层，因此可以得到更多的协议信息，路由器可以做出更加智能的转发决策。

2. 数据转发所依据的对象不同

交换机是利用物理地址或者说 MAC 地址来确定转发数据的目的地址。而路由器则是利用不同网络的 ID 号（即 IP 地址）来确定数据转发的地址。IP 地址是在软件中实现的，描述的是设备所在的网络，有时，这些第 3 层的地址也称为协议地址或者网络地址。MAC 地址通常是硬件自带的，由网卡生产商来分配，而且已经固化到网卡当中，一般来说是不可更改的。而 IP 地址则通常由网络管理员或系统自动分配。

笔 记

3. 分割域不同

传统的交换机只能分割冲突域，不能分割广播域，而路由器可以分割广播域。由交换机连接的网段仍属于同一个广播域，广播数据包会在交换机连接的所有网段上传播，在某些情况下会导致通信拥挤和安全漏洞。连接到路由器上的网段会被分成不同的广播域，广播数据不会穿过路由器。虽然第 3 层以上的交换机具有 VLAN 功能，也可以分割广播域，但是各子广播域之间是不能通信交流的，它们之间的交流仍然需要路由器。

简单地说，集线器用于计算机间的数据传输，各端口共享一个带宽，用的人一多速度就变慢。交换机基本跟集线器是一样的，只是因为各端口使用独立带宽，所以速度不受人数影响。路由器有自己的控制芯片，能在里面输入宽带账号以用来登录上网，还可以给下面的计算机设置各种网络权限。例如，用户只有一个账号，好几台计算机要上网，就可以通过路由器登录上网，其他计算机只要接到路由器上，就能实现共用一个账号上网。而集线器和交换机则不能实现多台计算机共用一个账号上网，除非用来登录的计算机永远处于开机状态（这台计算机就相当于路由器了），其他计算机通过集线器连到这台计算机上。

8.2.9 网络设备的挑选策略

本小节重点在课程网站上为用户介绍计算机网卡和路由器的挑选策略，以帮助用户挑选计算机网络设备。

此处给读者推荐几个网站，如表 8.3 所示。用户可以到这些网站上去查询产品的价格及相应的介绍。

表 8.3 网卡、调制解调器和集线器相关网站

网站
中关村在线—网络设备频道
IT168—网络通信频道

本课程网站也有当前主流网卡、调制解调器、集线器、交换机和路由器产品推荐，供用户在学习时进行浏览。

8.3 动手做：安装网络设备

微课 8-1 网卡的安装与拆卸

本节重点训练网卡的安装与拆卸的操作技能。网卡与声卡同样都是采用 PCI 总线接口，所以安装步骤是相同的。

步骤1 先选择一个空闲的 PCI 插槽，从机箱上移除对应 PCI 插槽上的挡板及螺钉。

步骤2 将网卡对准 PCI 插槽，用双手大拇指均匀用力将其插入 PCI 插槽中，使卡上的金手指与 PCI 插槽紧密接触在一起。注意，要均匀用力。

笔 记

步骤3 用螺钉将网卡固定在机箱上。注意不要拧得太死。

拆卸网卡的步骤是上述过程的逆过程，将上述步骤倒过来就可以将网卡从机箱中拆卸下来。

8.4 网上学：挑选网络设备

进入本课程网站后，通过首页左侧的“课程章节”导航，打开“第 2 章　计算机硬件系统”→“2.7　挑选网络设备”网上学习窗口，可以通过网络学习项目 8 的所有内容，如图 8.12 所示。

图 8.12
挑选网络设备项目
网上学习窗口

8.5 拓展训练：接入因特网

用户接入 Internet 的连接方式有多种，不同的场所、不同的用户对象和不同的需求所采用的连接方式各不相同。此处以家庭用户通过光纤宽带接入因特网为例来介绍具体的操作方法。

1. 开通服务

首先需要联系网络运营商开通光纤宽带服务。这通常涉及选择合适的套餐和服务运营商，支付相应的费用，并提供本人身份证、住址等信息。

2. 光纤入户

运营商安排专业人员，从小区楼道将光纤引入家中，并将光纤连接到光纤猫上。

光纤猫是光纤宽带的接入设备，它将光信号转换为电信号，供路由器和计算机使用。光纤猫通常由运营商提供。

3. 连接光纤猫和路由器

使用网线将光纤猫的 LAN 口与路由器的 WAN 口相连。然后，将路由器的 LAN 口与计算机相连，并确保计算机设置为自动获取 IP 地址。光纤宽带连接好后如图 8.13 所示。

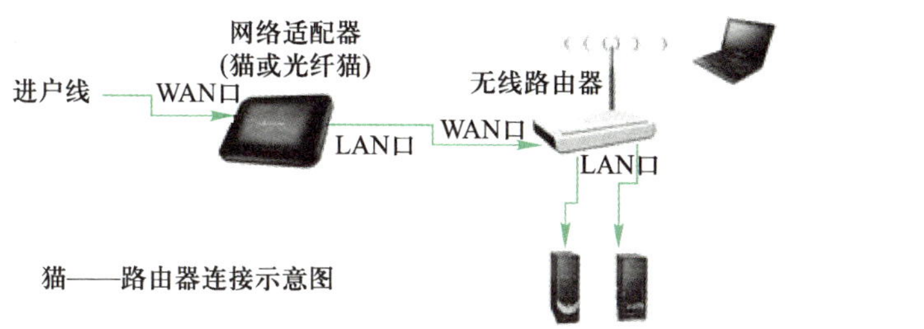

图 8.13
光纤宽带连接示意图

4. 设置路由器

在计算机中打开浏览器，在地址栏中输入路由器的管理地址（可在路由器背面查看，通常是 192.168.1.1），打开路由器登录界面，使用提供的用户名和密码登录（用户名和密码一般均默认为 admin），如图 8.14 所示。

图 8.14
路由器登录界面

登录成功后，进入路由器设置界面。单击左侧导航栏的“设置向导”选项，然后在弹出的提示界面中单击“下一步”按钮，如图 8.15 所示。

在“设置向导–上网方式”对话框中选中“PPPoE（ADSL 虚拟拨号）”单选按钮，如果对上网方式不确定，可以咨询运营商或选择“让路由器自动选择上网方式”，单击“下一步”按钮，如图 8.16 所示。

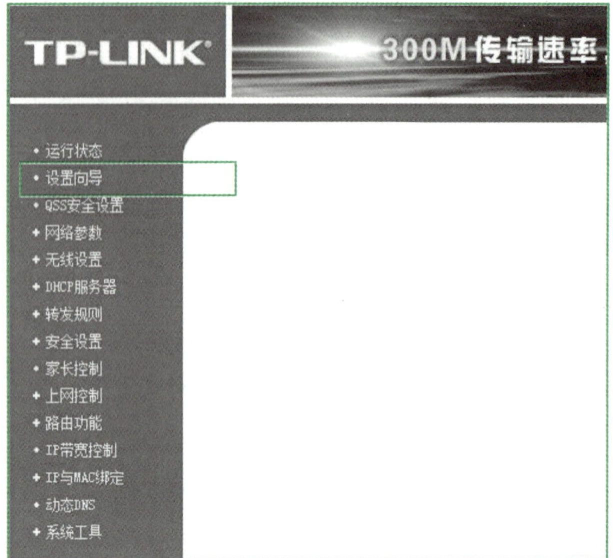

图 8.15
路由器设置界面

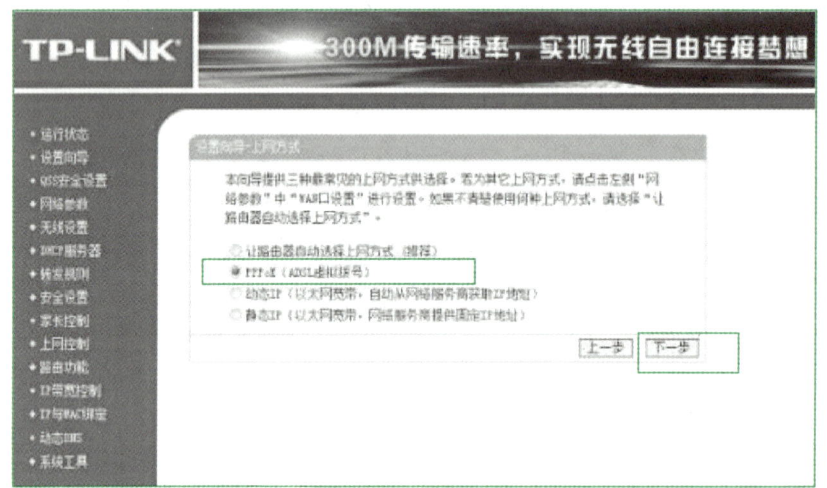

图 8.16
路由器上网方式设置

在“设置向导”对话框中系统会提示输入上网账号和密码，这个账号和密码是光纤宽带开户时网络运营商提供的。填写上账号和密码后单击“下一步”按钮，就基本完成了路由器的设置。按要求进行路由器重启后，就可以实现正常上网了。图 8.17 所示为填写上网账号与密码的对话框。

图 8.17
填写上网账号与密码

如果使用无线路由器实现无线上网连接，还需要设置无线网络的密码和安全选项。在路由器设置界面的左侧导航栏中选择“无线设置”→“基本设置”选项。在弹出的对话框中为无线网络取一个名称并填入“SSID 号”文本框中，并勾选“开启无线功能”和“开启 SSID 广播”两个复选框，然后单击“保存”按钮，如图 8.18 所示。

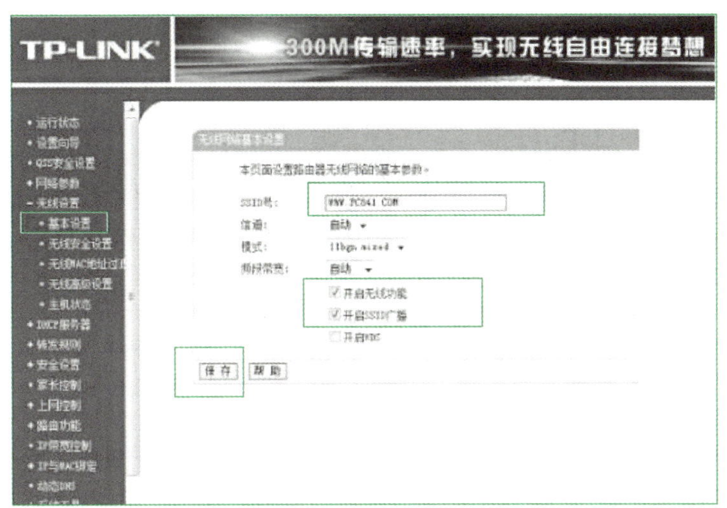

图 8.18
无线上网的基本设置

完成基本设置后，再单击左侧导航栏“无线设置”下的“无线安全设置”，为自己的无线网络设置一个密码并填入“PSK 密码”文本框中，然后单击“保存”按钮。这样就可以使用笔记本计算机、平板计算机或智能手机搜索无线网络，找到自家的无线网络连接，输入设置的密码即可成功连接无线网络，实现无线上网。设置无线网络密码主要是防止他人盗用自己的无线网络。密码可以设置得复杂一些，以防被破译。图 8.19 所示为设置无线网络密码界面。

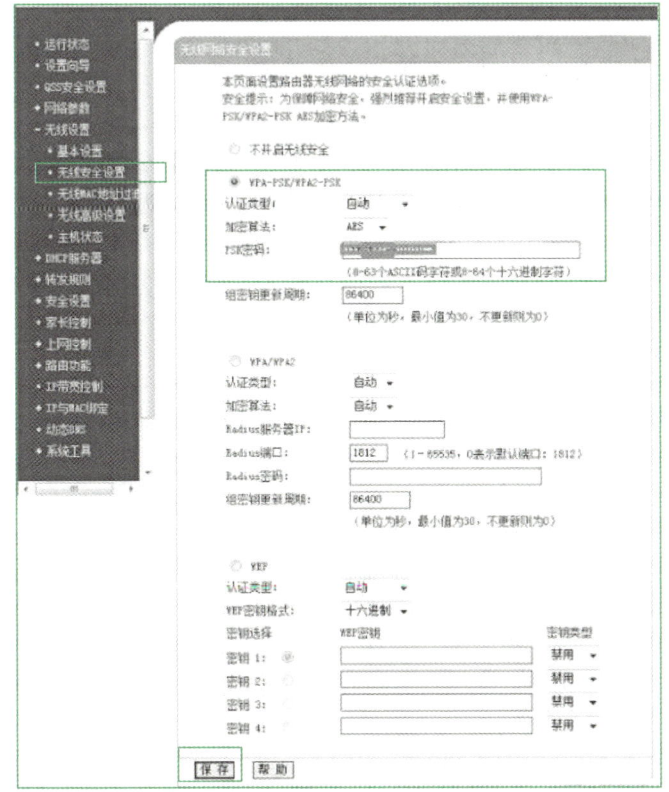

图 8.19
无线网络密码设置界面

笔记

8.6 技术前沿：新时代中国网络安全的发展趋势

没有网络安全就没有国家安全，就没有经济社会的稳定运行，深入推进国家网络安全治理越来越重要。

近年来，国家先后出台了《中华人民共和国网络安全法》《中华人民共和国密码法》《中华人民共和国数据安全法》等法律，颁布了《关键信息基础设施安全保护条例》《网络安全审查办法》《网络安全等级保护条例》等规范性条例文件，依法保障网络安全的“四梁八柱”逐渐成形，新时代网络安全宏观布局不断强化，网络治理实现了法治化与科学化，中国网络安全的防线越来越牢固。

未来，中国网络安全发展将呈现以下几种趋势。

其一，网络安全基础设施化。以“一网通办”“一网统管”“城市智慧大脑”等创新应用为主要特征的中国新型智慧城市建设正如火如荼地展开，并不断为全球智慧城市建设提供中国方案。智慧城市发展越快，对互联网、物联网等网络基础设施的依赖度就越高，为避免出现服务中断、勒索软件攻击、信息泄露等安全问题，增强网络安全基础设施建设，采用更快速、更智能、更安全的防护设备设施已成为一种必然趋势。

其二，网络安全边界融合化。随着云计算、人工智能等数字技术的不断创新和深度应用，通过网络更好地连接智慧城市的服务、连接百姓、连接企业，成为智慧城市发展的新趋势。在新的发展阶段，信息资源集中共享的同时，也使得各类安全风险更为集中，网络安全边界也逐渐泛化模糊，呈现出易变化、复杂化、模糊化和不确定性等特点，以防火墙、堡垒机等为代表的传统边界防护模式逐渐“失灵”，“打补丁”“局部整改”“事后补救”式的网络安全防护手段已经不能满足未来经济社会的安全发展需求。从全局视角开展网络安全顶层设计，在统筹规划基础上系统性部署网络安全策略与基础设施建设将成为未来网络安全发展的主流方向。

其三，网络安全工具数智化。随着越来越多的数据迁移到云端，海量的数据让网络安全问题变得更加复杂。许多传统安全系统无法监控云端数据。以5G和区块链为代表的“新型基础设施”建设全面铺开，区块链与物联网、大数据、云计算、人工智能等前沿科技与网络安全深度融合，必然会推动网络安全工具的数智化发展。

其四，网络安全监管常态化。过去的网络安全监管以被动防御为主，随着技术的进步，利用大数据预测网络安全状态、常态化地监管网络安全情况越来越容易。公安部作为网络安全监管的重要职能部门，连续多年持续开展常态化的“净网”行动，瞄准侵犯公民个人信息泄露、网络诈骗等违法行为重拳出击，依法严打各类涉案人员、团队和企业，营造清朗的网络环境，有力维护了网络空间安全。

项目9

挑选其他设备

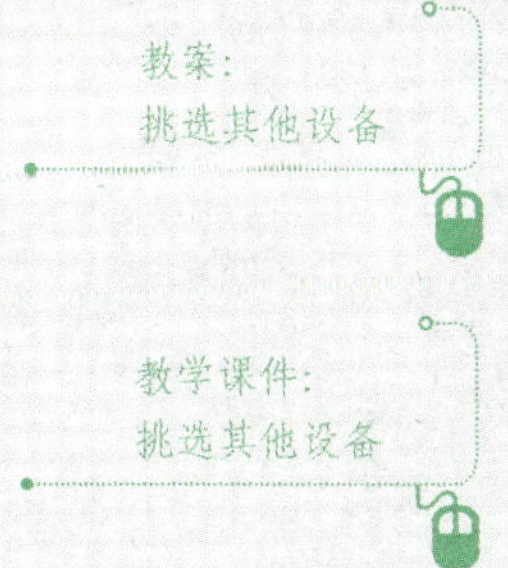

素质目标

笔记

9.1 项目内容及实施计划

9.1.1 项目描述

挑选其他设备项目是为计算机配备外围设备，包括键盘、鼠标、机箱、电源、打印机、扫描仪、摄像头等。从市场上把这些设备采购回来并正确地安装到计算机上，如图 9.1 所示。

市场上的其他设备产品

挑选

性能满足自己的需要
价格可以接受
能与其他设备相匹配
……

图 9.1
项目描述——挑选其他设备

9.1.2 项目目标

1. 德育目标

（1）通过讲解中国 5G 技术的发展，增强学生的科技自豪感和科研报国意识。

（2）通过讲解 5G 的关键技术，培养学生的科学精神与社会责任感。

2. 知识目标

（1）了解其他设备的分类。

（2）熟悉机箱与电源的组成结构。

（3）熟悉打印机的工作原理与性能指标。

3. 技能目标

（1）能正确安装与拆卸电源。

（2）能根据需要正确选配打印机、扫描仪、摄像头等其他设备。

4. 素养目标

（1）培养学生的正确技能习惯。

（2）增强学生的纪律性，培养学生的团队精神。

9.1.3 项目实施计划

图9.2所示的是挑选其他设备的实施计划，其中，左边栏目是分析，右边栏目是给读者的建议。读者也可以根据自己实际完成的顺序，将顺序号填入右上角的圆圈内。

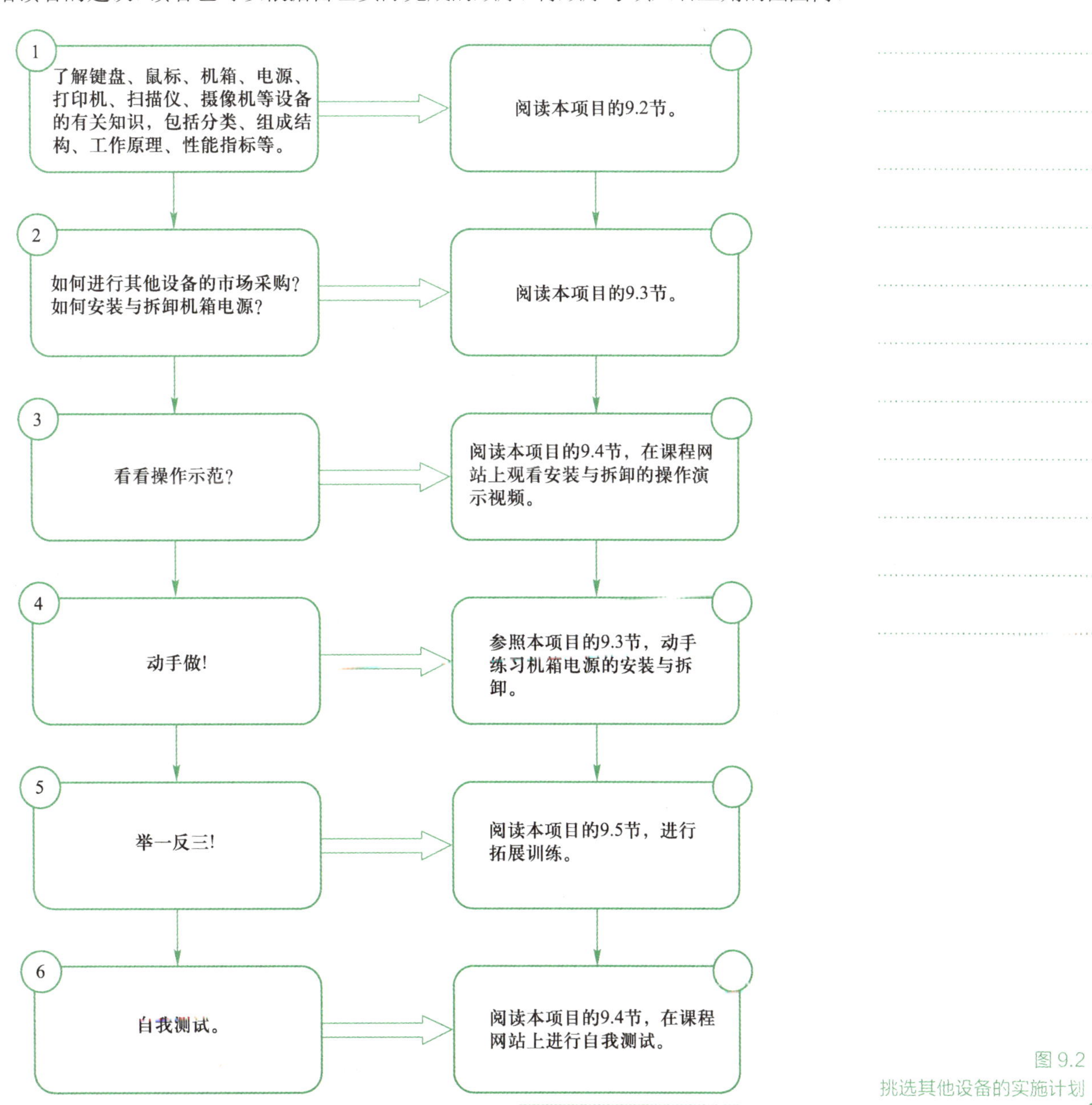

图9.2 挑选其他设备的实施计划

笔 记

9.2 知识阅读：其他设备

要完成“挑选其他设备”项目，需要了解其他设备的相关知识，包括键盘、鼠标、机箱、电源、打印机、扫描仪、摄像头的分类，机箱和电源的组成结构，电源、打印机、扫描仪和摄像头的性能指标等。本节主要介绍这几个方面的知识。通过对本节的学习，读者在进行项目操作时可以有充足的知识准备。

9.2.1 其他设备的分类

1. 键盘的分类

键盘的分类方法有很多种，此处为读者介绍按键盘接口分类的方法。

按键盘接口分类，可以将键盘分为 AT 接口键盘、PS/2 接口键盘、USB 接口键盘和无线键盘。图 9.3 所示分别为几种接口的键盘。

AT 接口是早期键盘使用的一种接口，从外形上看是一个较大的圆形接口，俗称“大口”。此种接口的键盘现已淘汰。PS/2 接口键盘是目前使用较普遍的一种键盘，也称为“小口”键盘。PS/2 接口键盘与 AT 接口键盘相比，仅是接口不同，功能上基本一致。随着 USB 接口的广泛使用，很多厂商也相继推出 USB 接口的键盘。从实际应用上来看，USB 接口的键盘与 PS/2 接口的键盘相比，优势并不明显。无线键盘与主机之间没有直接的物理连线，而是通过红外线或无线电波将键盘所敲的信息传送给主机上特制的接收器。无线键盘必须单独供电。

PS/2接口键盘

USB接口键盘

无线键盘

图 9.3
几种接口的键盘

2. 鼠标的分类

鼠标的英文名称是 Mouse，世界上第一款鼠标于 1968 年 12 月 9 日诞生在美国的斯坦福大学。作为计算机的另一种输入设备，鼠标的重要性日益为人们所接受，尤其是在窗口式的操作平台上，人们几乎难以想象没有鼠标该如何操作计算机。现今，鼠标已成为一台计算机中必不可少的一个部件。鼠标利用自身的移动，把移动距离及方向信息转换成脉冲送给计算机，计算机再把该脉冲转换成坐标数据，从而实现鼠标的移动、定位作用。鼠标的分类方法有许多种，此处介绍按接口类型分类的方法。

按鼠标的接口，可以把鼠标分为串行接口鼠标、PS/2 接口鼠标、USB 接口鼠标和无线鼠标等几种类型。串行接口（COM 口）鼠标在早期的计算机上广为使用，现已被淘汰。PS/2 接口是当前市场上鼠标的主流接口。PS/2 接口的鼠标与 PS/2 接口的键盘在主板上的接口相似，只不过颜色不同。根据颜色规范，PS/2 鼠标是浅绿色的接口，PS/2 键盘是浅紫色的接口。USB 接口的鼠标正在逐渐占领市场，部分用户选择了使用 USB 接口的鼠标。无线鼠标采用红外线、蓝牙或无线电的方式与主机通信，需要额外的电源支持，价格较贵，且信号传输易受到干扰。图 9.4 所示为 PS/2 接口、USB 接口和无线鼠标。

3. 机箱的分类

计算机机箱是用来放置和固定计算机配件的。机箱在计算机系统中的作用有两个：其一，它为计算机配件提供一个放置空间，固定计算机配件；其二，它对各配件起着保护作用，可以防压、防冲击、防尘和屏蔽电磁辐射。机箱的分类方法有很多，此处介绍按机箱外观大小进行分类的方法。

机箱从外观大小分，可以分为全高机箱、3/4 高机箱、半高机箱和超薄机箱等几种。全高机箱和 3/4 高机箱就是市场上常见的标准立式机箱，它拥有 3 个及以上的 5.25 英寸的软驱驱动槽和两个 3.5 英寸的软驱槽。半高机箱是一些品牌计算机所采用的 Micro ATX 机箱或 NLX 机箱，它有 2～3 个 5.25 英寸的软驱槽。超薄机箱主要是一些 AT 机箱，只有一个 3.5 英寸和两个 5.25 英寸的软驱槽。如果没有特殊要求，建议选购全高机箱和 3/4 高机箱，有利于扩充和通风。图 9.5 所示分别为以上几种机箱。

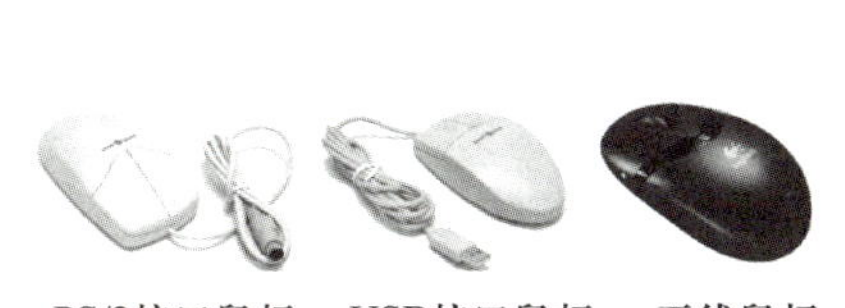

图 9.4 几款不同接口的鼠标

图 9.5 几种不同外观大小的机箱

4. 电源的分类

电源是计算机的动力源泉，它为计算机各个配件提供电力支持。它负责将 220 V 的交流电转换为计算机所能使用的直流电。电源一般安装于计算机内部。计算机的电源从规格上可以分为两大类：AT 电源和 ATX 电源。

（1）AT 电源

这是一种应用在 286 到早期 Pentium 计算机上的电源，现已被淘汰。AT 电源的功率一般为 150～250 W，外形尺寸为 150 mm×140 mm×86 mm（长×宽×高）。AT 电源共有 4 路输出：+5 V、−5 V、+12 V、−12 V，输出线为两个 6 芯插座和几个 4 芯插头。图 9.6 所示为一款 AT 电源。

图 9.6 AT 电源

（2）ATX 电源

ATX 电源在外形尺寸上与 AT 电源一样，但它在 AT 电源的基础上增加了+3.3 V 和+5 V Stand-By 两路输出，给主板供电的输出线也改成了 20 芯的线，并增加了防反插的功能。ATX 电源是目前计算机中使用的主流电源，主流电源的版本是 ATX 12V 2.31 版。图 9.7 所示为一款 ATX 电源。

图 9.7 ATX 电源

5. UPS 电源的分类

UPS（Uninterruptible Power System，不间断电源系统）电源采用的是不间断电源技术，它可以保证计算机始终有一个良好的能源供应，即使是突然停电，UPS 电源也会为计算机系统继续供电，并可以在市电不稳定时起到良好的调节作用。目前市场上，UPS 电源的种类繁多，分类方法也各有不同。此处介绍按工作方式进行分类的方法。

按 UPS 电源的工作方式可以将它分为后备式 UPS 电源、在线式 UPS 电源和在线互动式 UPS 电源三大类。

后备式 UPS 电源在市电供电正常时，通过交流旁路通道，再经转换开关直接向负载供电，机内逆变器处于停止工作状态。只有当市电中断或低于 170 V 时，UPS 蓄电池才对 UPS 机内的逆变器供电，并向负载提供稳压、稳频的交流电源。后备式 UPS 电源具有运行效率高、噪声低、价格便宜等优点，主要用于普通个人计算机上，尤其是市电波动不大、对供电质量要求不高的场合。图 9.8 所示为一款后备式 UPS 电源。

图 9.8 后备式 UPS 电源

对于在线式 UPS 电源，市电接入后，先将市电由交流电变成直流电，然后进行脉宽调制、滤波，再将直流电源重新变成交流电源（即市电供电时，由“交流电→整流→逆变器”方式向负载提供交流电源）。当市电中断时，在线式 UPS 电源立即改由

“蓄电池→逆变器”方式对负载提供交流电源（由市电供电转换为蓄电池供电时的转换时间为零）。也就是说，在线式UPS电源无论有无市电支持，最后都由电源内的逆变器对负载供电。在这个过程中，UPS电源的逆变器在UPS电源开启后一直处于工作状态，因此就可以避免由于市电电网电压波动及干扰带来的影响。在线式UPS电源相对于后备式UPS电源而言，提供了一个纯净稳定的交流电源，供电质量优于后备式UPS电源，几乎解决了所有的市电问题，是精密负载最理想的电源，但价格较贵。图9.9所示为一款在线式UPS电源。

所谓在线互动式UPS电源，是指市电输入正常时，UPS逆变器处于反向工作状态，给蓄电池组充电，当市电中断时，逆变器立刻进入正向逆变工作状态，将蓄电池组电压转换为交流电输出。在线互动式UPS电源存在转换时间，但比后备式UPS电源的转换时间短。图9.10所示为一款在线互动式UPS电源。

图9.9
在线式UPS电源

图9.10
在线互动式UPS电源

表9.1所示为3种不同类型的UPS电源的参数对比表。

表9.1
3种UPS电源对比表

UPS种类	参数				
	容量/VA	功能描述	转换时间/ms	输出波形	适用设备
后备式	250～2 000	基本功能	小于10	方波（多数）	个人计算机
在线式	1 000～100 000	完全保护功能	0	正弦波	服务器、小型机
在线互动式	1 000～5 000	较完全保护功能	4	正弦波	工作站、网络设备

6. 打印机的分类

打印机是计算机常见的外围设备之一，也是计算机系统中除显示器之外的另一种重要的输出设备。利用打印机，用户可以把计算机处理的文字、图片等信息输出到纸张上。打印机已成为办公自动化不可缺少的工具。打印机的品种很多，分类方法也各有不同。

按打印原理，可以把打印机分为针式打印机、喷墨打印机、激光打印机和热转换打印机等几种，这也是最常见的分类方法。图9.11所示为这4类打印机。

针式打印机

喷墨打印机

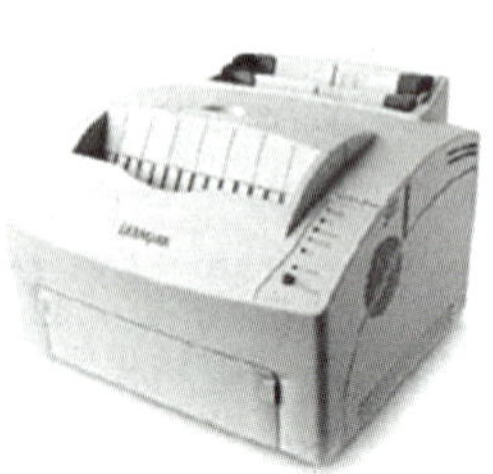

激光打印机

热转换打印机

图9.11
4类不同的打印机

7. 扫描仪的分类

扫描仪是计算机中除键盘和鼠标以外的另一种输入设备，通常用它进行各种图片资料的输入。扫描仪也是一种光、机、电一体化的外围设备。用户经常用它来扫描照片、图片、文稿等，并把扫描仪的结果输入到计算机中进行处理。目前，对个人计算机用户来说，扫描仪与打印机同等重要，甚至比打印机更实用一些。

扫描仪的种类很多，根据扫描原理的不同，可以将它分为3种类型：接触式图像传感器（Contact Image Sensor，CIS）扫描仪、以光电倍增管（Photomultiplier Tube，PMT）为核心的滚筒式扫描仪和以CCD（Charge Couple Device，电荷耦合器件）为核心的平板式扫描仪。

使用CIS组件的扫描仪都非常轻薄，而且外观时尚。但是与CCD相比，CIS组件也有自身的不足之处，如分辨率偏低、产品景深小、对扫描原件的平整程度要求比较高等。因此，CIS扫描仪适合扫描文稿、图片等平面原件。图9.12所示为CIS扫描仪。

滚筒式扫描仪采用光电倍增管（PMT）作为光电转换元件。在各种感光器中，光电倍增管是性能最好的一种，无论是在灵敏度、噪声系数上，还是在动态范围上，都要领先于其他感光器件。光电倍增管实际上也是一种电子管，其感光材料是由金属铯的氧化物及其他一些活性金属的氧化物共同构成。采用光电倍增管技术的滚筒式扫描仪一般应用在大幅面扫描领域，如大幅面工程图纸的输入。它采用的是一种滚筒式的走纸机构。图9.13所示为一款滚筒式扫描仪。

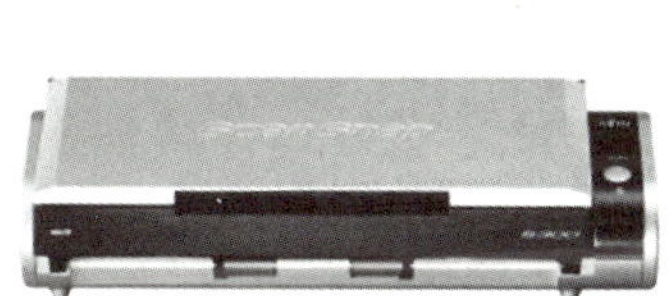

图 9.12 CIS 扫描仪

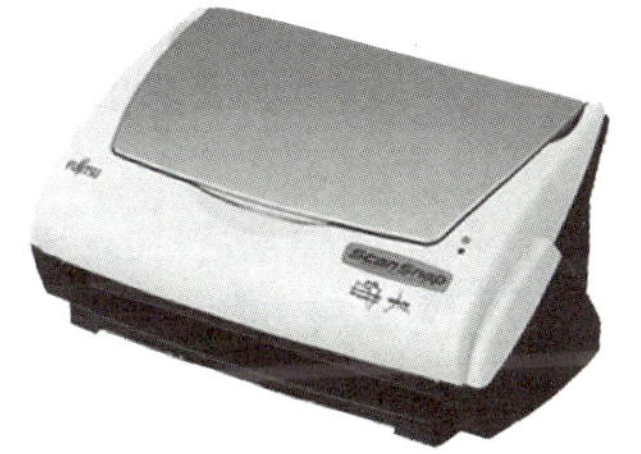

图 9.13 滚筒式扫描仪

平板式扫描仪又称为平台式扫描仪、台式扫描仪，它诞生于1984年，是现在办公使用的主流产品。平板式扫描仪主要应用在A4幅面和A3幅面扫描领域，它是扫描仪家族的代表性产品，也是用途最广的一种扫描仪。使用平板式扫描仪扫描图文资料时，直接将图文资料放在扫描台上，然后由软件控制它自动完成扫描过程，速度快、精度高。平板式扫描仪良好的性价比促使它广泛地应用于图形图像处理、电子出版、印前处理、广告制作、办公自动化等多方面。图9.14所示为一款平板式扫描仪。

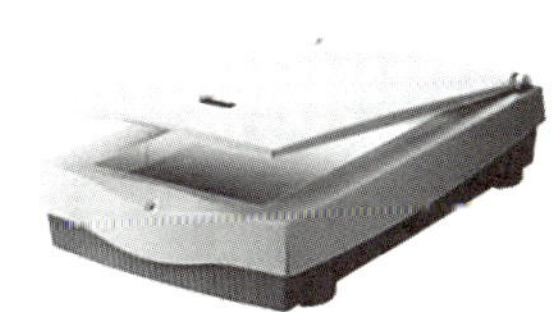

图 9.14 平板式扫描仪

除了上述3种类型的扫描仪外，还可以按扫描图像幅面的大小把扫描仪分为小幅面、中等幅面和大幅面扫描仪；按用途可将扫描仪分为通用型扫描仪和专用于特殊图像输入的专用型扫描仪（如条码读入器、卡片阅读机等）；按接口可以分为USB接口扫描仪、并行接口扫描仪、SCSI接口扫描仪和专用接口的扫描仪；按使用场合可以分为笔式扫描仪、条形码扫描仪和实物扫描仪等。图9.15所示为一款实物扫描仪。

图 9.15 实物扫描仪

8. 摄像头的分类

摄像头作为一种视频输入、监控设备，除了提供网络视频通信功能外，还提供静态照片拍摄和实时监控的功能。按摄像头输出的信号可以把摄像头分为模拟摄像头和数字摄像头两类。

模拟摄像头要配合视频捕捉卡一起使用，它主要使用CCD来作为感光器件，并要有视频捕捉卡或外置捕捉卡才能与计算机配合工作。模拟摄像头比数字摄像头功能强大，但价格偏高，一般用于大型视频会议和实时监控。数字摄像头使用简单、安装方便、价格便宜，它使用CMOS作为感光器件。虽然数字摄像头的分辨率不高，但却非常适合家庭、网吧等场合使用。图9.16所示为一款模拟摄像头，图9.17所示为一款数字摄像头。

图9.16 模拟摄像头

图9.17 数字摄像头

除此之外，还可以按输出颜色把摄像头分为黑白摄像头、复合彩色摄像头、RGB摄像头和数字彩色摄像头；按图像传感器不同可以把摄像头分为CCD摄像头、CMOS摄像头和电子管摄像头等几种类型。

9.2.2 机箱和电源的组成结构

1. 机箱的结构

机箱一般由外壳、支架和面板3部分组成，如图9.18所示。

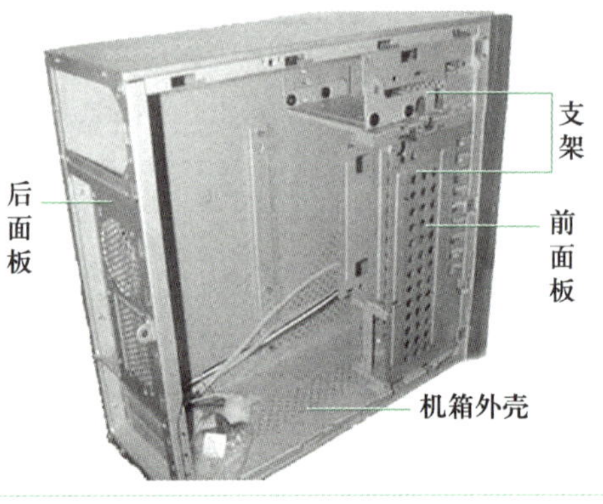

图9.18 机箱的结构

技术名词新解：机箱

机箱外壳用双层镀锌钢板制成，钢板的厚度与材质直接影响到机箱质量的好坏，尤其是影响机箱的抗冲击力和防电磁波辐射的能力。一款品质优良的机箱，它的外壳的钢板厚度应在1 mm以上。正规厂家生产的机箱，其外壳钢板厚度甚至可以在1.3 mm以上。外壳钢板的材质要具备韧性好、不变形和高导电性的特点。用户在选择机箱时可以简单鉴别一下：用手指弹弹机箱外壳，若发出的声音清脆，则说明钢板薄而脆；若发出的声音沉闷厚重，则说明该机箱的选料不错。也可以用手掂一下机箱的重量，一般使用好材料的机箱，质量至少在8 kg以上。机箱面板多采用硬塑制成（ABS工程塑料，硬度较高），比较结实稳定，长期使用不会褪色和开裂。若采用普通塑料制作，时间一长，机箱面板就会发黄，也易断裂。机箱支架所用的材料也是一些硬度较高的优质钢材，折成角钢形状或条形安于机箱内部。

机箱的前面板上还提供一些常见的按钮开关、指示灯和设备接口，如电源开关、电源指示灯、复位按钮（Reset）、硬盘工作状态指示灯（H.D.D）、前置 USB 接口和前置音频接口等，如图 9.19 所示。机箱的后面板上提供电源槽（用于安装电源）、输入/输出孔和扩展槽挡板等，如图 9.20 所示。

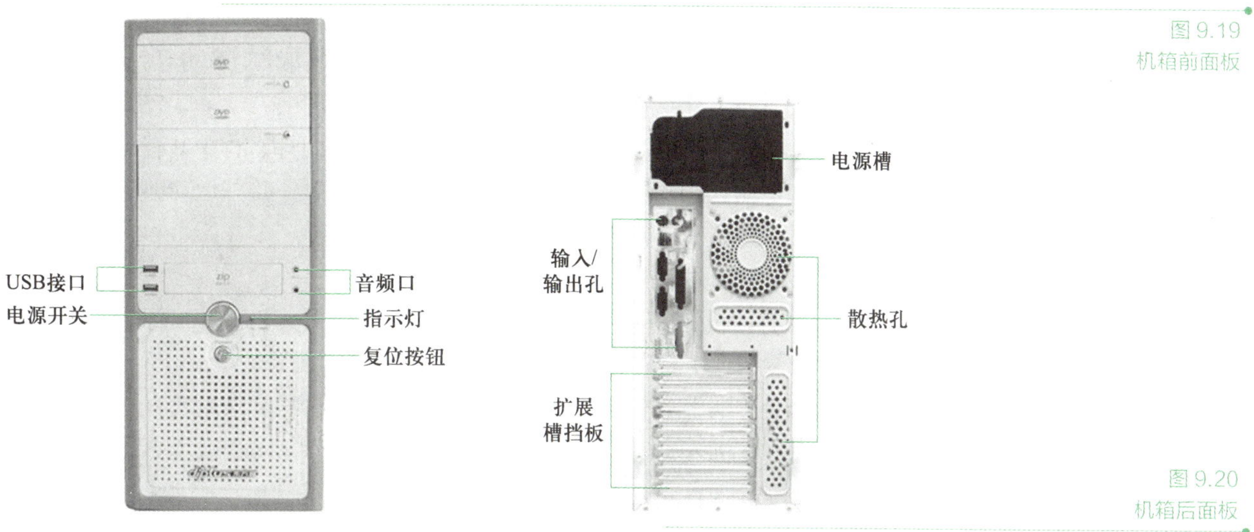

图 9.19 机箱前面板

图 9.20 机箱后面板

2．电源的结构

从外观上看，电源由以下几个部分组成（以 ATX 电源为例）。

技术名词新解：电源

① 电源插座。提供插座，可以用电源线将市电与主机相连。

② 显示器电源插座。该插座用于连接显示器与电源，也有采用独立电源线直接插在家用电源插座上来通电的显示器（目前的显示器多为此种供电方式）。

③ 主板电源插头及外设插头。主板电源插头用于将电源与主板相连接。ATX 电源的主板电源插头为 20 针，具有防反插的功能。外设插头有 3 类：一类是 D 形插头，用来连接硬盘、光驱等设备，为它们提供电力支持，一般有 4～5 个；另一类是专用于连接 3.5 英寸软驱的电源插头，一般只有一个；第三类是部分电源提供的专为 CPU 供电的 4 芯插头，如图 9.21 所示。

④ 电源散热风扇。图 9.22 所示为电源的散热风扇。

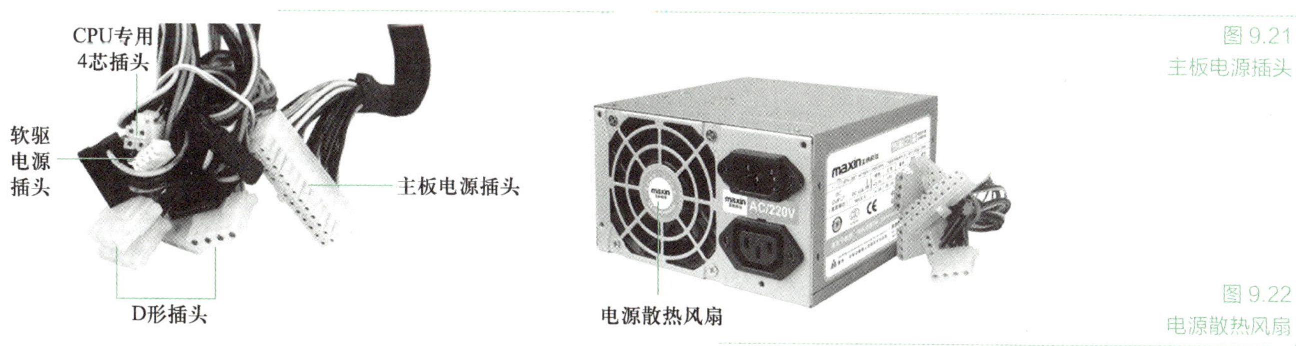

图 9.21 主板电源插头

图 9.22 电源散热风扇

9.2.3 打印机的工作原理

不同类型的打印机，不仅物理结构不同，而且工作原理也有着本质区别。此处分别对针式打印机、喷墨打印机和激光打印机的工作原理进行说明。

技术名词新解：打印机

笔记

1. 针式打印机的工作原理

针式打印机在打印机的历史上曾经占有重要的地位，甚至到现在还有不少领域仍在使用这类打印机。针式打印机结构简单、技术成熟、性价比高、消耗费用低，但噪声很大、分辨率较低、打印针易损坏，故已从主流位置上退下来，逐渐向专业化方向发展。目前市场上主要有 9 针和 24 针两种针式打印机。针式打印机是一种击打式打印机，它利用机械和电路驱动原理，使打印针撞击色带和打印介质，进而打印出点阵，再由点阵组成字符或图形来完成打印任务。从结构和原理上看，针式打印机由“打印机械装置”和“控制驱动电路”两大部分组成。在打印过程中共有 3 种机械运动：打印头横向运动、打印纸纵向运动和打印针的击打运动。这些运动都是由软件控制驱动系统通过一些精密机械来执行的。

2. 喷墨打印机的工作原理

喷墨打印机是打印机家族中的后起之秀，是一种经济型非击打式的高品质彩色打印机。喷墨打印机具有打印质量好、无噪声、成本低等优点，但它的打印速度较慢，而且配套使用的墨水非常贵，故较适合打印量小、对打印速度没有过高要求的场合使用。喷墨打印机按喷墨形式又可分为液态喷墨打印机和固态喷墨打印机两种。液态喷墨打印机是让墨水通过细喷嘴，在强电场的作用下高速喷出墨水束，在纸上形成文字和图像。从技术上看，有佳能（Canon）公司的气泡式（Bubble Jet）技术，它的工作原理是，利用加热产生气泡，气泡受热膨胀后形成较大的压力，压迫墨滴喷出喷嘴，喷到纸上形成文字和图像，喷到纸上的墨滴数量可以通过改变加热元件的温度来进行控制；有爱普生（Epson）公司的多层压电式（MACH）技术，该技术在装有墨水的喷头上设置换能器，换能器受打字信号的控制，产生变形，挤压喷头中的墨水，从而控制墨水的喷射；有惠普（HP）公司的热感式（Thermal）技术，该技术将墨水与打印头设计为一体，受热后将墨水喷出。固态喷墨打印机使用的是泰克（Tekronix）公司的专利技术。它使用的墨水在室温下是固态的，打印时，加热墨水使其液化，之后喷射到纸上并渗透其中，附着性相当好，色彩也极为鲜亮。

3. 激光打印机的工作原理

激光打印机以打印速度快、打印质量高、打印成本低和无噪声等特点逐渐成为人们购买打印机时的首选。激光打印机分为黑白打印机和彩色打印机两种，它的打印原理是利用光栅图像处理器生成要打印页面的位图，然后将其转换为电信号，发出一系列的脉冲并送往激光发射器。在这一系列脉冲的控制下，激光被有规律地放出。与此同时，反射光束被接收的感光鼓所感应。激光发射时产生一个点，激光不发射时就是空白，这样就在接收器上印出一行点来。然后，接收器转动一小段固定的距离继续重复上面的操作。当纸张经过一对加热辊后，着色剂被加热后熔化，固定在纸上，就完成打印的全过程。整个过程准确而且高效。

9.2.4 其他设备的性能指标

以下主要为读者介绍电源、打印机、扫描仪和摄像头的性能指标。由于键盘、鼠标和机箱较为简单，故此处不再介绍它们的性能指标。

1. 电源的性能指标

电源的性能指标主要有功率、可靠性和安全认证等。

笔记

（1）功率

电源功率的大小决定着电源所能负载的设备的多少。普通用户一般选择功率为250～300 W的电源就足够了。如果用户希望在计算机中使用双硬盘、双光驱、双CPU及安装多个大功率散热风扇，那么最好选择功率在350 W以上的高品质电源，以确保各配件有充足的电力支持。原则上，购买电源要选择功率较大的电源。

（2）可靠性

衡量电源的可靠性与衡量其他设备的可靠性一样，一般采用MTBF（Mean Time Between Failure，平均无故障时间）作为衡量标准，单位为小时。电源的MTBF指标应在10 000 h以上。

（3）安全认证

为确保电源的可靠性和稳定性，每个国家或地区都根据自己区域的电网状况制定不同的安全标准，目前主要有CCEE认证（中国电工产品认证委员会质量认证标志，俗称长城认证）、CE（欧盟国家电气和安全标准认证）、FCC（美国联邦通信委员会认证）、TUV（德国TUV国际质量体系认证）等几种认证标准。电源产品至少应具有这些认证标准中的一种或多种认证。通过查阅贴在电源上的各种认证标识可以获知它的认证标准。没有安全认证标识的电源不能购买。

2. 打印机的性能指标

衡量一台打印机性能好坏的指标有以下几种。

（1）分辨率（dpi）

打印机的分辨率即每平方英寸多少个点。分辨率越高，图像就越清晰，打印质量也就越好。一般，分辨率在360 dpi以上的打印效果才能令人满意。

（2）打印速度

打印机的打印速度是以每分钟打印多少页纸（Pages Per Minute，PPM）来衡量的。厂商在标称该项指标时，通常用黑白和彩色两种打印速度进行标注。打印速度在打印图像和文字时是有区别的，而且还和打印时的分辨率有关，分辨率越高，打印速度就越慢。所以衡量打印机的打印速度要进行综合评定。

（3）打印幅面

一般家用和办公用的打印机多选择A4幅面的打印机，它基本上可以满足绝大部分的使用要求。A3、A2幅面的宽幅打印机价格较贵，一般用于CAD、广告制作、艺术设计等领域。

（4）色彩数目

色彩数目即彩色墨盒数。色彩数目越多，色彩就越丰富。

（5）技术支持、售后服务

技术支持、售后服务指厂家对产品的承诺，包括保修期的时间、驱动程序的更新下载网址等。

3. 扫描仪的性能指标

扫描仪的性能指标主要有分辨率、灰度值、色深、感光器件、接口方式、扫描速度等几项。

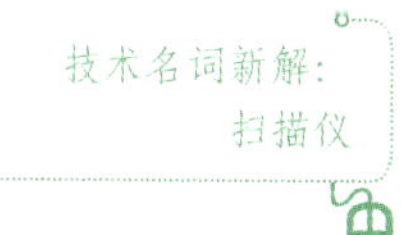

（1）分辨率

扫描仪的分辨率分为光学分辨率和最大分辨率两种，其中，最大分辨率相当于插值分辨率，并不代表扫描仪的真实分辨率，故此处不讨论。光学分辨率是指扫描仪物

笔 记

理器件所具有的真实分辨率，它是扫描仪的重要性能指标之一，直接决定了扫描仪扫描图像的清晰程度。一般，光学分辨率用两个数字相乘来表示，如 600×1 200 dpi。其中，前一个数字（600）代表扫描仪的横向分辨率，它是扫描仪真正意义上的光学分辨率；后一个数字（1 200）代表扫描仪的纵向分辨率或机械分辨率，是扫描仪所用步进电机的分辨率，一般为横向分辨率的 2 倍甚至 4 倍。有的厂家为了迷惑消费者，故意把扫描仪的光学分辨率 600×1 200 dpi 写成 1 200×600 dpi，以示自己产品的精度高。判断扫描仪光学分辨率时应以两个相乘数字中的较小的那一个数字为准。

（2）色深与灰度值

色深又称为色彩位数，是指扫描仪对图像进行采样的数据位数，也是指扫描仪所能解析的颜色范围，目前有 24 位、30 位、32 位、36 位、42 位和 48 位等多种。一般，光学分辨率为 600×1 200 dpi 的扫描仪色深为 36 位。灰度值是指进行灰度扫描时对图像由纯黑到纯白整个色彩区域进行划分的级数。

（3）感光器件

扫描仪最重要的部分就是其感光部分。目前市场上扫描仪使用的感光器件有 4 种：电荷耦合元件 CCD（包括硅氧化物隔离 CCD 和半导体隔离 CCD）、接触式感光器件 CIS（或 LIDE）、光电倍增管（PMT）和金属氧化物导体（CMOS）。在这 4 种感光器件中，光电倍增管的成本最高，且扫描速度慢，一般用于专业扫描仪上。而 CCD 和 CIS 的成本较低，扫描速度相对较快，故在许多扫描仪中得到应用。其中，CCD 主要用在平板式扫描仪中，CIS 主要用在手持式扫描仪中。生产成本最低的是 CMOS 器件，由于其成像容易出现杂点，所以主要用在名片扫描仪中。表 9.2 所示为这几种感光器件的性能对比。

表 9.2
几种感光器件的性能对比

	动态范围	隔离电阻	生产成本	适用产品
硅氧化物隔离 CCD	80～95 dB	>100 MΩ	高	专业平板扫描仪
半导体隔离 CCD	70～80 dB	>1 MΩ	低	办公、家用扫描仪
接触式感光器件 CIS	50～60 dB	1～100 kΩ	很低	手持式扫描仪
光电倍增管（PMT）	90～100 dB	无穷大	极高	专业滚筒式扫描仪

（4）扫描速度

扫描速度也是扫描仪的一个重要指标。扫描仪的扫描速度可以分为预扫速度和扫描速度。预扫速度是指扫描仪对所有扫描面积进行一次快速扫描的速度。它直接影响实际的扫描效率，也是用户在选购扫描仪时应重要关注的一个速度指标。相反，因扫描仪受接口（大多为 USB 接口）带宽的影响，扫描速度差别并不太大。因此，扫描仪的扫描速度主要看它的预扫速度。

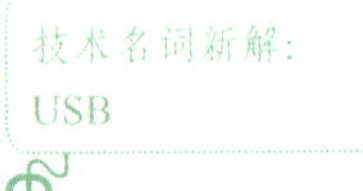

（5）接口方式

扫描仪常见的接口方式有 EPP（并口）方式、USB 接口方式、SCSI 接口方式和 IEEE 1394 接口方式等几种。其中，USB 接口的扫描仪为目前最主流的产品。

4. 摄像头的性能指标

摄像头主要的性能指标有以下几项。

（1）图像传感器

它包括物理镜头和视频捕捉单元两部分，是摄像头最为核心的部件。图像传感器的好坏直接决定了最终拍摄出来的照片或视频的质量。摄像头的传感器就相当于传统相机内的胶卷。常用于摄像头图像传感器的部件有两种：一是 CCD（电荷耦合）感光器件；一是 CMOS（互补性金属氧化物半导体）感光器件。目前市场上的普通摄像头多为 CMOS 感光器件，传感器的像素多在 30 万像素以上（即传感器中有 30 万个以上的感光单元）。

笔 记

（2）最高分辨率

摄像头的分辨率是指摄像头解析图像的能力，也就是摄像头的传感器的像素数。最高分辨率就是指摄像头最高分辨图像能力的大小，即摄像头的最高像素数。现在市面上的 30 万像素的 CMOS 摄像头的最高分辨率一般为 640×480 像素，50 万像素的 CMOS 摄像头的最高分辨率为 800×600 像素。

（3）色彩位数

色彩位数又称为色深，它反映了摄像头能正确记录的色调有多少。色彩位数的值越高，就越能还原图片的真实色彩。常见的摄像头的色深一般为 24 位，色深达到 30 位的摄像头可以表示 10 亿种颜色，属高档次产品。

（4）镜头

摄像头的镜头是将被拍对象在传感器上成像的器件，通常由几片透镜组成。镜头分为两类：塑胶透镜（Plastic）镜头和玻璃透镜（Glass）镜头。常用的镜头有 1P、2P、1G1P、1G2P、2G2P、4G 等。此处的 P 代表塑胶透镜，G 代表玻璃透镜。1G2P 表示该镜头由 3 片透镜构成：一片玻璃透镜，两片塑胶透镜。镜头透镜越多，成本就越高，而且玻璃透镜比塑胶透镜贵。

（5）视场

它代表摄像头所能够观察到的最大范围，通常以角度来表示。视场越大，摄像头所能观测的范围就越大。目前，一般摄像头的视场均在 52° 左右，还有 180° 和 360° 的。

（6）接口方式

现在市场上主流的摄像头都采用 USB 接口。

9.2.5 其他设备的挑选策略

本小节重点在课程网站上为用户介绍计算机其他设备的挑选策略。

此处给读者推荐几个网站，如表 9.3 所示。用户可以到这些网站上去查询产品的价格及相应的介绍。

表 9.3 其他设备相关网站

网　站
中关村在线
IT168
泡泡网

本课程网站也有当前主流键盘、鼠标、机箱、电源、打印机、扫描仪、摄像头产品推荐，供用户在学习时进行浏览。

9.3 动手做：电源的安装与拆卸

微课 9-1
电源的安装与拆卸

电源的安装步骤如下。

步骤1 放入电源。先将电源放进机箱后部安装电源的位置，将电源上的螺纹孔与机箱上的螺纹孔对正，如图 9.23 所示。

步骤2 固定电源。再将 4 颗螺钉对正位置，拧紧即可，如图 9.24 所示。在安装的过程中注意电源安装的方向。

图 9.23
插入电源到机箱

图 9.24
固定电源

步骤3 连接主板电源线。电源为主板提供两类插线头。一类是为主板供电的 20 芯电源线，一类为专为 CPU 供电的 4 芯电源线。电源固定好后，就可以将这两类电源线插入主板对应的插槽中。在插入时，要注意将插头上有挂钩的一侧对准主板插座上有凸出卡口的一段，向下插入即可，如图 9.25 和图 9.26 所示。

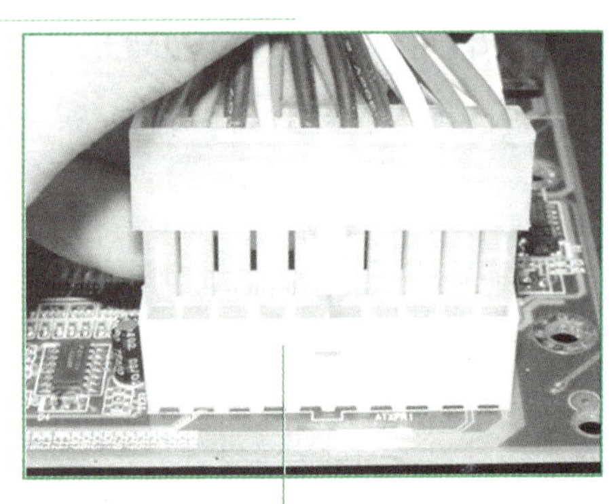

图 9.25
主板电源线的安装

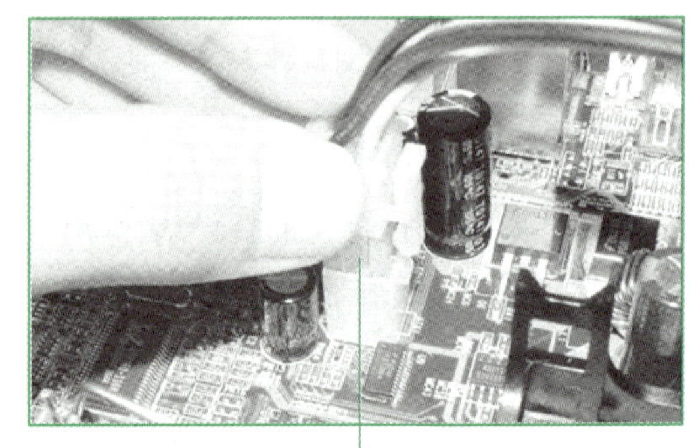

图 9.26
主板 CPU 电源线安装

拆卸电源时，先将两类主板电源线从主板上取下来，再松开固定电源的 4 颗螺钉，然后就可以将电源从主机箱中取出来。

9.4 网上学：挑选其他设备

进入本课程网站后，通过首页左侧的“课程章节”导航，打开“第 2 章 计算机硬件系统”→“"2.8 挑选其他设备”网上学习窗口，可以通过网络学习项目 9 的所有内容，如图 9.27 所示。

图 9.27
挑选其他设备项目网上学习窗口

9.5 拓展训练：为计算机配置手写输入系统

计算机手写输入系统俗称“手写笔”，它分为硬件和软件两个部分。硬件主要包括一支手写笔和一块输入板。在使用手写笔之前，用户还必须安装专用软件。输入板由连线接到计算机，只要用户用手写笔在输入板上写出字形即可进行输入。当字形信号传入计算机后，由专用软件辨识，从内码中找出相对应的文字，配合用户所选择的字形，就可以显现在计算机屏幕上了。目前市场上手写笔的品牌很多，其价格也从二百元到几千元不等。并不是所有的用户都需要手写输入设备，只有在键盘和鼠标无法代替时才会考虑配备，如手工绘画时、中老年人不会打字时、美术设计人员专业绘画时。选购手写输入设备时，应该考虑安装及操作简便的设备，感应区（手写面积）越大越方便。

9.6 技术前沿：我国 5G 技术的发展趋势

作为当今世界科技发展的新亮点，5G 技术（第五代移动通信技术）在全球范围内引起广泛的关注与讨论。在经历了“1G 空白、2G 跟随、3G 突破、4G 并跑”的发展历程后，我国 5G 技术发展经历了以下几个阶段。

第一阶段：技术积蓄阶段（2013—2017 年）。我国从 2013 年开始启动 5G 的研究

笔 记

与开发，同时制订了 3 个阶段的推进计划。本阶段主要任务是建设 5G 技术的研究与试验室，完成 5G 标准的制定。在此过程中，我国把运营商、设备厂商、芯片企业、终端厂商和用户都纳入了考虑范围，积极推动标准的国际化和产业化。

第二阶段：突破发展阶段（2018—2019 年）。2018 年，我国三大电信运营商率先启动 5G 网络建设，标志着我国进入 5G 商用的实质性阶段。我国的 5G 建设建立在现有的 4G 网络基础之上，这种非独立组网（NSA）的方式使得 5G 网络的建设成本相对较低，并缓解了新基站建设的压力。2019 年 6 月，工业和信息化部向中国电信、中国移动、中国联通、中国广电发放 5G 商用牌照，我国正式进入 5G 商用元年。同时，我国成功实现 5G 技术的关键设备、芯片等核心产品的自主研发和生产，以华为技术有限公司为代表的一批民族企业在 5G 网络建设、5G 应用创新等领域不断取得重大突破，推出系列产品和解决方案，推动我国的 5G 技术迅速在全球范围内建立领先地位。

第三阶段：创新引领阶段（2020 年至今）。2020 年，我国正式建设 5G 独立组网，并积极推进 5G 技术的应用落地。在医疗、工业、交通、智慧城市、车联网等领域，5G 技术已经开始创新性应用。例如，由 5G 技术支持的智能医疗让医生通过网络实现远程会诊、手术等操作，很大程度上缓解了优质医疗资源紧张的局面。

未来，5G 技术向 5.5G 甚至 6G 演进，能满足更复杂多样的全场景需求，推动元宇宙、数字孪生、自动驾驶、全息通信、脑机交互、卫星互联网等创新应用场景的落地。中国在 5G 技术方面的领先发展，也必将助力中国的数字化转型和高质量发展。

项目 10

拆装计算机

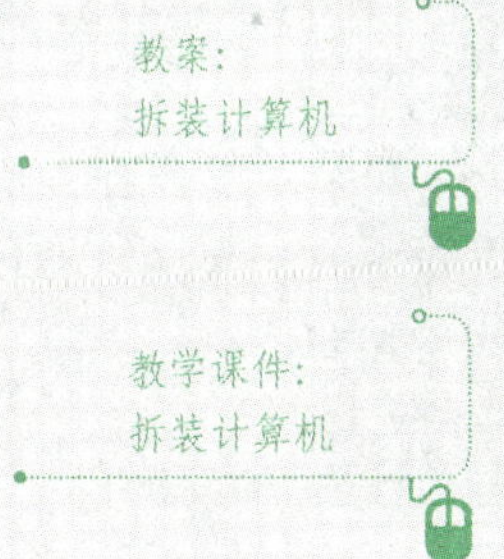

素质目标

笔记

10.1 项目内容及实施计划

10.1.1 项目描述

拆装计算机，就是将计算机主机箱中的各个部件拆卸下来，之后再安装，如图 10.1 所示。

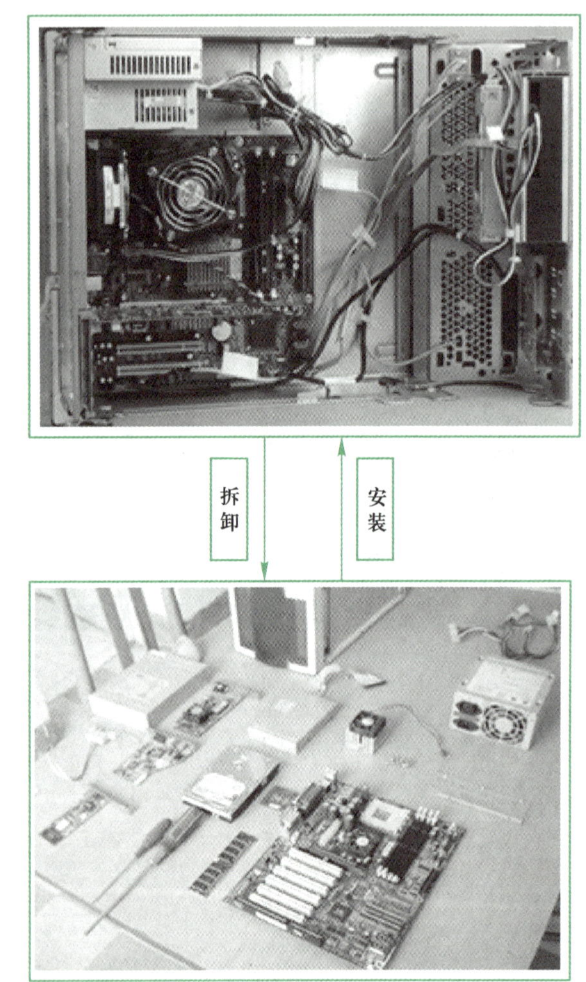

图 10.1
项目描述——拆装计算机

10.1.2 项目目标

1. 德育目标

（1）通过讲解一个螺钉对计算机的重要性，培养学生养成严谨、规范、安全操作的意识。

（2）通过“小故障，大隐患”的教育，引导学生养成精益求精、着眼细节的工匠精神。

2. 知识目标

（1）熟悉计算机拆装的各类工具。

（2）熟悉计算机的各类组成部件。

（3）熟悉计算机配件的拆装顺序。

3. 技能目标

（1）能按顺序完成计算机各部件的组装。

（2）能按顺序完成计算机各部件的拆卸。

4. 素养目标

（1）培养学生细致、专业、坚持、耐心的品质。

（2）增强学生遵守流程和操作规范的意识。

笔 记

10.1.3 项目实施计划

图 10.2 所示的是拆装主机的实施计划，其中，左边栏目是分析，右边栏目是给读者的建议。读者也可以根据自己实际完成的顺序，将顺序号填入右上角的圆圈内。

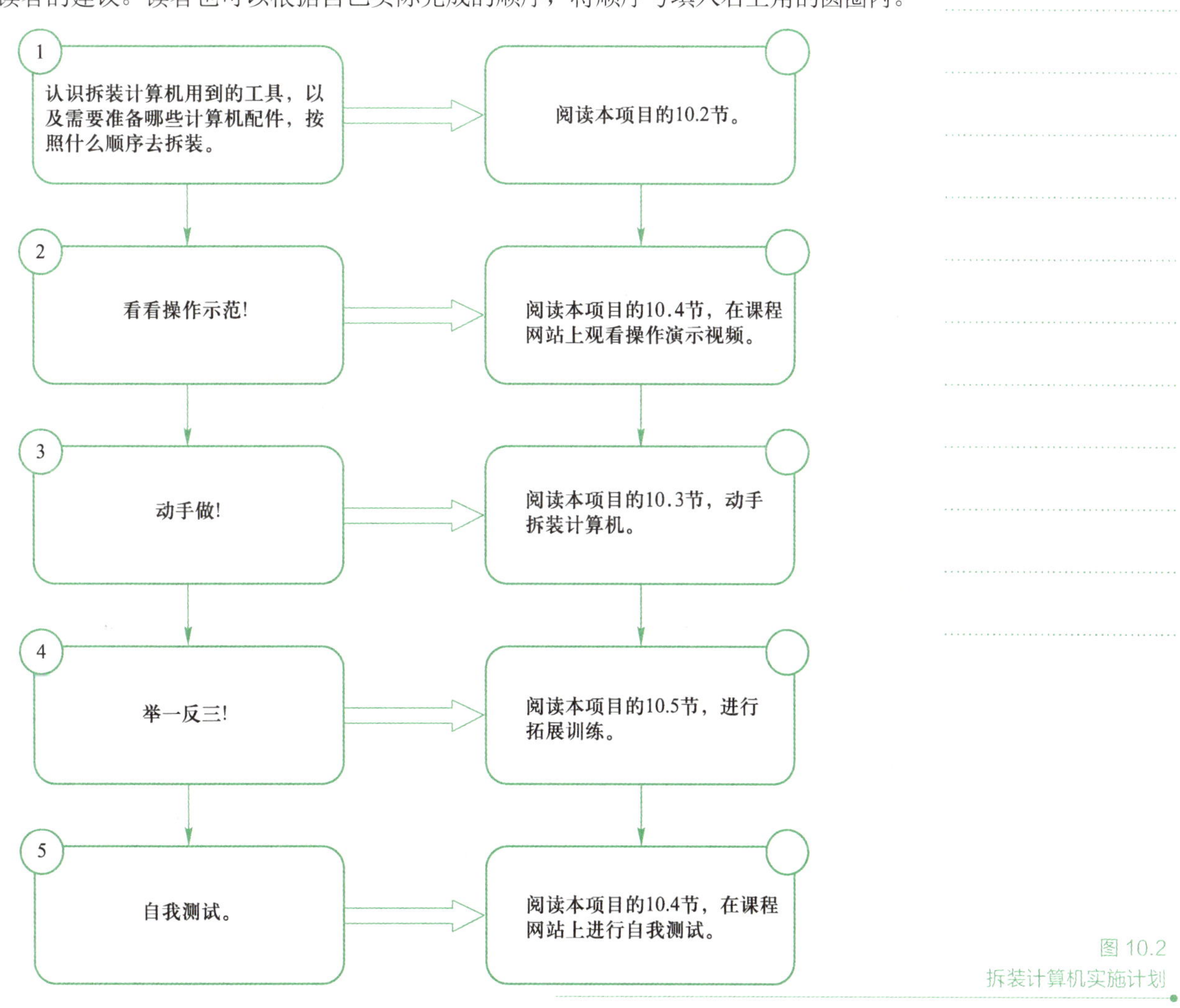

图 10.2
拆装计算机实施计划

10.2 知识阅读：拆装计算机准备

在进行计算机拆装时，首先要准备一些必备的工具，然后检查所需的计算机配件

笔 记

是否齐全，弄清楚拆装计算机的正确顺序。做好这些准备工作后，才能按照步骤完成拆装计算机的任务。

10.2.1 工具准备

拆装计算机时，需要准备一些工具，包括螺钉旋具、尖嘴钳、镊子、插线板、工作台、散热硅脂、各类螺钉和敞口器皿。

螺钉旋具是用于拆卸和安装螺钉的工具。在计算机中，几乎所有的螺钉都是十字形的，所以十字螺钉旋具是安装计算机的必备工具。同时，最好也要准备一把一字螺钉旋具，用作拆卸机箱各类挡板、包装盒等。所选用的螺钉旋具最好是头部带磁性的。因为机箱的内部空间非常狭小，如果螺钉掉落在机箱内，很难用手取出来，这时就可以利用螺钉旋具头部的磁性将其从机箱内吸出来，非常方便。

尖嘴钳主要用作拆卸各类挡板挡片，剪断部分配件的捆扎线及固定主板螺母。

镊子是可选工具，主要用它夹起掉落在机箱内的螺钉。

插线板用来插接各类设备的电源线，一般要求是多孔形插座，以方便测试计算机。

工作台用来摆放计算机配件，为拆装计算机提供一个场地，一般的电脑桌、普通的办公桌、餐桌都可以。

散热硅脂主要用来涂抹在 CPU 的表面，增加 CPU 与风扇的接触面，以利于 CPU 更好地散热。

螺钉主要用来固定各个配件，包括 4 种：铜柱螺钉、细纹螺钉、大粗纹螺钉与小粗纹螺钉。其中，铜柱螺钉用于固定主板，细纹螺钉用于固定光驱和软驱，小粗纹螺钉用于固定硬盘和各类扩展卡，大粗纹螺钉用于固定主机箱、电源。

敞口器皿主要用来盛放各类螺钉，方便保管和取用。

图 10.3 所示为各类工具。

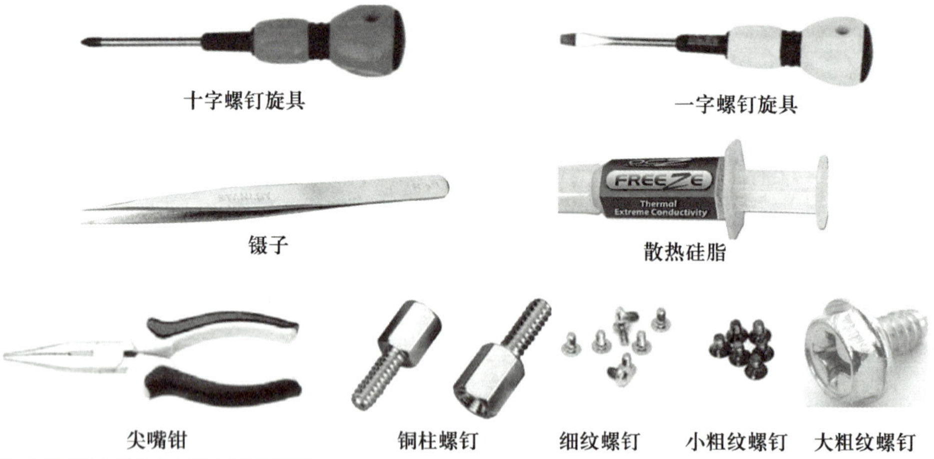

十字螺钉旋具　一字螺钉旋具

镊子　散热硅脂

尖嘴钳　铜柱螺钉　细纹螺钉　小粗纹螺钉　大粗纹螺钉

图 10.3 各类工具

10.2.2 计算机配件准备

用户装机时要有自己的打算，应按自己的实际需要购买配件。所需准备的计算机配件有 CPU 及散热风扇、主板、内存条、硬盘、光驱、显卡、显示器、声卡、音箱、网卡、键盘、鼠标、机箱、电源及各类数据线等。如果主板上集成了声卡、显卡和网卡，就不需要再单独购买这些配件。同样，如果用户还需要附加打印机、扫描仪和摄像头，可以再另外添加。

图 10.4 所示为拆装计算机时准备的各种配件。

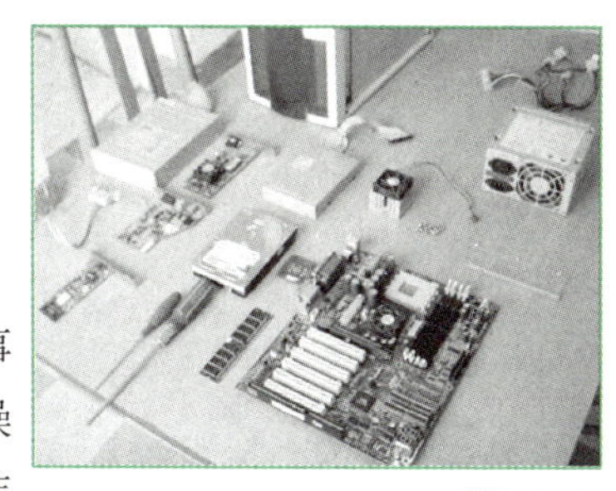
图 10.4 各种配件

10.2.3 拆装计算机顺序

计算机由众多板卡和配件组成，如何合理地进行安装是一件很重要的事情。在实际安装过程中，以方便、快捷为原则，哪个操作方便，就按哪个操作进行，使得各配件之间的安装能够无干扰的进行。下面是一种较常见的装机步骤。

① 设置主板上必要的跳线（如果需要的话）。

② 安装 CPU 和 CPU 风扇。

③ 安装内存条。

④ 连接机箱面板与主板的信号线。

⑤ 将主板固定在机箱里。

⑥ 安装硬盘。

⑦ 安装光驱。

⑧ 安装机箱电源。

⑨ 安装显卡。

⑩ 安装声卡和网卡。

⑪ 连接主机箱内的各类线缆。

⑫ 总装。

⑬ 连接显示器、键盘、鼠标、打印机等外设。

⑭ 通电测试。

拆卸计算机的步骤与装机的步骤是相反的。

笔 记

10.3 动手做：拆装计算机

10.3.1 安装计算机

此处以 Intel 平台为例，详细介绍安装计算机的过程。

1. 安装 CPU 及散热风扇

步骤1 打开 CPU 插座。稍用力向下微压固定 CPU 的压杆，同时用力往外推压杆，使其脱离固定卡扣。压杆脱离卡扣后，可以将压杆拉起，与 CPU 插座成垂直角度。然后将固定处理器的盖子与压杆反方向提起，如图 10.5 和图 10.6 所示。

步骤2 放入 CPU。在安装 CPU 时，要注意仔细观察，在 CPU 处理器的一角上有一个三角形的标识，在主板上的 CPU 插座上同样也有一个三角形的标识。在安装时，CPU 上印有三角形标识的角要与主板上印有三角形标识的角对齐，然后慢慢地将处理器轻压到位，如图 10.7 所示。

步骤3 合上盖子。CPU 放好后，就可以合上 CPU 插座上的盖子，然后把压杆拉下来，扣到卡扣上。

图 10.5
拉起压杆

图 10.6
打开盖子

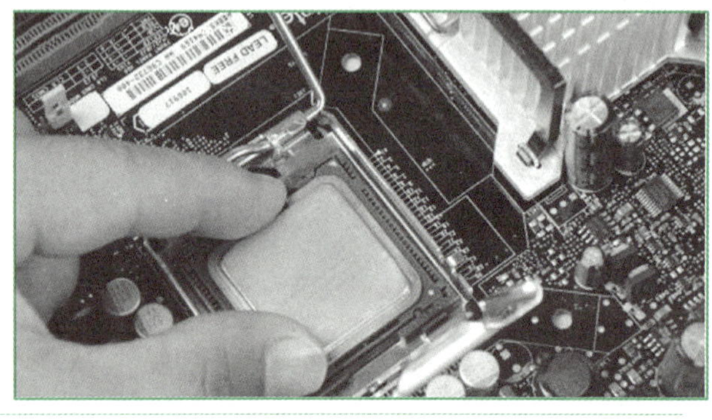

图 10.7
放入 CPU

步骤4 安装 CPU 散热器。安装散热器前，先要在 CPU 表面均匀地涂上一层导热硅脂。安装时，将散热器的 4 角对准主板相应的位置，逆时针旋转各个扣具，然后用力压下 4 角扣具，再顺时针旋转扣具到指定位置即可。有些散热器采用了螺钉设计，因此在安装时还要在主板背面相应的位置安放螺母。散热器固定好后，还需要将散热器的电源线插在主板上，如图 10.8 和图 10.9 所示。

图 10.8
按下扣具

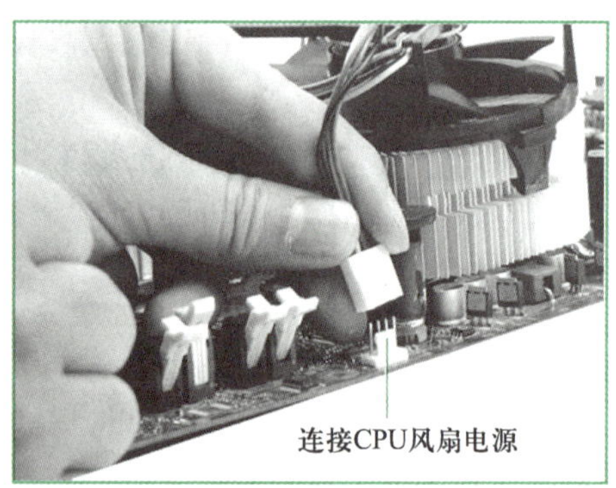

图 10.9
连接风扇电源

2．安装内存条

安装内存时，先用手将内存插槽两端的扣具打开，然后将内存平行放入内存插槽中（内存插槽也使用了防反插设计，反方向无法插入，在安装时可以对应一下内存与插槽上的缺口），用两手拇指按住内存两端后轻微向下压，听到“啪”的一声响后，即说明内存安装到位。主板上的内存插槽一般都采用两种不同的颜色来区分双通道与单通道。如图 10.10 所示，将两条规格相同的内存条插入到相同颜色的插槽中，就打开了双通道功能。

3．连接主板与机箱面板连线

为方便组装计算机，特别将这一步提到前边来进行，因为主板与机箱面板连线的接口过于细小，且机箱内部空间较小，如果等所有的设备都安装好了再进行这一步，

图 10.10
安装双通道内存

操作起来相对比较困难，还容易出现错误。机箱面板的连线一般有 POWER SW、RESET SW、H.D.D LED、POWER LED、SPEAKER 及前置 USB 接口连线等几种，分别对应于电源开关、重启、硬盘指示灯、电源指示灯、PC 喇叭、前置 USB 接口。一般情况下，只要认真阅读主板说明书及仔细查看主板上的连线附近的说明，即可完成主板与机箱面板连线的连接。部分连线的正负极性连接错误也能正常工作，只是不能正常反映工作的状态。图 10.11 所示为机箱面板连线与主板上对应的面板插针。

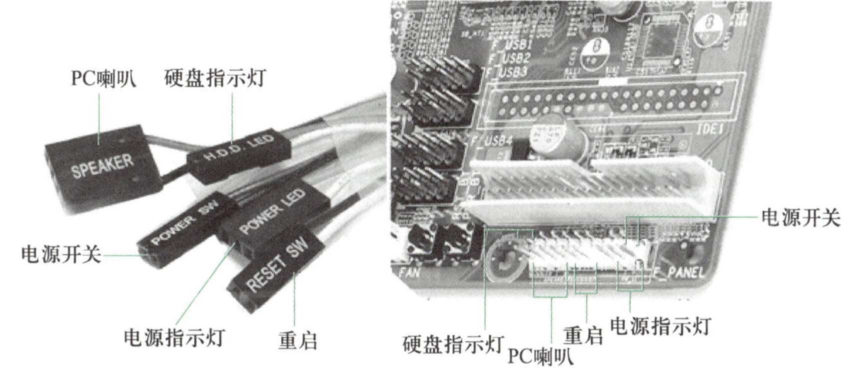

图 10.11
机箱面板连线及面板插针

4. 安装主板

目前，大部分主板板型为 ATX 或 Micro ATX 结构。

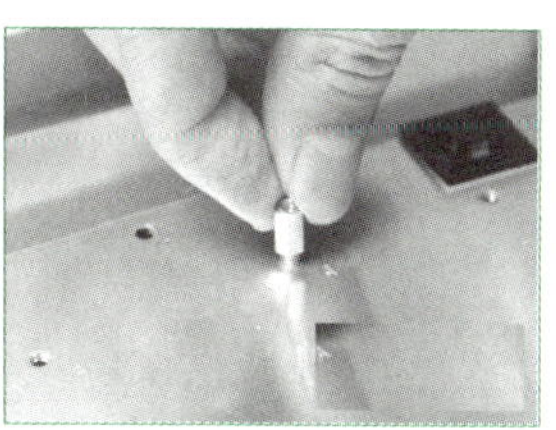

图 10.12
安装主板铜柱螺钉

步骤1 安装主板铜柱螺钉。在安装主板之前，先把主板放在主机箱内比画一下，确定大致的固定位置，然后将机箱提供的主板铜柱螺钉安放到机箱主板托架的对应位置，如图 10.12 所示。

步骤2 将主板放入主机箱内。双手平行托住主板，将主板放入机箱中，注意主板上所带的各类 I/O 接口与机箱背部的挡板孔要一一对应，确保主板在主机箱中安放到位，如图 10.13 所示。

图 10.13
放入主板

步骤3 固定主板。主板放到位后，就可以用螺钉将主板固定起来。在拧螺钉时，注意不要一次性拧紧，等全部螺钉安装到位后，再将每颗螺钉拧紧，如图 10.14 所示。

图 10.14
固定主板

5. 安装硬盘

步骤1 取出硬盘托架。机箱中有一个固定 3.5 寸托架的扳手，拉动此扳手即可取下 3.5 寸硬盘托架，如图 10.15 所示。

步骤2 固定硬盘。硬盘托架取出来后，就可以将硬盘装入托架中，然后用螺钉固定好，如图 10.16 所示。注意，要让硬盘接口那一端朝外。

图 10.15
取出硬盘托架

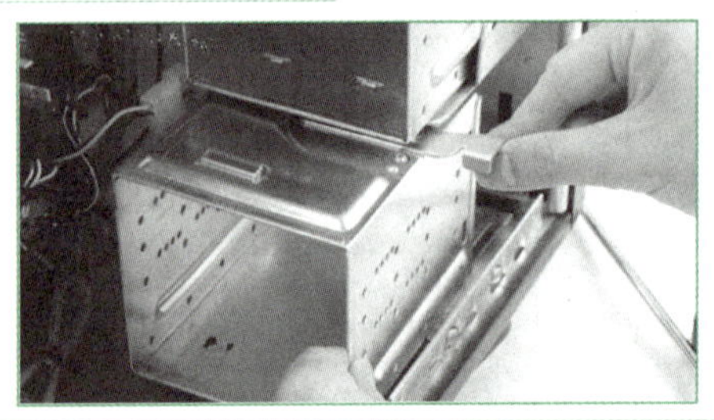

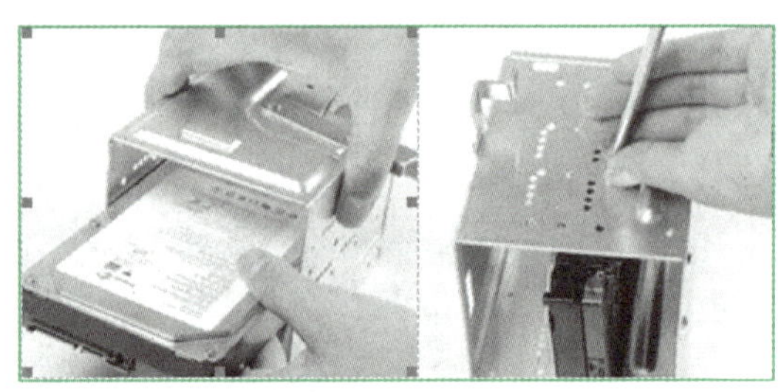

图 10.16
固定硬盘到托架上

步骤3 固定硬盘托架。将硬盘在托架上固定好后，就可以将硬盘托架装回主机箱内，然后反方向拉动扳手，将硬盘托架固定在主机箱内，如图 10.17 所示。

6. 安装光驱

安装光驱的方法与安装硬盘的方法大致相同，对于普通的机箱，只需要将机箱 5.25 寸托架的前面板拆除，并将光驱放入对应的位置，拧紧螺钉即可。

7. 安装电源

对于机箱电源的安装，方法比较简单，先将电源按正确方向放到位，然后用固定螺钉固定好电源即可。

8. 安装显卡

目前，PCI-E 显卡已经成为市场主流。安装 PCI-E 显卡时，用手轻握显卡两端，垂直对准主板上的 PCI-E 显卡插槽，向下轻压到位后，再用螺钉固定，即完成了显卡的安装过程，如图 10.18 所示。

9. 安装声卡和网卡

声卡和网卡大多都采用了 PCI 接口，安装方式很简单，只需要将这些板卡垂直对准主板上的 PCI 插槽，然后向下轻压到位后，再用螺钉将其固定起来就可以了。

10. 连接主机箱内的各类线缆

至此，主机箱内的各大配件基本上都已经安装完毕，现在就要将相关配件用线缆连接起来。

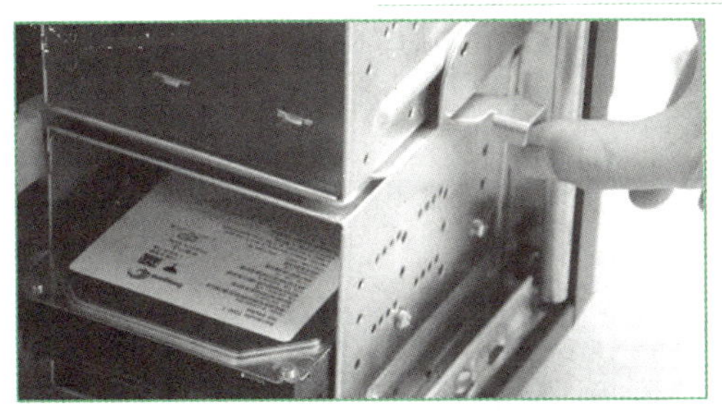

图 10.17
固定硬盘托架

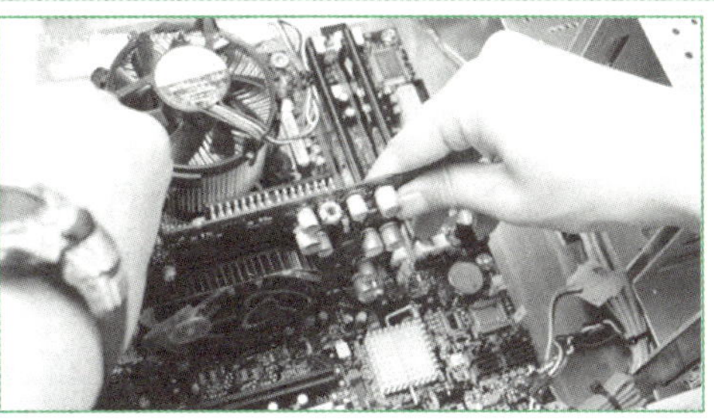

图 10.18
安装显卡

步骤1 连接硬盘电源线与数据线。此处以一块 SATA 接口的硬盘为例介绍连线方法。如图 10.19 所示，红色的为数据线，黑黄红交叉的是电源线，安装时将其插入硬盘对应接口即可。数据线的另一端直接插在主板的 SATA 插座上。这些接口全部采用防反插式设计，反方向是无法插入的。

步骤2 连接光驱电源线与数据线。现在，光驱多采用 IDE 接口的数据线与主板相连，电源线和硬盘所用的电源线一样，也是 D 形电源插头，如图 10.20 所示。

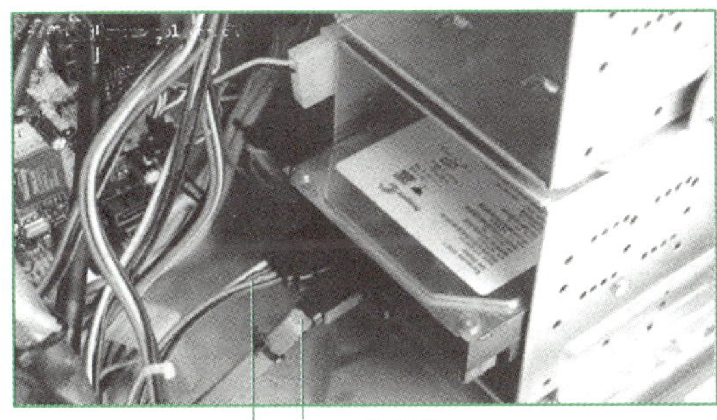

图 10.19
连接硬盘

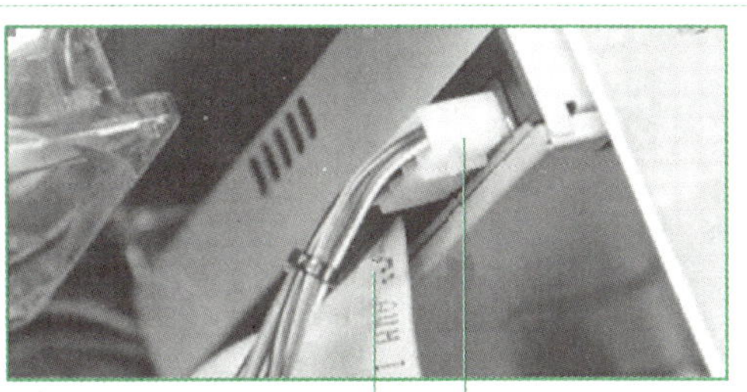

图 10.20
连接光驱电源线与数据线

步骤3 连接主板电源线。目前的大部分主板采用了 24 针的供电电源设计，但仍有些主板仍为 20 针，在购买主板时要重点看一下，以便购买到适合的电源。连接主板电源线时要认准方向，线头和插座上都有方向标记，找准方向就可以很轻松地将主板电源线插入主板电源插座中，如图 10.21 所示。

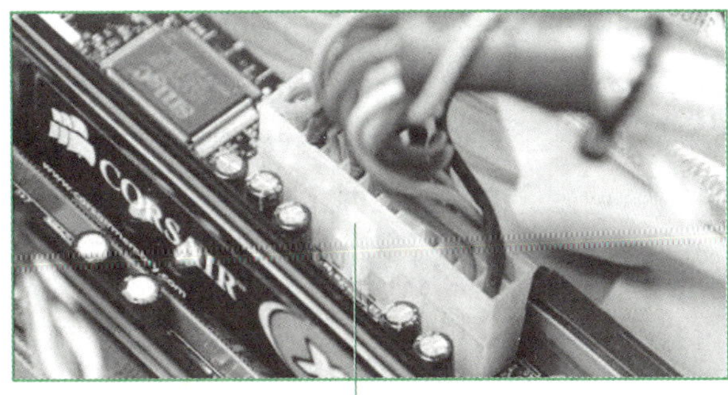

图 10.21
连接主板电源线

步骤4 连接 CPU 专用电源线。将电源上提供的专为 CPU 供电的 4 芯电源插头插在主板上对应的 4 芯插座中，如图 10.22 所示。

图 10.22
连接 CPU 专用电源线

步骤5 整理机箱内各类线缆。对机箱内的各种线缆进行简单的整理，并使用捆扎线将线缆捆扎起来，以提供良好的散热空间，如图 10.23 所示。

图 10.23
整理机箱内的线缆

11. 总装

完成了主机箱内各配件的安装后，先仔细检查是否有接线错误，然后安装好机箱的两块侧板，接着将各类外设及主机电源线连接到主机箱上，最后进行通电测试。

10.3.2 拆卸计算机

拆卸计算机的基本顺序与安装计算机的顺利是相反的，具体步骤如下。

① 拆掉主机电源线。

② 拆掉显示器与主机的数据连接线。

③ 拆掉键盘、鼠标与计算机的连线。

④ 拆掉音箱与主机箱的连线。

在拆卸外设与计算机主机的连线时，主机电源线、键盘、鼠标、音箱的连线可以直接从主机上拔掉；对于显示器与主机的数据连线，需要先松开显示器连线插头两边的螺钉，然后才能从主机上将显示器的插头拆卸下来。

⑤ 打开主机箱。

卸掉主机箱后面板两边缘上的螺钉，将主机箱的左右侧板取下来，就可以打开主机箱了。

⑥ 拆卸电源。

首先用手按住主板上电源插头一侧的挂钩，轻轻地将主板电源插头从主板上扯下来，然后从主板上扯掉四芯的 CPU 专用电源插头，接着用螺钉旋具从主机后面板上

笔 记

松开机箱电源的固定螺钉，最后将电源从主机箱内取出。

⑦ 拆卸各类线缆。

将机箱前面板的各类信号线和各个配件与主板连接的线缆从主板上拆卸下来。

⑧ 拆卸主板。

用螺钉旋具松开主板四周和中心的固定螺钉，将主板从机箱内取出来。

⑨ 拆卸内存条

两只手捏住内存条插槽两边白色的卡子，轻轻向外一扳，内存条就会自动从插槽中弹出来。

⑩ 拆卸 CPU 散热风扇和 CPU。

首先从主板上拔掉 CPU 风扇的电源线，再将散热风扇上面的固定杆向相反的方向拉起来，然后拆掉 4 个脚的固定端。拆固定端的时候要注意，别用力过猛，以防碰坏了电容（圆柱体）或弄断固定端。4 个固定端拆掉后，就可以将 CPU 散热风扇从主板上取下来。CPU 风扇拆掉后，就会露出 CPU，此时向外上方向稍用力，即可拉起 CPU 插座旁边的拉杆，CPU 就会从插座中升起来，就可以取走 CPU 了。

10.4 网上学：拆装计算机

进入本课程网站后，通过首页左侧的“课程章节”导航，打开“第 2 章 计算机硬件系统”→“2.9 拆装计算机”网上学习窗口，可以通过网络学习项目 10 的所有内容，如图 10.24 所示。

图 10.24 拆装计算机项目网上学习窗口

10.5 拓展训练：组装“最小系统”测试计算机

实训教案：
硬件市场调查

实训演示文稿：
硬件市场调查

笔 记

在正式组装计算机时，为了避免反复拆装，可以在安装主板之前，使用“最小系统”验证一下各个计算机配件的品质及兼容性。如果“最小系统”能够开机，显示器能够显示，那么就说明组成最小系统的部件正常。简单来说，“最小系统”就是由 CPU（包含散热风扇）、主板、内存、显卡、显示器和电源这 6 种配件组成的系统。由于计算机故障基本由这些部件引起，因此最小系统正常，则计算机一般都能顺利装好。

“最小系统”的组装方法与上述拆装计算机的方法一样。

找一个防静电的塑料袋铺在工作台上，然后找一些较柔软的物品放在塑料袋上，最后将主板放置在柔软物品之上，以防止刮伤主板背部线路。

按照上述装机顺序依次将 CPU、风扇、内存、显卡等部件安装在主板上，并将显示器连接在显卡上。

将主板电源线和 CPU 专用电源线插在主板对应的插座上。

至此“最小系统”搭建完毕。

进行“最小系统”开机测试。接入市电，用镊子将主板电源开关跳线短接，计算机即可启动。计算机启动后观察显示器是否显示。如果显示信息，则检查显示的硬件信息是否正确；如果没有显示，则要检查“最小系统”中的硬件是否出错。

10.6 技术前沿：计算机硬件的发展趋势

计算机硬件是构成计算机的物理实体，随着科技的进步，硬件的技术也在不断取得突破。

1. 虚拟和增强现实（VR、AR）设备

虚拟和增强现实设备是当前最为热门的新技术，正引领着全球数字娱乐市场的变革。虚拟现实设备基于人工智能和高性能计算平台，可以将用户置身于虚拟世界中，提供更加真实的体验。增强现实设备则是将虚拟元素融合到真实世界中，让用户可以在真实环境中体验数字元素。这些设备将越来越多地被应用到游戏娱乐、教育、医疗、军事等多个领域。

2. 人工智能芯片

人工智能芯片是计算机硬件领域的一项重要突破。它采用深度学习算法和大规模并行计算架构，能够更高效地处理智能化的任务。人工智能芯片具备强大的运算能力和数据处理能力，为机器学习、语音识别、图像处理等应用提供了良好的硬件支持。未来，人工智能芯片将以“更高效、能耗更低、速度更快”的特点广泛应用于智能家居、无人驾驶、智能医疗等领域。

3. 量子计算机

量子计算机是计算机科学领域的一项前沿技术，它采用量子比特而非传统的二进制来进行计算和存储。量子比特具备超强的并行计算能力和量子纠缠特性，能够在短时间内处理复杂的计算问题。相对于传统的计算机，量子计算机在某些特定任务上具

备显著的优势，如密码破解、化学计算、优化问题等。目前量子计算机仍然面临着技术难题和成本问题，离实用化还有一段距离，但随着技术的不断革新，其巨大的发展潜力将被充分激发，在化学、材料、金融、人工智能等领域成为重要的应用。

4. 光纤通信

光纤通信是现代信息传输的重要手段，它通过光信号传输代替传统的电信号传输，具有高速、大容量传输的优势。新一代光纤通信技术，如多核光纤、空分复用技术等的发展，进一步提高了光纤通信的传输能力，成为各类数据中心、移动通信、云计算等领域的重要通信方式。

5. 物联网硬件

物联网硬件是连接万物的桥梁，由各种传感器、嵌入式芯片、无线通信模块等组成。物联网硬件的发展推动了智能家居、智慧城市等领域的兴起，同时在工业制造、农业环境监测等领域发挥着重要作用。

6. 可穿戴设备

这是未来最有潜力的新型硬件之一。可穿戴设备包括智能手表、眼镜、健康监测设备等，可以通过传感器收集用户的生理、运动、环境等数据，并将这些数据传输到云端进行分析和处理。未来，随着可穿戴设备的不断完善，它们将逐渐融入日常生活中，为人们提供更多、更便捷、更有用的功能和服务。

笔记

项目 11

设置 BIOS

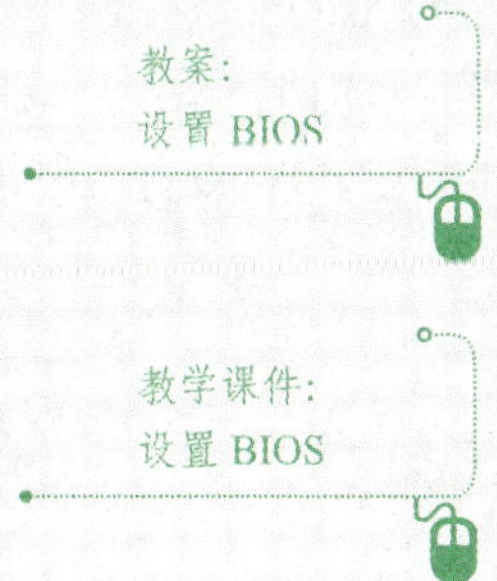

素质目标

11.1 项目内容及实施计划

11.1.1 项目描述

项目描述如图 11.1 所示。

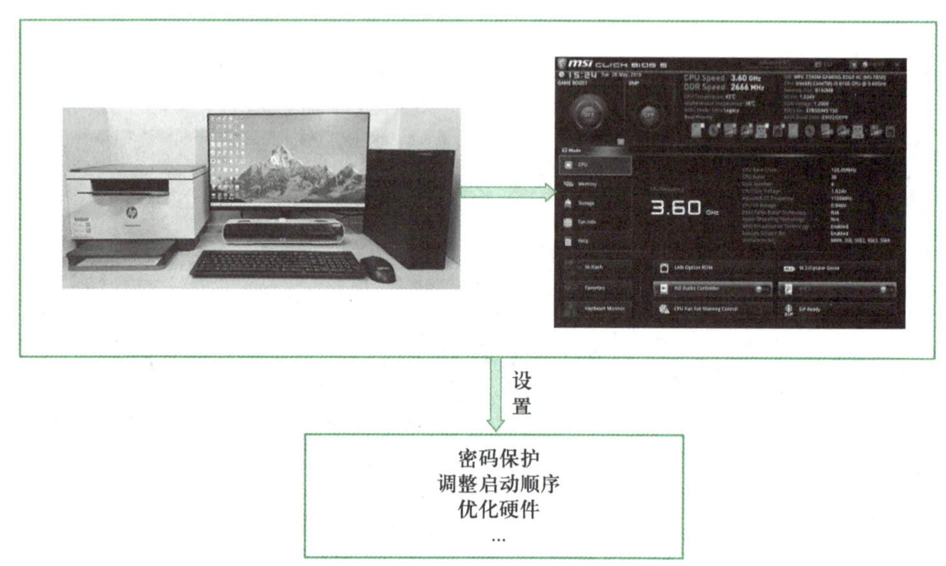

图 11.1
项目描述——设置 BIOS

笔 记

设置 BIOS，即进入计算机的 BIOS 设置操作界面，从中对计算机相关参数进行合理的设置。

计算机在进行分区、格式化和安装操作系统之前，需要通过 CMOS 设置程序对系统的启动顺序进行设置，同时，为优化系统，也需要对 BIOS 进行合理设置。本项目主要对常用的 BIOS 设置进行操作：利用 BIOS 设置程序调整系统启动顺序（为安装系统提供帮助）、设置 BIOS 进入密码（保护 BIOS 安全）、设置系统进入密码（保护系统安全）。

11.1.2 项目目标

1. 德育目标

通过介绍国产品牌主板中文 BIOS 和其功能的增强，增强学生的民族自豪感。

2. 知识目标

（1）初步认识 BIOS 的基本知识。

（2）初步了解常见 BIOS 功能选项的作用。

3. 技能目标

（1）能进入 BIOS 设置界面。

（2）能在 BIOS 中设置启动顺序和密码。

4. 素养目标

（1）培养学生工匠精神和职业精神。

（2）培养学生操作规范、风险防范的意识。

（3）提升学生的文化自信和科技自信，增强责任感和使命感。

笔 记

11.1.3 项目实施计划

图 11.2 所示的是常用 BIOS 设置的实施计划，其中，左栏是分析，右栏是给读者的建议。读者也可以根据自己的实际完成顺序，将顺序号填入右上角的圆圈内。

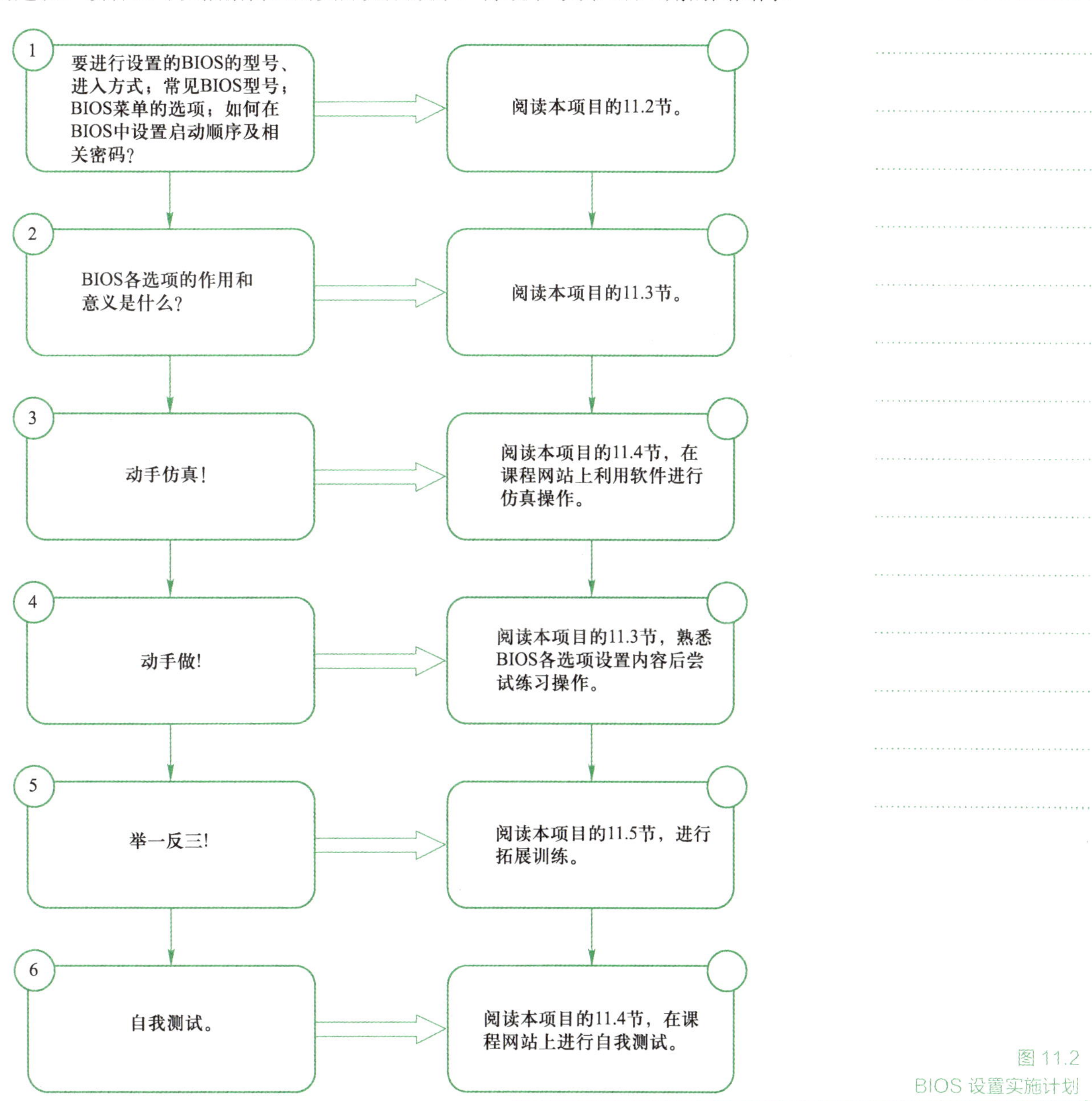

图 11.2
BIOS 设置实施计划

11.2 知识阅读：BIOS 设置

为完成“设置 BIOS”基本项目，需要了解 BIOS 的基本知识，包括 BIOS 的类别、不同类型 BIOS 的进入方法、BIOS 各选项的功能和主要选项的作用。本节主要介绍这几个方面的知识。通过对本节的学习，读者将在进行项目操作时有充足的知识准备。对本节的学习可以放在 11.3 节以后，也可以先进行学习，然后再完成 11.3 节的操作，同时还可以在进行 BIOS 设置的过程中进行反复的学习体会。

11.2.1 BIOS 的种类和进入方法

常见的用于设置 CMOS 的 BIOS 芯片有 AMI、Award 和 Phoenix 等厂商的产品，另外还有 Insyde BIOS 和 Byosoft BIOS（Byocore）。在 BIOS 芯片上一般能看到厂商的标记，AMI BIOS 主要用于国外品牌的计算机中，如图 11.3 所示。在早期，AMI BIOS 芯片因对各软硬件适应性好、能保证系统稳定而备受欢迎。Phoenix BIOS 一般用于高档品牌机和便携式计算机，如图 11.4 所示，其画面简单，便于操作。Award BIOS 是由 Award Software 开发的，功能较为齐全，被大部分主板采用，如图 11.5 所示。目前，Award 已被 Phoenix 收购。Insyde BIOS 是中国台湾的一家软件厂商的产品，是一种新兴的 BIOS 类型，被某些基于英特尔芯片的便携式计算机采用，如神舟、联想等。Byocore 是 Byosoft（百敖）公司出品的 BIOS 产品，广泛应用于个人计算机、服务器、通信、物联网、工程控制及消费类领域。

图 11.3
AMI BIOS 芯片

图 11.4
Phoenix BIOS 芯片

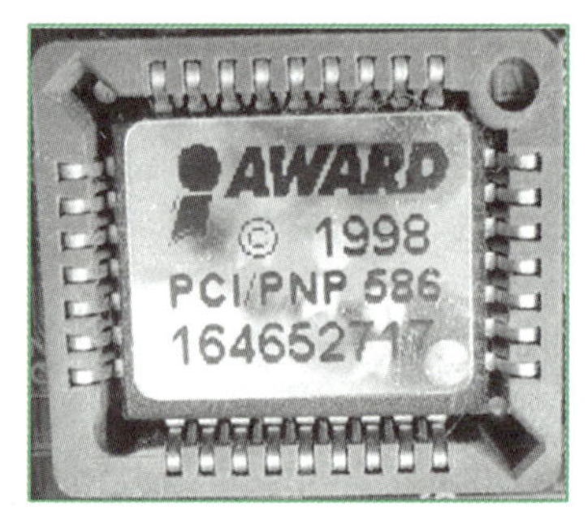

图 11.5
Award BIOS 芯片

需要注意的是，不同的 BIOS 之间虽然界面形式有所不同，但其基本功能与设置大体是一样的，设置内容和项目也差不多。不同的是项目的一些增减或名称的改变，以及操作方式和项目分类上存在一定的差别。

一般 BIOS 的进入方法是，在计算机启动的时候按热键进入，不同厂商生产的主板，其进入的方法也不一样，一般在开机的时候，屏幕上会出现相应的提示。常见的几种 BIOS 设置程序的进入方法如下。

Award BIOS：按 Delete 键进入。

AMI BIOS：按 Delete 键或 Esc 键进入。

Phoenix BIOS：按 F2 键进入。

有的品牌机的进入方式也不一样，比如，联想台式机需要在启动的时候按 F1 键进入，而联想便携式计算机则需要按 F2 键进入；HP（惠普）、SONY（索尼）、DELL（戴尔）、FUJITSU（富士通）、ACER（宏碁）的便携式计算机以及大多数国产品牌计算机在启动的时候按 F2 键；TOSHIBA（东芝）便携式计算机在启动的时候先按 Esc 键，再按 F1 键进入；而 HP Compaq（康柏）的机器需要在启动的时候按 F10 键进入。BIOS 设置的详细进入方法可参阅主板说明书、产品说明书及开机时的屏幕提示。

11.2.2 BIOS 和 CMOS 的区别

由于 CMOS 与 BIOS 都跟计算机系统设置密切相关，所以才有 CMOS 设置和

笔 记

BIOS 设置的说法。也正因此，初学者常将二者混淆。

1. BIOS 和 CMOS 的区别

两者采用的存储材料不同。CMOS 采用的是低电压下可读/写的 RAM，需要靠主板上的电池进行不间断供电，电池没电了，其中的信息会丢失。而 BIOS 芯片采用的是 ROM，不需要电源，即使将 BIOS 芯片从主板上取下，其中的数据仍然存在。

两者存储的内容不同。CMOS 中存储着 BIOS 修改过的系统的硬件和用户对某些参数的设定值，而 BIOS 中始终固定保存计算机正常运行所必需的基本输入/输出程序、系统信息设置、开机加电自检程序和系统自举程序。

2. BIOS 和 CMOS 的联系

BIOS 和 CMOS 之间到底存在什么联系呢？CMOS 是存储芯片，属于硬件，其功能是用来保存数据，只能起到存储的作用，而不能设置其中的数据，要设置参数必须通过专门的设置程序。现在，很多厂商将 CMOS 的参数设置程序固化在 BIOS 芯片中，在开机的时候进入 BIOS 设置程序，即可对系统进行设置。BIOS 中的系统设置程序是完成 CMOS 参数设置的手段，而 CMOS RAM 是存放这些设置数据的场所，它们都与计算机的系统参数设置有着密切的关系，所以有“CMOS 设置”和“BIOS 设置”两种说法，正确的应该是“通过 BIOS 设置程序对 CMOS 参数进行设置”。

11.2.3 Award BIOS 设置程序的基本选项和功能

BIOS 设置程序目前有许多种版本，对于不同的主板生产厂商来说，各自的技术和设计的功能不同，其 BIOS 的设置选项和功能也不一样。但是对于最基本和最主要的设置选项来说，还是有很多设置和功能是一样的。以 Phoenix-Award BIOS 为例，一般主要包括下列选项和功能。

1. Standard CMOS Features（标准 CMOS 设置）

该选项主要对基本的系统配置进行设置，如时间、日期、IDE 设备、软件参数、错误检测等。

2. Advanced BIOS Features（高级 BIOS 设置）

该选项主要对系统的一些高级特性进行设定。

3. Advanced Chipset Features（高级芯片组特征设置）

该选项主要用于修改芯片组寄存器的数值，优化系统的性能。一般来说，除非是用户发现设置参数有误，或者有特殊目的，其他情况不建议更改该菜单内的设置参数，否则，很容易因为更改设置有误导致系统无法开机或发生其他问题。

4. Integrated Peripherals（综合周边设置）

该选项可以对系统外设进行特殊的设置。

5. Power Management Setup（能源管理设置）

该选项主要用来设置系统电源管理。

6. PnP/PCI Configurations（PnP/PCI 设置）

该选项用于 PCI 总线的系统设置。该选项内容涉及的技术性很强，一般使用者使用系统默认值即可，不要另行调整，以免发生问题。

7. PC Health Status（PC 健康状态）

该选项一般用来设置和查看电源与系统温度状态。

笔 记

8. Frequency/Voltage Control（频率/电压控制）

该选项主要用于频率/电压的特殊设置。各个不同厂商生产的 BIOS，该选项有所不同。

9. Load Optimized Defaults（加载优化默认设置）

该选项可帮助用户载入系统提供的最佳化性能状态模式。如果想通过 BIOS 设置提高系统的执行效率而又对 BIOS 中专业技术性很强的参数不知道如何设置，则可试试这个选项。在有些主板上，该选项是 Load Performance Defaults。

10. Set Supervisor Password（设置管理员密码）

该选项用来设置管理员密码。

11. Set User Password（设置用户密码）

该选项用来设置用户密码。

12. Save & Exit Setup（保存后退出）

该选项的作用是在完成 BIOS 设置之后保存设置结果并退出 BIOS 设置程序，重新启动计算机。

13. Exit Without Saving（退出不保存）

该选项的作用是，在对 BIOS 设置之后，不保存设置结果而直接退出 BIOS 设置程序，重新启动计算机。

图 11.6 所示的是各个选项的含义。需要注意的是，以上选项并不是每块主板的 BIOS 都有的，每个选项的英文描述也不一定相同，在这种情况下，用户可以参考主板说明书。

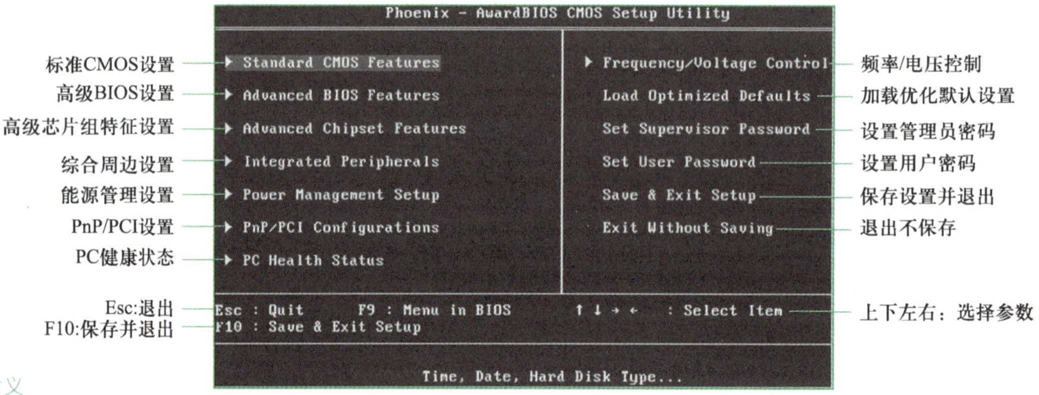

图 11.6
BIOS 设置主界面的各选项含义

11.2.4 联想台式机 BIOS 设置程序的基本选项和功能

联想品牌机现在应用得比较广泛，但随着计算机技术的发展，各种个性化的 BIOS 设计层出不穷，同一品牌、同一主板生产厂商的 BIOS 设置界面也存在着差异，这里以某款联想计算机的 BIOS 设置界面为例，简要介绍一下其界面的设置内容，以供读者参考，如图 11.7 所示。

1. Main（系统主要信息）

该选项主要包括系统摘要信息、系统日期和时间、机器型号、硬盘型号、BIOS 相关信息等。

2. Devices（系统设备）

该选项主要包括串行端口设置、USB 设置、ATA 设备设置、视频设置、音频设置、网络设置等系统设备的相关设置。

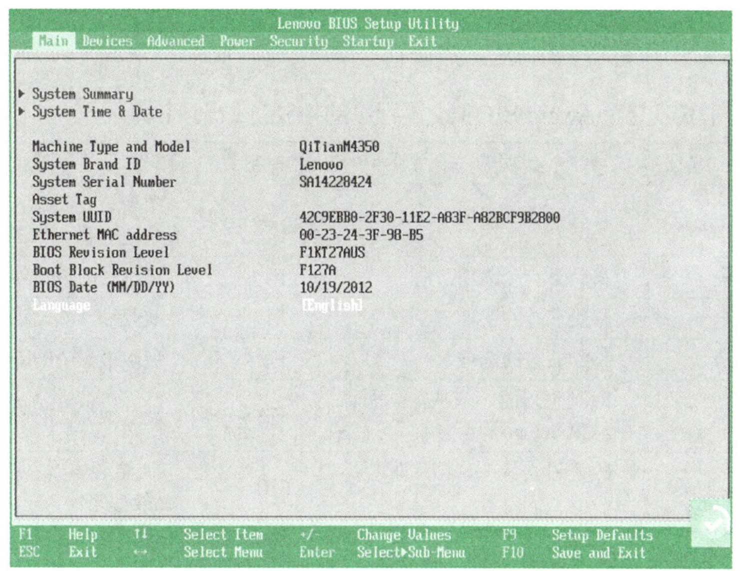

图 11.7
联想台式机 BIOS 设置界面

3. Advanced（高级设置）

该选项主要包括 Plus & Play O/S 和 CPU 设置。

4. Power（电源设置）

该选项主要包括针对电源的一些设置。

5. Security（安全设置）

该选项主要包括用户密码和系统密码的设置。

6. Startup（启动设置）

该选项主要包括针对启动顺序、启动类型及启动后选项的一些设置。

7. Exit（退出设置）

该选项主要包括保存设置后退出、载入默认设置、不做修改退出等。

另外，联想便携式计算机 BIOS 设置程序的基本选项和功能与台式机又略有不同，如图 11.8 所示。

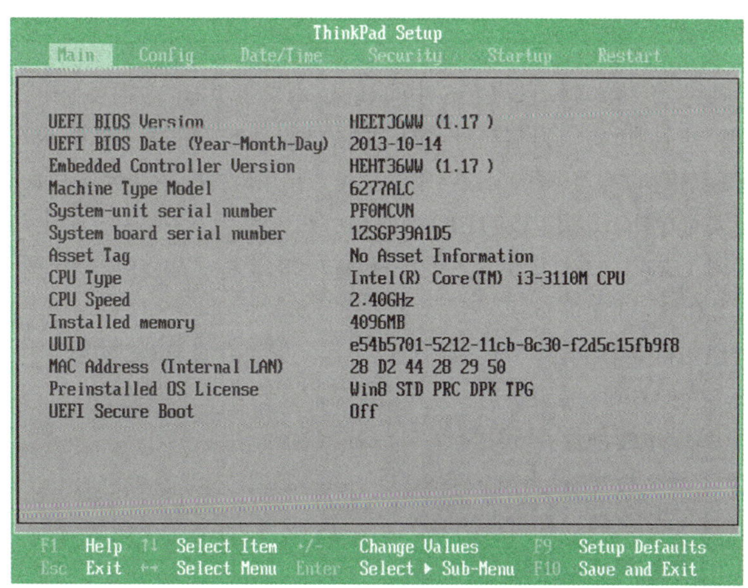

图 11.8
联想便携式计算机 BIOS 设置界面

其他品牌台式机和便携式计算机的 BIOS 设置程序与联想品牌的又有一定差异，用户可通过课程网站及相关品牌计算机网站进行查找学习。

11.2.5 BIOS 设置程序的控制键

一般情况下，Award BIOS 设置程序的控制键如表 11.1 所示。

表 11.1
Award BIOS 设置程序的功能控制键

控制键	功能	控制键	功能
↑	移到上一个选项	Page Down	改变设定状态，或减少栏目中的数值内容
↓	移到下一个选项	F1	显示目前设定项目的相关说明
←	移到左边的选项	F5	装载上一次设定的值
→	移到右边的选项	F6	装载最安全的值
Esc	回到主画面，或从主画面中结束 Setup 程序	F7	装载最优化的值
Page Up	改变设定状态，或增加栏目中的数值内容	F10	存储设定值并离开 CMOS Setup 程序

常见的品牌机或品牌主板的 BIOS 设置程序的控制键如表 11.2 所示。

表 11.2
常见 BIOS 设置程序的功能控制键

控制键	功能	控制键	功能
←/→	移动以选择主菜单	−/+	改变栏目中的数值内容
↑/↓	选择主菜单下的具体项目	F1	帮助，主要显示设定项目的相关说明
Esc	回到主菜单，或从主菜单中结束 Setup 程序	Enter	进入主菜单具体选项或主菜单下的具体项目
F9	装载默认的设置	F10	存储设定值并离开 Setup 设置程序

11.2.6 主板 BIOS 升级

现在的 BIOS 芯片都采用了 Flash ROM，在一定的电压、电流条件下，可对其 Firmware 进行改写。为了充分发挥主板的性能，支持层出不穷的新硬件，并改正以前 BIOS 版本中的缺陷，厂家不断推出新的 BIOS 版本，利用专用的刷新程序改写主板 BIOS 的内容，这就是人们常说的 BIOS 升级。BIOS 升级有两大目的：一是免费获得新功能，二是解决旧版 BIOS 中的 Bug。升级主板 BIOS 需要使用者具备相应的硬件知识，而且升级本身也具备一定的危险性。现在的绝大多数主板采用的是 Flash EPROM（闪速可擦可编程只读存储器），可直接用软件改写升级，因而给 BIOS 的升级带来很大的方便。升级主板的 BIOS 可以获得 BIOS 版本的提升，修正以前版本中的错误或漏洞（Bug），并且提供对新硬件及新技术的支持，最重要的是能给整机带来性能上的提升和功能上的完善。

升级主板 BIOS 是一件比较慎重的工作，如果升级 BIOS 失败，将导致计算机无法启动。为使 BIOS 升级成功，升级 BIOS 前需要做以下准备工作。

① 确定主板是否可以升级。

② 查看主板类型与 BIOS 版本。

③ 备份好老版本 BIOS 文件。

④ 下载最新版本的 BIOS 文件。

⑤ 下载合适的 BIOS 刷新工具。

⑥ 更改 CMOS 设置中相关设定。

另外，现在很多新的 BIOS 都是基于 UEFI（统一的可扩展固件接口）的，已经内置了网络协议栈，在 BIOS 下可以直接访问网络。很多主板厂商在 CMOS 中设置了 BIOS 默认升级功能，只要保证主板连接着网络，就可以自动完成更新，实现方便、快捷的 BIOS 升级。用户可到课程网站详细了解学习升级步骤与方法。

11.3 动手做：BIOS 基本设置

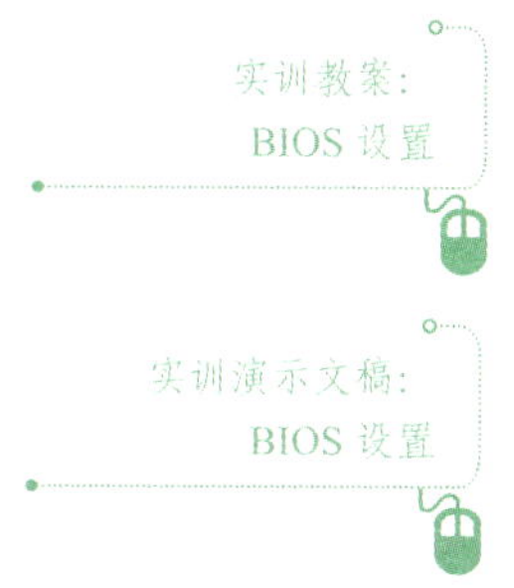

对于 AMI、Phoenix、Award 等不同类型的 BIOS 芯片，它们的选项内容不尽相同，但是主要选项大同小异。最常用的设置 BIOS 操作有启动顺序设置、用户密码设置、载入优化设置和安全设置等，这也是本项目重点需要训练并要求读者熟练掌握的技能。读者首先需要了解 BIOS 相关知识，然后按照给出的操作顺序一步一步地完成训练，并对其他 BIOS 设置操作界面有针对性地进行操作，举一反三，以达到熟练掌握的目的。

设置 BIOS 相关选项之前，可利用当前常见的计算机，在熟悉前面知识、通过仿真软件了解各个选项具体位置后，在计算机启动时进入 BIOS 界面进行实际操作。

11.3.1 设置系统启动顺序

在使用光盘进行分区格式化或安装操作系统时，首先要做的工作是将 BIOS 中最优先的系统引导顺序设置为光驱启动。下面以 Phoenix-Award BIOS 为例介绍启动顺序操作。

步骤1 进入设置界面。启动计算机，按 Delete 键进入 BIOS 设置界面，如图 11.9 所示。

```
AMIBIOS(C)2008 American Megatrends, Inc.
ASUS P5K/EPU ACPI BIOS Revision 0203
CPU : Intel(R) Core(TM)2 CPU X6800 @ 2.93GHz
 Speed : 2.93 GHz     Count : 2

Press DEL to run Setup
Press F8 for BBS POPUP
Press ALT+F2 to execute ASUS EZ Flash
DDR2-800 in Dual-Channel Interleaved Mode
Initializing USB Controllers .. Done.
2048MB OK

(C) American Megatrends, Inc.
64-0203-000001-00101111-021208-Bearlake-A0992006-Y2KC
```

按Delete键进入设置界面

图 11.9
按 Delete 键进入 BIOS 设置界面

步骤2 观察 BIOS 设置界面。可看图 11.6 中的 BIOS 各选项功能说明。

步骤3 选择“高级 BIOS 设置”选项。在设置主界面通过键盘移动光标选择 Advanced BIOS Features 选项，如图 11.10 所示，再按 Enter 键。

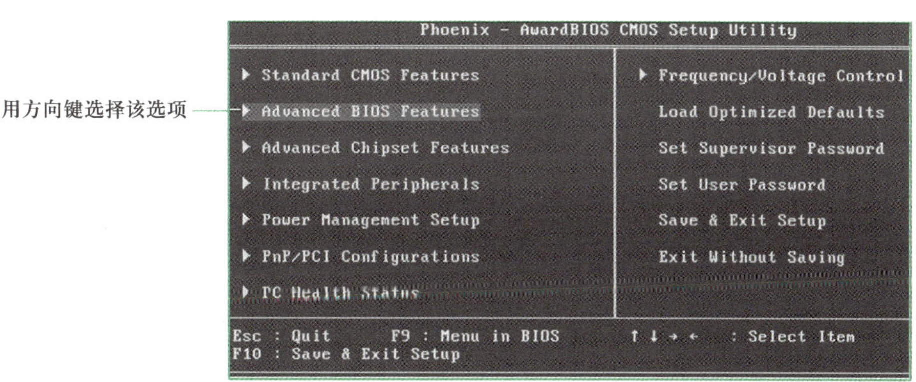

图 11.10
选中 Advanced BIOS Features 选项

步骤4 设置启动顺序。将系统的第 1 启动设备设定为所需媒介，如 CDROM，如图 11.11 所示。

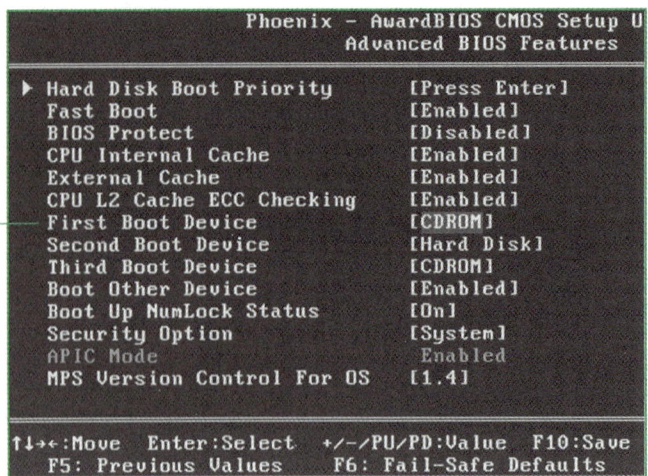

图 11.11
设定第 1 个启动设备为 CDROM

SAVE to CMOS and EXIT (Y/N)?

图 11.12
保存 CMOS 设置并退出

步骤5 保存退出。按 F10 键保存，按 Y 键退出，重新启动计算机，使设置生效，如图 11.12 所示。

至此，就完成了设置系统启动顺序的工作。读者在设置的过程中可根据实际需要选择不同的媒介，设置方式一样。

11.3.2 设置用户密码

有时，为保护计算机不被其他人随意使用，可设置为输入密码才能进入系统。如果不输入密码，系统将停留在启动界面，这项功能很实用，可以对计算机的资料安全进行简单的保护，具体步骤如下。

步骤1 进入 BIOS 设置界面。启动计算机，按 Delete 键进入 CMOS 设置界面。

步骤2 选择“设置用户密码”选项。移动光标到 Set User Password 选项，按 Enter 键。

步骤3 输入要设置的密码。在弹出的对话框中输入要设置的密码，密码的位数最多为 8 位，可以是数字、字母、符号的组合，如图 11.13 所示。

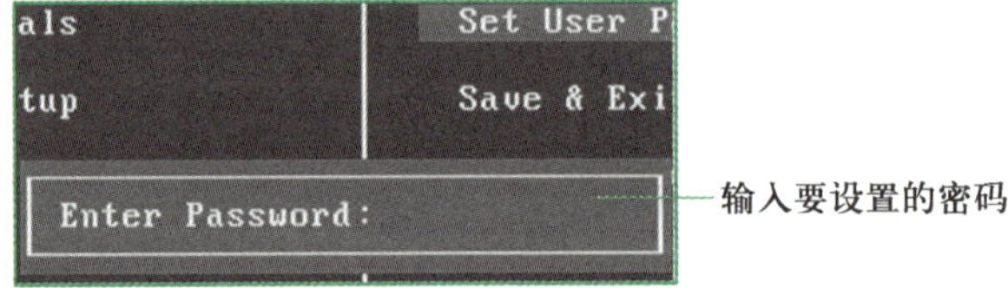

图 11.13
输入要设置的密码

步骤4 确认输入密码。在弹出的对话框中再次输入刚才输入的密码以进行确认。如图 11.14 所示。

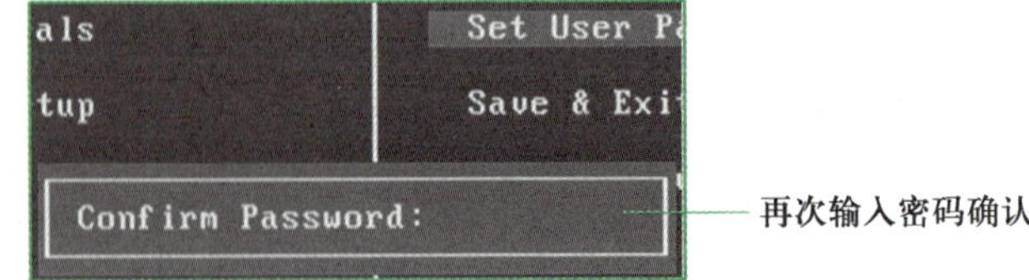

图 11.14
再次输入密码确认

步骤5 开启“安全选项”中的密码使用功能。在 Advanced BIOS Features 菜单中将 Security Option 选项的值改成 System，如图 11.15 所示。需要注意的是，如果将 Security Option 设定为 System，系统引导和进入 BIOS 设置程序前都会要求密码；如果设定为 Setup，则仅在进入 BIOS 设置程序前要求密码。

```
                    Phoenix - AwardBIOS CMOS Set
                          Advanced BIOS Featur
▶ Hard Disk Boot Priority          [Press Enter]
  Fast Boot                        [Enabled]
  BIOS Protect                     [Disabled]
  CPU Internal Cache               [Enabled]
  External Cache                   [Enabled]
  CPU L2 Cache ECC Checking        [Enabled]
  First Boot Device                [Floppy]
  Second Boot Device               [Hard Disk]
  Third Boot Device                [CDROM]
  Boot Other Device                [Enabled]
  Boot Up NumLock Status           [On]
  Security Option                  [System]
  APIC Mode                         Enabled
  MPS Version Control For OS       [1.4]
```

将该选项的值改成System

图 11.15 将 Security Option 的值改成 System

步骤6 保存退出。按 F10 键保存，确认后退出。重启计算机后设置即生效。

在这里需要注意的是，设置该密码后，可在系统通过自检后准备开始进一步的检查时出现密码提示框，但是还不足以完全保护系统的安全，其他用户可以轻松进入 CMOS 设置菜单清除密码，所以最安全的方法是在设置用户密码之后，移动光标到 Set Supervisor Password 选项，设置进入 CMOS 设置界面的密码，这样就安全了。其操作方法和设置用户密码时的一样，这里不详细介绍了，用户可以尝试操作。

笔 记

11.3.3 载入优化设置和安全设置

有时候会由于 BIOS 设置不正确而给系统带来问题，这就需要载入系统出厂的安全设置以便解决问题。

步骤1 进入 BIOS 设置界面。启动计算机，按 Delete 键进入 CMOS 设置界面。

步骤2 选择“载入安全设置”选项。在 CMOS 设置主界面移动光标到 Load Fail-Safe Defaults 选项，按 Enter 键。

步骤3 确认载入安全设置。在弹出的对话框中输入“Y”来确认，即完成了操作。

11.3.4 联想台式机启动顺序的设置

品牌机的 BIOS 设置和通用的 BIOS 设置有所不同，但如果熟悉了一般 BIOS 设置的选项和内容，设置品牌机的 BIOS 也就没有那么神秘和困难了，这需要读者多查阅资料，并不断熟悉各类 BIOS 设置选项的内容和含义。下面以联想某款台式机的启动顺序设置为例，步骤如下。

步骤1 进入 BIOS 设置界面。开机后按 F1 键进入 BIOS 设置界面。

步骤2 在 BIOS 设置界面中选择启动顺序设置选项。通过方向键移动光标到主菜单选项的 Startup 选项，并按 Enter 键。Startup 菜单选项如图 11.16 所示。

步骤3 选择需要优先启动的设备顺序。这里以设置光驱首先启动为例，移动方向键到准备设置为首先启动的设备上，按-或+键将选中的设备 SATA 3: OPTIARC DVD-ROM DDU1681S 移动到首位，如图 11.17 所示。

需要注意的是，如果需要设置从 U 盘优先启动，则需要在计算机启动后进入 BIOS 设置之前将 U 盘插入计算机 U 盘接口，否则，在这里看不到 U 盘设备信息，也就无法设置从 U 盘启动计算机。另外，U 盘还需带有启动功能。

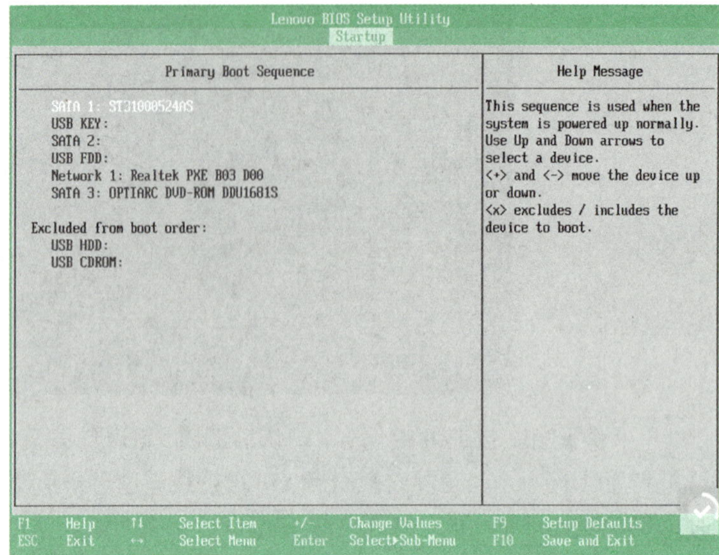

图 11.16
Startup 菜单选项

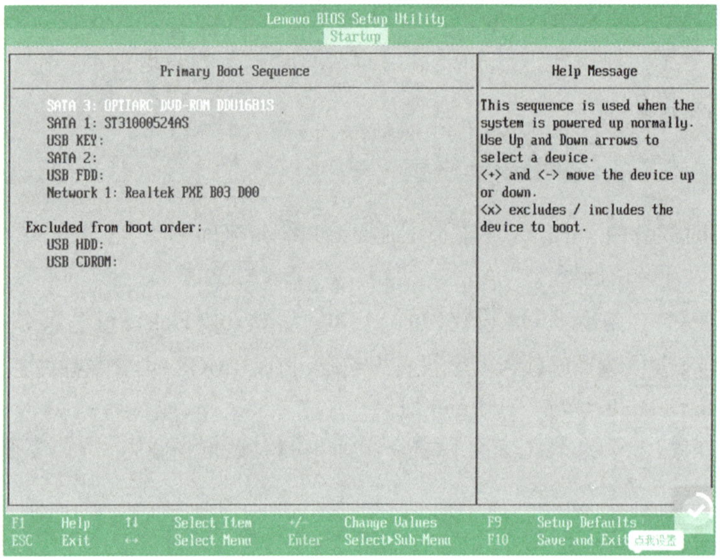

图 11.17
设置光驱首先启动

步骤4 保存后退出，使设置生效。按 Esc 键返回主菜单，然后按 F10 键保存设置，并选择 Yes 选项退出。

至此，联想台式机的 BIOS 设置启动顺序完成。主板的品牌和计算机的品牌种类众多，不同品牌的主板和计算机的 BIOS 设置菜单及选项也不尽相同。想要熟练掌握 BIOS 设置技巧，首先需要用户掌握 BIOS 设置基本知识，尤其是各个选项的中文含义，然后多接触各类主板和计算机的 BIOS 设置说明书，通过进行实际操作来达到熟练掌握 BIOS 设置技巧。随着主板厂商和品牌计算机制造商研发实力的提高，很多主板 BIOS 设计得越来越人性化，出现了在线刷新 BIOS、中文 BIOS 等方便用户操作的新技术，这需要用户不断学习，以便能更好地掌握 BIOS 发展方向和设置技巧。

11.4 网上学：设置 BIOS

进入本课程网站后，通过首页左侧的“项目学习→项目 11 设置 BIOS”导航，打开“项目 11　设置 BIOS”网上学习窗口，可以通过网络学习项目 11 的所有内容。另外，也可以在顶端导航栏中打开“BIOS 设置模拟”，进行 BIOS 的模拟仿真练习，学习窗口如图 11.18 所示。

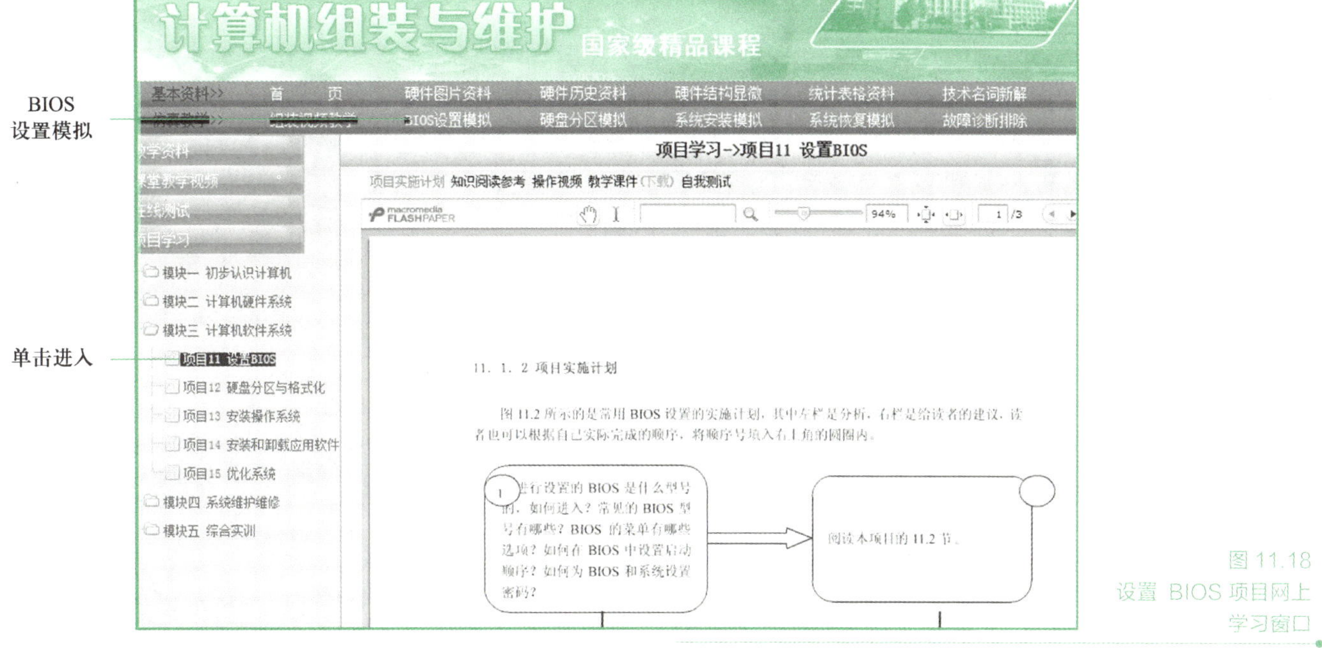

图 11.18　设置 BIOS 项目网上学习窗口

11.5　拓展训练：升级主板 BIOS

笔 记

通过对主板 BIOS 进行升级可以修正主板存在的一些问题或提升一定的性能。升级主板 BIOS 一般有两种方法：一种是在 MS-DOS 下进行升级，适用于较老式的主板，需要操作者有较强的操作能力；另一种是利用主板厂家的升级程序，直接连到因特网进行升级。第 2 种方法相对安全、简便，适用于大多数用户。如何快捷地确认主板的 BIOS 版本，并从对应网站找到对应的 BIOS 进行升级，是一个计算机组装维护者要掌握的技能。在本课程网站上，通过图解一步步地教会用户关于 BIOS 升级的相关知识，有兴趣的用户可以到网站查阅并学习。需要注意的是，该拓展训练存在一定的危险性，除非已完全掌握了相关操作和注意事项，否则不要轻易尝试，以免造成主板的损坏。

对于早期的主板，升级 BIOS 一般在 MS-DOS 下进行操作，需要用户有一定的理论功底和较强的操作能力，现在这种方式基本上已经被淘汰，很多一线品牌的主板都推出了在线升级 BIOS 的功能，用户只需要连接到因特网，从因特网下载主板 BIOS 升级工具，即可轻松进行升级。以华硕主板为例，主要有如下过程：下载正确版本和品牌的 BIOS 升级工具并安装；从网络上下载 BIOS 程序进行升级或直接连接到因特网在线升级。

一般来说，只要是知名大牌的主板制造厂商，均开发出了自己的主板在线升级程序，如升技、技嘉等大牌厂商的用户可以到主板官方网站或者“驱动之家”网站查找并下载相应的驱动程序以对主板 BIOS 进行升级，其升级过程和上述华硕的升级过程大致相同。需要注意的是，主板 BIOS 升级具有较大风险，对计算机软硬件知识不是太熟悉的用户，升级 BIOS 需谨慎。用户可通过课程学习网站了解升级方法与过程，在保证安全的情况下尝试操作。

项目 12

硬盘分区与格式化

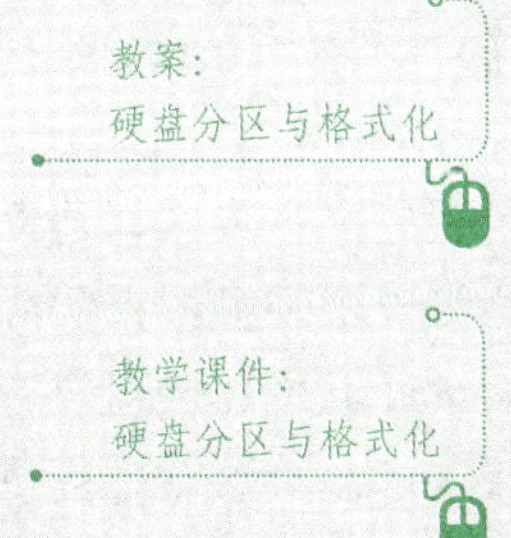

笔 记

12.1 项目内容及实施计划

12.1.1 项目描述

项目描述如图 12.1 所示。

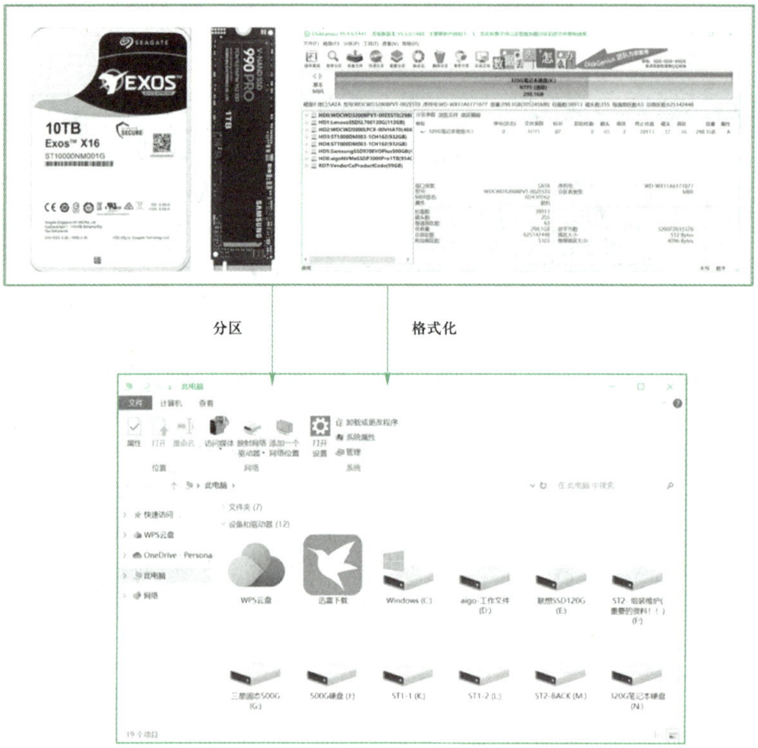

分区

格式化

图 12.1
项目描述——硬盘分区与格式化

硬盘的分区和格式化包括如下内容：分区操作包括建立主分区、建立扩展分区和逻辑分区、删除分区等具体操作，通过分区软件将一个硬盘根据实际需要分成若干分区，再执行格式化操作，这里学习用 DiskGenius 软件将硬盘进行分区；格式化主要是对每个分区进行格式化操作，通过 DiskGenius 分区软件提供的功能对各个分区进行格式化，为下一步安装软件做好准备。

12.1.2 项目目标

1. 德育目标

（1）以市面上固态硬盘品牌（如爱国者等）为切入点，增强学生的民族自豪感。

（2）以市面上国产分区软件种类众多和功能增强为切入点，增强学生的民族自信心。

2. 知识目标

（1）初步认识硬盘分区格式的相关知识。

（2）初步了解硬盘分区的顺序和相关工具软件。

笔记

3. 技能目标

（1）能简单对硬盘进行分区操作。

（2）能简单对硬盘进行格式化操作。

（3）能通过课程网站进行学习。

4. 素养目标

（1）培养学生的工匠精神和职业精神。

（2）增强学生的操作规范、风险防范的意识。

（3）强化学生的规划意识，提升学生的文化自信和科技自信，增强学生的责任感和使命感。

12.1.3 项目实施计划

图 12.2 所示的是硬盘分区与格式化的实施计划，其中左栏是分析，右栏是给读者的建议。读者也可以根据自己实际完成的顺序，将顺序号填入右上角的圆圈内。

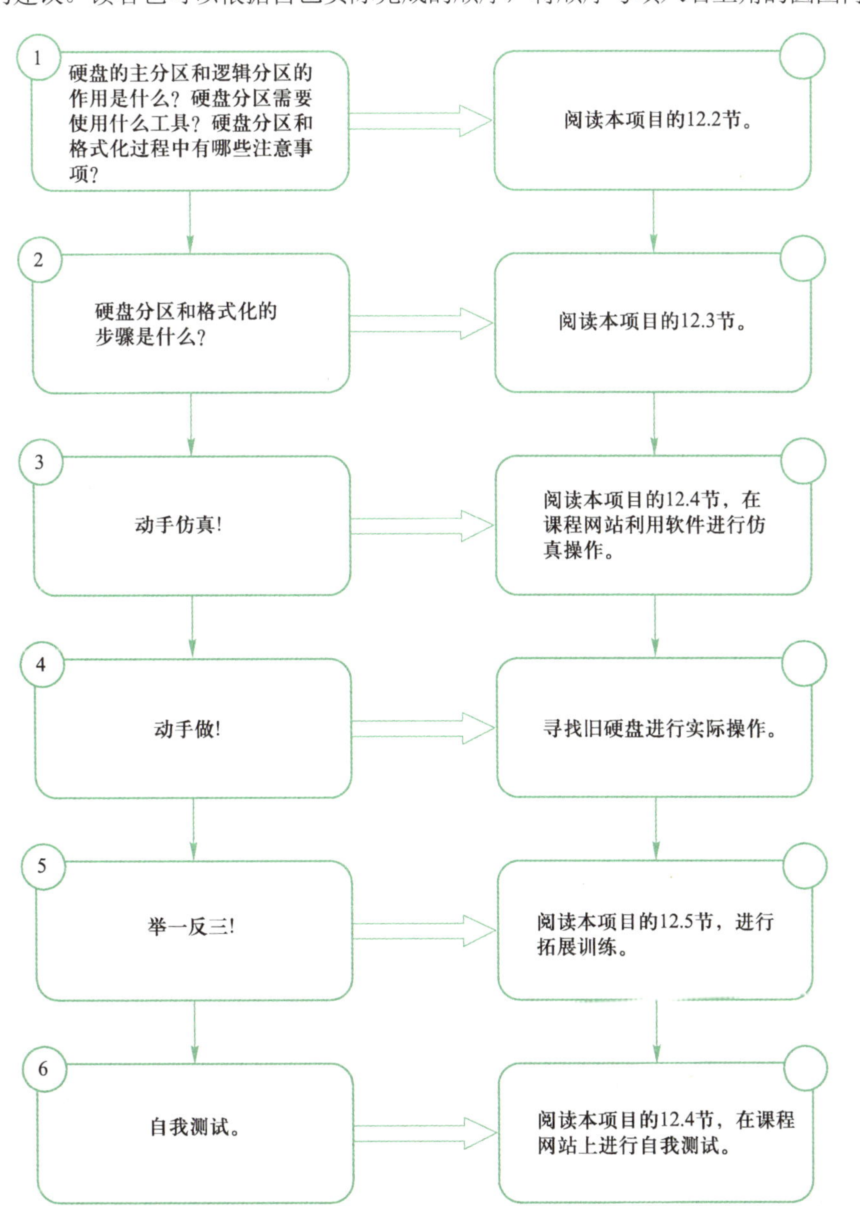

图 12.2
硬盘分区与格式化实施计划

笔 记

12.2 知识阅读：硬盘分区和格式化

对硬盘进行分区和格式化之前，需要对其中涉及的一些知识进行一定的了解和掌握，包括硬盘分区有哪些格式，主分区、扩展分区和逻辑分区的概念，以及分区的规划和原则等。了解这些知识，对进一步认识分区和格式化有着不可或缺的作用。

12.2.1 硬盘的分区格式

工厂生产的硬盘必须经过低级格式化、分区和高级格式化（文中均简称为格式化）3 个处理步骤，计算机才能利用它们存储数据。其中，磁盘的低级格式化通常由生产厂家完成，目的是划定磁盘可供使用的扇区和磁道，并标记有问题的扇区。用户需要使用操作系统所提供的磁盘工具或其他分区工具进行硬盘分区和格式化。根据目前流行的操作系统来看，常用的分区格式有如下 4 种。

1. FAT16

FAT16 是 MS-DOS 和最早期的 Windows 95 操作系统中最常见的磁盘分区格式。

2. FAT32

FAT32 是微软为了解决 FAT16 格式对于大硬盘造成的空间浪费问题，从 Windows 97 开始推出的一种全新的磁盘分区格式。

3. Linux

Linux 的磁盘分区格式与其他操作系统完全不同，一种是 Linux Native 主分区，一种是 Linux Swap 交换分区。目前支持这一分区格式的操作系统只有 Linux。

4. NTFS

NTFS（New Technology File System）是 Microsoft Windows NT 的标准文件系统，从 Windows 2000 开始，其后的 Windows XP/2003/Vista 以及 Windows 7/8/10 均支持该文件系统。

其中，FAT（File Allocation Table）是“文件分配表”的意思，可对硬盘分区进行管理。用户可到课程网站详细了解各种分区格式的特点。

12.2.2 分区的相关知识

一个硬盘可以有一个主分区、一个扩展分区，也可以只有一个主分区，没有扩展分区。逻辑分区可以有若干个。

1. 主分区

主分区是硬盘的启动分区，是独立的，通常位于硬盘最开始的一块区域，正常情况下是 C 盘，其中的主引导程序用于检测硬盘分区的正确性并确定活动分区，该部分如果损坏则系统将无法从硬盘引导启动。

2. 扩展分区

分出主分区后，其余的部分可以分成扩展分区，一般是剩下的部分全部分成扩展分区，也可以不全分，没有分区的部分就浪费了。扩展分区是不能直接用的，它是以逻辑分区的方式来使用的，所以说，扩展分区可分成一个或多个逻辑分区。它们的关系是包含的关系，所有的逻辑分区都是扩展分区的一部分。

3. 逻辑分区

逻辑分区是硬盘上的一块连续区域，不同之处在于，每个主分区只能分成一个驱动器，每个主分区都有各自独立的引导块，可以设定为启动区。一个硬盘上最多可以有 4 个主分区，而在扩展分区上可以划分出多个逻辑分区。

4. 活动分区

活动分区是计算机启动分区，操作系统的启动文件都装在这个分区中，一般被默认为 C 盘。启动系统时，活动分区上的操作系统将执行一个称为驱动器映像的过程，它给主分区和逻辑驱动器分配驱动器名。所有的主分区首先被映像，而逻辑驱动器用后续的字母指定，具体关系如图 12.3 所示。

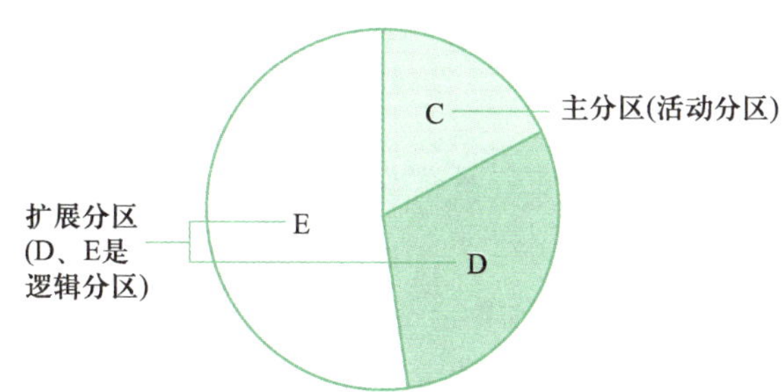

图 12.3
一块物理硬盘的分区示意图

5. MBR

MBR（Master Boot Record），主引导记录，也被称为主引导扇区，是采用 MBR 分区表的硬盘的第 1 个扇区。它使用 64 个字节的分区表来描述硬盘的分区情况。其中，只有 4 个字节被用于存储每个分区的起始扇区和结束扇区的地址。因此，MBR 分区格式最多只支持 4 个主分区或 3 个主分区和 1 个扩展分区。此外，MBR 分区格式还有一个局限性，即它只支持最大容量为 2TB 的硬盘。几乎所有的 PC 平台都可以读取和写入 MBR 分区类型，但只有 Windows 可以使用这种类型作为启动卷（即“系统型”）

笔 记

6. GPT 分区格式

全局唯一标识分区表（GUID Partition Table，GPT），用于替代 MBR。它使用更大的分区表（通常为 128 个字节）来描述硬盘的分区情况。相比于 MBR 分区格式，GPT 分区格式支持更多的分区（最多 128 个主分区）和更大的硬盘容量（最大可达数 PB），GPT 分区格式不存在扩展分区的概念。此外，GPT 分区格式还具有更好的数据完整性和容错能力，可以保护分区表不被损坏，并且可以在分区表损坏时自动恢复。GPT 分区格式需要支持 UEFI（Unified Extensible Firmware Interface）的操作系统，如 Windows 8、Windows 10、Mac OS X 等。

7. 4K 对齐

所谓“4K 对齐”就是符合“4K 扇区”定义的格式化过的硬盘按照“4K 扇区”的规则写入数据。由于目前的硬盘容量不断扩展，使得之前定义的每个扇区容纳 512 个字节不再是那么合理，于是将每个扇区容纳 512 个字节改为每个扇区容纳 4096 字节，也就是现在常说的“4K 扇区”。如果“4K 对不齐”，数据的写入点正好会介于两个 4K 扇区之间，即使是写入最小量的数据，也会使用到两个 4K 扇区，对写入速度和读取速度都会造成很大的影响。尤其是对于固态硬盘来说，不但会极大地降低数据写入和读取速度，还会增加不必要的写入次数，进而影响固态硬盘使用效率和寿命。

12.2.3 分区的原则

一般来说，在新装的计算机上要对硬盘进行分区。另外，在需要重新对计算机的分区进行规划的时候也需要对硬盘进行分区。硬盘分区可以从以下几个方面考虑。

① 分区的数量和容量。

② 分区的实用性。

③ 数据的安全性。

关于硬盘分区的规划，可以根据给定硬盘的大小和即将安装的系统及计算机用途来区分。一般来说，C 盘分区可考虑在 100 GB 左右，安装软件的分区考虑在 100 GB 以上，存储影视音乐和备份数据的分区视个人需求和硬盘容量而定，可设定在 500 GB 左右。以上只是一种建议，现在的主流硬盘容量在 1 TB 以上，用户可以根据实际使用情况来合理规划。

12.3 动手做：硬盘分区与格式化

硬盘的分区和格式化是本项目重点训练并要求读者熟练掌握的技能，包括硬盘分区和硬盘格式化两个操作。读者首先需要了解分区的相关知识、分区软件的用法，然后按照以下操作顺序一步一步地完成训练，并反复训练，以达到熟练掌握的目的。

一般来说，在掌握了分区基本理论知识的基础上，必须在实训室内进行硬盘分区和格式化的具体操作。由于分区和格式化操作对硬盘及其上的数据有一定的破坏，而不同硬盘的主要区别在于容量和速度等方面，因此可采用淘汰下来的小容量旧硬盘进行操作，也可在熟练使用仿真软件操作的基础上再进行实物操作。这样，一方面节约了成本、降低了风险，另一方面也锻炼了读者的能力。

DiskGenius（以下简称 DG）是一款专业级的数据恢复软件，算法精湛，功能强大，用户群体广泛；支持各种情况下的文件恢复和分区恢复，恢复效果好；文件预览、扇区编辑、加密分区恢复、Ext4 分区恢复、RAID 恢复等高级功能丰富，满足个人用户及企业用户对数据恢复的各种需求。DG 还提供了许多实用、便利的功能：快速分区、整数分区、分区表错误检查与修复、坏道检测与修复、查看 S.M.A.R.T.信息、永久删除文件、擦除数据、管理虚拟硬盘与动态磁盘、制作 WinPE 启动盘、批量格式化 U 盘、读写 Ext4 分区、管理 UEFI 启动项等。在这里我们主要使用其分区功能对硬盘进行分区和格式化，这也是每一个计算机使用者必须掌握的技能。

12.3.1 启动 DG

启动 DG 即通过设置启动顺序使系统从工具 U 盘启动，在启动盘建立的虚拟系统中运行 DG 软件。很多软件制作的启动 U 盘均集成了 DG 软件。下面以从 U 盘启动为例，介绍启动 DG 的具体步骤。

步骤1 制作启动 U 盘。在网上下载 U 盘启动制作工具（这里以《老白菜》超级 U 盘制作工具软件为例），安装成功后将 U 盘插入计算机，运行软件后单击“开始制作”按钮，制作启动 U 盘，如图 12.4 所示。

图 12.4
制作启动 U 盘

步骤2 进入 BIOS，设置从 U 盘启动。启动计算机，进入 BIOS 设置程序，设置计算机启动顺序为从 U 盘启动，将制作好的工具 U 盘插入 USB 接口，重新启动计算机，如图 12.5 所示。

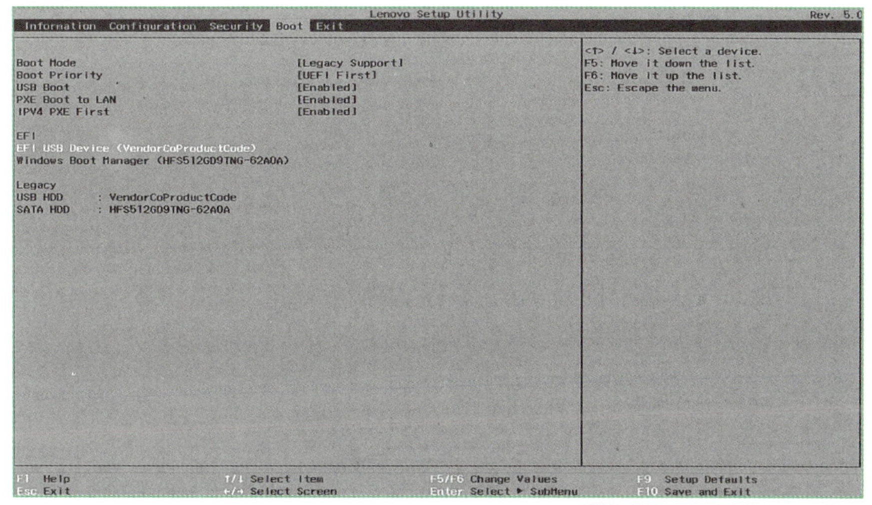

图 12.5
BIOS 设置从 U 盘启动

步骤3 运行 DG。在启动 U 盘启动成功后创建的虚拟操作系统中运行 DG 软件。进入 DG 工作主界面，了解各选项的内容与作用。DG 工作主界面如图 12.6 所示，最上面是菜单栏，可以在其中对硬盘进行相应操作；中间以彩色的图条来形象地表示硬盘分区情况，不同的颜色代表不同的分区格式；左侧是系统硬盘情况，右侧是对各个分区信息的具体描述。

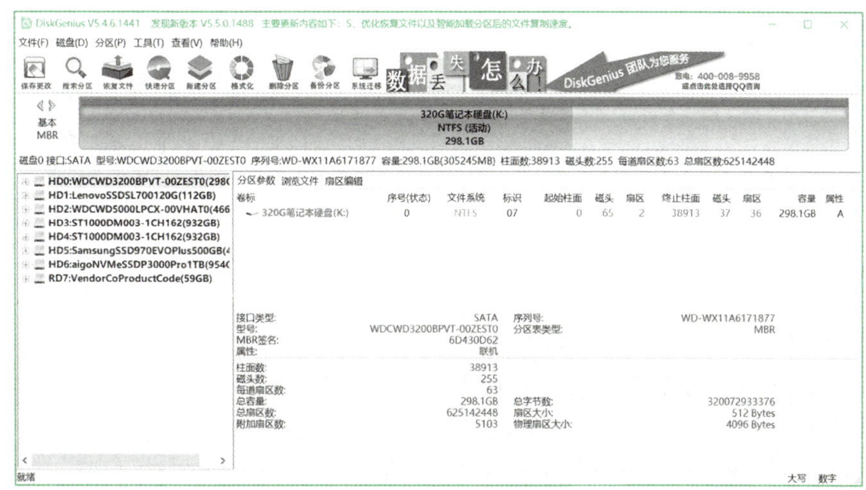

图 12.6
DG 工作主界面

12.3.2 删除已有的硬盘分区

无论是未分区的新硬盘还是已分区的硬盘，DG 分区的方法基本上都是一样的，考虑用户不一定都是对新空白硬盘进行操作，以下删除操作以已分区的硬盘为对象，具体步骤如下。

步骤1 选择要进行删除分区操作的硬盘。在图 12.7 所示的左侧栏选择需要进行删除分区操作的硬盘。如果系统存在多块硬盘，一般按照顺序以“硬盘 0”“硬盘 1”等进行编号，选择的时候注意不要选错。如果计算机中只有一块硬盘，则可以直接选中然后进行下一步操作。

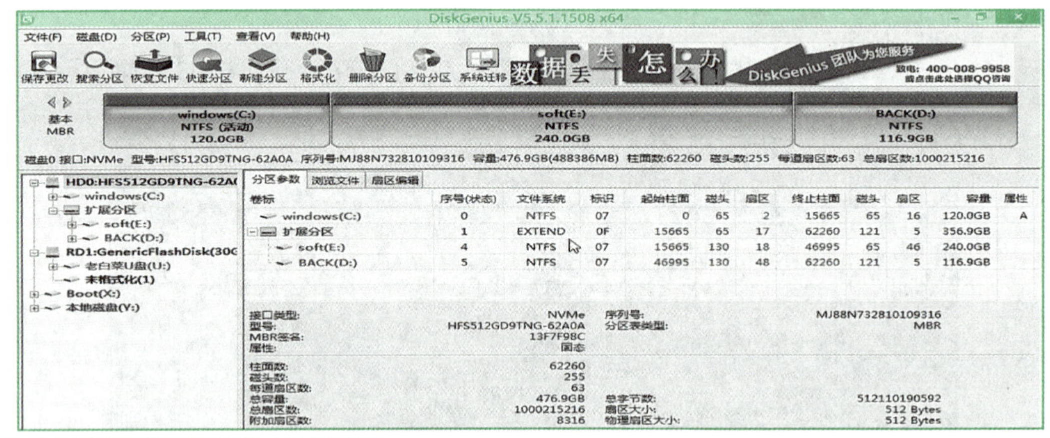

图 12.7
选择需要进行删除分区操作的硬盘

步骤2 选择某个硬盘分区，执行删除分区操作。在其中某一个分区的图条上右击，在弹出的快捷菜单中选择“删除当前分区”命令，如图 12.8 所示。

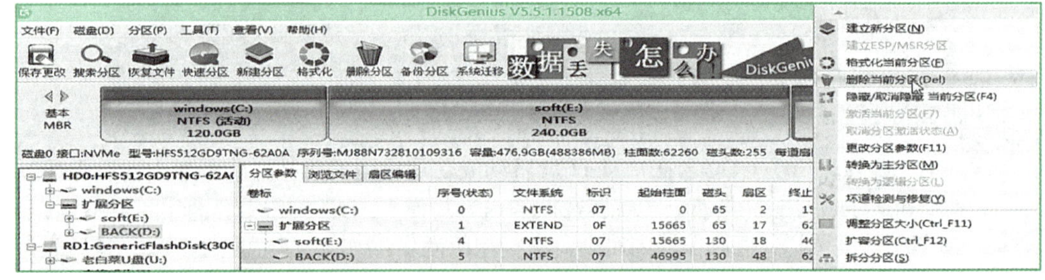

图 12.8
对选中的分区执行删除分区操作

步骤3 确认删除操作。在弹出的对话框中单击“是”按钮，然后单击“确定”按钮，分区即删除成功，其图条的颜色也变为灰色，并显示“空闲”及容量信息，如图 12.9 和图 12.10 所示。

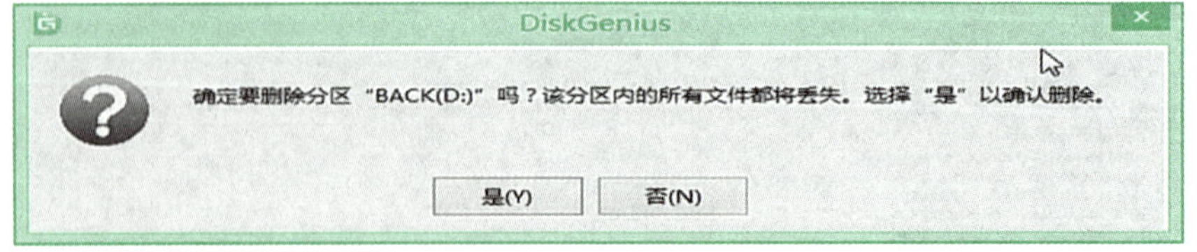

图 12.9
确认删除分区操作

步骤4 依次删除其他分区。对其他分区重复步骤 2 和步骤 3 的操作，直到所有分区均被删除，整个硬盘的图条全部变为灰色，如图 12.11 所示。

步骤5 完成删除硬盘分区操作。单击图 12.11 左上角的“保存更改”按钮，在弹出的对话框中单击“是”按钮，即可完成删除所有分区操作，如图 12.12 所示。

至此，删除硬盘原有分区的工作就完成了。

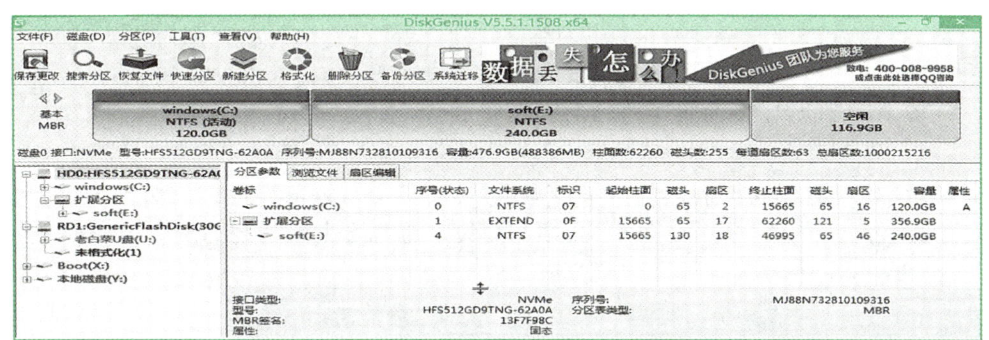

图 12.10
分区删除成功

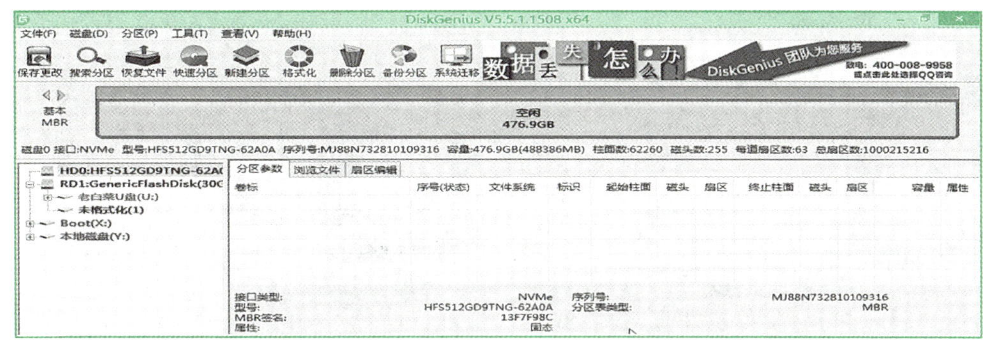

图 12.11
全部分区删除成功

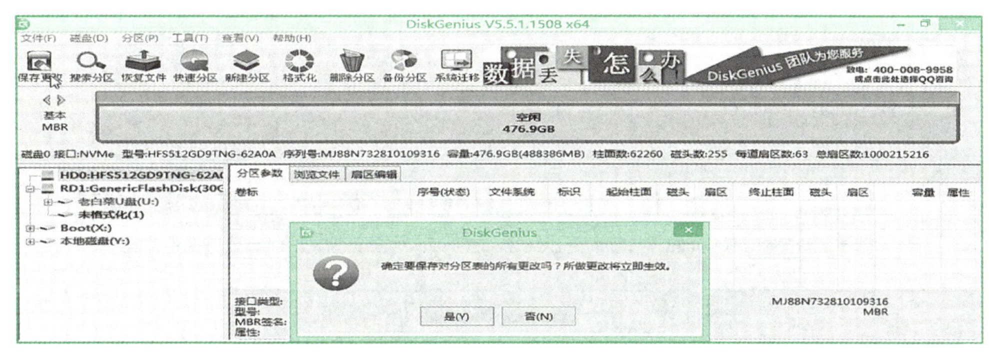

图 12.12
确认保存分区表所有更改

12.3.3 建立主分区

步骤1 选择要进行分区操作的硬盘，对其进行新建分区操作。选择硬盘，然后在对应的灰色图条上右击，在弹出的快捷菜单中选择“建立新分区”命令，如图 12.13 所示。

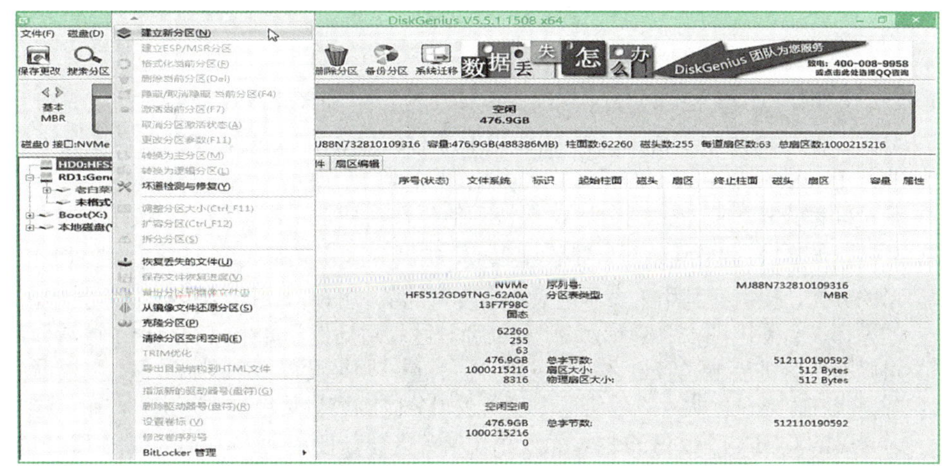

图 12.13
对硬盘执行新建分区操作

步骤2 建立主分区。此时弹出“建立新分区”对话框，因为是第一个分区，分区类型默认为“主磁盘分区”，文件系统类型默认为“NTFS”，新分区大小显示为整个硬盘的容量，如图 12.14 所示。

步骤3 设定主分区参数。根据实际需要输入主分区大小数值，这里输入 120，单位是 GB，在“对齐到下列扇区数的整数倍”复选框下面的下拉列表中选择“4096 扇区”，并为该分区设定一个卷标，这里设定为“windows”，表示是系统安装主分区，如图 12.15 所示。

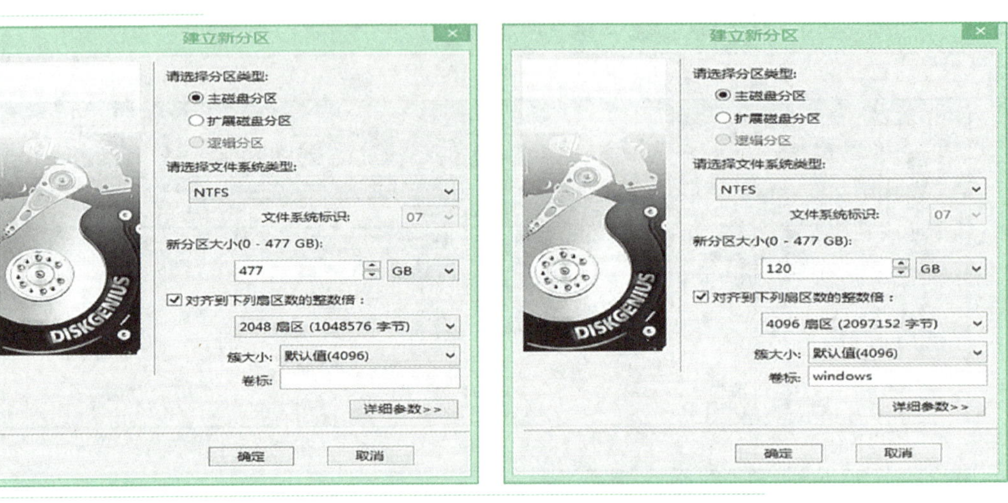

图 12.14 建立主分区

图 12.15 设定主分区参数

步骤4 建立主分区完成。上述参数设定完成后，单击“确定”按钮，即完成建立主分区的操作，如图 12.16 所示。

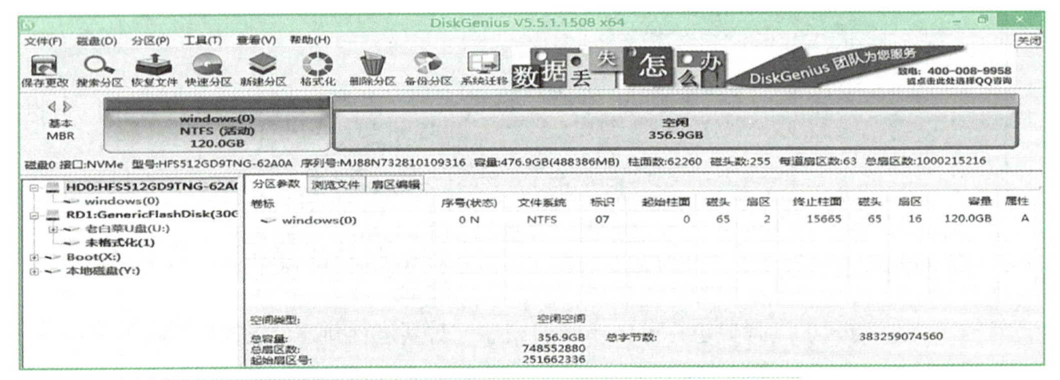

图 12.16 建立主分区完成

12.3.4 建立逻辑分区

建立逻辑分区的步骤如下。

步骤1 建立扩展分区并设置相关参数。主分区建立完成后，需要先建立扩展分区，然后再建立逻辑分区。在图 12.16 用来表示硬盘剩余容量的灰色图条上右击，执行上一小节中步骤 1 的操作，会弹出图 12.17 所示的对话框，这里系统会默认将剩余空间都设定为扩展磁盘分区，保持其他参数不变，单击“确定”按钮即可。

步骤2 建立逻辑分区并设置参数。扩展分区建立完成后，DG 会回到图 12.16 所示的界面，接着在其用来表示硬盘剩余容量的灰色图条上右击，执行上一小节中步骤 1 的操作，会弹出图 12.18 所示的“建立新分区”对话框，如果只设定一个逻辑分区，则可以将所有扩展分区容量设定为逻辑分区容量；如果设置多个逻辑分区，则根据个人实际需求在“新分区大小”数值框中输入逻辑分区的容量后单击“确定”按钮。这里硬盘容量是 500 GB，分为三个区，第一个逻辑分区容量设定为 240 GB，如图 12.19 所示。

图 12.17
建立扩展分区

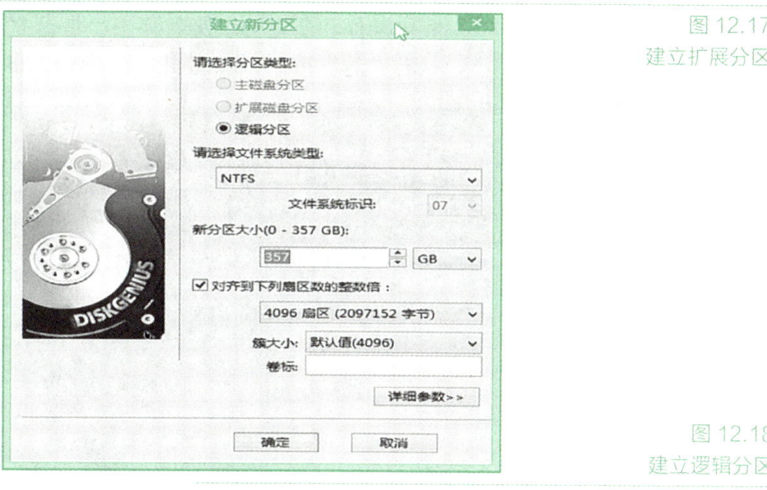

图 12.18
建立逻辑分区

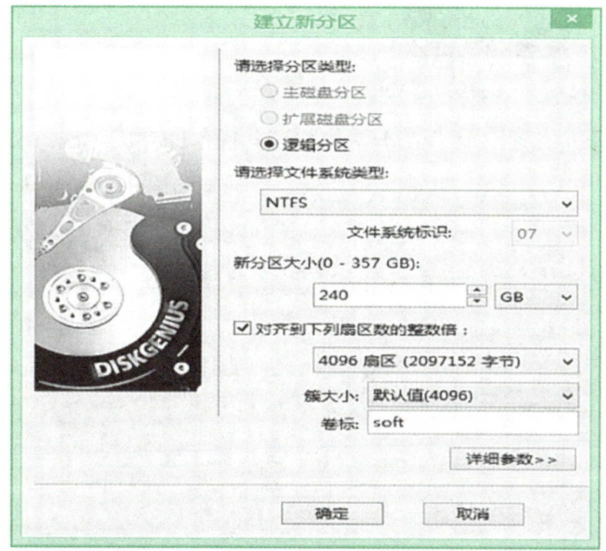

图 12.19
设置逻辑分区参数

步骤3 完成剩余逻辑分区的创建工作。根据分区规划和实际需要，重复步骤 2，直到硬盘所有空间被分完，如图 12.20 所示。

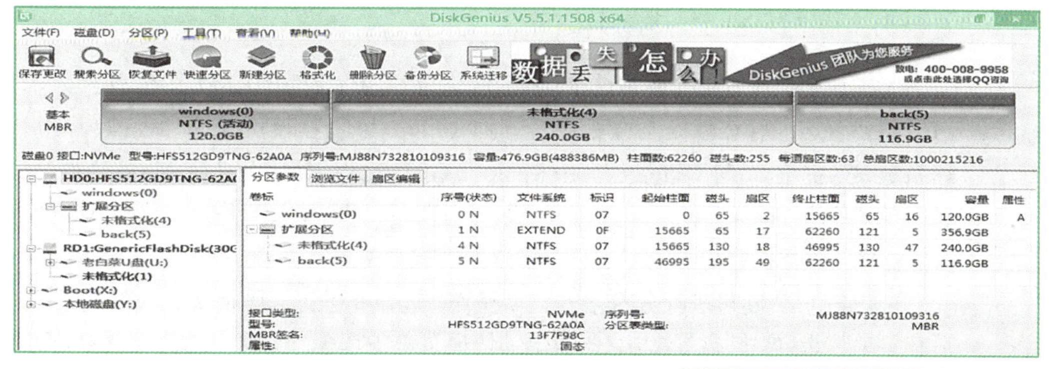

图 12.20
分区规划完成

12.3.5 完成分区操作

步骤1 保存分区表。在图 12.20 所示的界面中单击左上角的“保存更改”按钮，弹出确认对话框，单击“是”按钮，如图 12.21 所示。

步骤2 执行格式化操作。保存好分区表之后，因为所有新分区没有执行格式化操作，所以 DG 接着弹出“是否立即格式化下列新建立的分区”的对话框，这里单击“是”按钮，如图 12.22、图 12.23 所示。

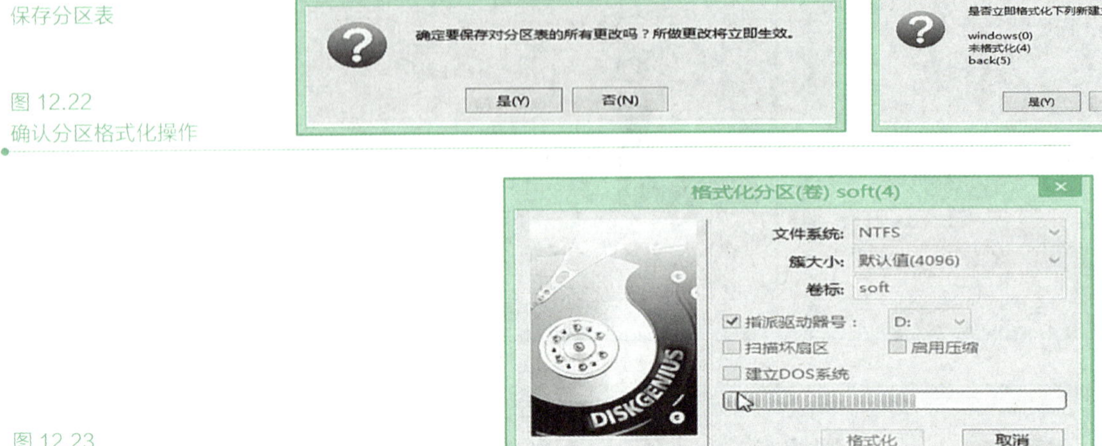

图 12.21
保存分区表

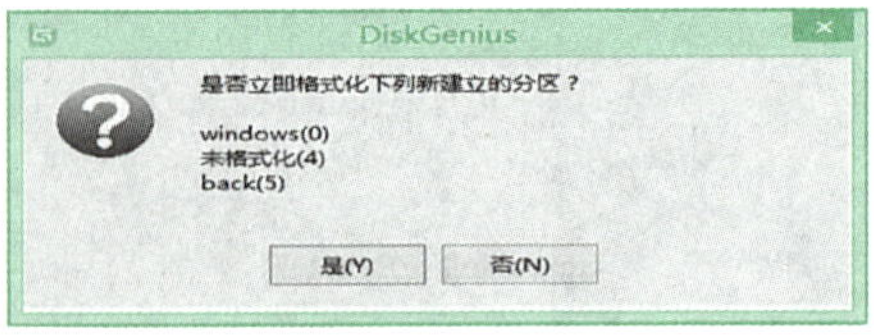

图 12.22
确认分区格式化操作

图 12.23
执行分区格式化操作

上述步骤完成后，硬盘的分区和格式化操作即完成，如图 12.24 所示。

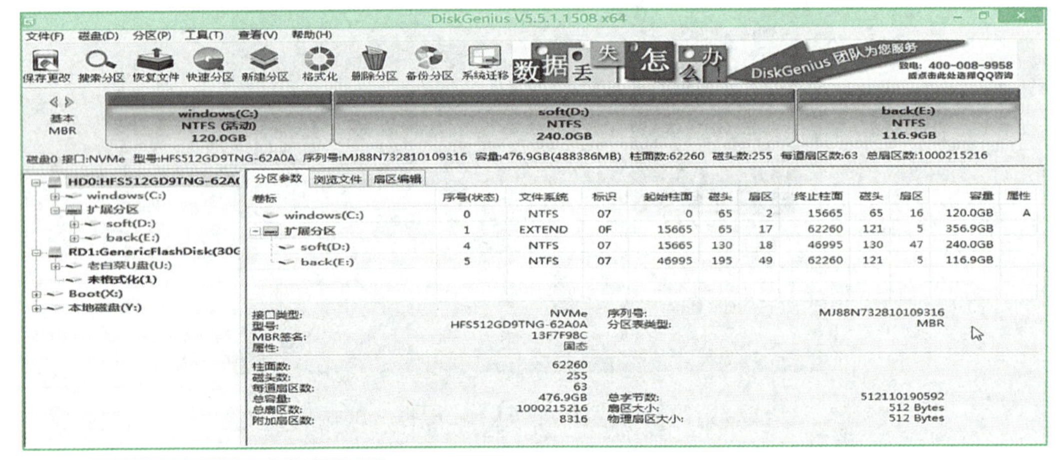

图 12.24
完成分区和格式化

12.3.6 硬盘 GPT 格式分区操作

考虑现在硬盘容量普遍超过 2 TB，传统的 MBR 硬盘分区格式最多只能支持 2 TB，在容量方面存在着极大的瓶颈，同时 UEFI 取代了老旧的 BIOS，Windows 10 操作系统成为主流，故针对硬盘进行由 MBR 向 GPT 格式的转化并进行分区操作也是读者需要具备的技能。在删除硬盘原有分区的基础上，可以对硬盘进行分区格式转换和分区操作。具体操作步骤如下。

步骤1 对硬盘进行分区格式转换操作。选择要进行分区格式转换的硬盘，然后在菜单栏选择“硬盘”菜单，在弹出的快捷菜单中选择“转换分区表类型为 GUID 格式”命令，此时可以看到硬盘图示条最左边的 MBR 变成了 GPT，如图 12.25、图 12.26 所示。

步骤2 建立 ESP、MSR 分区。格式转换完成后，在表示硬盘容量的图示条上右击，选择“建立新分区”命令，此时弹出对话框，询问是否建立 ESP、MSR 分区，这里勾选对应的复选框后单击“确定”按钮，同时在“对齐到此扇区数的整数倍”后面的下拉列表中选择“4096 扇区”，也就是执行 4K 对齐操作，如图 12.27 所示。

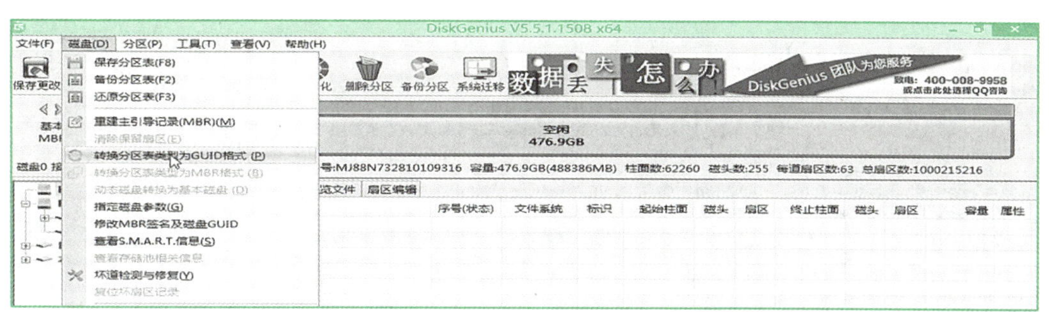

图 12.25
对硬盘执行分区格式转换操作

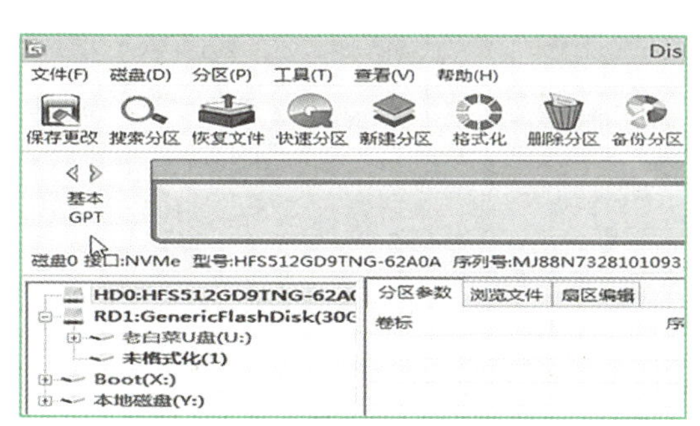

图 12.26
分区格式转换完成

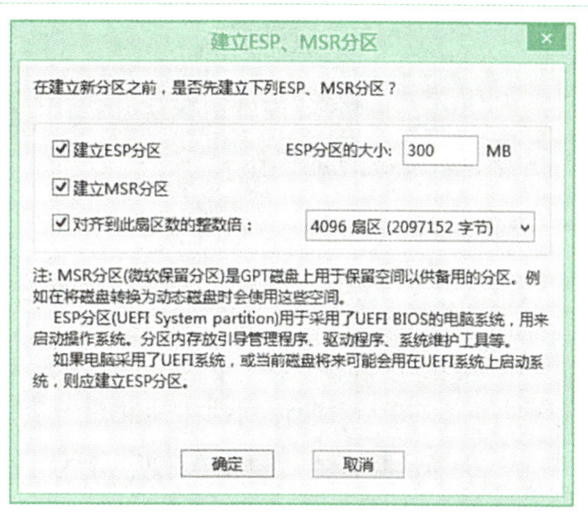

图 12.27
建立 ESP、MSR 分区

步骤3 设定第一个分区的参数。在弹出的“建立新分区”对话框中默认分区类型为“主磁盘分区”，需要注意的是，GPT 格式下没有主分区和逻辑分区的概念，可以直接分为多个区，而且 DG 只有“主磁盘分区”能选择，所有分区都可被看作主分区。在“请选择文件系统类型”下拉列表中选择 NTFS，这也是默认的选择。根据实际需要输入新分区大小的数值，这里输入 120，单位是 GB。如果前边没有选择 4K 对齐，这里需要在“对齐到下列扇区数的整数倍”复选框下面的下拉列表中选择“4096 扇区”。此外可为该分区设定一个卷标，这里设定为“WINDOWS”，表示是系统安装主分区。完成后单击“确定”按钮，如图 12.28 所示。

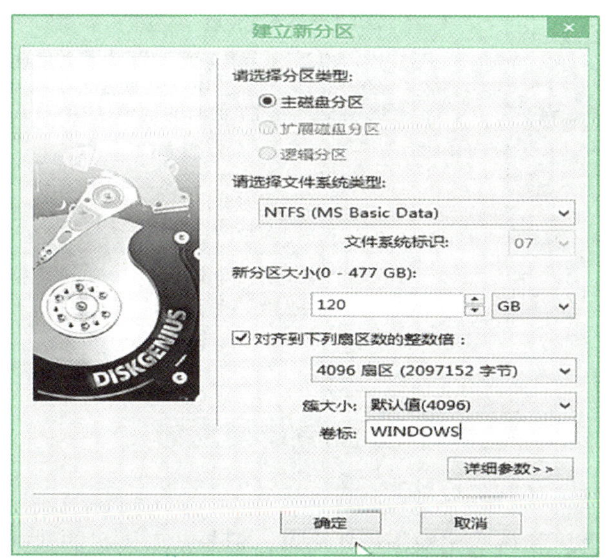

图 12.28
设置主分区参数

步骤4 完成其他分区操作。按照分区规划的情况，重复步骤 2 和步骤 3，即完成建立分区操作，如图 12.29 所示。

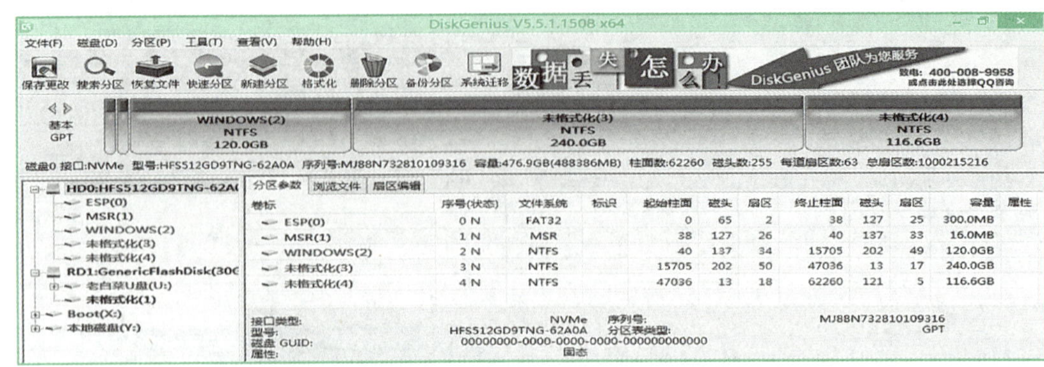

图 12.29
分区规划完成

步骤5 保存分区表更改并完成格式化。按照上一节的操作，即可完成整个分区和格式化的操作。

12.4 网上学：硬盘分区与格式化

进入本课程网站后，通过首页左侧的“项目学习→项目 12 硬盘分区与格式化”导航，打开“项目 12 硬盘分区与格式化”网上学习窗口，可以通过网络学习项目 12 的所有内容。另外，也可以在顶端导航栏中打开“硬盘分区模拟”，进行硬盘分区和格式化的模拟仿真，如图 12.30 所示。

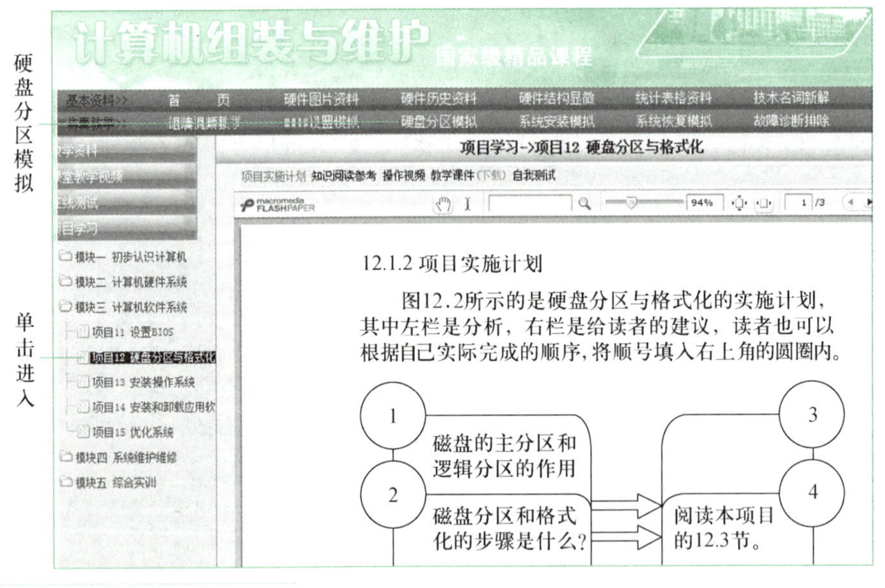

图 12.30
硬盘分区与格式化项目网上学习窗口

12.5 拓展训练：用 DG 动态调整硬盘分区

硬盘的分区和格式化操作虽然简单，但是却对硬盘的数据具有破坏性和毁灭性。用户在使用计算机的过程中，往往由于初始分区不合理导致后续需要对分区大小进行调整。如果要重新进行分区和格式化，则需要备份计算机上的数据。如果数据量较大，而用户又没有合适的存储工具，则是一件非常麻烦的事情。有没

笔 记

有一种方法能够在不破坏现有计算机数据的情况下对分区进行调整呢？DG 就是这样一款软件，它可以在不同的分区之间进行“空间挪移”，从而满足用户在不破坏数据的情况下调整空间的需求。

硬盘的结构在逻辑上可以看作是线性的，硬盘分区比较特殊的地方就在于操作只能在相邻空间进行，如果不相邻，则必须把空间转移到相邻空间才能操作。

DG 动态调整分区的操作过程是先将有多余空间的硬盘的容量调整出来，然后依次挪动，直至该空间容量能够被需要增加容量的分区使用。为方便读者理解，以图 12.31 为例，从左到右依次为 C、D、E 盘。由于 C 盘开始分区时规划的空间太小，不能满足现在的使用需要，但是 D、E 盘却有足够的空闲空间，现在需要做的就 sss 是把 D 盘的 40 GB 空闲空间转移到 C 盘，使 C 盘容量增加。具体过程就是，先从 D 盘调整 40 GB 空闲空间出来，然后移动空闲空间到 C 盘，最后执行操作，即可完成动态调整分区大小的操作。操作时可以直接用鼠标拖动，非常直观，具体操作步骤读者可以在硬盘分区的时候练习掌握。需要注意的是，对于一般硬盘，如果数据量大，这个动态调整空间的过程会比较久，在此过程中计算机不能断电和重启，否则会导致分区调整失败和数据丢失，所以这个操作存在一定的危险性，一定要慎重。

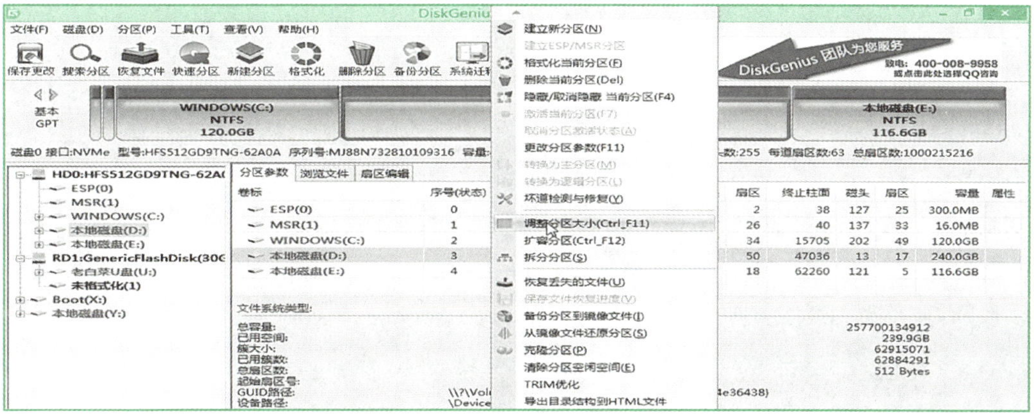

图 12.31
动态调整分区大小

项目 13

安装操作系统和驱动程序

教案：
安装操作系统和驱动程序

教学课件：
安装操作系统和驱动程序

素质目标

笔 记

13.1 项目内容及实施计划

在完成计算机硬件组装以及对硬盘进行分区和格式化之后，首要的工作就是安装操作系统。操作系统的作用是为用户提供一个简单易用的软件平台。通过这个平台，用户可以很好地对计算机的软硬件资源进行管理和使用。本项目通过学习安装 Windows 10 操作系统和计算机常用硬件的驱动程序，为进一步地掌握计算机组装及维护打下基础。

13.1.1 项目描述

安装操作系统项目包括利用给定的系统安装盘安装 Windows 10 操作系统，在安装过程中对相关选项进行合理设置，并为计算机系统硬件正确安装驱动程序，如图 13.1 所示。

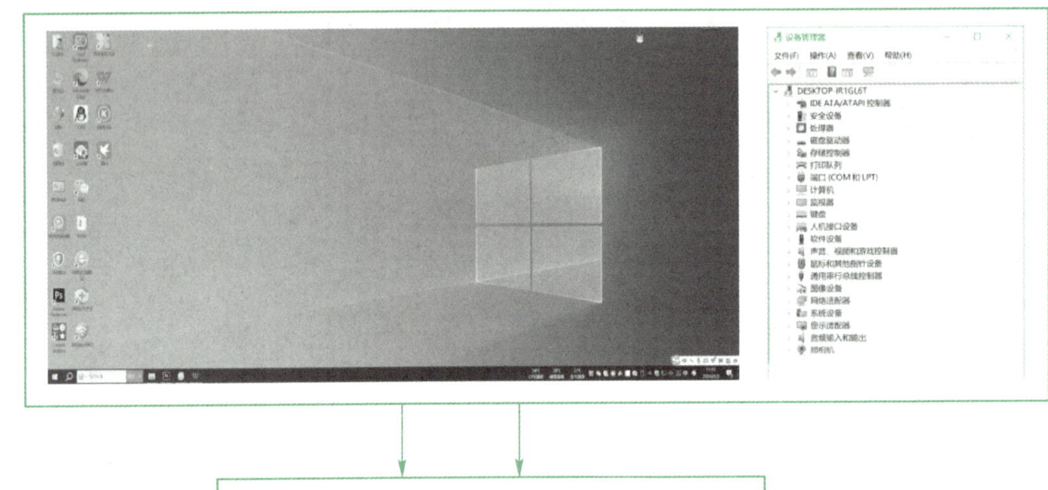

图 13.1
项目描述——安装操作系统和驱动程序

Windows 10 一般可以从硬盘直接安装，这种方式适合升级安装；也可以从光驱或 U 盘启动安装，这种方式适合全新安装。本项目主要讲解 Windows 10 的全新安装，以及在安装过程中对部分选项进行合理操作和正确设置，从而保证 Windows 10 安装成功。驱动程序的安装也有全新安装和升级安装两种方式，前者是针对安装完操作系统后对部分操作系统不能正确识别的硬件进行的，后者则是针对部分硬件因驱动程序不够完善或过于陈旧而进行的，目的是改善硬件性能。

13.1.2 项目目标

1. 德育目标

（1）以华为鸿蒙操作系统等国产操作系统为切入点，展现我国操作系统设计成果，增强学生的民族自信心。

（2）以政府和国防部门必须使用国产芯片和国产操作系统为切入点，培养学生的国家安全意识。

2. 知识目标

（1）初步认识操作系统的作用。

（2）了解 Windows 操作系统的种类和安装方法。

（3）了解驱动程序的作用和安装方法。

3. 技能目标

（1）能顺利安装 Windows 10 操作系统。

（2）能顺利对驱动程序进行安装和更新。

（3）能通过课程网站进行学习。

4. 素养目标

（1）培养学生的工匠精神和正确的职业观。

（2）培养学生的创新思维和信息安全意识，学会举一反三。

（3）增强学生对 IT 事业的责任感和使命感，强化学生的国家信息和网络安全意识。

笔 记

13.1.3 项目实施计划

图 13.2 所示的是安装操作系统和驱动程序的实施计划，其中左栏是分析，右栏是给读者的建议。读者也可以根据自己实际完成的顺序，将顺序号填入右上角的圆圈内。

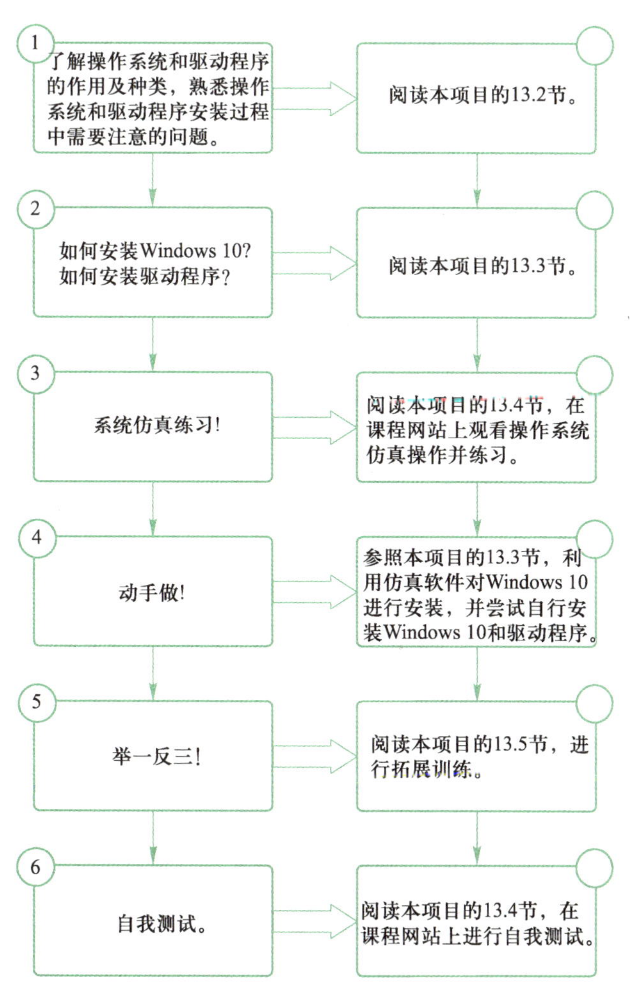

图 13.2
安装操作系统和驱动程序的实施计划

笔记

13.2 知识阅读：操作系统和驱动程序

为了完成“安装操作系统和驱动程序”项目，需要在安装操作系统和驱动程序之前对其中涉及的一些理论知识进行学习，包括操作系统的定义、类型、种类等，以及驱动程序的作用和安装顺序等。学习这些知识，对用户进一步了解操作系统和驱动程序有很大的帮助。

13.2.1 操作系统概述

操作系统从功能上来说是一个比较复杂的计算机系统软件，其基本作用在于管理计算机的软硬件资源。通过操作系统才能方便地使用计算机。

1. 操作系统的定义

操作系统（Operating System，OS）是管理计算机硬件与软件资源的程序，负责如管理与配置内存、决定系统资源供需的优先权、控制输入与输出设备、管理文件系统等基本事务。操作系统能够很方便地管理计算机系统的全部软硬件资源，控制程序运行，改善人机界面，为其他应用软件提供支持等，使计算机系统的所有资源最大限度地发挥作用。目前微机上常见的操作系统有 MS-DOS、OS/2、UNIX、XENIX、Linux、Windows、Netware 等。无论是哪种操作系统，一般都具有并发性、共享性、虚拟性和不确定性 4 个基本特征，且具备资源管理、程序控制和人机交互等主要功能。

2. 操作系统的类型

操作系统大致可分为 6 种类型。

简单操作系统：计算机初期所配置的操作系统，如 IBM 公司的磁盘操作系统 DOS/360 和微型计算机的操作系统 CP/M 等。这类操作系统的功能主要是执行操作命令、进行文件服务、支持高级程序设计语言编译程序和控制外部设备等。

分时系统：支持位于不同终端的多个用户同时使用一台计算机，且彼此独立，互不干扰，用户感觉好像一台计算机全为他所用。

实时操作系统：为实时计算机系统配置的操作系统。其主要特点是，对于资源的分配和调度，首先要考虑实时性，然后才是效率。此外，实时操作系统应有较强的容错能力。

网络操作系统：为计算机网络配置的操作系统。在其支持下，网络中的各台计算机能互相通信和共享资源。其主要特点是，与网络的硬件相结合来完成网络的通信任务。

分布操作系统：为分布计算系统配置的操作系统，在资源管理、通信控制和操作系统的结构等方面都与其他操作系统有较大的区别。它分布于系统的各台计算机上，能并行地处理用户的各种需求，有较强的容错能力。

智能操作系统：支持计算机特别是新一代计算机的新一代操作系统，负责管理上述计算机的资源，向用户提供友善接口，并有效地控制基于知识处理和并行处理的程序的运行。因此，它是实现上述计算机并付诸应用的关键技术之一。智能操作系统将基于集成操作系统、人工智能与认知科学而进行研究。

3. 操作系统的分类

根据计算机的种类和操作系统的应用，操作系统有如下分类。

大型计算机操作系统：最早的操作系统是针对 20 世纪 60 年代的大型计算机开发的，这些早期的操作系统是现代操作系统的先驱。

嵌入式系统：嵌入式系统是面向用户、面向产品、面向应用的操作系统，与应用紧密结合，具有很强的专用性，必须结合实际系统需求进行合理的裁减利用，广泛应用于工业控制、交通管理、信息家电等领域。

类 UNIX 系统：类 UNIX 系统（英文为 UNIX-like）指各种传统的 UNIX 系统，以及各种与传统 UNIX 类似的系统，可在非常多的处理器架构下执行，在服务器系统上有很高的使用率。

拓展阅读
国产操作系统的代表——统信 UOS

Linux 系统：Linux 是一套免费使用和自由传播的类 UNIX 操作系统，其最大的特色在于源代码完全公开，在符合 GNU GPL（General Public License）的原则下，任何人皆可自由取得、传播甚至修改源代码。

Windows 系统：Windows 系列操作系统是在微软公司为 IBM 机器设计的 MS-DOS 的基础上设计的图形操作系统。它采用了 GUI 操作模式，比起从前的指令操作系统更为人性化。Windows 操作系统是目前世界上使用最广泛的操作系统。

苹果 macOS：macOS 是一套运行于苹果 Macintosh 系列计算机上的操作系统，以界面华丽和方便好用著称，但主要用于苹果公司生产的个人计算机。

未来的操作系统朝着提供更省电、网络化、华丽的使用界面的方向发展。同时，移动设备领域也成为操作系统争先占领的主阵地。

笔 记

13.2.2 安装 Windows 10 应注意的问题

自己动手安装 Windows 10 系统并非难事，但有几个细节问题需要注意。

1. Windows 10 的安装方式

Windows 10 的安装方式可以大致分为 3 种：升级安装、全新安装和多系统共享安装。升级安装即覆盖原有的操作系统，如果要将操作系统替换为 Windows 10，则升级操作可以在 Windows 7 等操作系统中进行。全新安装则是在没有任何操作系统的情况下或是删除原有操作系统的基础上安装 Windows 10 操作系统，一般用于新配置的计算机或计算机出现软件问题后。多系统共享安装指保留原有操作系统，使之与新安装的 Windows 10 共存的安装方式，安装时不覆盖原有操作系统，将新操作系统安装在另一个分区中，与原有的操作系统可分开使用，互不干扰。

2. 选择最好的系统版本

Windows 10 是跨平台操作系统，应用于计算机和平板电脑等设备，2015 年 7 月 29 日发行，共有家庭版、专业版、企业版、教育版、专业工作站版、物联网核心版等 6 个版本，在这 6 个版本中，家庭版和专业版是用户使用较多的主力版本，前者面向家庭用户，后者以家庭版为基础，增添了管理设备和应用，保护敏感的企业数据，支持远程和移动办公，使用云计算技术。此外，Windows 10 还有 32 位和 64 位的版本之分。需要注意的是，32 位的版本和 64 位的版本没有外观或者功能上的区别，64 位的版本支持大于 4 GB 以上容量的内存，而 32 位的版本只能支持最大 4 GB 内存。考虑到目前用户的内存配置基本上是 4 GB、8 GB 起步，所以推荐安装 64 位的版本，这样可以充分发挥系统硬件的功能。

笔 记

3. 正确安装操作系统

安装系统难不难？有些读者可能认为很难，但对照操作教程做一次后，就感觉非常简单了。在安装系统前，首先要确认自己为什么要安装操作系统，如果是系统中了病毒，最好在安装前格式化所有硬盘，删除分区，再重新建立分区并格式化，之后按照系统安装程序耐心地安装。如果不是因为病毒引起的系统崩溃、反应慢等原因，在做好数据备份之后直接对 C 盘进行格式化就可以重新安装了。需要注意的是，在安装 Windows 10 时，在启动方式上，MBR 和 BIOS（MBR+BIOS）、GPT 和 UEFI（GPT+UEFI）是相辅相成的，若计算机主板选择了 UEFI 启动模式，那必须将安装操作系统的硬盘分区格式由 MBR 转换为 GPT 格式，否则安装会报错。

4. 及时启动安全保护

系统安装好后，建议按照以下步骤操作：正确配置计算机的网卡、声卡和显卡等驱动程序→及时启动自动更新→安装杀毒软件→升级病毒库→安装其他应用软件。

5. 定期对系统进行“体检”

在系统全部做好后，建议先进行系统备份，再进行优化，之后定期进行“体检”，以保证系统的稳定和纯洁。

13.2.3 驱动程序概述

1. 什么是驱动程序

驱动程序的全称为“设备驱动程序”，是一种可以使计算机和设备通信的特殊程序。通过驱动程序，各种硬件设备才能正常运行，从而达到既定的工作效果。驱动程序相当于硬件的接口，操作系统只有通过这个接口才能控制硬件设备的工作，驱动程序被誉为“硬件的灵魂”“硬件的主宰”和“硬件和系统之间的桥梁”等。

刚安装好操作系统的计算机，很可能其中的驱动程序安装得不完整。硬件越新，这种可能性越大，此时硬件的本领无从发挥、无用武之地。理论上讲，所有的硬件设备都需要安装相应的驱动程序才能正常工作。但像 CPU、内存、主板、软驱、键盘、显示器等设备，不需要安装驱动程序也可以正常工作，这主要是由于 CPU、内存这些硬件对于一台个人计算机来说是必需的，所以早期的设计人员将这些硬件列为 BIOS 能直接支持的硬件。换句话说，上述硬件安装后就可以被 BIOS 和操作系统直接支持，不再需要安装驱动程序。从这个角度来说，BIOS 也是一种驱动程序。但是对于其他的硬件，如网卡、声卡、显卡及一些外围设备等，却必须要安装驱动程序，不然这些硬件就无法正常工作。

一般来说，在安装操作系统的同时，操作系统已经帮用户给一些常用的硬件安装了驱动程序。高版本和最新的系统一般情况下会集成大部分主流设备的驱动，使用户免去不少安装的时间。但这并不是说，高版本的操作系统就不用安装驱动程序了，主要是因为硬件的更新总是领先于操作系统（如 Windows）版本的更新，并且硬件厂商为了提高其硬件产品的性能和兼容性，也在不停地发布新版本的驱动程序。所以，当一些新型号的硬件不能被操作系统识别，或者有一些硬件（不管是老型号的还是新型号的）虽然能被识别并能正常工作，但由于操作系统包含的驱动程序版本较低，此时不能完全发挥这个硬件的性能和提高它的兼容性，出现这些情况时就必须手动为其安装合适版本的驱动程序。

笔 记

2. 驱动程序的分类

按照驱动程序的来源可以分为官方正式版、微软 WHQL 认证版、第三方驱动、发烧友修改版、Beta 测试版。按服务的硬件对象，可以分为主板驱动、显卡驱动、声卡驱动等。此外按所在操作系统类型和版本的不同，分别有类型和版本对应的驱动程序。在安装驱动程序的时候，这些一定要弄清楚。

3. 驱动程序的安装顺序

对于一台计算机来说，驱动程序安装的一般顺序如下：

主板芯片组（Chipset）→最新 DirectX（一般情况下都是越新越好）→显卡（VGA）→声卡（Audio）→网卡（LAN）→无线网卡（Wireless LAN）→其他（如电视卡、CDMA 上网适配器等）。不过现在的操作系统在安装的时候，除了少部分硬件程序未能安装到位，其他绝大部分硬件的驱动程序基本上都安装到位了，用户只需要进行更新升级就可以了。

需要注意的是，有些主板上集成了显卡、声卡和网卡，在安装独立的显卡、声卡驱动程序时，有时候可能需要在 BIOS 设置中将集成的显卡和声卡屏蔽掉，否则会影响正常的使用。

4. 驱动程序的安装步骤

驱动程序的安装有以下两种情况：一种是在操作系统安装完毕后，由于操作系统不能够正确识别设备型号而造成设备无法正常使用时；一种是由于硬件已经有了最新的驱动程序，需要对陈旧的驱动程序进行升级时。

对于一个具体的硬件产品来说，要安装或更新其驱动程序，可以按照以下步骤来进行：确定要安装硬件的型号；从硬件附带的驱动光盘中找到对应型号的驱动程序目录，运行 Setup.exe 文件；如果没有 Setup.exe 文件，可以从设备管理器中选择对应的硬件，然后在弹出的界面中选择“更新驱动程序软件”选项，根据提示，将目标指向驱动光盘或软盘上的驱动程序所在目录，在连接因特网的情况下，系统也可以从网上自动搜索更新的驱动程序软件；安装完毕后，根据提示重新启动计算机，完成驱动程序的安装。

5. 驱动精灵

驱动精灵是一款集驱动管理和硬件检测于一体的、专业级的驱动管理和维护工具。驱动精灵为用户提供驱动备份、恢复、安装、删除、在线更新等实用功能。该软件原由驱动之家网站（现更名为快科技）创建，后该网站被金山公司收购。它能够提供万能驱动安装、系统硬件侦测、驱动备份、驱动安全卸载、系统补丁安装等功能。它的出现为不熟悉计算机驱动程序安装操作的用户带来了极大的方便，用户可以到其官网上查询下载。另外，功能类似的软件还有很多，如 360 的驱动大师和鲁大师等。

13.3 动手做：安装操作系统和驱动程序

在掌握了操作系统和驱动程序的基本知识之后，如何训练读者能够在完成硬盘分区及格式化的基础上自主安装 Windows 10 操作系统和驱动程序是本项目的重点。

笔记

13.3.1 安装 Windows 10 操作系统

这里先学习 Windows 10 的全新安装方法，在掌握了全新安装的基础上，再逐步学习其他安装方式。一般来说，这个安装过程可能会由于版本的不同而略有差别，在这里以 Windows 10 专业版的安装为例，具体步骤如下。

步骤1 登录微软的官方网站下载 Windows 10 官方媒体创建工具。在打开的页面上单击“立刻下载工具”按钮，下载名为“MediaCreationTool22H2”的文件到本地计算机硬盘，如图 13.3 所示。

图 13.3
下载官方媒体创建工具

步骤2 创建 Windows 10 安装 U 盘。插上要制作安装盘的 U 盘，运行刚下载的 MediaCreationTool 程序，如果在打开过程中遇到系统的提示对话框，选择“是”或者“运行”按钮。在正常启动程序后，将看到 Windows 10“微软软件许可条款”，选择“接受”按钮，在弹出的“你想执行什么操作？”窗口选择“为另一台电脑创建安装介质”单选按钮，然后单击“下一步”按钮；“选择语言、体系结构和版本”窗口使用默认值，然后单击“下一步”按钮；在“选择要使用的介质”窗口选择“U 盘”单选按钮后，单击“下一步”按钮；选中插入 U 盘盘符，并单击“下一步”按钮，开始下载安装文件制作安装 U 盘，直到完成，如图 13.4～图 13.11 所示。

步骤3 设置计算机启动顺序。将制作好的 Windows 10 安装 U 盘插入计算机的 USB 接口，启动计算机，进入 BIOS，设置计算机从 U 盘启动，以便启动计算机后开始安装操作系统。此时，安装程序将检测计算机的硬件配置，从安装盘提取必要的安装文件并启动安装程序，在这里如果没有特殊需求，直接单击“下一步”按钮后单击“现在安装”按钮开始安装程序，如图 13.12、图 13.13 所示。

步骤4 输入产品密钥。第一次安装需要输入产品密钥，如果是重新安装，则可以选择“我没有产品密钥”，然后单击“下一页”按钮继续，如图 13.14 所示。

图 13.4 运行官方媒体创建工具

图 13.5 为另一台计算机创建安装介质

图 13.6 选择语言、版本和体系结构

图 13.7 选择要使用的介质

图 13.8 选择 U 盘

图 13.9 下载 Windows 10 安装文件

步骤5 选择要安装的操作系统版本。在这里可以根据需要选择家庭版或者专业版，然后单击“下一页”按钮，如图 13.15 所示。

步骤6 选择接受许可条款。在弹出的对话框勾选“我接受许可条款”复选框后单击“下一页”按钮，如图 13.16 所示。

步骤7 选择要安装的类型。弹出的对话框会给出“升级”和“自定义”两种安装类型，如果是在原有低版本的系统上进行升级安装，就选择“升级”；如果是全新安装，则选择“自定义”，如图 13.17 所示。

图13.10 Windows 10安装U盘制作完成

图13.11 Windows 10安装获取更新

图13.12 Windows 10初始安装设置

图13.13 Windows 10开始安装

图13.14 输入产品密钥

图13.15 选择操作系统版本

步骤8 选择安装分区。这个步骤特别重要，在操作时一定要注意。如果是全新硬盘，且电脑主板选择了UEFI启动模式，那必须将安装操作系统的硬盘分区格式由MBR转换为GPT格式，否则安装会报错。在这里选择第一个分区作为安装盘，如图13.18所示。如果硬盘非全新，这里很可能会显示多个分区，除了原有的C盘、D盘、E盘等以外，通常还会有系统保留等分区。在完全重新安装系统的情况下，建议大家做好数据备份，并将所有原有分区全部删除后再重新划分分区，然后选择第一个主分区进行安装，这里就不详细阐述了。

步骤9 等待安装程序执行安装。系统复制文件，开始安装，完成安装之后会重新启动计算机，如图13.19、图13.20所示。

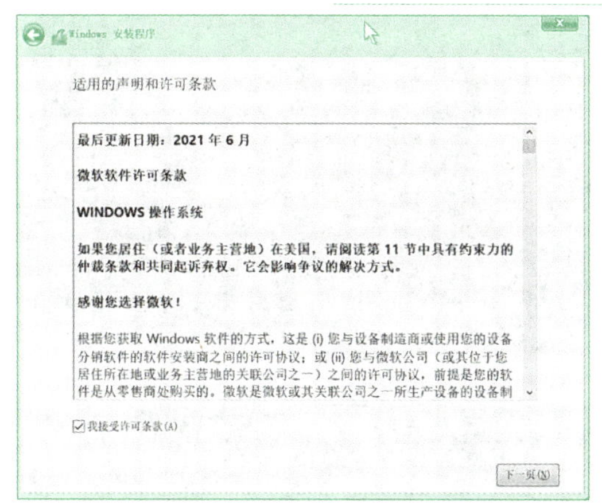

图 13.16
选择接受许可条款

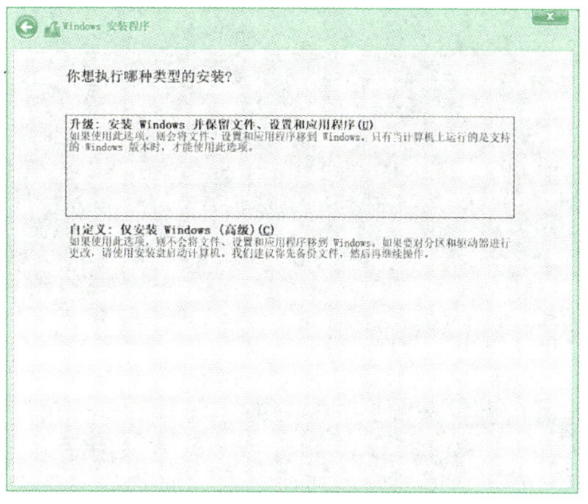

图 13.17
选择安装类型

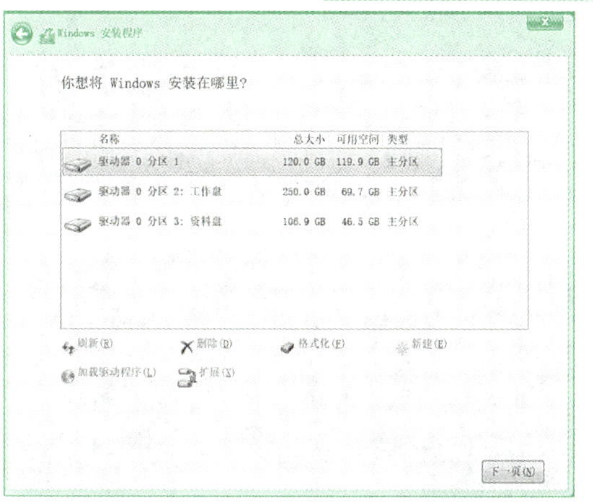

图 13.18
选择安装分区

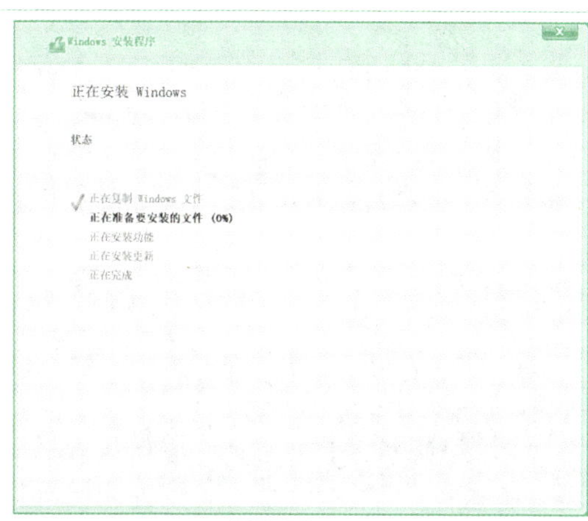

图 13.19
执行安装

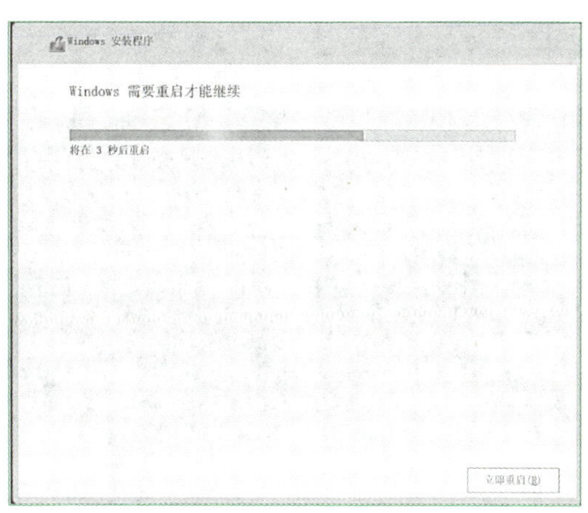

图 13.20
系统重启

步骤10 设置区域和键盘布局。系统重启后，会依次要求用户进行区域设置和键盘布局设置，如果没有特殊需求，这里使用默认值，直接单击“是”按钮，如图 13.21、图 13.22 所示。

步骤11 连接网络和选择设置方式。在这里根据实际需要选择，网络连接可以选择 WiFi 或者直接单击“我没有 Internet”，设置方式可以选择“针对个人使用进行设置”，如图 13.23、图 13.24 所示。

步骤12 设置用户名和密码。这里根据需要设置用户名、密码和安全提示问题，如图 13.25～图 13.28 所示。安全提示问题需要设置 3 个，用户需要记住设置的问题，用来在忘记登录密码的时候找回密码。

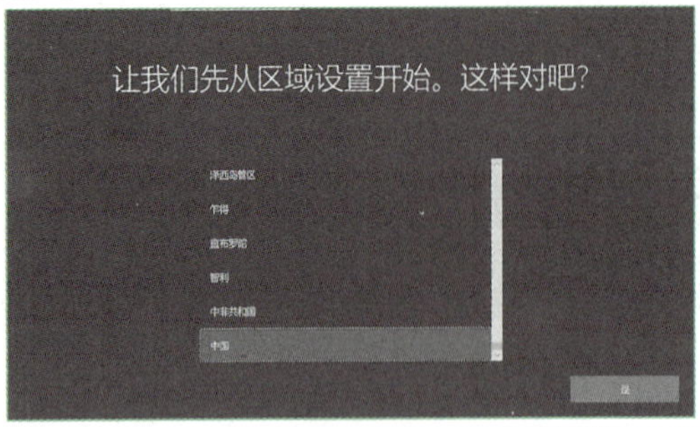

图 13.21
设置区域

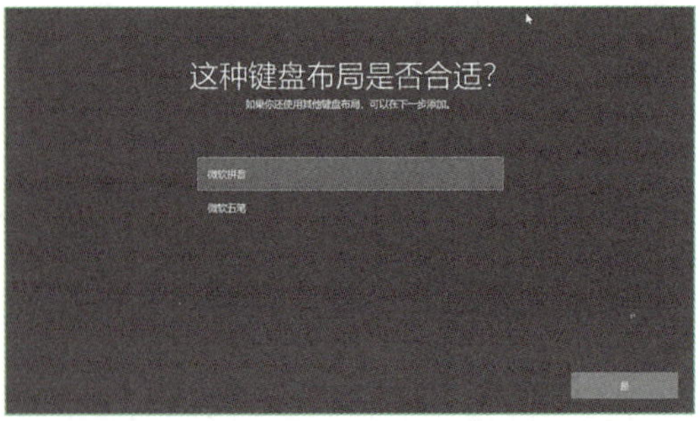

图 13.22
设置键盘布局

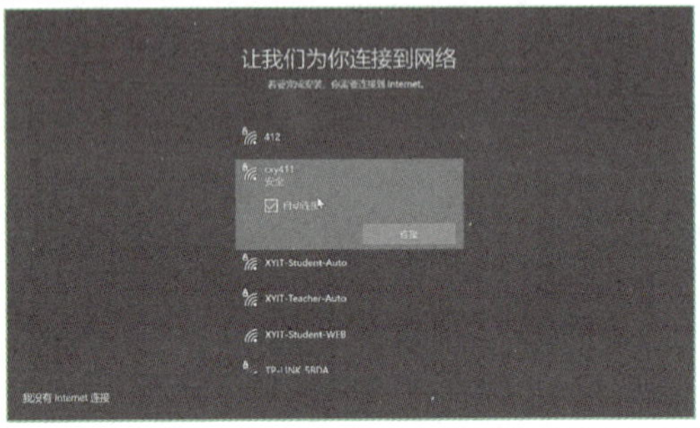

图 13.23
设置网络连接

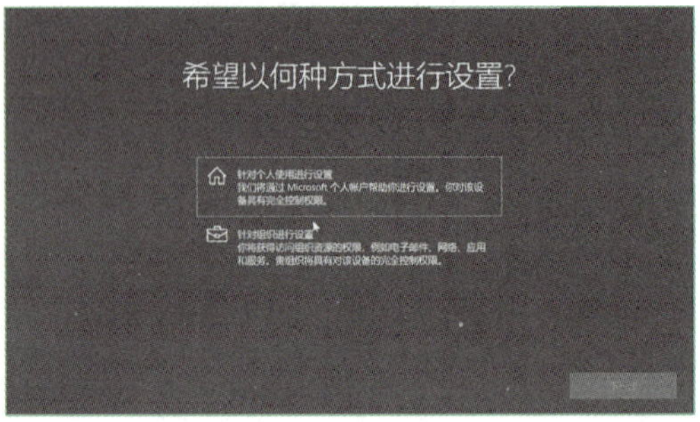

图 13.24
选择设置方式

图 13.25
设置用户名

图 13.26
设置密码

图 13.27
确认密码

图 13.28
为账户创建安全问题

步骤13 完成最后的相关设置。创建好用户名和密码后，Windows 10 安装程序会进行使用方面的相关设置，如图 13.29～图 13.33 所示。

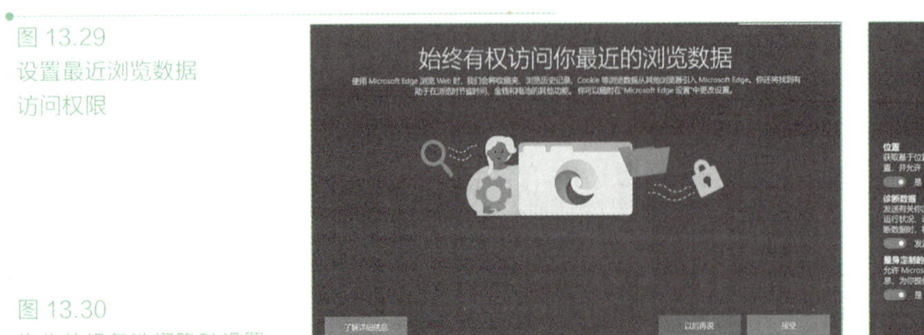

图 13.29
设置最近浏览数据访问权限

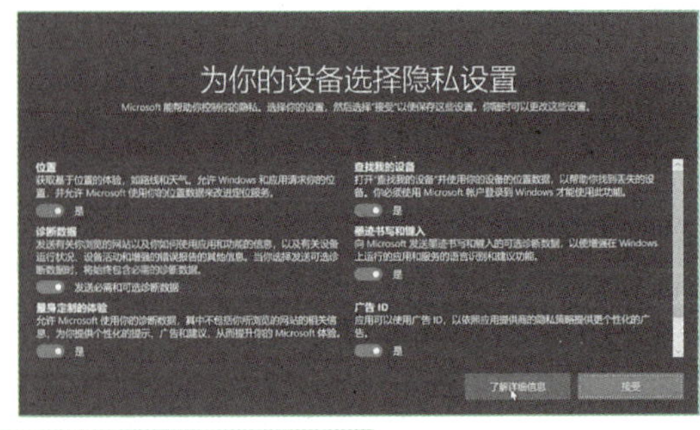

图 13.30
为你的设备选择隐私设置

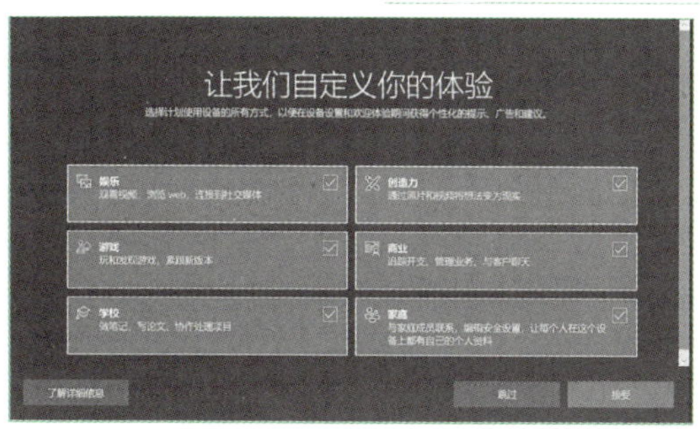

图 13.31 自定义使用体验

图 13.32 让 Cortana 帮助完成操作

步骤14 完成安装，进入 Windows 10 桌面，如图 13.34 所示。

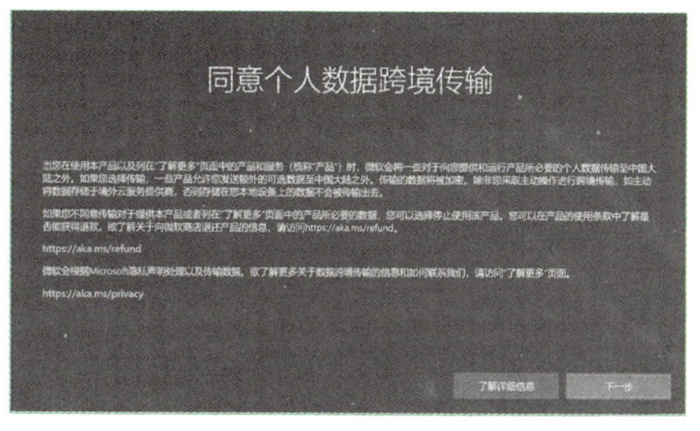

图 13.33 同意个人数据跨境传输

图 13.34 Windows 10 桌面

在这里，因为系统没有安装应用软件，所以桌面上只有“回收站”和“Microsoft Edge”图标。在桌面右击，在弹出的快捷菜单中选择“个性化”命令，在弹出的“设置”窗口左侧选择“主题”选项，然后在右侧“相关的设置”栏点击“桌面图标设置”，在弹出的对话框中选中“计算机”“网络”等复选框，即可在桌面显示相关图标，如图 13.35、图 13.36 所示。

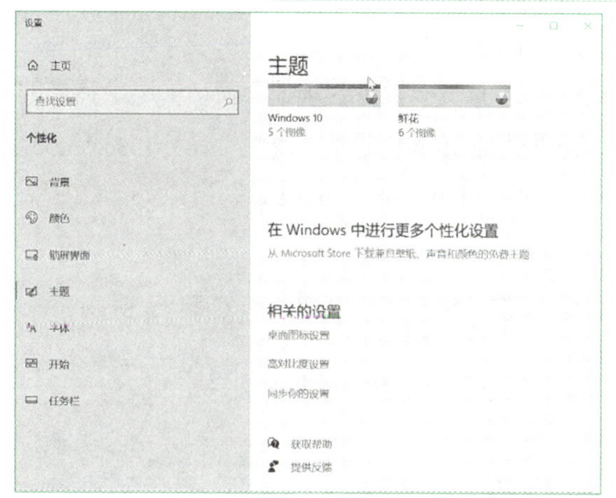

图 13.35 选择“主题”选项

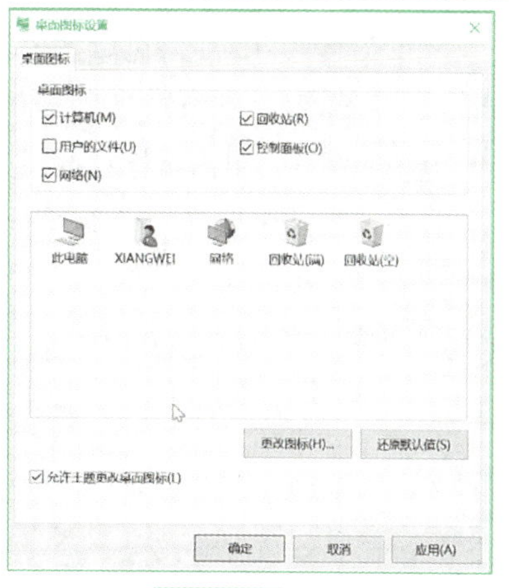

图 13.36 选择需要的桌面图标

步骤15 激活 Windows 10。在完成 Windows 10 的安装之后，可根据微软的要求对系统进行激活，否则无法正常使用。系统属性中显示已激活后可以正常使用，如图 13.37 所示。

至此，Windows 10 系统安装完成，用户可以开始正常使用了。

需要注意的是，受 Windows 10 不同版本的影响，本书介绍的安装过程中的部分步骤可能有所差异，用户可根据实际情况进行安装。

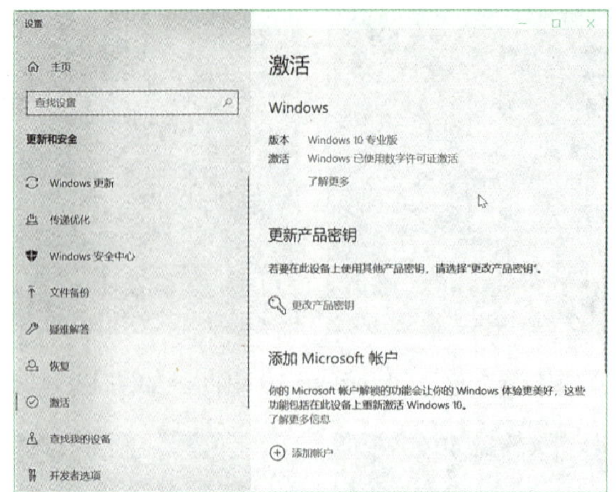

图 13.37
激活系统

13.3.2 安装驱动程序

只有把硬件和软件各方面都安装好了，计算机才能正常使用。正确地安装驱动程序是机器正常运行的基本保障。怎样安装驱动程序才算正确呢？首先，安装的是希望安装的硬件驱动；其次，驱动程序安装后全部可用，没有资源冲突。一般来说，Windows 10 系统能够给绝大部分的硬件安装驱动程序，但是也有时候有些硬件不能识别，导致驱动程序不能正确安装，影响硬件的正常使用。或者由于 Windows 10 附带的驱动程序过于陈旧，不能充分发挥硬件性能而需要对驱动程序进行更新。下面简要介绍一下驱动程序安装的基本步骤。

在系统安装完成之后，需要检查全部硬件的驱动程序是否正确安装。下面以安装某设备的驱动程序为例进行介绍，具体操作如下。

步骤1 观察硬件的驱动程序列表，打开“设备管理器”窗口。选中桌面的“此电脑”图标，单击鼠标右键，在弹出的快捷菜单中选择“属性”命令，打开“系统”窗口，在其中选择“设备管理器”选项，打开“设备管理器”窗口，如图 13.38 和图 13.39 所示。

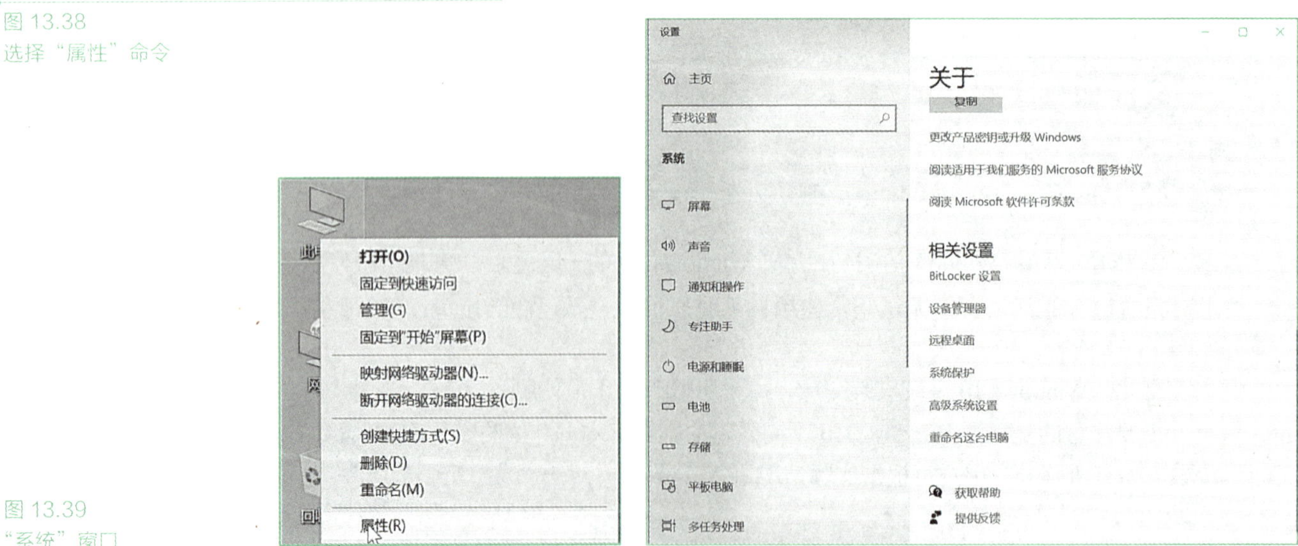

图 13.38
选择“属性”命令

图 13.39
“系统”窗口

步骤2 检查驱动程序是否全部正确安装。观察设备前面是否有黄色带三角的感叹号。有这种图标表示驱动程序没有安装或没有安装好，需要安装正确的驱动程序。在检查出系统有驱动程序没有正常安装之后，就要对它们进行安装，如图 13.40 所示。

步骤3 打开对应设备的驱动程序属性对话框。右击，在弹出的快捷菜单中选择“更新驱动程序”命令，如图 13.41 所示。当然，这里也可以选择“属性”命令，然后在打开的对话框中选择“更新驱动程序”选项。

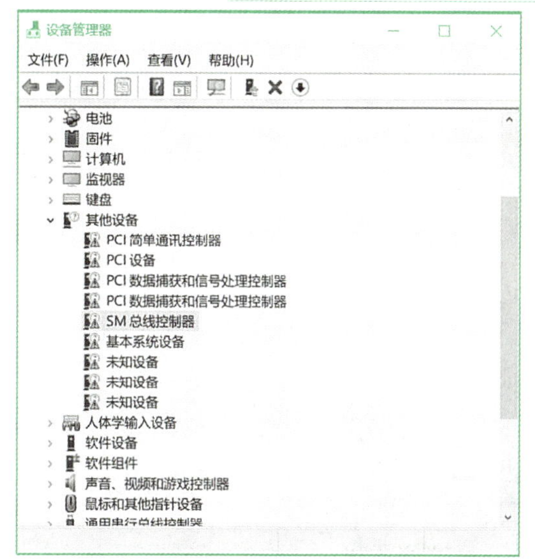

图 13.40 “设备管理器”窗口

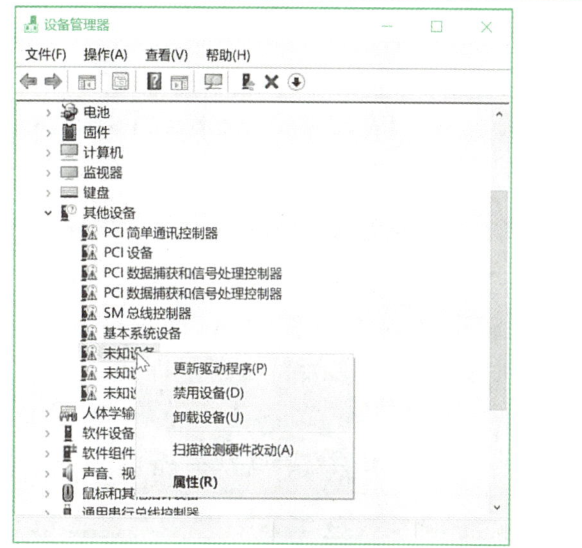

图 13.41 选择“更新驱动程序”命令

步骤4 选择搜索驱动程序软件的方式。在打开的新对话框中选择搜索驱动程序软件的方式，如图 13.42 所示。这里有两种方式，一种是“自动搜索驱动程序”，一种是“浏览我的电脑以查找驱动程序”。一般情况下，如果用户手头有驱动程序或安装光盘，可以选择“浏览我的电脑以查找驱动程序”选项。因为很多时候，选择第一种并不能够找到正确的驱动程序，这里以后一种为例。

步骤5 选择驱动程序文件所在的位置。在选择“浏览我的电脑以查找驱动程序”选项后，会出现图 13.43 所示的对话框，这里需要由用户单击“浏览”按钮来选择驱动程序所在位置，可能是在光盘上，也可能是在硬盘上。如果用户对计算机比较熟悉，同时计算机硬件是常见的，也可以考虑选择“让我从计算机上的可用驱动程序列表中选取”选项。

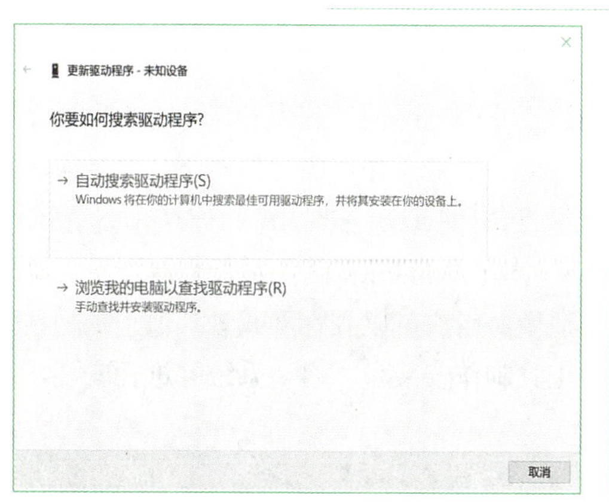

图 13.42 选择“浏览我的电脑以查找驱动程序”命令

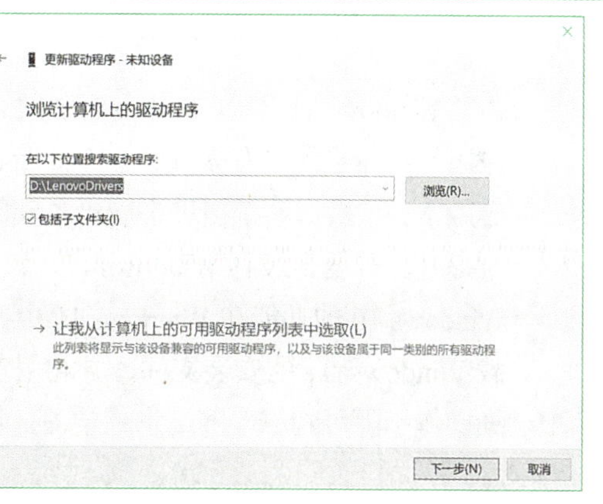

图 13.43 选择设备的驱动程序文件所在位置

笔 记

步骤6 完成驱动程序的安装。指定了驱动程序的位置之后，按照系统的提示一步步地操作，直到完成驱动程序的安装。如果用户的计算机能够上网，也可以借助第三方工具，如“驱动精灵”“鲁大师”等软件来完成驱动程序的安装和升级工作。

现在，计算机附带的硬件设备越来越多，虽然操作系统提供了很好的硬件支持，各个厂商在驱动程序安装设计上也越来越人性化，但是作为一个学习计算机组装及维护的人来说，仍需要不断地学习设备驱动程序的安装和更新方法，以不断提高自己的计算机维护水平。

13.4 网上学：安装操作系统和驱动程序

进入本课程网站后，通过首页左侧的“项目学习→项目 13 安装操作系统”导航，打开“项目 13 安装操作系统”网上学习窗口，可以通过网络学习项目 13 的所有内容，如图 13.44 所示。

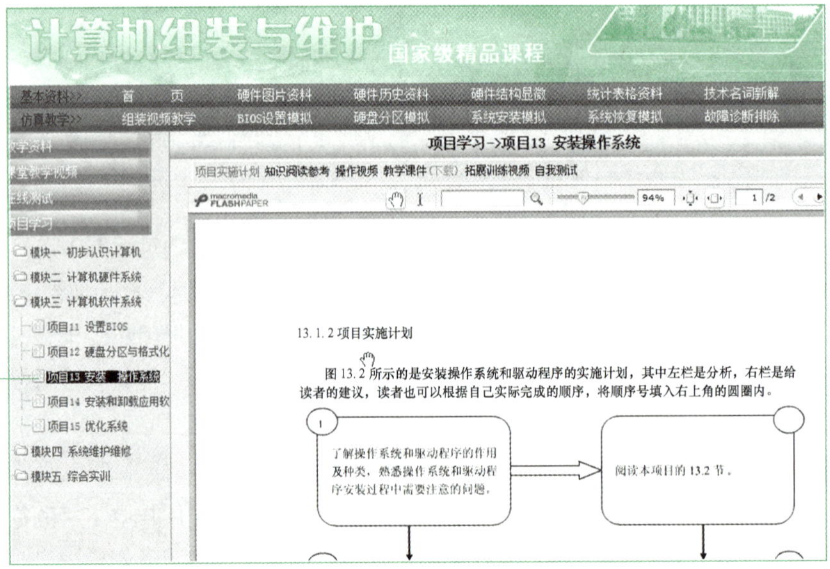

图 13.44
安装操作系统项目网上学习窗口

13.5 拓展训练：安装 Windows 11 操作系统

Windows 11 于 2021 年 6 月 24 日发布，2021 年 10 月 5 日发行，是跨平台及设备应用的操作系统，有家庭版、专业版、企业版、专业工作站版、教育版、混合现实版等版本。该操作系统提供不同设备间的无缝操作体验，并在易用性与安全性方面有极大提升。若要升级到 Windows 11，设备必须满足 Windows 11 的最低系统要求。某些 Windows 10 的功能在 Windows 11 中并不适用。用户可以到官网或者其他正规网站下载 Windows 11 的安装文件，并利用安装工具制作安装盘，启动系统并进行安装，详细操作步骤可到相应网站进行学习。

项目14

安装和卸载应用软件

教案：
安装和卸载应用软件

教学课件：
安装和卸载应用软件

素质目标

笔 记

14.1 项目内容及实施计划

当在计算机上将操作系统和驱动程序全部安装及调试完毕后，就可根据需要安装应用软件了。如果说操作系统为使用计算机提供了一个平台，那么应用软件就为使用计算机提供了必要的工具。一般来说，软件安装的方法和步骤大同小异，区别在于安装过程中的一些选项的选择和取舍。另外，有时候需要把计算机上一些不用或很少用的软件清理掉，以节省硬盘空间和提高系统速度，这就需要对应用软件执行卸载操作。软件的卸载就相当于软件安装的逆操作。

14.1.1 项目描述

安装和卸载应用软件包括在已安装操作系统和驱动程序的计算机上安装应用软件和对操作系统中不再需要的应用软件执行卸载操作，如图 14.1 所示。

WPS Office

立即安装

腾讯QQ卸载

腾讯QQ已成功地从您的计算机移除。

确定

安装应用软件

卸载应用软件

正常使用计算机的各种功能如办公、娱乐……

用户不需要再使用某个软件

图 14.1
项目描述——安装和卸载应用软件

软件的安装过程一般包括启动安装程序、设置安装参数（安装路径和安装方式等）、完成安装过程等步骤。软件的卸载过程一般包括启动卸载程序、设置卸载参数、完成卸载过程等步骤。应用软件的安装和卸载过程基本一致，只是根据软件种类和用途的不同而略有差别。

14.1.2 项目目标

1. 德育目标

以雷军和 WPS 的发展历程为切入点，展现我国在应用类软件开发方面取得的成就，增强学生的自信心和民族自豪感。

笔 记

2. 知识目标

（1）初步认识软件类别和安装方式。

（2）初步了解软件安装和卸载的方法。

3. 技能目标

（1）能熟练安装软件。

（2）能熟练卸载软件。

（3）能通过课程网站进行学习。

4. 素养目标

（1）培养学生的工匠精神和职业精神。

（2）增强学生的版权意识。

（3）增强学生的国家认同感和文化自信，增强责任感和使命感。

14.1.3 项目实施计划

图 14.2 所示的是安装和卸载软件的实施计划，其中左栏是分析，右栏是给读者的建议。读者也可以根据自己实际完成的顺序，将顺序号填入右上角的圆圈内。

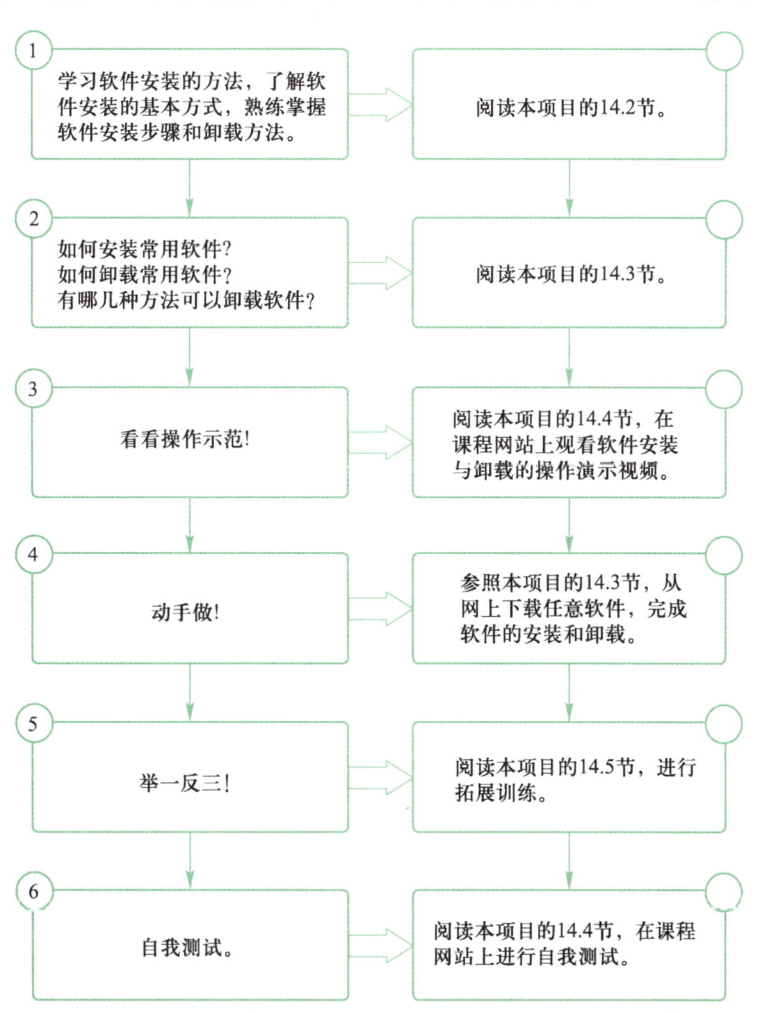

图 14.2
软件安装和卸载的实施计划

笔 记

14.2 知识阅读：应用软件的安装与卸载

为了完成安装和卸载应用软件的操作，需要掌握软件的发布方式、软件的安装方式、安装的步骤及卸载的常用方法。本节简要介绍上述问题，使读者能够在进行具体操作之前了解并掌握相关知识。

14.2.1 软件的类别与安装方式

应用软件的种类繁多，应用软件的发布方式也多种多样，虽然发布方式不同，但安装方法大同小异，主要有如下几种。

① 光盘发布的软件。

② 压缩包方式发布的软件。

③ 整体封装发布的软件。

在安装软件的时候，经常会出现选择安装方式的步骤。常见的软件安装方式一般有如下几种。

① 最小安装。

② 典型安装。

③ 完全安装。

④ 自定义安装。

14.2.2 软件的安装步骤

常见的应用软件安装主要包括以下步骤。

① 启动并运行软件安装程序。

② 接受软件授权等相关协议。

③ 输入用户信息及安装密码等相关信息。

④ 选择合适的安装目录和安装路径。

⑤ 选择合适的软件安装形式。

⑥ 开始软件安装，直至安装完成。

需要注意的是，现在很多软件的安装都比较人性化，用户只要仔细阅读安装过程中的提示文字，并根据提示选择合适的选项，基本上都可以很容易地完成安装。

14.2.3 软件的卸载方法

因为软件在安装过程中会在系统和注册表中留下一些“痕迹”，如果不把这些痕迹完全清除，那么有可能会造成系统错误。所以，对于一款软件来说，不能采取直接删除文件夹的方式来完成删除。对于使用 Windows 系列操作系统的用户来说，必须对软件执行卸载操作来完全清除软件在系统中留下的痕迹。只有纯绿色软件才能够直接删除。所谓的纯绿色软件，是指这个软件对现有的操作系统没有任何改变，除了软件安装的目录，不会在任何地方留下东西，删除的时候，直接删除其所在的目录就可以了。

软件的卸载方法比较简单，一般包括启动卸载程序、选择卸载参数、完成卸载等

笔 记

步骤。

对于一般的应用软件来说，有如下几种方法能对其卸载。

① 使用软件自带的卸载工具。

② 使用 Windows 的软件卸载功能。

③ 利用第三方工具。

④ 直接删除软件所在文件夹。

用户可到本课程网站详细了解上述知识点的详细介绍与说明。

14.3 动手做：安装和卸载应用软件

本节以 WPS 的安装和腾讯 QQ 的卸载为例，介绍如何安装和卸载应用软件，因为这两款软件在计算机中的应用最为普遍。

14.3.1 安装 WPS

目前，Windows 系统中的应用程序的安装过程大同小异，进入“互联网+”时代，很多日常使用的软件来自互联网。WPS Office 是我们日常使用的国产办公软件，可以从官网下载，其基本功能都是免费的，下面以 WPS 的安装为例来介绍软件的安装过程。

步骤1 下载 WPS Office 安装程序。打开金山办公官网，在图 14.3 所示的主界面中单击“WPS Office”旁边的“立刻下载”按钮，并选择合适的版本。共有 5 个版本，分别是 Windows 版、Mac 版、Linux 版、Android 版和 iOS 版，这里选择“Windows 版”，如图 14.4 所示。

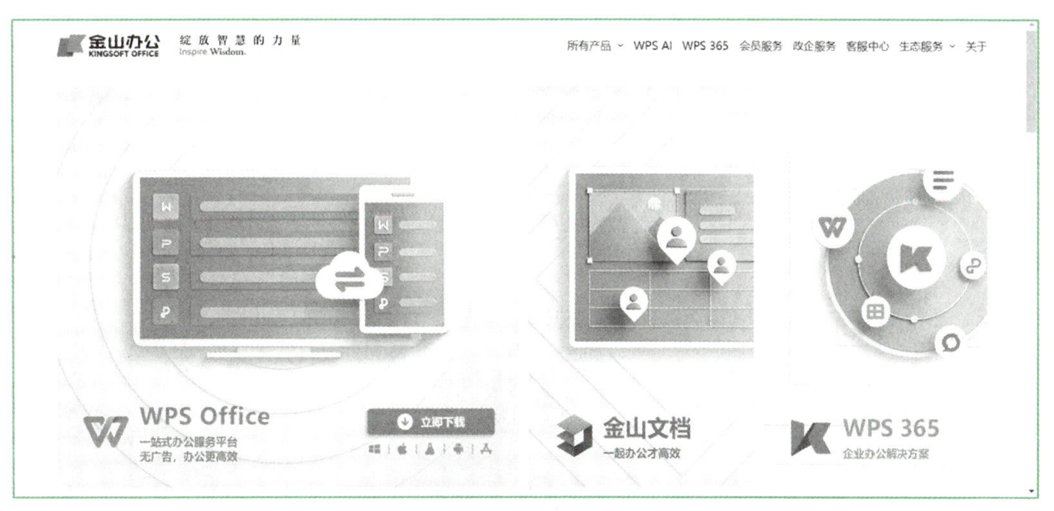

图 14.3 到官网下载 WPS Office

步骤2 指定下载路径。浏览器或者下载软件会为下载的安装文件选择一个保存位置，这里可以根据实际需要使用默认路径，也可指定下载路径，如图 14.5 所示。

步骤3 运行刚下载的安装程序并启动安装。按指定的下载路径找到安装程序，双击启动安装。

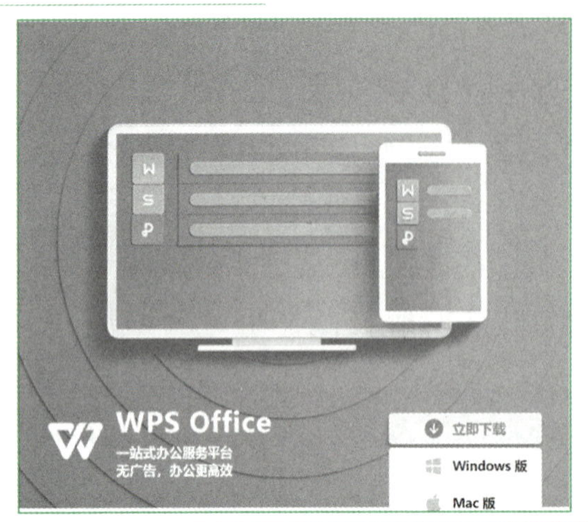

图 14.4
选择下载的版本

图 14.5
为下载文件指定保存位置

步骤4 自定义设置安装路径和相关选项。单击图 14.6 的界面中右下角的“自定义设置”按钮，可以打开自定义设置对话框，在这里可以指定安装路径和关联文件情况。如果没有特殊需求，使用默认设置即可。同时勾选“已阅读并同意金山办公软件许可协议和隐私政策”复选框，如图 14.7 所示。

图 14.6
运行安装程序启动安装

图 14.7
选择自定义设置

步骤5 开始安装。完成相关设置后，单击“立即安装”按钮启动安装，如图 14.8 所示。

图 14.8
开始安装

步骤6 安装完成。耐心等待安装完成后，出现登录界面，这里根据需要进行账号的注册和软件最后的设置，如图 14.9 所示。

图 14.9
软件安装完成

至此，WPS Office 安装完成。

软件安装的基本过程就是这样。用户可以在软件安装的过程中认真阅读软件安装需要注意的问题，按照提示，结合基本方法和步骤进行操作，这样，基本上就能完成绝大多数软件的安装操作。

14.3.2 利用软件自带的卸载程序卸载腾讯 QQ

当应用软件出现了故障或者需要重新安装的时候，需要对其进行卸载，以便减少对硬盘的空间占用。下面以常用软件腾讯 QQ 的卸载为例，介绍软件卸载的常用方法，基本步骤如下。

步骤1 选择腾讯 QQ 的卸载程序。点击“开始”菜单，找到 QQ 所在的文件夹并打开，单击“卸载腾讯 QQ”，如图 14.10 所示。

步骤2 启动卸载工作。在弹出的对话框中单击“确定”按钮，启动卸载工作，如图 14.11 所示。

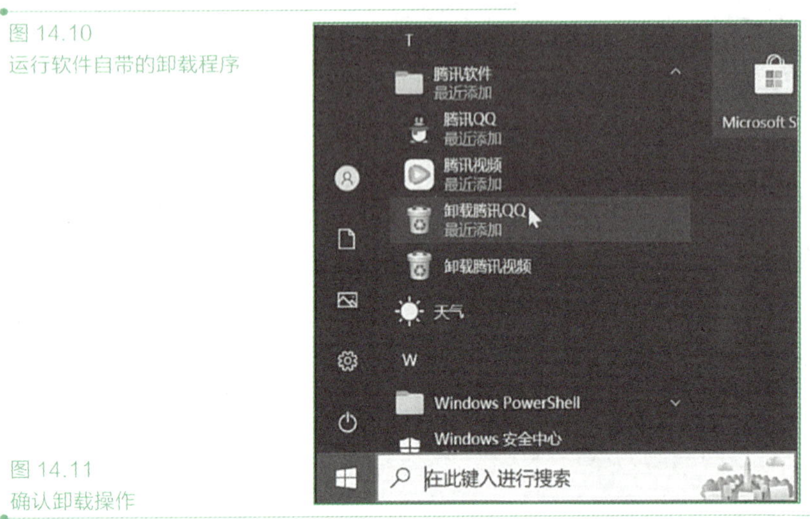

图 14.10
运行软件自带的卸载程序

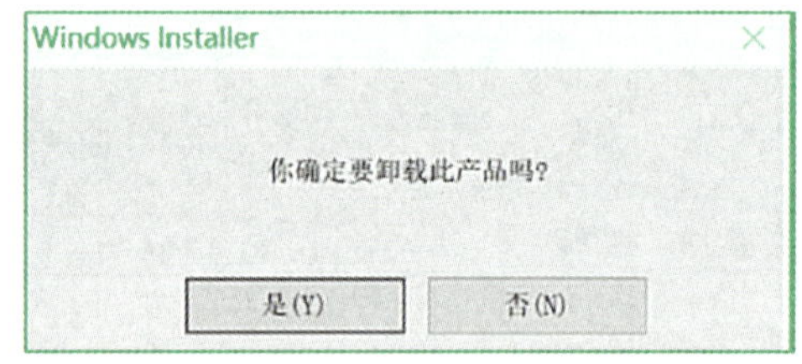

图 14.11
确认卸载操作

步骤3 完成剩余工作。按照提示选择合适的选项，直到软件卸载成功。

一般来说，在“开始”菜单中找到相应程序，在它的子菜单中选择带有“卸载”“移除”“Remove”“Uninstall”字样的命令并运行，即可开始软件的卸载工作。

14.3.3 利用 Windows 的卸载功能卸载腾讯 QQ

用户还可以利用 Windows 的卸载功能对软件进行卸载。这里仍以卸载腾讯 QQ 为例，具体步骤如下。

步骤1 打开“控制面板”，选择“程序和功能”命令，如图 14.12 所示。

步骤2 卸载 QQ。在弹出的窗口中找到程序“腾讯 QQ”，选择后右击，在弹出的快捷菜单中选择“卸载”命令，如图 14.13 所示。

图 14.12
选择“程序和功能”选项

图 14.13
找到 QQ 程序所在位置执行卸载

步骤3 确认卸载操作。在弹出的对话框中单击“是”按钮，然后根据系统提示选择适当的选项，直到完成软件的卸载，如图 14.14 和图 14.15 所示。

至此，就完成了腾讯 QQ 的卸载。

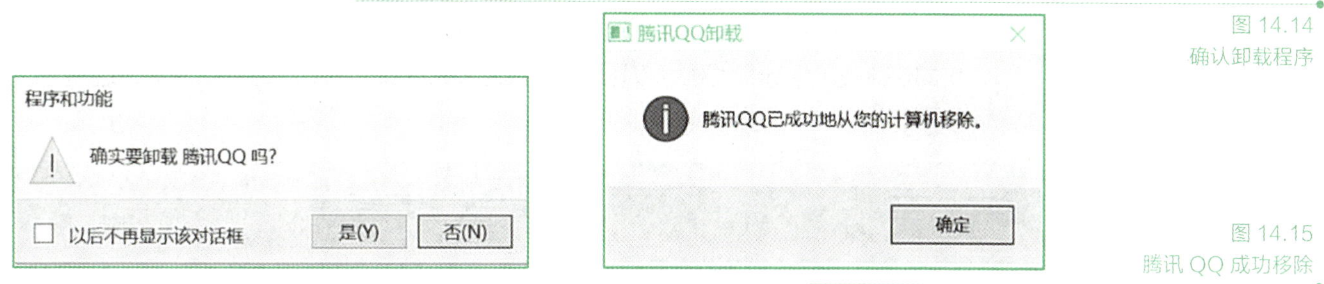

图 14.14 确认卸载程序

图 14.15 腾讯 QQ 成功移除

14.4 网上学：安装和卸载应用软件

拓展阅读
8 款领域内优秀国产办公软件

进入本课程网站后，通过首页左侧的“项目学习→项目 14 安装和卸载应用软件”导航，打开“项目 14 安装和卸载应用软件”网上学习窗口，可以通过网络学习项目 14 的所有内容，如图 14.16 所示。

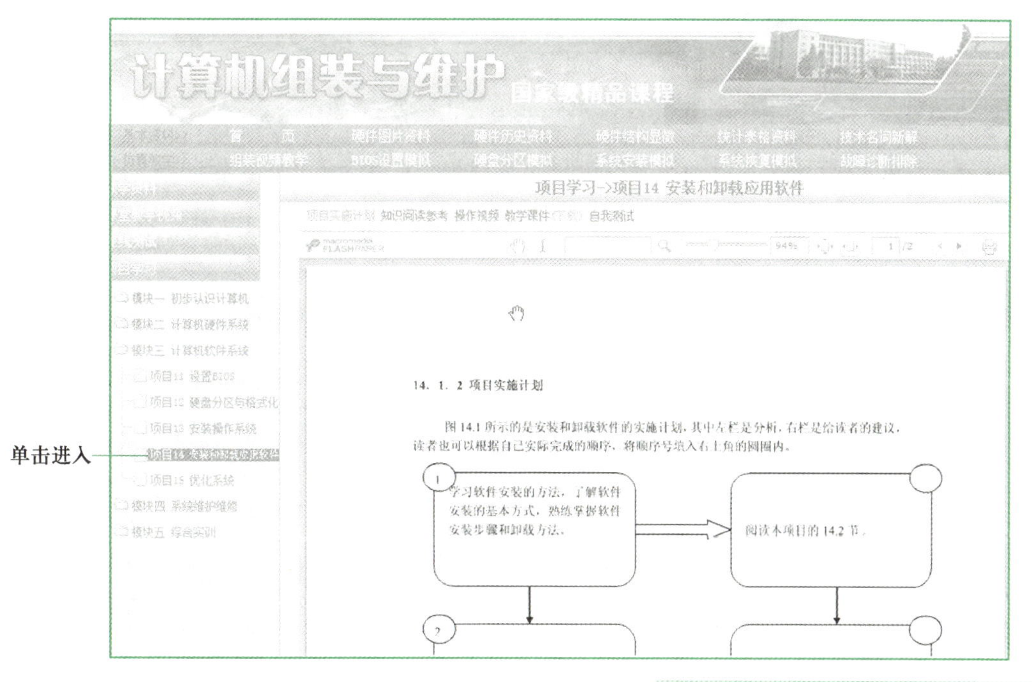

图 14.16 安装和卸载应用软件网上学习窗口

14.5 拓展训练：使用《360 软件管家》安装和卸载应用软件

一般来说，还可以利用第三方软件完成应用软件的安装和卸载操作。《360 软件管家》是《360 安全卫士》中提供的一个集软件下载、更新、卸载、优化于一体的工具。用户利用该工具可以很方便地完成应用软件的安装、更新和卸载操作。用户可以从其官方网站下载《360 安全卫士》并安装，然后在其中打开《360 软件管家》，其工作界面如图 14.17 所示。

该软件使用起来非常简单。如果用户连接了因特网，在“宝库”中通过搜索找到对应的软件，单击“一键安装”按钮，即可轻松完成软件的安装工作。在“卸载”中，用户只需找到需要卸载的软件并选中，单击“一键卸载”按钮，即可轻松完成软件的卸载工作，此外，如果安装的软件在桌面有图标，用户在图标上单击鼠标右键，在弹出的快捷菜单中选择“强力卸载此软件”也可完成操作。用户还可以对其他选项进行学习和操作，以提高组装及维护水平。

图 14.17
360 软件管家的工作界面

项目 15

优化系统

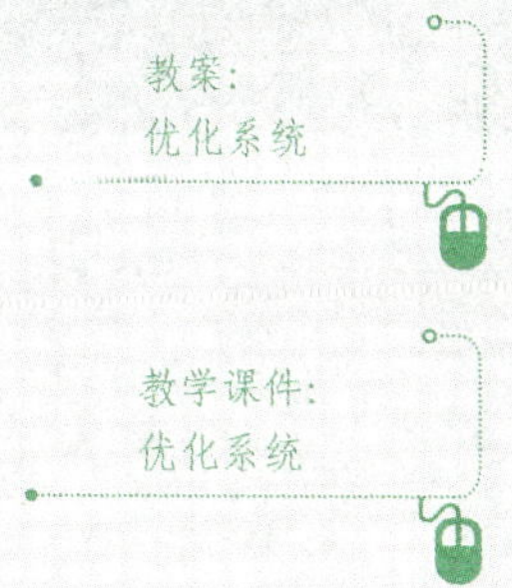

素质目标

笔 记

一台计算机的硬件和软件安装完成之后就能够正常使用了，但是其性能不一定达到了最佳状态。因为操作系统为了能够让不同类型、不同厂商的硬件和软件保持良好的兼容性，对它们的管理都采用了默认的方式，这样并不能让硬件或者软件的最佳性能发挥出来，对系统进行优化的目的就在于充分发掘硬件和软件性能，使计算机能够以尽可能好的状态投入运行。

15.1 项目内容及实施计划

操作系统安装完成后，若能对其进行优化，就可以充分发挥操作系统的效率。所谓优化，就是通过调整系统设置，合理进行软硬件配置，使得操作系统能正常高效地运行。

15.1.1 项目描述

系统的优化包括用操作系统自带的优化工具和外部的优化工具进行优化两种方法，如图 15.1 所示。

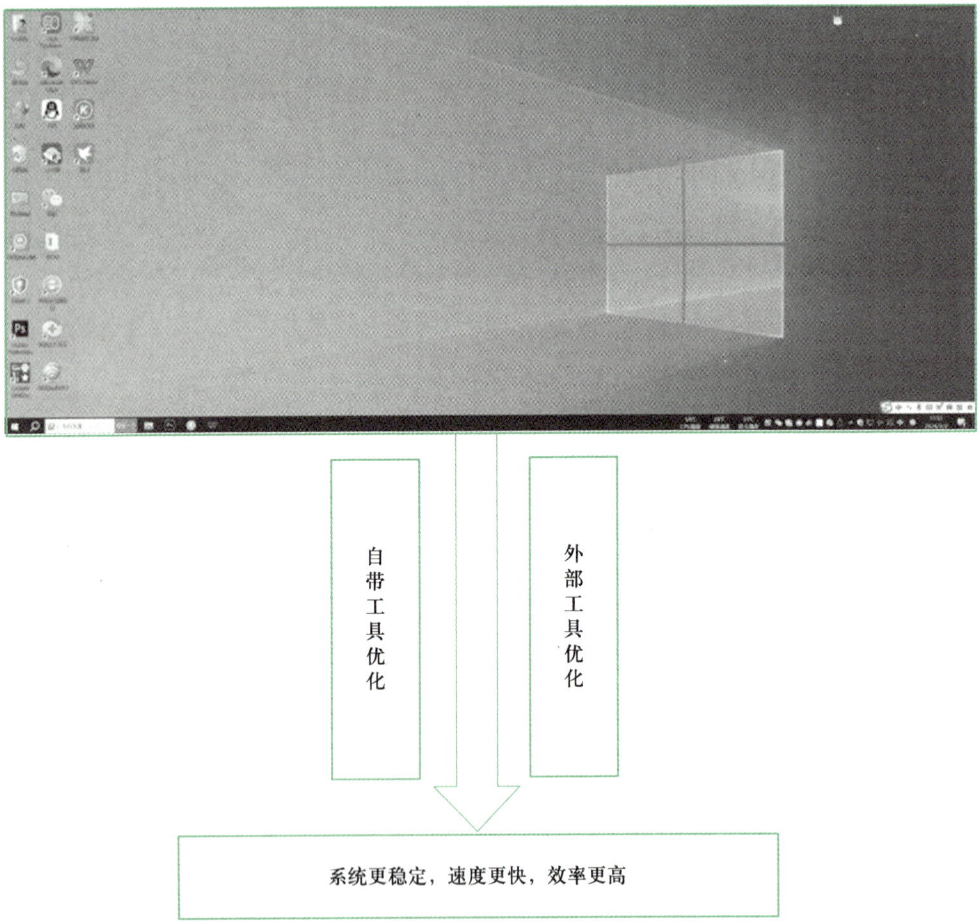

自带工具优化

外部工具优化

系统更稳定，速度更快，效率更高

图 15.1
项目描述——优化系统

Windows 10 作为一个好用的操作系统，自身附带有一些工具能对系统进行基本的优化，使计算机能够高效运行，操作起来也比较容易。对于第三方软件，像 360 安全卫士等，除了可以保护系统的安全之外，还可以通过修改系统的相关选项对系统进行优化，这对于不熟悉具体操作的用户来说，是一种安全又高效的方法。

15.1.2 项目目标

笔 记

1. 德育目标

以系统优化的作用为切入点，引导学生对学习方法进行优化，增强学生的自信心。

2. 知识目标

（1）初步认识计算机自带的优化功能。

（2）初步了解计算机的优化方法。

3. 技能目标

（1）能使用系统自带的优化功能对性能进行优化。

（2）能使用第三方工具对系统进行优化。

4. 素养目标

（1）培养学生的工匠精神。

（2）培养学生优化工作效率的意识。

（3）强化学生的互联网安全意识和计算机软硬件安全意识，提高学生学习新软件、新方法的主动性。

15.1.3 项目实施计划

图 15.2 所示的是优化计算机系统的实施计划，其中左栏是分析，右栏是给读者的建议。读者也可以根据自己实际完成的顺序，将顺序号填入右上角的圆圈内。

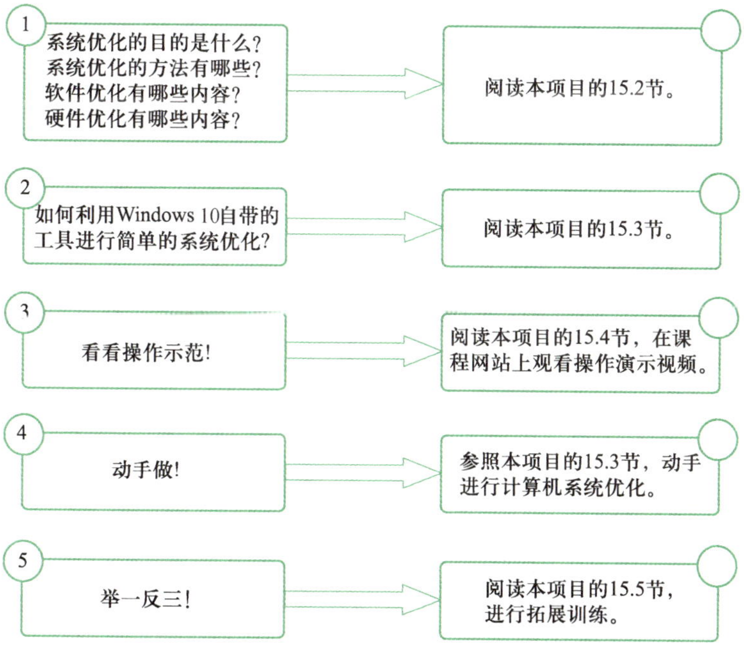

序号	分析	建议
1	系统优化的目的是什么？ 系统优化的方法有哪些？ 软件优化有哪些内容？ 硬件优化有哪些内容？	阅读本项目的15.2节。
2	如何利用Windows 10自带的工具进行简单的系统优化？	阅读本项目的15.3节。
3	看看操作示范！	阅读本项目的15.4节，在课程网站上观看操作演示视频。
4	动手做！	参照本项目的15.3节，动手进行计算机系统优化。
5	举一反三！	阅读本项目的15.5节，进行拓展训练。

图 15.2
系统优化实施计划

15.2 知识阅读：系统优化与注册表

优化系统包括从硬件和软件两方面进行优化，这样可以有针对性地对软硬件的性

笔 记

能进行提升。通过不断地学习软硬件优化知识，了解其工作原理，对提高读者的计算机水平是非常有用的。

15.2.1 软件优化的方法

一般来说，对系统软件和应用软件可以从以下方面进行优化，以提高系统综合性能。

① 合理设定虚拟内存。

② 检查及清理不必要的应用软件。

③ 清除多余的桌面图标。

④ 上网设定固定 IP 地址。

⑤ 删除不必要的字体。

⑥ 删除多余的随机启动程序。

⑦ 取消背景和关闭 Active Desktop。

⑧ 删除多余的注册表选项和 DLL 文件。

⑨ 更改等待选择启动选项时间。

⑩ 关闭杀毒软件的系统启动扫描功能。

以上方法只是一些参考，用户可在使用过程中根据实际情况进行优化。

15.2.2 硬件优化的方法

对系统硬件本身进行一些优化，也能有效地提高系统执行效率，达到不花钱或者少花钱而提高系统性能的目的，主要有如下方法。

① 保证 CPU、显卡等核心硬件能够正常散热。

② 减少光驱和 USB 等设备检测造成的影响。

③ 定期整理磁盘碎片。

④ 合理搭配计算机配件。

⑤ 保证内存容量充足。

⑥ 保证硬盘空间足够。

⑦ 定期更新计算机硬件驱动程序和补丁。

对于以上方法，用户可根据实际情况进行优化。

15.2.3 注册表

在微软公司最早的视窗操作系统 Windows 3.x 版本中，操作系统、硬件设备信息和应用程序的配置信息都是通过扩展名为.ini 的文件来保存的。其中，System.ini 负责配置硬件，Win.ini 负责配置桌面设置和应用程序等。这种管理方式有着明显的缺点，即由于.ini 文件的最大容量为 64 KB，所以在系统中，每种设备和应用程序都有和自己相对应的一个.ini 文件，而且在应用程序安装和运行的过程中，系统不会自动删除过时和无用的.ini 文件。随着应用程序的不断添加和删除，.ini 文件变得越来越大，在.ini 文件中查找相应信息的速度也就会越来越慢，这样就给用户操作和使用计算机带来了很多无法避免的问题，为了使系统的运行更加稳定，避免因 .ini 文件遭到破坏而导致应用程序出错和系统死机等问题，微软公司从 Windows 95 操作系统开始引入了注册表的概念。注册表是一个存储 Windows 配置信息的数据库，可以通过修改注册表中

笔 记

的配置信息实现改变系统设置的目的。许多优化软件也是通过改变注册表的相关参数值而达到优化系统的目的。

1. 注册表的作用

注册表的主要作用是帮助 Windows 对硬件、软件和用户环境进行控制。通过注册表，用户可以解决由注册表引起的各种故障，还可以通过优化注册表来提高系统的性能。如果注册表受到破坏，轻则影响操作系统的正常使用，重则导致整个操作系统的瘫痪。

2. 注册表的打开方式

由于修改注册表有时会危及系统的安全，因此各个版本的 Windows 都把注册表编辑器隐藏起来，一般是无法看到它的，可以有如下 3 种方法进入注册表编辑器。

（1）点击“开始”菜单，在“Windows 管理工具”中单击“注册表编辑器”按钮打开；

（2）按 Ctrl+Alt+Delete 组合键打开“任务管理器”，或者直接在桌面底部任务栏空白处右击选择“任务管理器”打开，点击“文件”→“运行新任务”，然后输入“regedit”，并单击“确定”按钮；

（3）按 WIN+R 组合键，在弹出的“运行”对话框中输入“Regedit”后，单击“确定”按钮。

3. 注册表的基本结构

Windows 注册表的结构非常庞大，为了提高访问速度，注册表采用二进制格式保存信息，其组织结构也采用了和硬盘上的文件系统一样的树形结构。注册表的结构由配置单元（根键）、项（主键）、子项（子键）和值（项值）组成，如图 15.3 所示。

4. 注册表的“配置单元（根键）”作用

在图 15.3 所示的窗口中，可以看到注册表主要由 5 个“配置单元（根键）”组成。各个“配置单元（根键）”的作用如下。

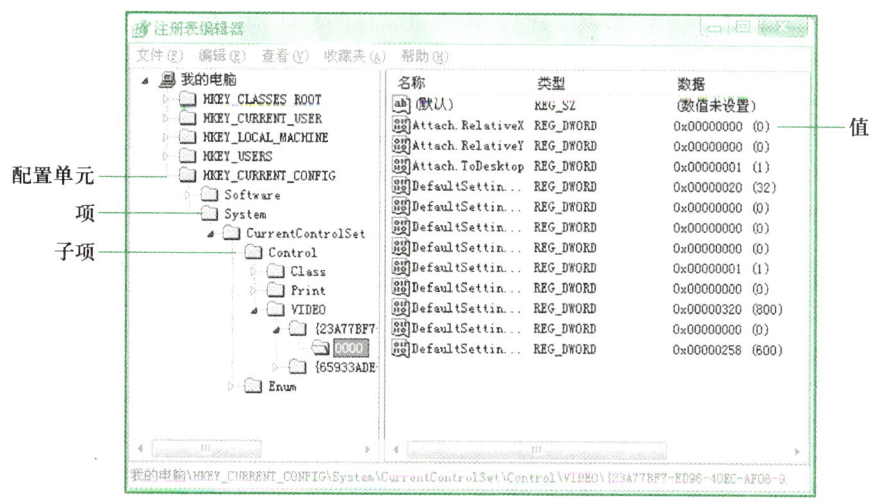

图 15.3 注册表的结构

① HKEY_CLASSES_ROOT。定义了系统中所有的文件类型标识和基本操作标识。

② HKEY_CURRENT_USER。包含当前用户的配置文件，包括环境变量、桌面设置、网络连接、打印机和程序首选项等信息。

③ HKEY_LOCAL_MACHINE。包含与本地计算机系统有关的信息，包括硬件和操作系统数据，如总线类型、系统内存、设备驱动程序和启动控制数据信息等。

④ HKEY_USERS。定义了所有用户的信息，这些信息包括动态加载的用户配置文件和默认的配置文件。

⑤ HKEY_CURRENT_CONFIG。包含计算机在启动时由本地计算机系统使用的硬件配置文件的相关信息。该信息用于配置某些设置，如要加载的应用程序和显示时使用的背景颜色等。

5. 注册表文件的组成

一般，注册表分为两部分：用户配置文件和注册表文件。用户配置文件存放在操作系统所在磁盘的根目录的 Documents and Settings 目录下的用户名目录中，包含 Ntuser.dat 和 Ntuser.int 这两个隐藏文件及日志文件 Ntuser.log。注册表文件一般存放于操作系统所在磁盘的 Windows\system32\config 文件夹中，包含文件名为 Default、Sam、Security、Software、System，而扩展名为.log、.sav 等的多个类型。

15.3 动手做：优化系统

系统优化是一项综合的操作。一般来说，通过 Windows 10 系统自带的部分功能可以实现基本的优化。想要进一步优化，则需要通过修改注册表或者通过第三方优化工具实现。

15.3.1 使用 Windows 10 的自带工具优化系统

利用 Windows 10 自带的工具实现系统优化，一般包括磁盘碎片整理、关闭不必要的特效、合理设置虚拟内存、关闭系统更新等。

步骤1 关闭不必要的视觉效果。在桌面上用鼠标右键单击“此电脑”图标，在弹出的快捷菜单中选择“属性”命令，在打开的窗口中选择“高级系统设置”选项，在弹出的“系统属性”对话框中选择“高级”选项卡，并单击“性能”选项组中的“设置”按钮，如图 15.4 和图 15.5 所示。

图 15.4 选择“高级系统设置”选项

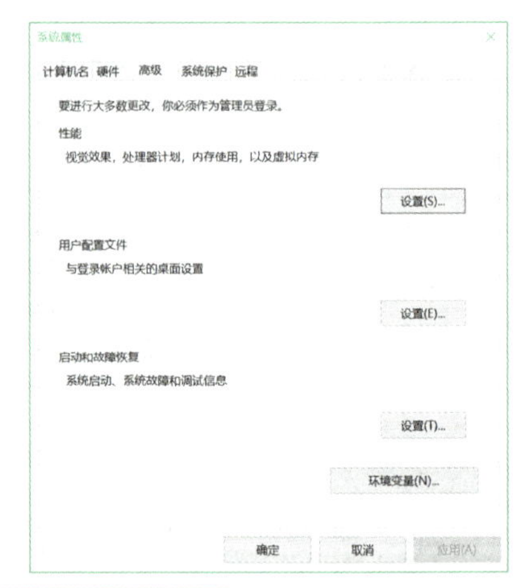

图 15.5 单击“性能”选项组中的“设置”按钮

在弹出的“性能选项”对话框中，将“视觉效果”选项卡中的参数设置为“调整为最佳性能”，如图 15.6 所示，这样能有效减少一些视觉效果对内存的占用。如果用户对各个项目比较熟悉，也可以选择“自定义”单选按钮，并在下面的列表框中选择需要的效果。

步骤2 更改系统项目设置来优化内存管理。在图 15.6 所示的“性能选项”对话框中选择“高级”选项卡，单击“虚拟内存”选项组中的“更改”按钮，在弹出的对话框中先选择驱动器，并将所需驱动器的页面文件大小设置为“自定义大小”，然后根据系统实际情况设置大小合适的虚拟内存，如图 15.7 和图 15.8 所示。

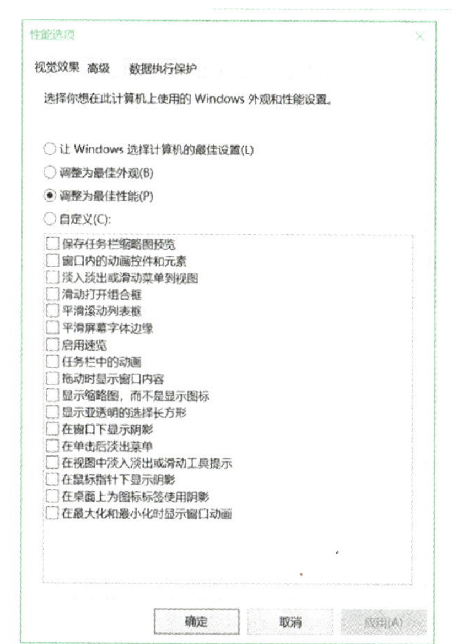

图 15.6 设置视觉效果图

图 15.7 更改虚拟内存选项

一般来说，使用 512 MB 及以上内存的用户可以考虑选择关闭虚拟内存，这样，一般的应用程序运行时就不会频繁地读取硬盘上面的数据，从而加快系统软件的运行效能，这里选择“自动管理所有驱动器的分页文件大小”，如果有特殊需求，可根据实际情况进行选择和设置。

步骤3 更改启动和故障恢复的处理方式。在图 15.5 所示的对话框中单击“启动和故障恢复”选项组中的“设置”按钮，在弹出的对话框中将“写入调试信息”选项设置为“无”，并根据系统的实际情况修改“显示操作系统列表的时间”的数值，一般设置为 5 秒，如图 15.9 所示。

图 15.8 设置虚拟内存管理方式

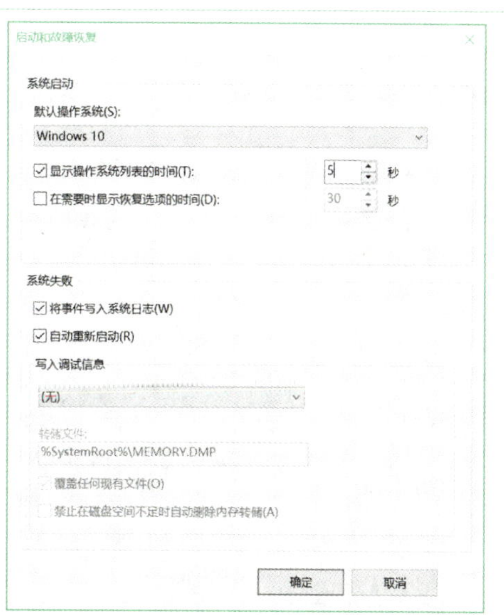

图 15.9 更改启动和故障恢复的处理方式

在“写入调试信息”的下拉列表中有 4 个选项，不同的选项分别会占用不同数量的硬盘空间来保存数据：“无”选项即在发生错误的时候不写入任何信息，这个选项不会在系统崩溃时写入任何数据，不会占用硬盘空间；“小内存转储（64 KB）”选项将在系统崩溃时写入最少的转储信息，基本上会占用 2 MB 左右的硬盘空间；“核心内存转储”选项将在系统崩溃时转储全部的核心内存，这会占用 50 MB 左右的硬盘空间；“完全内存转储”选项会在系统崩溃时转储全部的内存，这将会耗费和物理内存一样多的空间用来保存数据。在此选择“无”选项，表示不会占用系统的任何资源。

步骤4 使用磁盘清理程序释放硬盘空间。双击桌面上的“此电脑”图标，打开文件资源管理器。在文件资源管理器的左侧导航栏中，单击“此电脑”。在右侧的文件列表中，找到需要清理垃圾的磁盘或文件夹，右击并在弹出的快捷菜单中选择“属性”，如图 15.10 所示。在属性对话框的“常规”选项卡中，单击下方的“磁盘清理”按钮，即可打开清理垃圾功能，如图 15.11、图 15.12 所示。

在打开的窗口中可以对磁盘进行清理，也可对其他选项进行清理，如图 15.13 所示。

图 15.10 选择要清理的磁盘点击属性命令

图 15.11 磁盘属性对话框

图 15.12 清理磁盘

图 15.13 对其他选项进行清理

步骤5 碎片整理和优化驱动器。单击“开始”菜单，找到“Windows 管理工具”，在其中单击“碎片整理和优化驱动器”并打开，如图 15.14、图 15.15 所示。

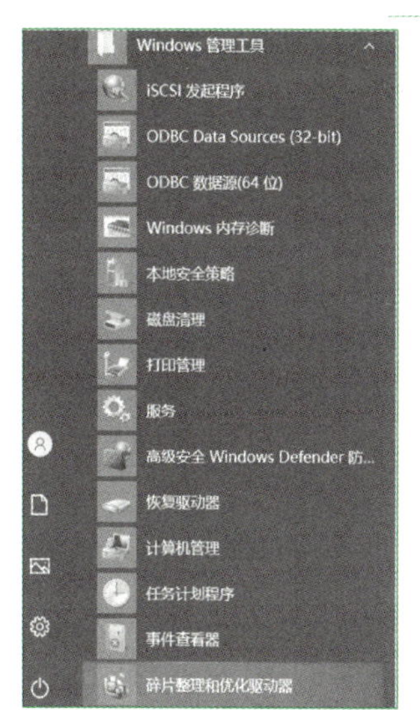

图 15.14
打开碎片整理和优化驱动器

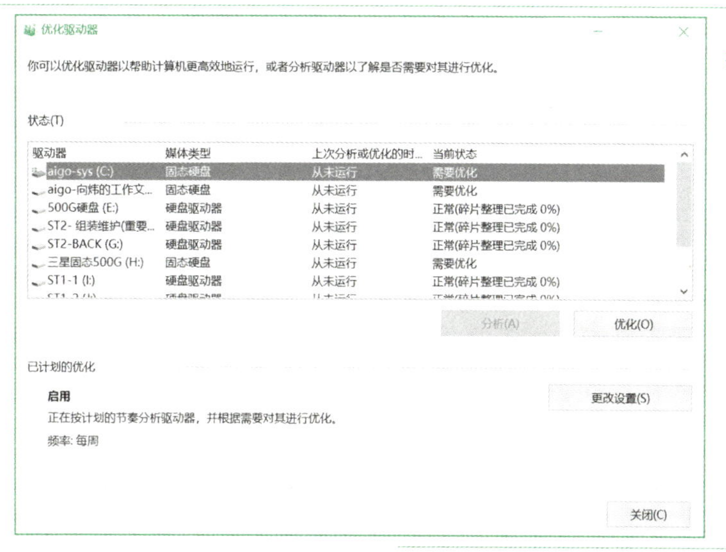

图 15.15
执行碎片整理和优化驱动器命令

在图 15.15 中可以看到，部分硬盘盘符当前状态显示为“需要优化”，部分显示为“正常（碎片整理已完成 0%）”，这两者之间有什么不同呢？“需要优化”状态盘符对应的硬盘是固态硬盘，“正常（碎片整理已完成 0%）”状态盘符对应的硬盘是机械硬盘。当用户选择固态硬盘时，下方的“分析”按钮是灰色的，不能点击，而当用户选择机械硬盘盘符时，“分析”按钮可以单击。用户可根据实际需要对盘符进行优化或者经过分析后进行碎片整理。

需要注意的是，磁盘碎片整理就是通过系统软件或者专业的磁盘碎片整理软件对计算机磁盘在长期使用过程中产生的碎片和凌乱文件重新整理，可提高计算机的整体性能和运行速度。应用程序时常会遇到物理内存不足的情况，在操作系统产生临时文件后，虚拟内存程序会对这些临时文件进行反复地读取，这时就会出现大量降低系统性能的碎片。固态硬盘的存储方式是闪存存储，和机械硬盘的物理磁盘存储不同，因为是电子存储，所以寻道时间非常短，碎片对固态硬盘的影响小到可以忽略不计，而固态硬盘的性能主要由主控芯片和闪存颗粒决定，过度频繁地使用“磁盘碎片整理”会对硬盘造成一定程度的损伤，有时甚至会缩短硬盘的使用寿命。另外磁盘碎片整理会增加固态硬盘的写入量，而固态硬盘自带的功能能够充分发挥固态硬盘的整体读写性能，某种意义上来说，其实已经充当了磁盘碎片整理的工作。

15.3.2 使用《360 安全卫士》优化系统

目前网上有很多免费的系统优化工具，其中有代表性的维护优化工具有《360 安全卫士》《QQ 电脑管家》等。优化功能只是其计算机维护保护工具中的一个基本功能，这里简要介绍一下《360 安全卫士》优化系统的用法。

微课 15-1
第三方软件优化

步骤1 从网上下载《360 安全卫士》并安装。用户可以到其官网找到并下载最新版本的 360 安全卫士并安装。

步骤2 运行《360 安全卫士》并切换到优化工具选项。

步骤3 优化系统。单击“优化加速”工具中的“立即优化”按钮，《360 安全卫士》即开始对计算机系统进行全面的优化，用户需要耐心等待结果完成，如图 15.16 所示。

图 15.16
360 优化加速

步骤4 重启计算机，让系统优化结果生效。

为了更好地发挥系统效率，用户必须对《360 安全卫士》“优化加速”模块的各个选项进行深入的了解和学习，以更好地掌握其用法。

15.4 网上学：优化系统

进入本课程网站后，通过首页左侧的“项目学习→项目 15 优化系统”导航，打开“项目 15 优化系统”网上学习窗口，可以通过网络学习项目 15 的所有内容，如图 15.17 所示。

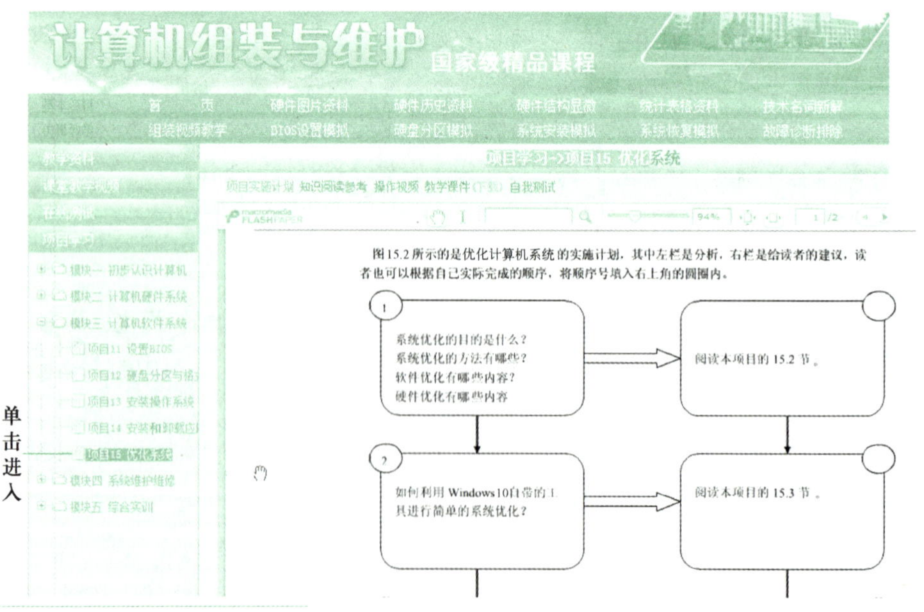

图 15.17
优化系统项目网上学习窗口

15.5 拓展训练：注册表备份和恢复

Windows 采用注册表来管理系统配置，主要是为了提高系统的稳定性。平时 Windows 出现的一些问题，诸如系统无法启动、应用程序无法运行、系统不稳定等情况，很多都是因为注册表出现错误而造成的。这种情况可通过修改相应的数据来解决这些问题。学习 Windows 必会的技能就是备份、恢复注册表。下边来介绍一下使用注册表编辑器（Regedit）备份 Windows 10 注册表的方法。注册表编辑器是 Windows 自带的一款注册表工具，通过它就能对注册表进行各种修改。备份和还原注册表是它的基本功能，注册表编辑器的工作界面如图 15.18 所示。

图 15.18
注册表编辑器

在注册表编辑器的菜单栏上选择“文件”→“导出”菜单命令，执行备份注册表命令，然后按照提示选择备份路径和名称，即可完成备份工作。注册表恢复的方法和备份的方法差不多，所不同的是需要选择“导入”命令及开始备份的注册表文件。

当出现了注册表故障时，可以恢复正常状态下备份的注册表文件来解决部分系统问题。另外，也可以通过修改注册表中的选项达到优化系统的目的，但这需要专业的计算机知识。对于很多优化软件，通过人性化的设计，实际上也是在修改注册表选项，只是简化了操作步骤，这里就不详细叙述了，用户可上网查阅相关资料来学习提高。

项目16

系统备份与恢复

教案：
系统备份与恢复

教学课件：
系统备份与恢复

素质目标

笔 记

对系统经常进行维护虽然可以减少故障发生的可能性，但并不能保证系统不出问题。在系统出现问题之后，如何用尽可能简单、尽可能快的方法恢复系统呢？备份系统是不错的方法之一，在系统出了故障之后能够利用备份文件将系统恢复到故障之前的状态，减少维护的时间和精力，从而更好地使用操作系统的功能。

16.1 项目内容及实施计划

Windows 系统是一个非常开放同时也非常脆弱的操作系统，用户稍有不慎就可能导致系统受损，甚至瘫痪。经常进行应用程序的安装与卸载也会造成系统的运行速度降低、系统应用程序冲突明显增加等问题。这些问题导致的最终结果就是不得不重新安装 Windows 操作系统。这里以 Windows 10 操作系统为例，利用 Windows 10 自带的备份及还原软件和 Symantec 公司的 Ghost 硬盘克隆软件对系统进行备份和恢复。

16.1.1 项目描述

项目描述如图 16.1 所示。

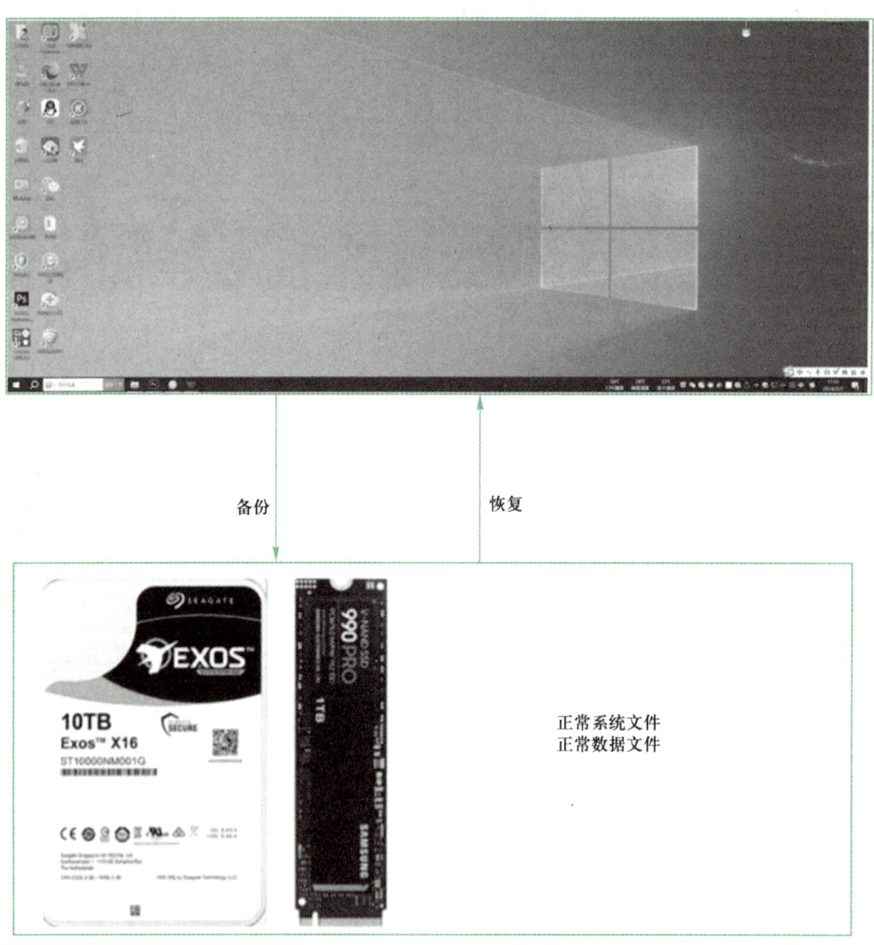

图 16.1
项目描述——系统备份与恢复

当系统出现崩溃等问题后，可利用已备份资料或相关工具恢复系统，使其正常工作，主要包括利用 Windows 10 自带的系统还原功能备份和恢复系统，以及利用

Symantec 公司的 Ghost 硬盘克隆软件备份和恢复系统。

Windows 10 自带的系统还原功能比较简单，但是很实用，一般用户可以很容易地利用该功能完成对系统的备份和恢复。Symantec 公司的 Ghost 是一款非常优秀的磁盘克隆软件，可以实现硬盘对硬盘克隆、硬盘克隆成映像文件、分区对分区克隆、分区克隆成映像文件等强大的功能，还可以将映像文件还原到硬盘、还原到分区等。

笔 记

16.1.2 项目目标

1. 德育目标

以系统备份和恢复的案例作为切入点，增强学生的国家安全意识。

2. 知识目标

（1）初步认识计算机的备份与恢复方法。

（2）初步了解常用备份方法和恢复工具的使用方法。

3. 技能目标

（1）能使用系统自带工具备份和恢复系统。

（2）能使用 Ghost 工具备份和恢复系统。

（3）能通过课程网站进行学习。

4. 素养目标

（1）培养学生的工匠精神和职业道德。

（2）增强学生的信息安全意识。

（3）强化学生的国家安全意识，增强责任感和使命感。

16.1.3 项目实施计划

图 16.2 所示的是系统备份与恢复的实施计划，其中左栏是分析，右栏是给读者的建议。读者也可以根据自己实际完成的顺序，将顺序号填入右上角的圆圈内。

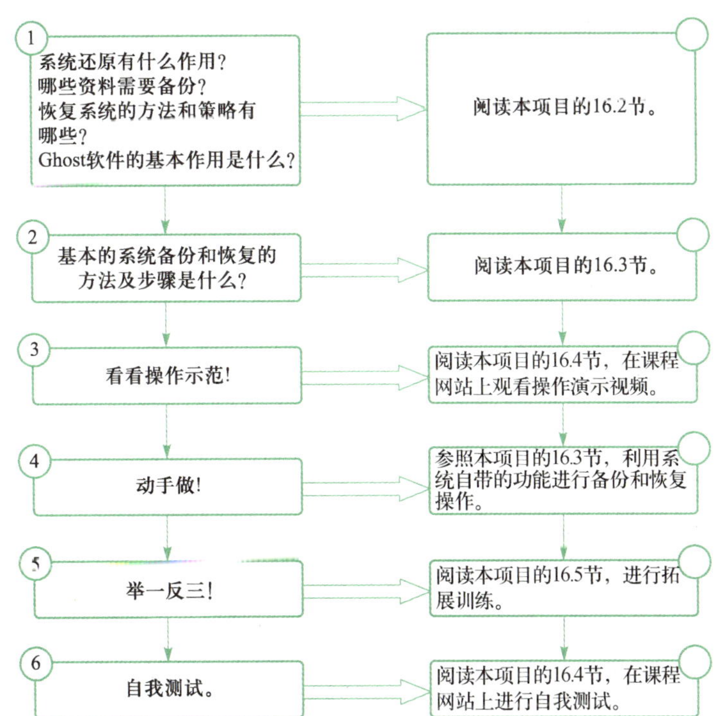

图 16.2 系统恢复实施计划

笔记

16.2 知识阅读：系统备份与恢复

系统恢复是指用户在遇到系统出现问题且无法正常使用时通过不同的方法将机器还原到以前能正常使用的状态。下面简要介绍一下系统还原、系统备份和恢复系统的步骤与方法。

16.2.1 系统还原

这里所说的“系统还原”，是指 Windows 自带的一个系统工具，它可将计算机的系统文件及时还原到早期的还原点。此方法可在不影响个人文件（如电子邮件、文档或照片）的情况下，撤销对计算机所进行的系统更改。系统还原使用名为“系统保护”的功能定期创建和保存计算机上的还原点。这些还原点包含有关注册表设置和 Windows 使用的其他系统的信息，还原点在发生重大系统事件（如安装应用程序或驱动程序）时创建，同时也会定期（每天）创建，用户还可以随时创建和命名自己的还原点。需要注意的是，系统还原只监控一组核心系统文件和某些类型的应用程序文件（如扩展名为.exe 或.dll 的文件），并记录更改之前这些文件的状态，系统恢复的还原点中包含的系统数据只能在一段时间内进行还原。系统还原在监控系统运行时不会对系统性能造成明显影响。创建还原点的过程很快，定期地进行系统状态检查也只在系统空闲时进行，不会干扰任何用户程序的运行。系统恢复只监控一组核心系统文件和某些特定类型的应用文件，并记录系统改变前这些文件的状态，它不能还原用户的图片、文档等文件。

16.2.2 需要备份的资料

由于各种原因，系统的速度会越来越慢，甚至崩溃，免不了重装系统。但是那么多的数据，需要备份哪些资料呢？一般有下面 6 种必须备份的数据，对于具体内容和方法，用户可以在课程网站详细学习。

① 注册表。
② 文档资料。
③ 电子邮件。
④ 收藏夹。
⑤ 字体。
⑥ 硬件驱动程序。

16.2.3 恢复系统的方法

操作系统在使用的过程中，有时候会出现无法正常进入的情况。针对这种情况，要采取相应的措施进行修复操作，具体方法有以下几种。

① 重装操作系统。
② 利用 Windows 10 自身的系统还原功能恢复。
③ 利用其他工具恢复。

16.2.4 系统恢复策略

笔 记

不同的恢复系统的方法要针对不同的情况，需慎重选用。一般情况下，当不能正常进入系统时，用户才想到修复系统。修复系统最基本的原则，就是用最少的时间在对原系统损坏最小的情况下达到修复系统的目的，因此可以按图 16.3 所示的顺序修复系统。

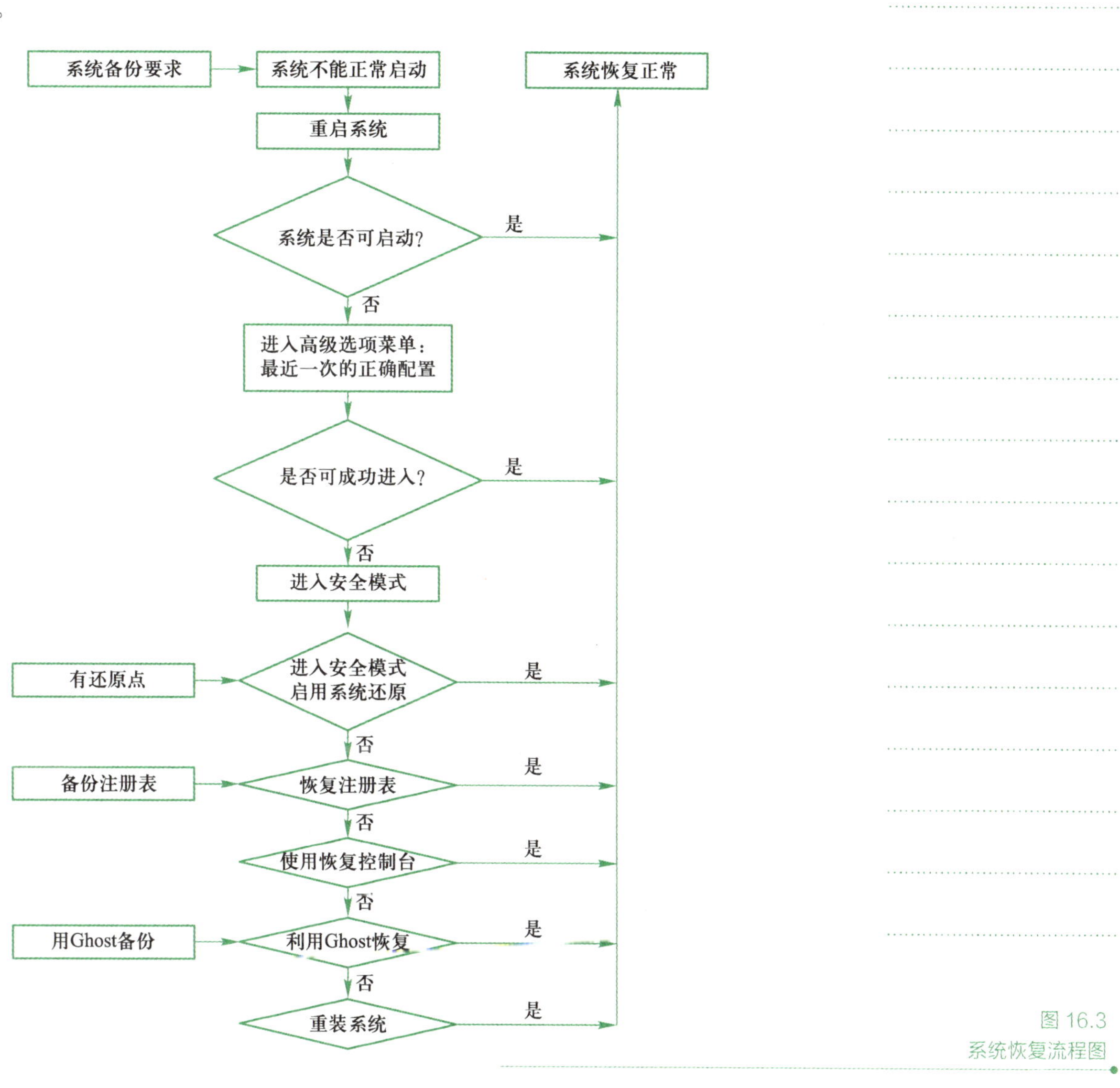

图 16.3
系统恢复流程图

16.2.5 系统备份工具 Ghost

Windows 10 功能强大，界面美观，但同时体积庞大，安装时间过长，所以做好 Windows 10 的备份是非常重要的。Ghost 作为对 Windows 10 系统进行备份的常用工具，拥有强大的功能且使用简单。Ghost 的基本功能是对硬盘的某个分区或整个硬盘完全地复制（硬盘分区信息、操作系统的引导区信息等），并打包压缩成为一个映像文件，在需要的时候，就可把映像文件恢复到对应的分区或对应的硬盘里，包括两个硬盘的对拷、两个分区的对拷、两台机器间的对拷、制作硬盘的映像文件等。一般，用得比较多的是分区备份功能，它能够将硬盘的一个分区压缩备份成映像文件，然后保存在其他分区里，一旦原分区发生故障，就可以用镜像文件来恢复分区的内容，使其能正常工作。利用 Ghost 还可以备份系统和完全恢复系统。使用 Ghost 备份系统分区需要注意下面一些问题。

① 使用新版本。

② 转移或删除页面文件。

③ 关闭休眠和系统还原功能。

④ 删除暂时不需要的临时文件。

⑤ 检查磁盘和整理磁盘碎片。

⑥ 及时更新备份。

16.3 动手做：备份和恢复系统

对于经常使用计算机的用户来说，由于错误操作、病毒或木马破坏，计算机运行一段时间之后便会出现运行缓慢、无缘无故地死机甚至崩溃的情况。随着计算机和网络的不断普及，确保系统数据信息安全就显得尤为重要。在这种情况下，系统备份和恢复就成为日常操作中一个非常重要的措施。掌握常用的系统备份和恢复方法，对于每个使用计算机的用户来说都是非常重要的技能。下面以 Windows 10 为例来讲述。

16.3.1 使用“系统还原”功能备份系统

Windows 10 操作系统自带的系统工具中有一个“系统还原”的功能，通过它，用户可以很容易地对系统进行备份和恢复。在使用“系统还原”工具对系统进行备份和恢复的时候，首要的工作是创建一个“还原点”，相当于做一个记号，记录系统某一时刻的状态，为日后恢复系统提供一个依据。

步骤1 打开“系统”窗口。使用鼠标右键单击桌面上的“计算机”图标，在弹出的快捷菜单中选择“属性”命令，打开“系统”窗口，如图 16.4 所示。

图 16.4 “系统”窗口

步骤2 选择“系统保护”选项卡。在“系统”窗口中选择“系统保护”选项卡，出现如图 16.5 所示的对话框。

步骤3 配置系统还原相关参数。在图 16.5 中单击“配置”按钮，即可在打开的对话框中对系统还原相关参数进行设置，如图 16.6 所示。在这里可以选择系统保护的内容、定义磁盘空间使用量及删除还原点等操作。

图 16.5 “系统保护”选项卡

图 16.6 设置配置系统还原相关参数

步骤4 创建还原点。在图 16.5 中单击“创建”按钮，开始创建还原点。

步骤5 设置还原点描述。在弹出对话框的文本框中输入帮助用户识别还原点的描述，就是给创建的还原点命名，然后单击“创建”按钮，如图 16.7 所示。

步骤6 完成还原点的创建操作。耐心等待创建还原点程序执行创建操作，直到创建工作完成，如图 16.8 所示。

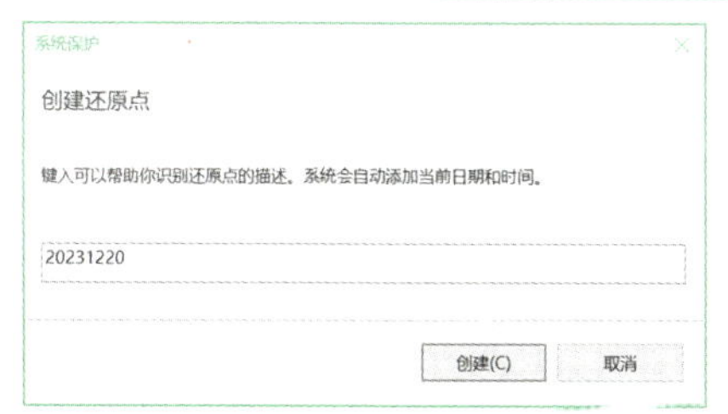

图 16.7 添加还原点描述

图 16.8 完成创建还原点

16.3.2 使用“系统还原”功能恢复系统

利用“系统还原”功能恢复系统比较容易，与创建还原点基本相同，不同点在于，选择要执行的任务的时候选择“恢复我的计算机到一个较早的时间”选项，然后按照提示一步步地操作即可。下面是具体操作步骤。

步骤1 运行系统还原程序。使用鼠标右击桌面上的“计算机”图标，在弹出的快捷菜单中选择“属性”命令，打开“系统”窗口，在“系统”窗口中选择“系统保护”选项卡，在图 16.5 的窗口单击“系统还原”按钮，即可启动系统还原程序，如图 16.9 所示。

步骤2 选择还原类型。这里共有两种选择：一种是“推荐的还原”，一般系统会推荐最近的一次备份作为还原点；另一种是“选择另一还原点”，用户可以根据实际需要，从众多备份中选择合适的还原点。在这里选择“选择另一还原点”单选按钮，然后单击“下一步”按钮，如图 16.9 所示。

步骤3 选择合适的还原点。在弹出的“将计算机还原到所选事件之前的状态”界面中选择合适的还原点，如图 16.10 所示。

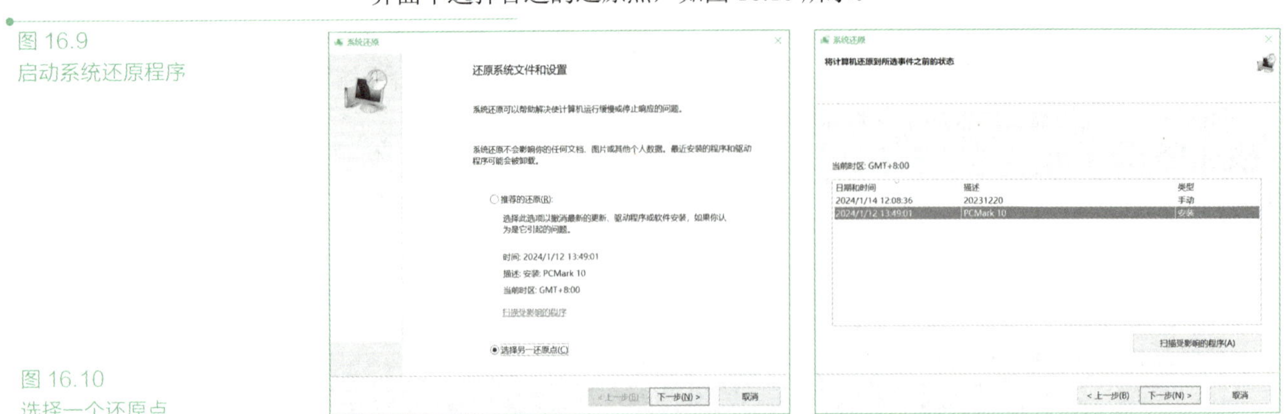

图 16.9
启动系统还原程序

图 16.10
选择一个还原点

步骤4 查看选中还原点还原后受影响的程序和驱动。在图 16.10 中单击“扫描受影响的程序”按钮，可查看系统还原后哪些程序将因为还原系统而被删除，如图 16.11 所示。

步骤5 确认还原点。在步骤 4 查看了系统还原后受影响的程序后，在图 16.11 的窗口单击“关闭”按钮，返回图 16.10 所示界面，确认后单击“下一步”按钮，在弹出的“确认还原点”窗口单击“完成”按钮，系统会弹出对话框确认开始系统还原，这里单击“是”按钮开始系统还原，如图 16.12、图 16.13 所示。

图 16.11
系统还原后受影响的程序

图 16.12
确认还原点

图 16.13
确认系统还原继续进行

步骤6 完成系统还原操作。在计算机重启且进入系统后，系统还原完成。

“系统还原”程序还可以在安全模式下运行，如果系统出现故障而不能正常进入系统，则可以尝试进入“安全模式”，然后利用“系统还原”功能来恢复系统。

16.3.3 使用系统自带的功能恢复系统

当操作系统出现了问题而导致无法正常进入时，不必着急安装操作系统，也可以先通过系统高级启动选项来尝试恢复系统。高级启动选项可以在高级疑难解答模式下启动 Windows。高级启动选项本质上是一个引导菜单，用户通过它可以设置启动方式、系统还原、系统恢复等高级功能，以便在启动或运行出现问题时进行故障排除、诊断和修复。进入高级启动选项有如下 5 种方法。

（1）开机按 F11 键。在许多计算机上，如果计算机一开机就按 F11 键，则可以进入高级启动选项菜单。

（2）用启动盘引导。如果手头有 USB 或 DVD 上的安装盘，则可以从中启动并进入高级启动选项菜单。

（3）当电脑启动失败时，它最终可能会引导用户进入高级启动选项菜单。

（4）如果可以进入 Windows 系统登录界面，单击右下角的电源按钮，按住 Shift 键，然后单击“重启”，可进入高级选项。

（5）按下 WIN+I 组合键打开 Windows“设置”，选择“更新和安全”，在弹出的界面左侧单击“恢复”按钮，在右侧“高级启动”下方单击“立刻重新启动”，即可进入高级启动选项菜单。

步骤1 进入 Windows 高级启动选项。根据系统情况选择上述五种方法之一进入高级启动选项（此处以第 4 种方法为例），在出现的界面上选择“疑难解答”并按回车键后，在出现的界面选择“高级选项”后按回车键，如图 16.14、图 16.15 所示。

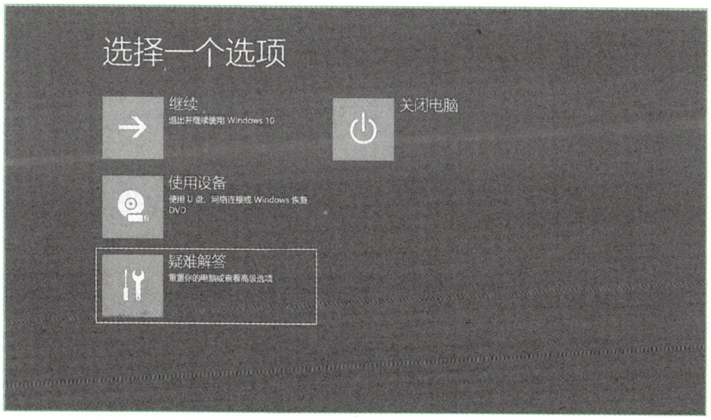

图 16.14
选择“疑难解答”选项

图 16.15
选择“高级选项”

步骤2 选择合适的方法尝试对系统进行恢复，如图 16.16 所示。

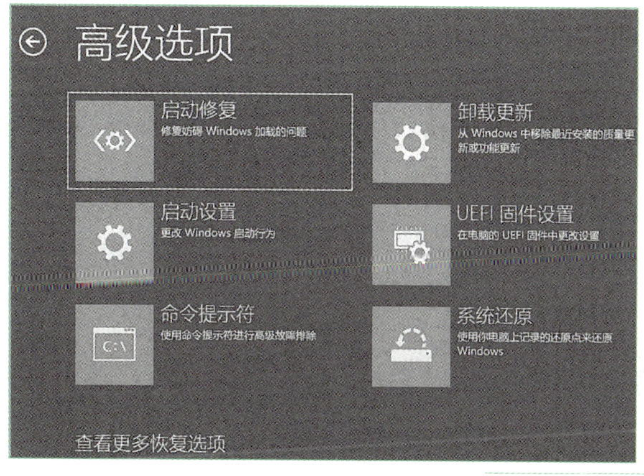

图 16.16
在高级选项中选择合适的方式修复系统

16.4 网上学：备份和恢复系统

进入本课程网站后，通过首页左侧的“项目学习→项目 16 系统备份与恢复”导航，打开“项目 16 系统备份与恢复”网上学习窗口，可以通过网络学习项目 16 的所有内容。另外，也可以在顶端导航栏中打开“系统恢复模拟”进行系统恢复的模拟仿真，如图 16.17 所示。

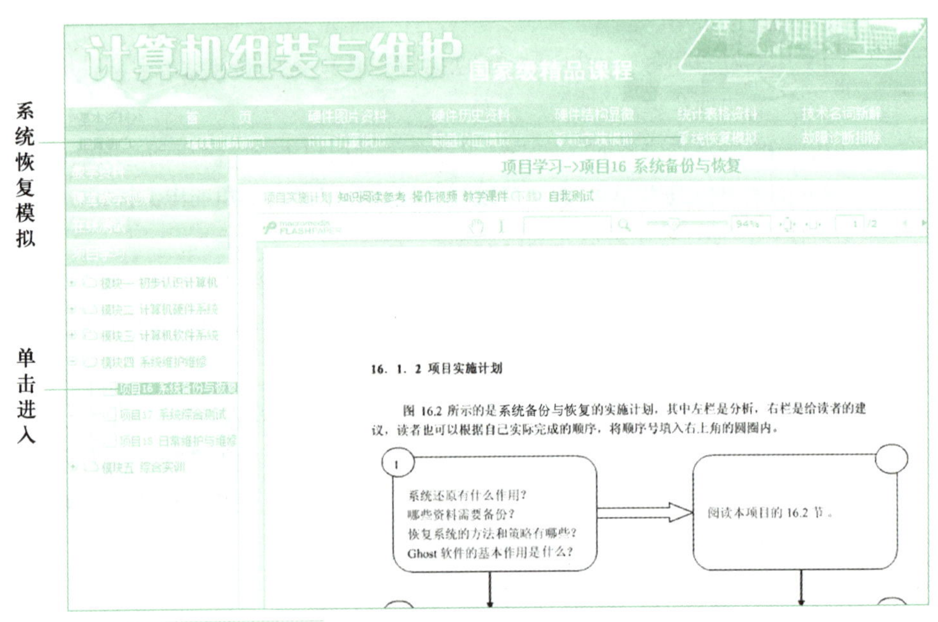

图 16.17
系统备份与恢复项目网上学习窗口

16.5 拓展训练：使用 Ghost 备份和恢复系统

Ghost 自问世以来，一直是计算机维护人员非常喜欢用的工具，其强大的备份和恢复功能帮用户节省了不少时间和精力，使得计算机系统备份不再费时费力。用户可以利用该工具对整个硬盘进行备份和恢复，也可以对单个分区进行备份和恢复，还能够对整个网络上的计算机进行恢复。Ghost 是一款功能非常强大的系统备份和恢复软件，其用途非常广泛，下面主要介绍利用 Ghost 对系统分区进行备份和恢复。Ghost 的工作界面如图 16.18 所示。

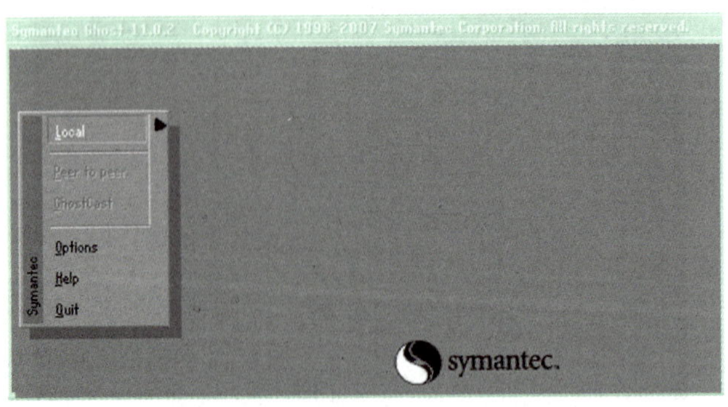

图 16.18
Ghost 工作界面

在这里需要说明的是，使用 Ghost 进行系统备份的时候是以创建映像的方式进行的，Ghost 的工作界面虽然是全英文的，但是使用起来非常简单。Disk 项中的命令是以硬盘为操作对象的，选择 Disk→To Disk 菜单命令，表示从一个硬盘到另一个硬盘进行完整的克隆；选择 Disk→To Image 菜单命令，表示对整个硬盘的所有分区的所有内容进行映像创建；选择 Disk→From Image 菜单命令，表示从已经创建的映像来恢复整个硬盘，一般用于网吧、机房等计算机数量众多、配置相同、安装的系统和软件相同的场所。Partition 项中的命令是以分区为操作对象的，选择 Partition→To Partition 菜单命令，表示分区到分区的完全复制，主要应用于网吧和机房等环境，通过做好的母盘对其中一个分区进行恢复；选择 Partition→To Image 菜单命令，可将分区内容备份成映像文件；选择 Partition→From Image 菜单命令，是从已有的映像文件恢复分区。用户只需要记住这几项的作用，即可掌握 Ghost 的用法。用户可到本课程网站详细查看使用 Ghost 备份系统的详细操作步骤和方法，以便更好地掌握。

微课 16-1
Ghost 备份系统

备份系统的操作过程：启动软件；选择 Local→Partition→To Image 菜单命令；选择需要备份的硬盘；选择要备份的分区；选择备份的存储位置和名称；选择压缩方式；开始备份；重启完成备份。

恢复系统的操作过程：启动软件；选择 Partition→From Image 菜单命令；指定恢复映像文件所在的位置和名称；选择要进行恢复操作的硬盘；指定要恢复的分区；恢复系统；重启计算机以完成恢复工作。

微课 16-2
Ghost 恢复系统

Ghost 工具对操作人员的计算机操作和应用能力要求较高，这需要用户认真体会各个选项的含义和作用，建议用户在没有完全熟悉 Ghost 使用方法的情况下，尽量谨慎操作，以避免因为操作不当而造成文件资料的丢失。

项目 17

系统综合测试

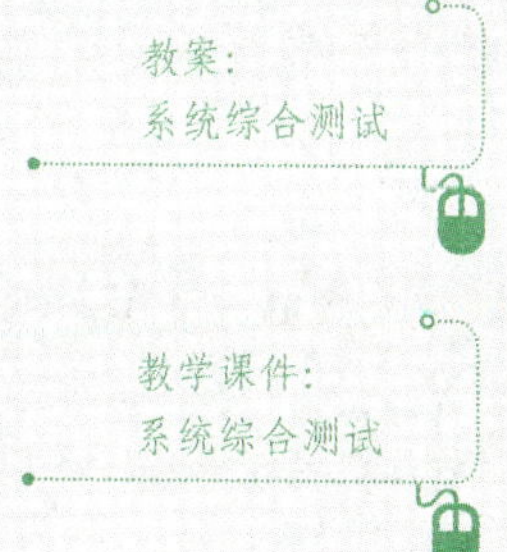

素质目标

笔 记

一台计算机组装完成并安装好应用软件之后，用户最关心的就是这台计算机的硬件具体是什么型号、各部件或者整体性能怎样。对于这些问题，通常可以使用一些专用的测试软件对整机或各部件进行全方位的测试，并与不同配置的计算机进行比较，来判断这台计算机到底处于一种什么样的档次，并了解硬件的具体性能指标，这就是系统综合测试。

17.1 项目内容及实施计划

测试计算机硬件一般包括两个方面，一个是硬件的基本性能指标，另一个是硬件的测试性能指标。前者是硬件出厂时就已经确定了的，是由硬件生产厂商决定的，主要包括产品的型号和一些基本功能，而后者是通过测试软件结合具体的计算机平台得出的综合信息，反映了硬件在该环境下表现出来的实际能力。

17.1.1 项目描述

对一台硬件和软件都安装完毕的计算机系统进行综合测试，给出该系统的性能报告和综合评价，如图 17.1 所示。

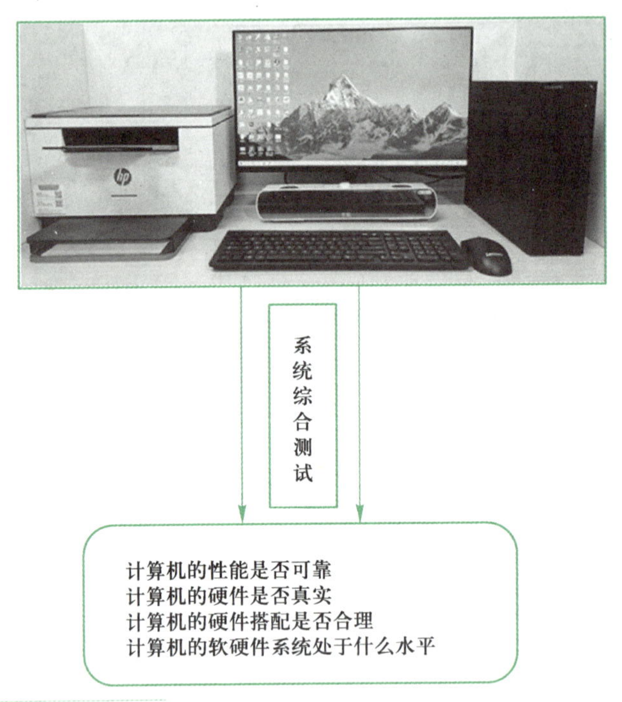

图 17.1
项目描述——系统综合测试

17.1.2 项目目标

1. 德育目标

（1）以测试计算机系统的均衡性和稳定性的相关案例为切入点，让学生明白国家稳定发展和均衡发展的重要性。

（2）以市面常见的中文测试软件为例，讲解国产测试软件的发展现状和取得的成就，增强学生的自信心。

笔 记

2．知识目标

（1）初步认识计算机系统测试的作用。

（2）初步了解计算机常用的测试软件。

3．技能目标

（1）能使用系统自带功能测试系统。

（2）能通过第三方软件测试系统。

（3）能通过课程网站进行学习。

4．素养目标

（1）培养学生的工匠精神和职业道德。

（2）强化学生对计算机软硬件发展趋势的认识，增强学生自主学习新产品、新技术和新趋势的主动性。

17.1.3　项目实施计划

对计算机组装和维护时，很多时候都要对软硬件升级，以及进行系统优化，但这些升级和优化有没有效果呢？这就需要进行系统性能测试，通过比较测试得出的结果来大致判断是否有效。许多计算机厂商在新产品推出来之前，首先把样品送到一些知名媒体的硬件评测室进行评测，其目的也是通过评测得出的数据和以往的产品进行比较，以达到宣传的目的。对于学习计算机组装及维护的读者来说，学习测试软件的用法和基本评价指标，掌握系统升级和优化的策略及方法是非常必要的。本项目实施计划如图 17.2 所示。

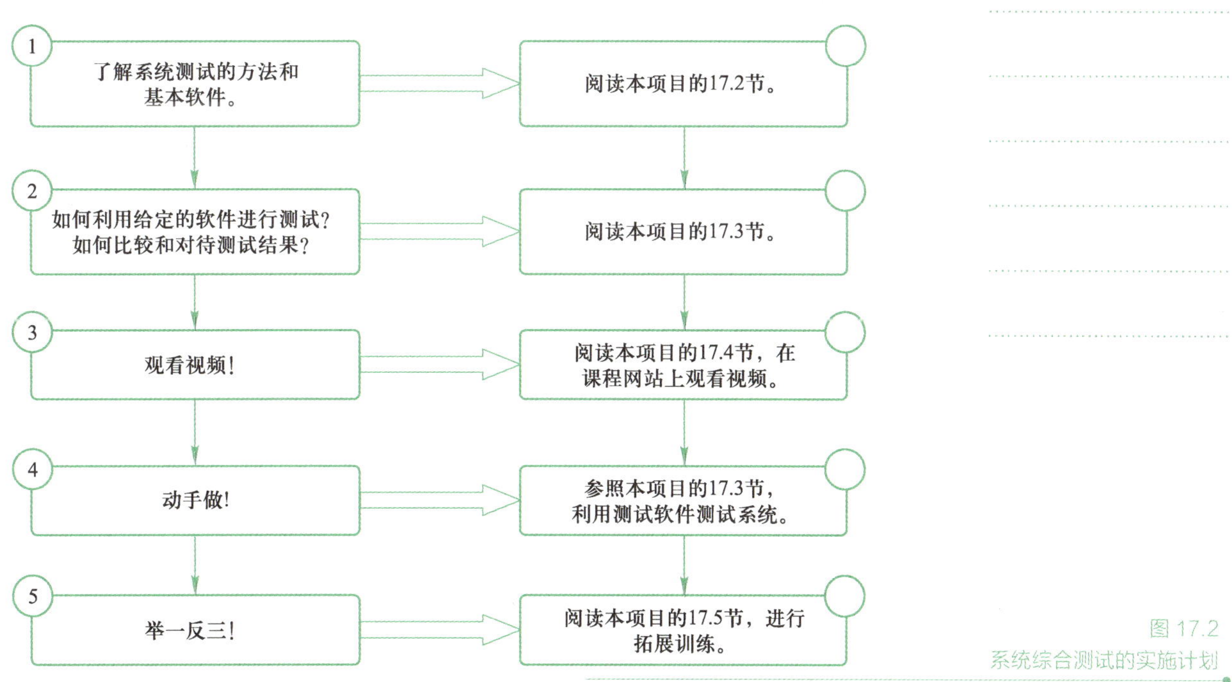

图 17.2
系统综合测试的实施计划

17.2　知识阅读：系统综合测试

系统测试软件能够帮助用户完成下述工作：为计算机升级之后了解其性能变化；在超频或对系统做出其他改动之后测试系统的稳定性；检测整机或某一零配件是否正

常；查询某一设备的详细信息。

笔记

17.2.1 系统测试方法

很多用户在新装计算机以后不能确定其性能如何。究竟应该如何测试计算机的性能呢？常看计算机评测文章的朋友可能了解，评测计算机一般会采用运行大量的评测软件来进行，但是这并不一定适合所有的用户。很多用户面对繁多的数据会头疼，可能完全不明白这些数据究竟代表了什么样的性能。更何况手头不一定有这样齐全的测试软件。而且对普通的用户来说，这些数据的意义并没有那么明显，有没有简单一点的测试方法呢？其实最简单的测试方法就是让计算机运行一下常用的软件，从而检查计算机有没有问题，简单地判断一下计算机性能是否满足要求。用户可以到本课程网站了解测试方法，主要有如下几种。

① 游戏性能测试。

② 播放电影测试。

③ 图片处理测试。

④ 复制文件测试。

⑤ 压缩测试。

⑥ 网络性能测试。

⑦ 多线程性能测试。

⑧ 系统分级测试。

17.2.2 常用系统测试软件分类

与其他应用软件相比，系统测试软件一般不为计算机用户所重视。但在希望评估计算机的性能时，在对系统的稳定性心存疑虑时，在担心硬盘的工作状态及数据的安全性时，在系统崩溃并怀疑某一硬件设备可能是诱因时，在需要找出液晶显示器的坏点时，硬件检测软件都能够派上大用场。它除了能够评估计算机设备的性能与稳定性，了解硬件设备的工作状态，找出有故障的硬件设备之外，还能够识别出假货及次货，因此，有绝对的理由相信，总会有需要检测软件的时候。既然如此，不妨对各种硬件检测软件先做一些了解，这样到需要使用它们的时候就能够得心应手了。

1. 整机检测软件

整机检测软件可以对计算机整机进行综合性能测试，检测各种硬件设备的协调与兼容性。用户可以使用整机检测软件全面检测自己的计算机，以便更加了解各个硬件设备的信息，或者将检测结果与其他计算机的检测结果相比较，客观评估其性能的高低，甚至还能够帮助用户找出性能的瓶颈所在，为升级时确定目标。常用的检测软件主要有鲁大师、SiSoftware Sandra 系列、PCMark 系列与 3DMark 系列等。此外，各类大型 3D 游戏也能作为很好的测试工具。

2. 稳定性检测软件

稳定性检测软件可以让计算机系统高负荷运作，以测试系统的稳定性。其中，除了有可以测试 CPU 稳定性的检测软件之外，还有可以全面检测系统上各种零配件的“烤机”专用软件，主要有 PassMark BurnInTest 系列、Super PI 等。

17.3 动手做：系统综合测试

对于一般的用户来说，可以通过测试软件了解自己计算机的性能和相关硬件信息，也可以通过测试结果来比较自己的计算机经过超频、升级、优化后，在性能上是否有所提升，还可以检测自己的计算机配件是否真实、稳定、可靠。用于硬件测试的软件很多，有专门针对一个项目进行测试的，也有将所有项目整合到一起进行测试的。本项目主要介绍利用 Windows 10 自带的测试功能和硬件测试软件 PCMark 10 测试系统综合性能。

17.3.1 使用 Windows 系统自带的功能测试

系统分级是 Windows Vista 版本之后系统自带的一项功能，它通过对计算机各主要硬件组件进行评级打分来衡量整个计算机系统的基本性能。但 Windows 10 中不能直接使用这个功能，用户可以通过命令行的方式来启动系统评分功能。

步骤1 启动“命令行”窗口。右击桌面左下角的“开始”菜单，在弹出的快捷菜单中选择“Windows powershell（管理员）”命令，打开命令行窗口，如图 17.3、图 17.4 所示。

步骤2 在图 17.4 所示窗口的光标处输入“winsat formal”，如图 17.5 所示。

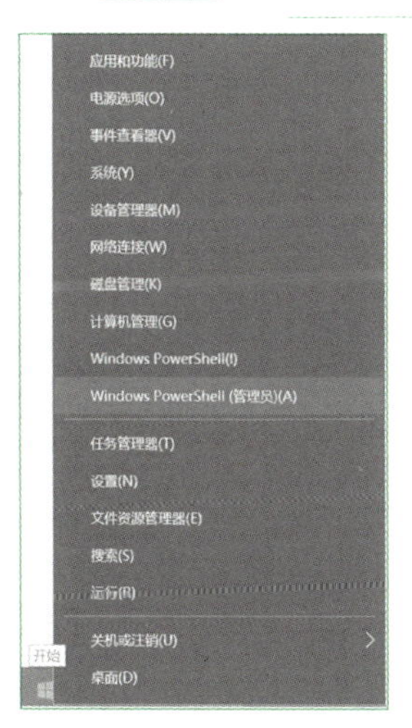

图 17.3 右击“开始”菜单

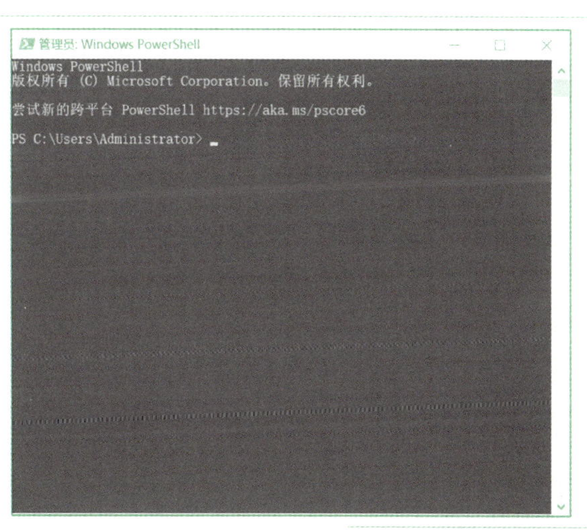

图 17.4 打开“管理员：Windows PowerShell”命令行窗口

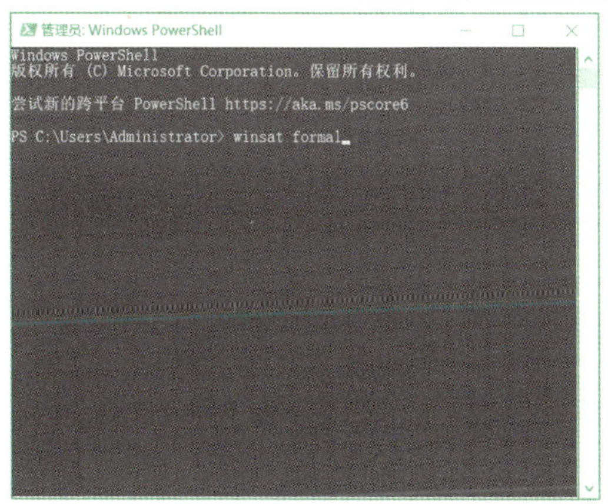

图 17.5 输入“winsat formal”命令

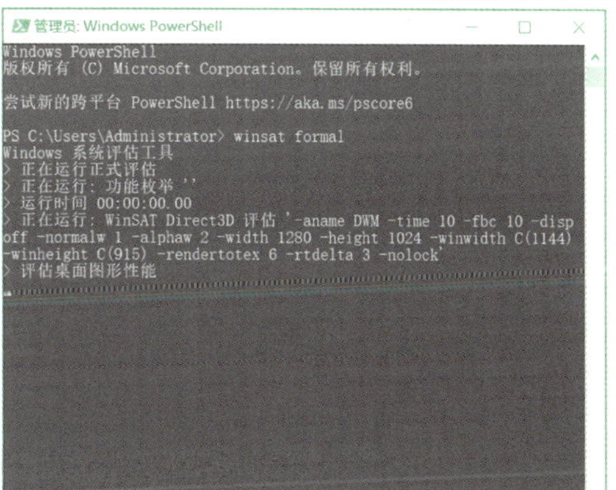

图 17.6 开始测试

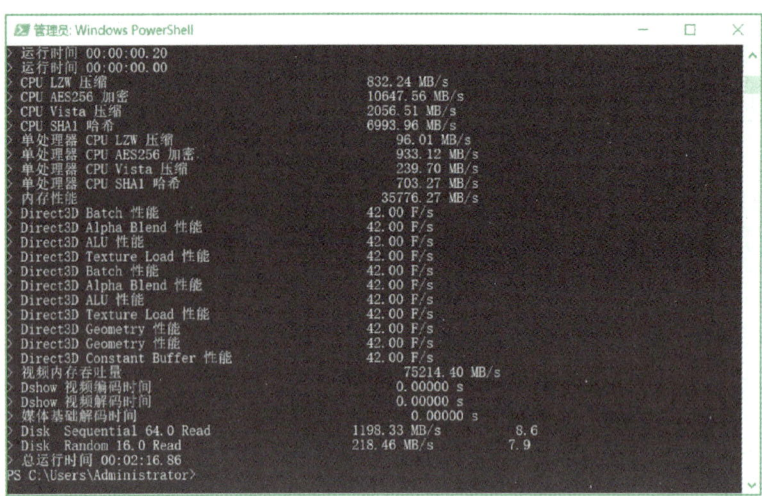

图 17.7
测试完成，显示结果

步骤3 开始测试。输入“winsat formal”后按 Enter 键，运行系统测试，这里需要一段时间来执行各个硬件组件评测操作，如图 17.6 所示。

步骤4 得出系统测试结果。系统根据处理器、内存、图形、游戏图形、主磁盘 5 个方面的表现得出相应的测试结果，如图 17.7 所示。

17.3.2 使用鲁大师测试系统

鲁大师是一款个人计算机系统工具，支持 Windows 2000 以上所有的 Windows 系统版本，它是首款检查并尝试修复硬件的软件，它能轻松辨别计算机硬件真伪，测试计算机配置，测试计算机温度，保护计算机稳定运行，清查计算机病毒隐患，优化清理系统，提升计算机运行速度。用户可以从网上下载鲁大师，并利用其中的测试功能来测试系统。

步骤1 安装鲁大师。从网上下载并安装鲁大师。

步骤2 启动鲁大师，进入主界面，如图 17.8 所示。

图 17.8
鲁大师主界面

步骤3 选择硬件评测。选择图 17.8 左侧的“硬件评测”，在“硬件评测”界面上单击“开始评测”按钮，如图 17.9 所示。

图 17.9
鲁大师硬件评测界面

步骤4 开始测试。评测开始后，将依次测试系统主要硬件性能，如图 17.10 所示。

图 17.10
鲁大师硬件评测开始

步骤5 得到测试成绩。耐心等待测试完成，直到得到测试结果，如图 17.11 所示。用户可查看计算机系统的排名情况，如果升级过计算机，还可以通过与历史得分对比了解性能提升情况。除了能对核心硬件进行评测之外，鲁大师还能对计算机硬件支持 AI 应用的性能、显卡支持光追的游戏和应用的运行流畅度进行评测。感兴趣的用户在“硬件评测”界面选择“AI 评测”和“光追评测”即可，如图 17.12 所示。

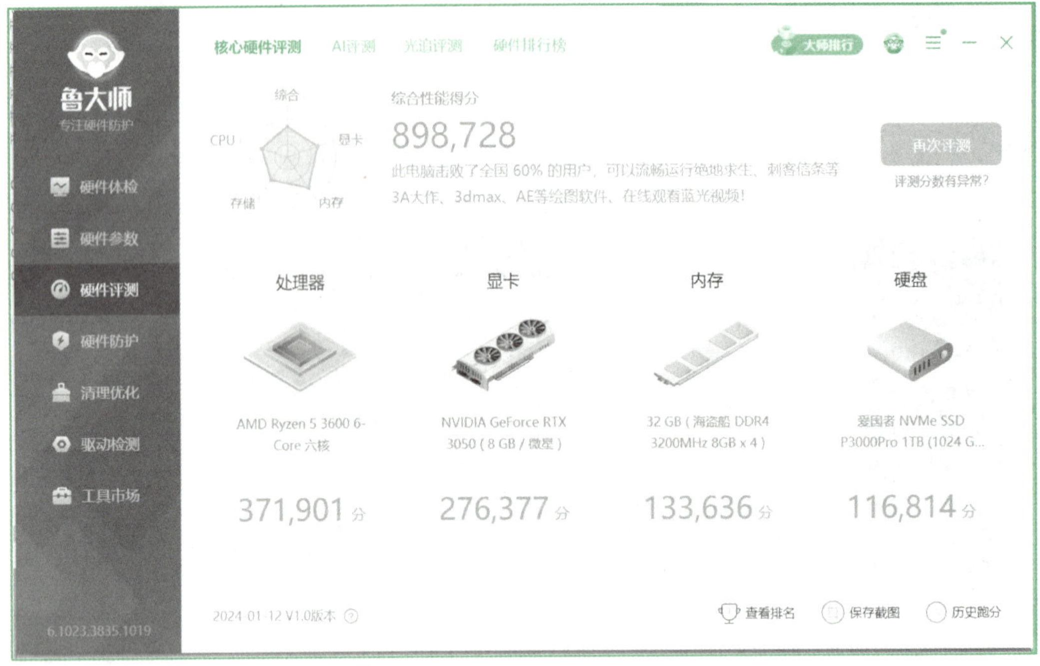

图 17.11
鲁大师硬件评测结果

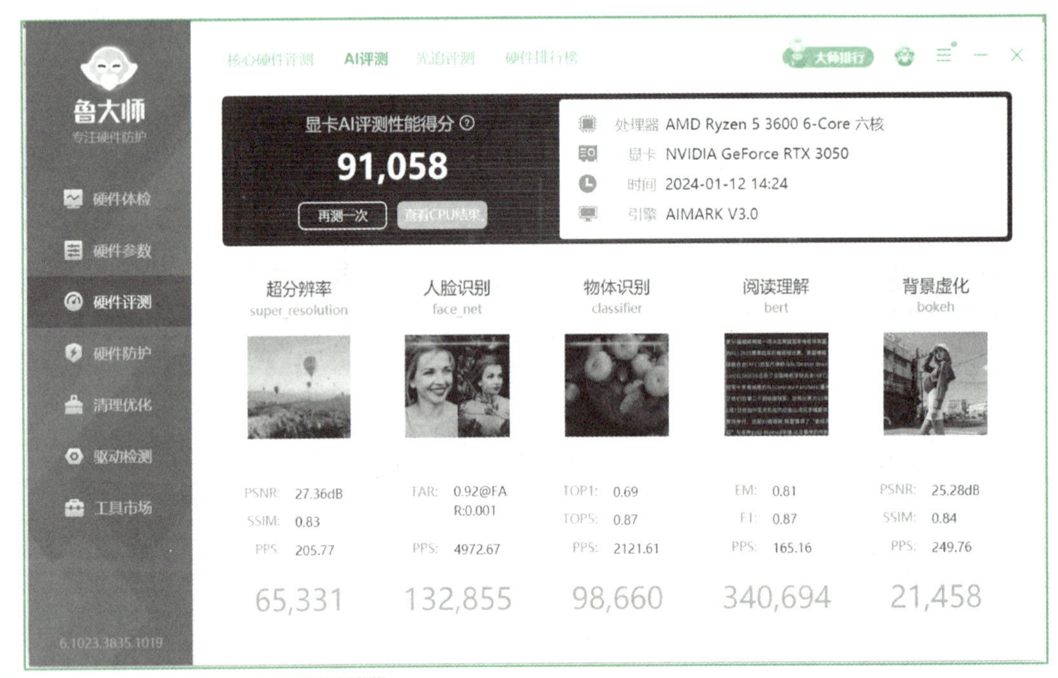

图 17.12
鲁大师 AI 评测结果

17.4 网上学：系统综合测试

进入本课程网站后，通过首页左侧的“项目学习→项目 17 系统综合测试”导航，打开“项目 17 系统综合测试”网上学习窗口，可以通过网络学习项目 17 的所有内容，如图 17.13 所示。

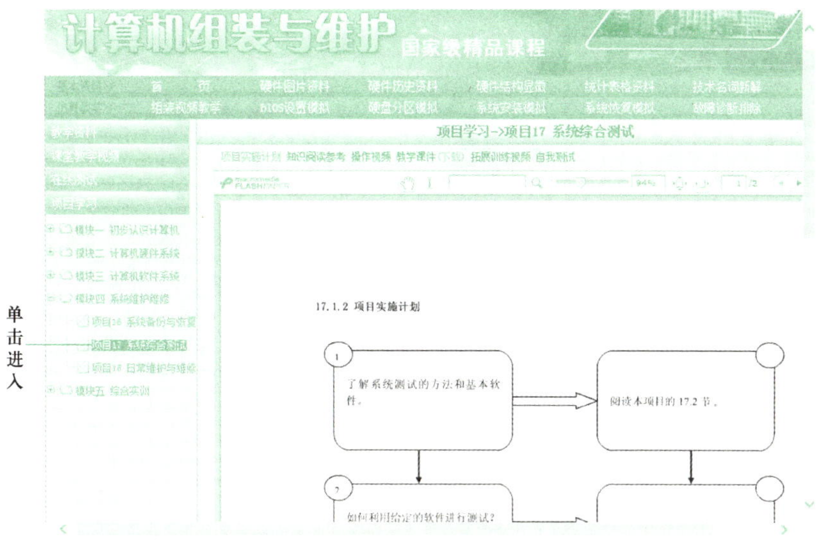

图 17.13
系统综合测试项目网上学习窗口

17.5　拓展训练：使用 PCMark 测试系统

微课 17-1
用 SiSoftware Sandra 测试整机

硬件测试是一件复杂的工作，需要用户对计算机硬件和软件知识有深入的了解。普通用户只需要了解常用的一些简单测试软件的用法，以及知道如何评价自己机器的性能即可。对于复杂的专业测试软件，可以通过阅读硬件杂志和上网查阅的方式做进一步了解，对测试的流程和结果的分析有一个初步的认识，从而提高自己对硬件的分析和评测能力。

硬件测试软件中最常用的是 PCMark 系列，它会在测试结束后用整体和分项的成绩分数来评价系统性能，可与其他已测试过的计算机的分数进行对比，从而了解当前测试计算机所处的水平。用户可以从网上下载该软件的免费版本，安装后进行测试。目前，该软件的最新版本是 PCMark 10，可用来测试系统的稳定性与兼容性。用户安装好软件后，根据需要选择好测试的项目开始运行即可。其测试界面和测试结果如图 17.14、图 17.15 所示。

图 17.14
PCMark 10 测试主界面

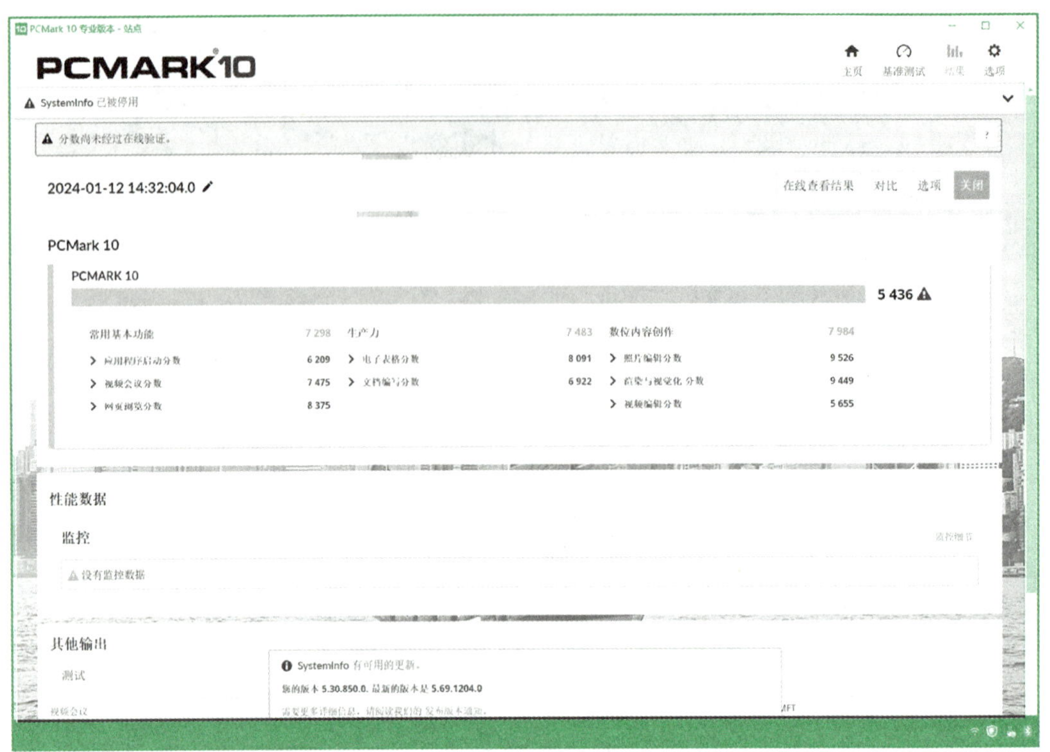

图 17.15
PCMark 10 测试结果

总的来说，PCMark 能够提供给用户一个非常详尽的检测结果，对更好地了解计算机的性能指标起到了很大的帮助作用。随着计算机硬件技术的不断更新，计算机测试软件也在不断地推陈出新，对系统测试有兴趣的读者可到中关村在线、太平洋电脑网等计算机网站了解硬件评测流程和数据分析的相关知识，以提高自己的系统测试能力。

项目 18

日常维护与维修

教案：
日常维护与维修

教学课件：
日常维护与维修

素质目标

笔 记

计算机目前已经普及到各个家庭，软硬件升级及更新速度也越来越快。计算机在工作过程中受到软硬件故障和兼容性等因素的影响，有时不能正常工作，但这些故障大部分都较容易修复。对于用户来说，计算机故障是一个很令人头疼的问题，只有在充分了解计算机的工作原理之后，有针对性地进行诊断和维修，才能成为一个计算机维护的高手。

18.1 项目内容及实施计划

对于用户来说，最重要的是养成良好的使用习惯，只有按照正常的方法使用、保养及维护，才能减少故障出现的可能，才能有效地延长计算机的使用寿命和提升效率。在计算机出现故障后，要能根据故障的表现，有针对性地进行检测和维修，从而正确、及时地修复。

18.1.1 项目描述

项目描述如图 18.1 所示。

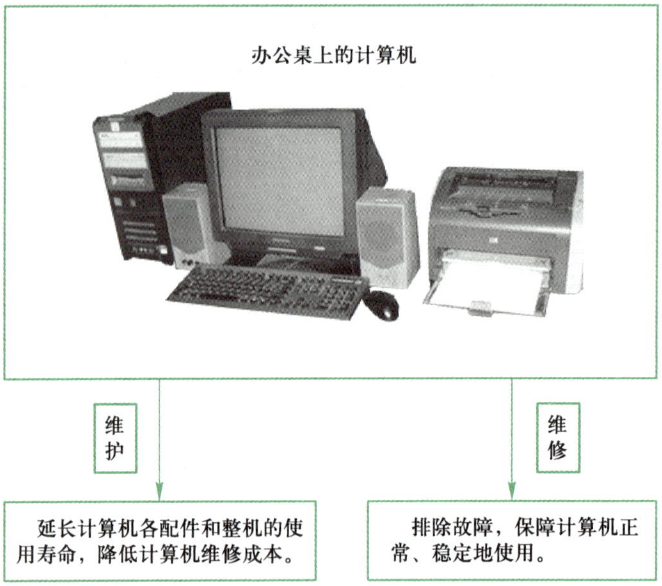

办公桌上的计算机

维护

维修

延长计算机各配件和整机的使用寿命，降低计算机维修成本。

排除故障，保障计算机正常、稳定地使用。

图 18.1
项目描述——日常维护与维修

18.1.2 项目目标

1. 德育目标

以计算机日常维护的作用为切入点，督促学生对个人日常思想行为进行反省和提升，完善自己，为国家做更大贡献。

2. 知识目标

（1）初步认识计算机维护维修的原则和方法。

（2）初步了解计算机常见软硬件故障的判断和处理方法。

3. 技能目标

（1）能对计算机软硬件进行日常维护保养和简单维修。

（2）能通过课程网站进行学习。

4. 素养目标

（1）培养学生的工匠精神和创新意识。

（2）增强学生认真分析和规范流程的意识。

（3）强化学生的沟通意识，提升团结协作能力。

笔 记

18.1.3 项目实施计划

学习本项目，可使读者了解计算机各部件和整机日常维护的注意事项，熟悉计算机故障产生的原因和种类，掌握计算机故障处理的流程和方法，以及常用的工具。通过分析常见故障的现象及处理方法，并通过不断的实践，进一步掌握计算机故障的维护及维修知识，以提高用户对计算机故障的判断和维护维修能力。图 18.2 所示为日常维护与维修的实施计划。

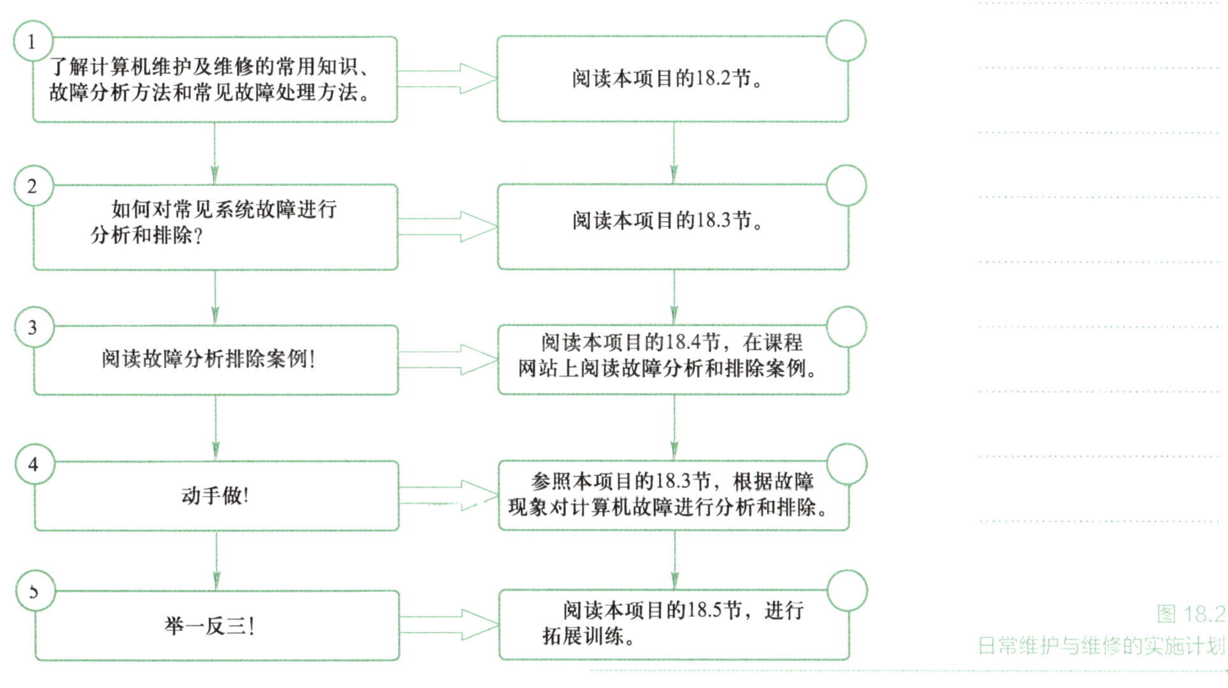

图 18.2
日常维护与维修的实施计划

18.2 知识阅读：日常维护与故障判断

计算机日常的维护及保养非常重要，能够有效地延长计算机的使用寿命。而对出现故障的计算机，按照一定的原则进行故障排除和维修也同样重要。通过本项目的学习，用户能够及时准确地找到故障所在，并予以排除。

18.2.1 计算机各部件的维护

下面介绍各部件的维护。

笔记

1. 主板

使用主板时需要注意防尘、防潮，应定时清洁。

2. CPU

使用 CPU 时，应注意 CPU 散热风扇的除尘、轴承润滑和散热。

3. 内存

使用内存时需注意，安装时应插紧以避免接触不良，定期清洁金手指以防氧化等。

4. 硬盘

使用硬盘时应注意防震、防尘、防潮、防高温、防静电、防病毒、防工作时突然断电，固态硬盘在使用时要避免过度写入。应定期整理硬盘和备份数据。

5. 显示器与显卡

使用显示器时应注意防尘、防磁（CRT 显示器）、避强光、防潮、避免长时间工作、防撞击等。清洁时不能使用有机溶剂。使用显卡时应注意散热和供电。

6. 键盘

使用键盘时应注意防尘、防大力敲击、防水等。

7. 鼠标

使用鼠标时应注意防尘、防大力敲击及拉扯鼠标线等。

18.2.2 整机的硬件维护

整机的维护是建立在各个部件正常维护的基础上的，从硬件角度来说，一般有如下几点。

① 保证计算机工作环境正常的温度、湿度和洁净度。

② 避免电磁干扰，以免影响数据的存储和显示器的正常使用。

③ 保证电源有足够的功率和稳定的电压。

④ 机箱内的连线要整齐，以免影响散热或造成 CPU 风扇停转而导致配件烧毁。

⑤ 保持正确的开关机顺序。开机按照先外设、再显示器、最后主机的原则，关机顺序则相反，还要避免反复、频繁地开关机。

⑥ 计算机工作的时候避免移动。

⑦ 防静电。

⑧ 定期对计算机进行除尘操作，防止引起短路。

18.2.3 整机的软件维护

计算机软件是使用计算机的前提，合理地对软件系统进行优化、维护，有利于提高使用效率。维护时，应注意以下几点。

① 安装杀毒软件和安全软件，定期更新病毒库和进行病毒查杀，并及时修复系统漏洞。

② 重要文件要定期备份，不要将重要文件存放在系统盘（一般是 C 盘）。

③ 定期更新或升级硬件驱动程序和软件版本。

④ 上网时保持良好的习惯，定期进行垃圾清理。

⑤ 定期进行计算机磁盘碎片整理与垃圾文件清理，以提高硬盘运行效率。

⑥ 尽量不要使用 BT 类软件进行下载，以避免损伤硬盘。

笔 记

18.2.4 计算机的故障分类

在微型计算机日常使用的过程中，引起故障的原因有多种，如使用场所的温度、湿度、灰尘等。据统计，约 80%的故障是人为故障，即是由于使用不当造成的，约 10%的故障是软件故障或系统故障，只有不到 10%的故障是由于硬件损坏产生的。微型计算机故障总体上可分为硬件故障、软件故障、病毒破坏和人为故障四大类。

1. 硬件故障

硬件故障是指计算机中的电子元器件损坏或外部设备的电子元器件损坏而引起的故障。硬件故障分为元器件故障、机械故障、介质故障、系统硬件一致性故障等。

2. 软件故障

软件故障可分为系统故障和程序故障等。

3. 病毒破坏

一般，计算机感染上病毒会表现在硬件方面和软件方面，这些都会影响计算机的正常使用。

4. 人为破坏

由于用户对计算机知识不了解而导致的错误操作往往也会造成计算机故障，具体体现在错误操作、安装错误、使用不当等。

18.2.5 硬件故障的查找原则

查找硬件故障，可以遵循先假后真、先外后内、先软后硬等原则。

1. 先假后真

先假后真就是先排除系统是否存在故障，是否只是因为接触不良、连线不正确等原因引起的故障，即先排除假故障，再去考虑是否存在真故障。

2. 先外后内

检查故障的时候，应从机箱外部先检查，然后打开机箱，不要盲目地拆卸机箱内的部件。

3. 先软后硬

先软后硬是指先考虑是否是由于软件原因引起的故障，再考虑是否是由于硬件引起的故障。

4. 先一般后特殊

在遇见故障时，可先根据故障的表现考虑最容易引起故障的原因，如果不能解决，再考虑其他原因。

5. 先简单后复杂

排除故障时，先排除简单的易修的故障，再排除困难的不易解决的故障。

18.2.6 硬件故障的查找方法

对于计算机出现的硬件故障，应先根据具体表现进行初步的分类判断，再根据工作原理和经验，利用如下方法进行逐步排除，直到找到故障所在。本课程网站上介绍的常用诊断方法如下。

① 清洁法。

② 拔插法。

笔 记

③ 替换法。

④ 观察法。

⑤ 敲击法。

⑥ 软件诊断法。

⑦ 升温/降温法。

18.2.7 常用维护工具

要对计算机的故障进行维护，必须有相应的软件和硬件工具才能进行，常用的维护及维修工具有如下几种，用户可以在本课程网站上详细了解。

1. 万用表

万用表主要用来检测电路问题。

2. 主板检测卡

使用该工具，用户可根据显示的代码进行错误排查。

3. 其他常用工具

其他常用工具主要包括电烙铁、吸锡器、螺钉旋具、尖头镊子、扁嘴钳或尖嘴钳、毛刷、吹尘器或吸尘器、无水酒精、清洗盘等。

4. 常用工具软件

常用工具软件主要包括系统启动安装盘、病毒检测软件、常用应用软件等。

18.3 动手做：常见故障及排除

计算机中出现的故障有很多种，一般情况下，用户不可能遇见所有的故障，在维修的时候应根据故障的表现形式加以分析及判断，找到正确的解决方法。同时应加强理论学习，在排除故障的过程中积累经验，为更快更好地排除故障打下基础。下面介绍计算机中常见的一些硬件故障及排除方法。

18.3.1 CMOS 常见故障

对于 CMOS，因为人为因素或硬件接触不良而引起的问题较多，以下简单举几例。

1. 清除开机密码

现象：计算机进入 BIOS 设置界面的时候，由于忘记密码而无法进入。

分析处理：密码忘记之后，有很多种方法进行清除。现在的很多主板上都设置了 CMOS 清除跳线，可找到主板的说明书，找到清除 CMOS 的跳线，按照主板上的说明进行清除。如果找不到说明书，可以利用 DOS 下的 Debug 命令实现。命令格式如下：

```
X:\>Debug
-O 70 10
-O 71 10
-Q
```

其中，X 为命令所在的盘符。

笔 记

此外，很多优化工具也提供了 CMOS 清除功能。

2. CMOS 报警

现象：开机报警不启动，发出不正常的声音。

分析处理：在这种情况下，用户可以根据声音判断故障，然后有针对性地采取措施。用户可在本课程网站查看常用声音的报警含义。

3. 主板不支持最新硬件

现象：计算机无法正常启动或者识别的硬件信息不正确。

分析处理：在这种情况下，用户可以考虑在主板的官方网站下载最新的 BIOS，对其进行升级，看能否解决问题，否则就只能更换主板了。

4. 开机不能正常进入，出现提示信息

现象：出现 CMOS battery failed 信息。

分析处理：一般来说是由于 CMOS 没有电了，更换主板上的锂电池即可。

现象：出现 Press F1 to Continue，Del to setup 信息。

分析处理：信息的含义是按 F1 键继续，或者按 Delete 键进入 BIOS 设置程序。通常，出现这种情况的可能性非常多，但是大部分都是告诉用户“BIOS 设置发现问题”。因为问题的来源不确定，有可能是 BIOS 的设置失误，也可能是检测到没有安装 CPU 风扇，因此可以根据提示进行实际操作。

现象：出现 Keyboard error or no keyboard present 信息。

分析处理：信息的含义是键盘错误或者找不到新键盘。此时应检查键盘连线是否正确，重新插拔键盘以确定键盘好坏。

18.3.2 CPU 和内存常见故障

CPU 是整个计算机系统的核心，其是否正常运行直接影响整个系统的效率。以下简单举几例说明 CPU 和内存常见故障。

1. 计算机频繁重启、死机

现象：工作一段时间后出现重启、死机等现象。

分析处理：这种故障现象比较常见，一般是由于散热系统工作不良、CPU 与插座接触不良、BIOS 中有关 CPU 高温报警的设置错误等造成的。采取的对策主要是围绕 CPU 散热、插接件是否可靠和检查 BIOS 设置来进行，例如检查风扇是否正常运转（必要时甚至更换大排风量的风扇）、散热片与 CPU 接触是否良好、导热硅脂涂敷得是否均匀、CPU 插脚与插座的接触是否可靠，以及在 BIOS 中调整温度保护点等。

2. 计算机开机无显示

现象：开机无显示，CPU 和电源风扇都能运转。

分析处理：CPU 没有正确安装、供电不足、主板不支持等都会让计算机开机无显示，此时应根据实际情况进行排除处理。在遇到这种故障时，可采用替换法来确定故障的具体部位。假如消除了主板、电源引发故障的可能性，则可确定是 CPU 的问题，且多为内部电路损坏。倘若如此，就只能通过更换 CPU 来解决了。另外，只有把主板上的 20 芯和 4 芯的电源插头插上了才能正常工作，若忘记了插 4 芯的插座，则故障现象与此一样。

笔 记

3. 内存接触不良引起的问题

现象：开机后长鸣报警，无显示。

分析处理：在计算机故障维修的过程中，遇到最多的问题恐怕就是内存报警了。一般来说内存损坏、主板的内存插槽损坏、主板的内存供电或相关电路有问题、内存与内存插槽接触不良等原因都会引起内存报警，此时可以将内存重新拔插一下、将内存插槽清洗一下、将内存金手指清洗一下或找一个使用正常的内存采用替换法进行维修。

4. 内存引起的随机性死机

现象：系统在运行或启动的过程中不定期地出现死机现象。

分析处理：此类故障一般是由于采用了几种不同芯片的内存条而引起的，由于各内存条速度不同而产生一个时间差，从而导致死机，可以在 CMOS 设置中降低内存速度予以解决。还有一种可能就是内存条与主板不兼容，此类现象一般少见。另外，也有可能是内存条与主板接触不良而引起的计算机随机性死机，此类现象比较常见。

18.3.3 硬盘和显卡常见故障

硬盘和显卡也是容易出现问题的设备，下面列举几个常见的故障实例。

1. 系统不认硬盘

现象：系统从硬盘无法启动，使用 CMOS 中的自动监测功能也无法发现硬盘的存在。

分析处理：出现这种故障可能是硬盘本身出现问题，也可能是连接线缆出现问题，可用替换法尝试解决。此外，早期 IDE 接口的硬盘若主从跳线设置不当，也会出现此类情况。

2. 硬盘将要损坏的故障

现象：出现 S.M.A.R.T 故障提示；在 BIOS 里时不时地无法识别硬盘，或是即使能识别，也无法用操作系统找到硬盘；能进入 Windows 系统，但是运行程序出错，同时运行磁盘扫描程序时缓慢停滞甚至死机；能进入 Windows，运行磁盘扫描程序时直接发现错误甚至是坏道；在 Windows 初始化时死机。

分析处理：当排除其他硬件的原因之后，硬盘即将损坏时一般会出现上述现象，用户要及时对硬盘的数据进行备份，以免造成更大的损失。

3. 显卡损坏或接触不良而引起开机无显示的故障

现象：开机无显示。

分析处理：排除其他部件的原因后，此类故障一般是因为显卡与主板接触不良或主板插槽有问题而造成的。对于一些集成显卡的主板，如果显存共用主内存，则需注意内存条的位置，一般在第 1 个内存条插槽上插内存条。由于显卡原因造成的开机无显示故障，开机后一般会发出一长两短的蜂鸣声（对于 Award BIOS 而言）。

4. 显卡故障

现象：颜色显示不正常。

分析处理：此类故障一般有以下原因：显卡与显示器信号线接触不良；显示器自身故障；显卡损坏；显卡接触不良；显示器被磁化；驱动程序安装不正确等。用户可通过排除法来找出问题所在，然后采取相应的对策。

笔 记

18.4 网上学：日常维护与维修

进入本课程网站后，通过首页左侧的“项目学习→项目 18 日常维护与维修”导航，打开“项目 18 日常维护与维修”网上学习窗口，可以通过网络学习项目 18 的所有内容。另外，也可以在顶端导航栏中打开“故障诊断排除”进行故障分析和排除，如图 18.3 所示。

图 18.3
日常维护与维修项目网上学习窗口

18.5 拓展训练：电话报修

在日常生活中，对于一个掌握了计算机日常维护与维修技能的人来说，除了能对自己的计算机进行日常维护和维修之外，还要面对对计算机故障不熟悉的用户提出的咨询。对于维修者不能及时赶到现场或距离过远的计算机用户来说，通过电话告诉维修者计算机出现的问题，并由维修者根据用户描述的故障一步步地引导用户完成维修过程，是一种比较好的方法。

对于计算机用户来说，一定要准确描述计算机存在的问题，比如电源是否启动、主板是否通电、CPU 风扇是否正常运转、屏幕是否正常显示等。描述故障现象的表现越详尽、越准确，对维修者发现故障原因就越有帮助。对于维修者来说，必须熟悉故障现象可能存在的问题及处理方法，才能对症下药、药到病除。当然，这种能力不是一朝一夕能够练就的，它需要用户熟悉计算机故障产生的原因和处理流程，并通过不断的学习维修案例、实际操作才能达到。

例如，某用户的计算机开机后出现显示不正常、无法正常使用的情况。当维修者

笔 记

接到该电话之后，就要分析判断该故障的具体情况，是显示颜色不正常还是显示花屏，是画面不完全还是屏幕出现异常杂点或图案等。这一步是非常必要的，直接关系到维修的效果。假设是显示颜色不正常，则分析该现象可能出现的原因，此类故障一般有以下原因。

① 显卡与显示器信号线接触不良。

② 显示器自身故障。

③ 在某些软件里运行时颜色不正常（一般见于老式台式机）。

④ BIOS 里校验颜色的选项未开启。

⑤ 显卡损坏。

⑥ 显示器被磁化。

然后按照可能的 6 种情况一步步地引导用户按照解决问题的方法来处理，直到解决故障为止。

电话报修对维修者的综合能力要求很高，用户可在充分掌握现场维修能力的基础上不断学习提高，尝试电话维修，不断提高计算机的维修能力。

参考文献

[1] 宋强．计算机组装与维护标准教程（2013—2015 版）［M］．北京：清华大学出版社，2013.

[2] 侯贻波．计算机组装与维护实训教程［M］．北京：电子工业出版社，2013.

[3] 蒋国松．计算机组装与维护［M］．2 版．北京：清华大学出版社，2018.

[4] 谭卫泽．计算机组装与维护实用教程［M］．3 版．北京：人民邮电出版社，2015.

[5] 唐中剑．计算机组装与维护［M］．重庆：重庆大学出版社，2015.

[6] 刘媛媛．计算机组装与维护［M］．北京：中国水利水电出版社，2015.

[7] 刘瑞新．计算机组装与维护教程［M］．8 版．北京：机械工业出版社，2018.

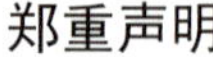

郑重声明

高等教育出版社依法对本书享有专有出版权。任何未经许可的复制、销售行为均违反《中华人民共和国著作权法》，其行为人将承担相应的民事责任和行政责任；构成犯罪的，将被依法追究刑事责任。为了维护市场秩序，保护读者的合法权益，避免读者误用盗版书造成不良后果，我社将配合行政执法部门和司法机关对违法犯罪的单位和个人进行严厉打击。社会各界人士如发现上述侵权行为，希望及时举报，我社将奖励举报有功人员。

反盗版举报电话　（010）58581999　58582371

反盗版举报邮箱　dd@hep.com.cn

通信地址　北京市西城区德外大街 4 号

　　　　　高等教育出版社知识产权与法律事务部

邮政编码　100120

读者意见反馈

为收集对教材的意见建议，进一步完善教材编写并做好服务工作，读者可将对本教材的意见建议通过如下渠道反馈至我社。

咨询电话　400-810-0598

反馈邮箱　gjdzfwb@pub.hep.cn

通信地址　北京市朝阳区惠新东街 4 号富盛大厦 1 座

　　　　　高等教育出版社总编辑办公室

邮政编码　100029

资源服务提示

授课教师如需获得本书配套的 PPT 课件、教学设计、习题答案等教学资源，请登录“高等教育出版社产品信息检索系统”（xuanshu.hep.com.cn）搜索下载，首次使用本系统的用户，请先进行注册并完成教师资格认证。